业精于勤

淡泊明志

厚积薄发

潜心致远

中国土木工程学会原理事长

住房及城乡建设部原副部长

谭庆琏

贺：祥纯同志“中外城市桥梁”一书出版发行。

2014 年 10 月本书作者摄于天津解放桥

2012 年 1 月本书作者与中国土木工程学会原理事长、住建部原副部长谭庆琏先生（右一）合影

2012 年 4 月作者与北京市政协副主席闫仲秋（中）合影，左 1 为作者的儿子穆瑞铭

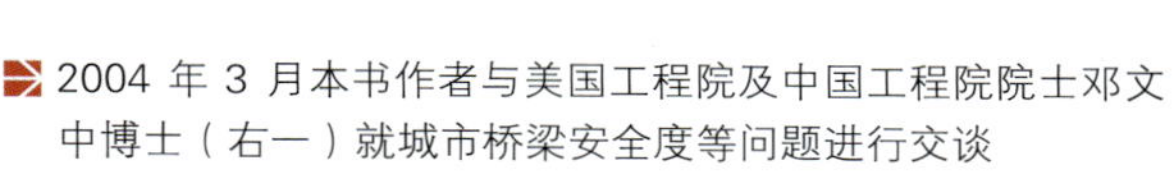

2004 年 3 月本书作者与美国工程院及中国工程院院士邓文中博士（右一）就城市桥梁安全度等问题进行交谈

悬索桥

湖南矮寨大桥

丹麦大贝尔特海峡大桥

英国亨伯尔大桥

美国旧金山金门大桥

美国科罗拉多州皇家峡谷大桥

南京长江四桥

美国纽约布鲁克林大桥

日本明石大桥

浙江舟山西堠门大桥

江苏润扬大桥

西班牙比斯卡亚大桥

香港青马大桥

斜拉桥

法国诺曼底大桥

广东湛江海湾大桥

法国米约大桥（世界第一高桥）

江苏苏通大桥（世界跨径最长的斜拉桥）

杭州湾跨海大桥（世界最长的跨海大桥）

挪威的 Helgeland 大桥

日本多多罗大桥

美国新海湾大桥

美国西德尼拉尼尔桥

德国汉堡 Kohlbrand 大桥

香港昂船洲大桥

台北淡水情人桥

瑞士甘特桥

湖北荆岳长江大桥

希腊的跨国大桥

马来西亚的槟威二桥

拱　桥

上海卢浦大桥

广州新光大桥

加拿大尼亚加拉彩虹大桥

挪威 New Svinesund 系杆拱桥

重庆菜园坝长江大桥

重庆朝天门大桥（世界第一跨度的拱桥）

澳大利亚悉尼海湾大桥

俄罗斯风景桥

韩国汉江大桥

日本古老锦带桥

葡萄牙波尔图跨河桥梁

梁 桥

沙特法赫德国王大桥

加拿大联邦大桥

意大利多跨高墩连续刚构桥

重庆长江大桥复线桥

西藏清水河大桥（世界最长的高原冻土铁路桥）

德国费马恩海峡大桥

德国科隆动物园大桥

法国塞纳河艺术大桥

加拿大古老廊桥

法国亚利山大三世桥

意大利阿尔托大桥

英国伦敦塔桥

日本岩国锦带大桥

意大利斯卡利杰罗桥

中国贵州霁虹桥（世界最早的铁索桥）

意大利威尼斯学院桥

意大利威尼斯叹息桥

西班牙山谷大桥

创新性天桥

阿根廷女人桥

加拿大卡普兰努吊桥

加拿大卡尔加里新型人行桥梁

天津慈海桥

西班牙阿拉密洛大桥

西班牙金角湾大桥

西班牙奥伦赛千禧桥

西班牙沃兰汀步行桥

意大利太阳能风力发电桥

英国莱斯特 Soar 河新颖桥梁

英国环形可伸缩移动桥梁

西班牙著名的帐篷桥

立交桥

北京广安门立交桥

北京四丰立交桥

加拿大蒙特利尔市 TURCOT 立交桥

日本东京立交桥梁

北京四元立交桥

Urban Bridges in China and Beyond

中外城市桥梁

穆祥纯　著

人民交通出版社股份有限公司
China Communications Press Co.,Ltd.

内 容 提 要

本书主要介绍了中外城市桥梁的设计、建设及相关思考。内容主要包括中国26个大中城市的城市桥梁设计与建设情况、作者赴国外25个发达国家对其城市桥梁建设的考察与思考,特别是其大跨径桥梁的最新建设成就。本书立足于科学发展前沿,在作者几十年从事城市桥梁的设计分析、理论研究和实践探索的基础上,结合国内外典型桥梁工程实地考察研究精心编著而成。

本书既可作为高等院校桥梁工程、市政工程及相关专业的本科生和研究生教学参考书,也可作为从事上述工程领域的科研人员、高等院校教师、生产和施工技术人员的参考用书。

图书在版编目(CIP)数据

中外城市桥梁 / 穆祥纯著.—北京 : 人民交通出版社股份有限公司, 2015.6

ISBN 978-7-114-12326-9

Ⅰ.①中… Ⅱ.①穆… Ⅲ.①城市桥-桥梁设计-世界 Ⅳ.①U448.15

中国版本图书馆CIP数据核字(2015)第132572号

书　　名:中外城市桥梁
著 作 者:穆祥纯
责任编辑:赵瑞琴　郭红蕊
出版发行:人民交通出版社股份有限公司
地　　址:(100011)北京市朝阳区安定门外外馆斜街3号
网　　址:http://www.ccpress.com.cn
销售电话:(010)59757973
总 经 销:人民交通出版社股份有限公司发行部
经　　销:各地新华书店
印　　刷:北京市密东印刷有限公司
开　　本:880×1230　1/16
印　　张:24.25
彩　　插:8
字　　数:718千
版　　次:2015年6月　第1版
印　　次:2015年6月　第1次印刷
书　　号:ISBN 978-7-114-12326-9
印　　数:0001—2000册
定　　价:80.00元

序

在现代城市中，城市桥梁已远远超出了作为一种建筑本身的作用，集中反映了一个城市的人文与科学，是一个城市的象征，是城市的灵魂和名片。

中国桥梁在世界桥梁史上占据无可撼动的领导地位，古代的赵州桥、卢沟桥、宝带桥、泸定桥等都被无数西方学者称赞，如今的杭州湾跨海大桥、舟山西堠门大桥、苏通长江大桥、重庆朝天门大桥、铜陵公铁两用长江大桥、上海长江大桥和港珠澳大桥等亦被世界桥梁史所记载，而国外亦有明石海峡大桥、金门大桥等跨时代的佳作，特别是正在兴建中的主跨为3300m的意大利墨西拿海峡大桥，将为世界桥梁发展史增添新的一页。仁者见仁，智者见智，各个国家或城市的桥梁都有其独特的特点，或简洁明快、纤细流畅，或构造奇巧、精雕细琢，或效法自然、相映成趣，或博采众长、典雅华丽。中外城市桥梁的建设，在总结改进、推陈出新中得到了极大的发展，已成为人们生活中的一道道亮丽的风景线。

本专著的作者——北京市市政工程设计研究总院有限公司穆祥纯副总经理长期从事我国城市桥梁与市政工程的设计与建设，时刻关注相关领域的创新与发展，在城市桥梁建设上投入了大量的精力，结合国内外城市桥梁的考察与思考，对中外城市桥梁建设的发展沿革进行了深入系统的研究，取得了丰硕成果，在国内外学术刊物和国际会议上发表了120余篇高水平的学术论文，在城市桥梁建设方面有很高的学术造诣及实践经验。

本专著介绍了国内26个大中城市和国外25个有代表性国家的城市桥梁建设情况，既展现了国内外桥梁建设的历史沿革，又反映了其最新的建设成就，观点新颖，令人耳目一新；丰富的桥梁插图，令读者流连忘返；内容充实、讲解深入浅出，令人茅塞顿开。该专著是作者多年来辛勤工作的心得和总结，也是献给有志于从事城市桥梁建设事业读者的一份礼物。

本专著是一部集实用性、科学性、可读性和先进性为一体的难得的专著。我深信，不论是高等院校桥梁工程、市政工程及相关专业的在校学生，还是从事上述领域工作的科研人员、高等院校教师、生产和施工技术人员，通过本专著，都会受益匪浅。

谨此祝贺本专著的出版。

北京交通大学桥梁与隧道工程专业
教授、博士生导师

2015年5月

前　　言

2012 年 10 月人民交通出版社出版了本人的第一部专著——《基于创新理念的城市桥梁和市政建设》,出版后没多久该书告罄。

回首往事:1992 年我第一次在全国桥梁学术会议上发表论文;1993 年担任北京市市政工程设计研究总院副院长至今;1998 年起兼任中国工程建设标准化协会副理事长;2004 年被聘为桥梁专业教授级高级工程师;2009 年获国务院颁发的政府特殊津贴;2010 年获全国工程建设标准化先进个人;2014 年 12 月被评为中国"2014 工程建设标准化年度人物"。截至 2014 年底,本人在全国桥梁学术会议及国内各类核心刊物上发表学术论文近 120 篇。

在过去的近 20 年,本人的工作较忙,行政事务较多。特别是 1993 年至 1996 年期间,在总院的深圳分院和海南分院担任领导工作。在这 4 年多的时间里,整天忙于开拓市场,组织完成设计任务,配合施工等,无暇潜心研究学术问题,但分院的工作经历和实践为自己积累了许多实践经验和专业知识。本人作为一名专业技术人员,一直秉承着"文章千古好,仕途一时荣"的理念。20 多年来在领导岗位上尽管有许多繁琐的工作,但自己始终丢不下所热爱的专业技术工作,密切关注我国桥梁工程领域的建设、创新和发展,关注一些桥梁领域的前沿问题,尤其是城市桥梁的创新和发展,始终坚持每两年在全国桥梁学术会议上发表一篇有分量且以城市桥梁为主题的学术论文,并在其他有影响的学术刊物上发表论文。这些需要潜心钻研,要比别人多花一些时间,多下一些功夫,扎扎实实地做一些基础性的研究工作。

即将出版的这本书——《中外城市桥梁》是本人出版的第二部学术专著,主要展示了国内 26 个大中城市和国外 25 个有代表性国家的城市桥梁建设情况。书中介绍的内容体现了创新性、知识性和时效性,既展现了国内外桥梁建设的历史沿革,又反映了其最新的建设成就,力求为读者提供有借鉴意义的资料和经验,在我国由桥梁建造大国迈向建造强国的进程中,引起读者和相关人士的一些思考。

在此,我要由衷地感谢本人工作的单位——北京市市政工程设计研究总院以及历届领导和同事们对我的指导、关怀和呵护,正因为有一个宽敞、宽松和厚重的平台,使笔者有一个不断成长的发展空间和施展实践才能的人生舞台;也使我 20 年来有幸赴世界发达国家考察其城市建设特别是城市桥梁建设情况,也正因为作者赶上一个我国快速发展的建设时期,通过参与和主持一批重大工程项目,积累相关的实践经验,也引发了自己思考一些问题;特别是当今提倡和关注绿色、节能、环保、安全、和谐和可持续发展的理念,使笔者深感应关注和处理好我国城市建设特别是城市桥梁建设的创新性、安全性和经济性,这亦是笔者今后应继续研究和关注的课题。

我要特别感谢北京交通大学教授、博士生导师朱尔玉老师为本书的出版所做出的指导和辛勤工作,以及对本书出版的资助;衷心感谢他带领周勇政博士以及刘中豪、康亚雄、刘彦辰、贾雪菲四名硕士研究生,进行本专著资料整理工作。应该说本书的出版离不开朱尔玉教授及其学生们的鼎力支持和努力工作。

我单位周翀完成了本书上篇第 7~12 章节的撰写,宋增国完成了上篇第 13~18 章节的撰写,杨扬完成了上篇第19~24章节的撰写；白智强专业总工和于仲英高工对本书进行了审阅；此外，院办公室吴娜也为本书的出版做了大量的编务工作，本人对此一并表示衷心感谢。

在此，对北京市市政工程设计研究总院有限公司、北京交通大学、人民交通出版社股份有限公司在全书出版过程中的大力支持和帮助，一并致以衷心感谢。

由于作者水平和时间有限，书中难免有挂一漏万和不当之处，恳请读者指正。

著作者

2015年1月于北京

目　　录

上篇　中国城市桥梁

下篇　外国城市桥梁

上篇　中国城市桥梁

1 中国城市桥梁的发展

1.1 发展沿革

众所周知,城市桥梁通常指城区范围内建造的跨河、跨江、跨海桥梁,立交桥梁及人行天桥等。我国现行的《城市桥梁设计荷载标准》将城市桥梁称谓为:“城市内新建、改建的永久性桥梁和城市高架道路结构以及承受机动车辆荷载的其他结构物。”下面概要回顾一下我国几个特大城市城市桥梁建设的发展沿革。

1.1.1 北京市

北京是祖国的首都,由于其所处的地理位置的特点(无宽、深的大江大河),且大规模城市建设起步较早,因而其城市桥梁在我国桥梁建设上有其独特之处。近30年来,北京地区建设了一大批复杂立交桥梁、城市跨线桥梁、轻轨铁路高架桥梁等各类大、中型桥梁,大多呈现弯、坡、斜受力特点。北京市市政工程设计研究院有限公司担负了北京地区90%以上桥梁工程的设计任务。如:1986年修建的永定河大宁水库永定大桥,全长1120m,是北京目前最长的跨河桥梁,该工程获得了国家优质工程银奖;1987年建成的北京东便门立交系我国首次采用独柱支承的预应力弯箱梁结构,该研究课题获北京市科技进步二等奖;1991年建成的北京广安门立交采用了预应力混凝土、钢筋混凝土等多种形式并用的点支承异形板桥,桥梁面积达2.1万平方米,实现了我国城市异形板桥结构设计的突破;1994年开始在八达岭高速公路建设中设计了钢管混凝土拱桥、大跨径预应力弯桥等,八达岭高速公路工程获得了鲁班奖和詹天佑大奖;1992年设计的首都机场高速公路四元立交(图1.1),达到了当时立交设计的最高水平,获得了首届中国土木工程詹天佑大奖;2000年在哈尔滨市二环路红旗路立交、先锋路立交的设计中,采用跨径为38.50m的钢-混凝土预弯组合梁,梁高1.20m,高跨比仅为1/32,也是当时国内最大跨径的钢-混凝土预弯组合梁桥;2001年竣工的北京市四环路,全线桥梁147座,桥梁面积达48.5万平方米,该工程对桥梁设计从结构耐久性、结构形式、新技术、新工艺等方面进行了优化和创新,达到了国内同类项目的最高水平,获得2003年度中国土木工程詹天佑大奖;2003年10月设计完成的北京五环路共建立交55座,其中大型互通式立交12座,特大桥11座,全线桥梁259座,桥梁面积69.4万平方米,获得2005年度国家优质工程奖和詹天佑大奖;其中1993年修建的五环路石景山南站高架桥系转体施工的斜拉桥,该桥创造了预应力混凝土曲线斜拉桥单铰转体重量达1.4万吨的世界纪录。截至2007年底,北京地区已建成各式立交400多座,可称中国之最。近年来北京地区又在城市桥梁新桥型的设计和建设上有了跨越式的发展:譬如北京京承高速公路潮白河上成功修建了一座矮塔斜拉桥;地铁5号线清河桥是国内第一座曲线斜拉桥;在昌平南环修建了亚洲第一的自锚式悬索桥(图1.2)。在设计理念上亦有了新的提高,在城市桥梁建设新材料新技术新工艺的应用上迈出坚实的一步。

图 1.1　北京四元立交桥

图 1.2　北京昌平南环大桥(自锚式悬索桥)

1.1.2　上海市

上海在我国城市桥梁建设史上,特别是大跨径城市桥梁建设上占有举足轻重的地位。20 世纪 70 年代,上海市政院设计了山东省济南东天桥立交桥,其结构系当时国内第一座斜腿刚构的城市桥梁。1982 年上海建设了我国第一座斜拉桥——卯港桥。之后又在上海火车站附近建造了国内第一座城市斜拉桥——上海恒丰路桥。尔后上海市政院设计了重庆嘉陵江上的石门大桥,系我国第一座独塔单索面斜拉桥。20 世纪 90 年代之后,上海黄浦江上建造了一批世界级的城市桥梁,如南浦大桥、杨浦大桥(图 1.3)、徐浦大桥和卢浦大桥(主跨为 550m 的钢拱桥)等。近年来上海市政院又设计了重庆鹅公岩长江大桥(主跨为 $L=600$m 的悬索桥)和上海东海大桥(图 1.4)(全长 31.6km 的跨海大桥)。

图 1.3　上海杨浦大桥

图 1.4　上海东海大桥

1.1.3　天津市

图 1.5　天津慈海桥

天津市在我国城市桥梁建设上占有重要地位。天津市 1987 年建成 260m 的永和斜拉桥以来至今已修建 9 座斜拉桥:包括主钢边混凝土混合型独塔斜拉桥——塘沽海河大桥(主跨为 310m),斜独塔斜拉桥——海河保定桥(主桥跨径为 51m+120m),以及拱形斜独塔斜拉桥——河北路立交子牙河桥(主跨为 145m)等;还建造了 2 座新颖的钢管拱桥,其中海河大沽桥为不对称拱桥(24m+106m+24m,系由美籍华人邓文中院士构思设计的不对称拱肋钢管拱桥)。海河奉化大桥系三跨中承式钢拱桥(56m+138m+56m),其箱形钢箱肋为三维曲线造型,箱顶板呈弧形,箱形钢拱肋之间由几个形状各异的金属叶片状隔板相连接,桥型新颖别致。同时,天津市又修建了自锚式悬索桥——子牙河咸阳路桥(主跨为115m),以及集交通、观光、游览为一体的巨型摩天轮桥梁——慈海桥(图1.5),上层供车辆行驶,下层供行人通行,并设有餐厅、娱乐等设施。该桥采用日本川口卫设计事务所的设计方案。

1.1.4 重庆市

重庆市是我国第四个直辖市,20世纪80年代修建了重庆江长江大桥(1980年7月通车)和石门大桥(1988年建成,上海市政院设计)。随着直辖市的建立,重庆市城市桥梁建设蓬勃发展。重庆市确定1996年至2020年计划修建16座大型跨江桥梁。最近10多年来相继修建了朝天门长江大桥(主桥为190m+552m+190m的中承式钢桁连续系杆拱桥,2007年底建成)、菜园坝长江大桥(主跨为420m的目前国内最大的公共交通和城市轻轨两用大跨径拱桥,且集刚构、钢桁梁和系杆拱为一体的组合结构体系等)。菜园坝大桥的建成通车将主城区的江北、渝中和南岸三区紧密连接起来,形成重庆市的又一条南北大通道;石板坡长江复线大桥于2006年8月竣工通车,形成石板坡姊妹桥,它将330m梁桥的中部改用103m的钢梁,形成钢混结构,成为钢桁结构桥的世界第一跨,见图1.6。

1.1.5 其他城市

如广州、南京和武汉等城市,近20年来在城市桥梁建设上亦有颇丰的建树;如广州先期建设的海印大桥和番禺大桥,近年来修建的南京长江二桥、三桥以及武汉长江二桥、武汉天兴洲长江大桥等典型工程,都为我国城市桥梁建设的创新和发展做出了积极的努力。特别是江苏南京长江二桥(图1.7),在特大型深水基础施工、索塔施工、钢箱梁制造、吊装等方面创下了多个中国架桥技术"之最"。

图1.6 重庆菜园坝长江大桥

图1.7 江苏南京长江二桥

1.2 近年来我国城市桥梁建设的创新技术

1.2.1 设计理念和设计思想上的创新

如安全度和耐久性设计思想的引入、IT技术在结构分析中的应用等。在工程设计中,设计人员更加注重资源节约、全生命周期(全寿命理念)以及桥梁美学的理念,譬如近年来许多城市桥梁,不仅注重其交通功能,并充分考虑人们对城市景观的要求和对建筑艺术的享受,有的将常规的墩柱和主梁设计成流线型,收到良好的效果。

1.2.2 城市桥梁设计水平的新发展

桥梁设计的新发展主要体现在大跨度桥梁设计水平的提高上。从1991年上海南浦大桥建成至今我国已建成数以百计的城市大跨径桥梁,其中苏通大桥系世界上最大跨径的钢斜拉桥(跨径为1088m,见图1.8),上海卢浦大桥是世界上最大跨径的钢拱桥(主跨为550m),连接扬州和镇江两座城市的润扬大桥是我国现今跨度最大的悬索桥（主跨为1400m）。而上海东海大桥和杭州湾大桥的成功建成，充分说明我国在大跨径桥梁建设水平上已跻身世界前列。

图1.8　江苏苏通大桥

1.2.3　在城市大跨径桥型设计和施工技术上的创新

设计和施工技术的创新如转体法施工的曲线斜拉桥关键技术、矮塔斜拉桥设计的创新技术以及悬索桥在城市景观桥的应用等。为适应城市桥梁建设在环境上的要求，在结构设计技术上有诸多创新：如预弯梁技术、脊骨梁大挑臂城市高架桥技术、大跨径异形板结构以及混合结构（横向结合和纵向结合以及替代腹板）等在城市桥梁中的应用。

1.2.4　新技术、新材料、新工艺上的应用

新材料、新工艺如高性能混凝土、智能混凝土和高性能钢管混凝土在城市桥梁中的应用等。为降低资源、能源的消耗并提高结构安全水准，采用高性能材料是近年来国内外土木工程的新发展。高性能材料拥有高强、轻质和耐腐蚀等综合品质（如高强混凝土、轻质混凝土、纤维增强混凝土、HRB400级钢筋、碳纤维材料及新型钢结构防腐材料等）。实现“协作体系、组合结构、复合材料”新技术的突破如新型组合结构（新型结构体系、景观桥梁），强调桥梁建设需结合功能的要求与环境协调、文物保护的关系，达到人文景观与环境景观的完美结合。

1.2.5　采用新的架桥技术

（1）架桥机：大量采用整体架设（简支梁）和阶段拼装（逐孔拼装：分简支梁和先简支后连续梁；悬臂拼装：由悬臂梁合龙转化为连续梁）的方式架设城市桥梁；有力地推动新型架桥机设备，包括架运一体机设备的技术进步。

（2）造桥机：采用可移动支架、模板现场浇筑的施工方式。

（3）转体施工、顶推施工：标准化设计、工厂化生产、装配化施工的预制拼装工法得到应用。

1.2.6　桥梁基础施工技术和施工监控的集成技术

主要是指采用大型群桩基础（如苏通大桥）、大型地下连续墙及冻结基础（如江阴大桥）以及大型沉井基础（如九江长江大桥）的施工技术；基于IT技术、GPS和GIS技术的桥梁施工监控与集成管理技术亦得到快速发展。

1.2.7　在桥梁健康诊断和加固改造技术上的创新

在城市桥梁健康诊断上，不少城市的检测机构大力开发桥梁运营状态下（动载和静载）的检测和评估技术。在桥梁加固技术上，我国于20世纪末开始进行碳纤维加固技术的试验研究和应用。2000年北京市四环路上立交桥梁的盖梁成功运用碳纤维加固技术，在北京地区尚属首次，加固的碳纤维面积近$400m^2$，该补强方案与传统施工方案相比直接为工程节约2000多万元，并具有施工周期短、无施工机械设备、对交通影响小等优点。$400m^2$的碳纤维布在盖梁补强中的成功运用，表明该项技术在桥梁工程建设中具有广阔的应用前景。通过对加固后的桥梁进行了7年的跟踪监测，取得了大量的实测数据，为今后碳纤维加固技术在桥梁工程中的广泛应用积累了宝贵的经验。

城市桥梁作为城市生命线工程最重要的组成部分，其防灾减灾技术越来越受到人们的重视，并取得很大的进展，如相关的抗震设计理论和设防标准、规范得到修编和修订；城市桥梁抗风设计理论及风振控制理论取得了长足的进展，例如：由上海同济大学等研究的三维桥梁颤振分析的全模态方法，数值风洞及其在桥梁抗风研究的应用，桥梁主梁断面的颤振导数和气动导纳的识别方法及斜拉索风雨激振机理及其制振方法等最新科研成果。

1.3 关注城市桥梁的经济性、耐久性和创新性

笔者认为，关注城市桥梁的经济、耐久和创新十分重要，但首要的是要确保城市桥梁结构安全。何谓城市桥梁结构的安全？城市桥梁结构的安全即是合理地确定其结构可靠度。桥梁结构可靠性的定义为：结构在规定的时间内（即设计基准期），在规定的条件下，完成预定功能的能力，它包括安全性、适用性、耐久性三个方面。用概率来研究和描述就是所谓的结构可靠度。其安全性就是指结构在正常施工和正常使用条件下，承受可能出现的各种作用的能力以及在偶然事件发生和发生后仍保持必要的整体稳定性的能力；适用性是指结构在正常使用条件下满足预定使用要求的能力；耐久性是指结构在正常使用条件下，随时间变化而仍能满足预定功能要求的能力。

城市桥梁的经济性、耐久性和创新性的理念和内涵诠释如下。

1.3.1 城市桥梁的经济性

一般来说，城市桥梁的经济性主要是反映桥梁设计和建设的合理性，其重要指标是每平方米桥面的材料用量和单价。桥梁设计的经济性主要是指选择适当的材料以及施工方式，争取以最低的成本建造出既经济又符合要求的桥梁。

众所周知，国际桥梁设计竞赛十分重视和要求体现竞争力和技术水平高低的单位经济指标。由于中国材料工业与国外有差距，所以我们的桥梁工程材料等级是相对较低的。例如钢箱梁的设计，欧美各国主要采用 HPS460（欧洲 HPS480，美国 BHS500，日本 SM570）高性能钢材，甚至在局部的高应力区还用少量 HPS560、HPS690，以减小厚板，简化构造和制造的难度。我国目前仍采用唯一的一种 S345 钢材，而且不同厚度钢板的焊接工艺又十分不便，也很不经济。在混凝土结构方面，我国大都用 C50 级，而国外的高性能 HPC80 已商品化。由此，我国的混凝土桥梁往往显得相对粗笨和肥胖，而国外的混凝土桥梁就纤细轻巧得多、外形尺寸较小，壁厚也较薄，其混凝土用量大大减少，由此可见明显的差距。

1.3.2 城市桥梁的耐久性

桥梁耐久性是指桥梁在正常使用和维护条件下，随时间的延续仍能满足桥梁既定功能的能力。通俗地讲，也就是桥梁的使用周期。笔者认为，耐久性问题是近 20 年来才逐渐被人们所重视。我国桥梁结构对此问题的研究，要略晚于建筑结构在此领域开展的研究。

在世界范围内，对混凝土耐久性的重视始于 20 世纪 70 年代末。清华大学陈肇元院士曾撰文指出："建筑物的耐久性是建筑物及其构件在给定的期限内并在各种作用下维持其功能的能力，而建筑物及其构件的使用寿命则是在其建造完工或生产制成以后，仅在一般的维护条件下，其所有性能均能满足原定要求的期限。"英国学者也提出："耐久性预测不可能是一门精确的科学，建筑物的预测寿命只能是个估计。"国内外专家近年来十分关注桥梁结构在设计基准期内，是否满足预定的功能要求作为桥梁可靠性评价的重要指标。如美国的北卡罗来纳、内布拉斯加和明尼苏达等州，将桥梁剩余寿命作为评价桥梁的重要因素。研究成果表明，耐久性的研究和评价对桥梁结构寿命的延长和防止重大事故的发生将会产生巨大的经济效益和社会效益。总体说来，桥梁耐久性是对未来的预测。国际标准 ISO2394：1998《结构可靠性总原则》中明确指出："结构设计的目的是尽量减小结构或结构构件的失效概率，保证其可靠度……结构与结构构件的耐久性是指其在工作寿命期内，在适当的维护条件下，在其所处环境中保持正常工作的能力。"并提出要注意一些相关因素，如结构预期用途、要求的性能、环境条件、材料性能、结构体系、构件形状、结构细部构造、工艺质量和控制水平、专门的防护措施以及在设计工作寿命期的维护等的影响。

1.3.3 城市桥梁的创新性

技术创新狭义上是指与新产品制造、新工艺过程或设备的首次商业引用有关的包括技术、设计、生产及商业活动，其涉及技术、生产、管理、财务和市场的环节的综合化过程。城市桥梁技术创新的目的是在满足使用功能和城区环境的条件下，提高桥梁工程建设的质量，节约建设费用，缩短建设工期，制定合理

的工期,实现安全、耐久和美观。同济大学项海帆院士曾撰文指出:桥梁创新是"建设者通过非常规的分析、研究、试验验证以及特殊设计和施工考虑解决了难题,取得了具有创新意义的成绩,并对后继工程产生指导意义。技术以发明和创造为核心,并通过发明和创造使某一专业技术不断推陈出新,不断向前发展和进步"。美籍华人邓文中院士认为,创新是发展和改良,延伸传统的概念和方法使之更好;或是用基本的花费获得更多的价值。创新有多种表现方式,虽然发明也是创新的一个特例,但创新不只是发明。人们不必要把创新想象得非常遥不可及,其实,多一个想法、多一种运用都是一种创新。工程师对整个社会都有一定的责任,他说:"一位桥梁工程师如果不试图在每项设计中尽可能地进行改进,那么他就没有尽到工程师的义务。"应树立自主创新和集成创新的观念,努力实现原始创新,不仅仅满足规模大、跨径大和建桥的高速度,更应关注城市桥梁工程建设中的创新技术、工程质量和桥梁美学上的突破,真正实现创造性设计,给人们留下传世的城市桥梁精品。前一段我们从《面向创新的中国现代桥梁》一书,浏览了近10多年来我国建设的大跨径城市桥梁和公路桥梁,共计103座,其中斜拉桥34座、悬索桥18座、拱桥19座、梁桥15座、公铁两用桥和铁路桥12座、跨海桥5座。这些桥梁的建设,凝聚着中华民族的智慧,是我国综合国力的真实体现,反映了我国桥梁建设领域日益提高的科技水平和自主创新能力。

1.4　城市桥梁经济性、耐久性和创新性的案例分析

1.4.1　案例之一——关于城市桥梁经济性

湖南矮寨特大悬索桥是长沙至重庆公路通道吉茶高速公路的控制性工程,距吉首市约20km,大桥的建成必将促进该地区城镇化的发展。该大桥在矮寨镇上空355m处跨越德夯大峡谷,其主跨跨径1176m,是目前世界上跨峡谷跨径最大的钢桁梁悬索桥(图1.9)。大桥地处峡谷,峡谷总体呈V字形,两侧悬崖距离从900m到1300m变化,平均坡度达40°,最陡处悬崖直立,施工场地十分狭小,桥面与谷底垂直高差达330余米,施工难度极大。矮寨特大悬索桥创下了四项世界第一:一是目前世界峡谷跨径最大悬索桥;二是首次采用塔、梁完全分离的结构设计方案;三是首次采用"轨索滑移法"架设钢桁梁;四是首次采用岩锚吊索结构,并用碳纤维作为预应力筋材。国内专家曾针对此大桥说过,一件好的桥梁设计作品不应该只是有漂亮的外表、惊奇的结构,更应该有的是与自然的有机融合,要科学环保、经济和谐,同时更要引领这个行业。应强调和谐,作品与自然的和谐,与时代、社会、经济的和谐,这些理念都清晰地体现在矮寨特大悬索桥上。

图1.9　湖南矮寨特大悬索桥

该工程的突出之处是完成了"特大型桥梁的经济性评价"研究课题,达到了预期的研究目标。该科研课题依托矮寨特大悬索桥,提交的技术资料齐全,内容翔实,结论可信,成果具有创新性。针对该项目建设特点,在探索特大型桥梁建设项目经济性评价基本原理和方法的基础上,构建了特大型桥梁建设项目经济性评价指标体系,首次运用系统动力学模型对矮寨特大悬索桥进行了经济性评价,为类似工程投资决策和建设管理起到了参考和指导作用。

1.4.2 案例之二——关于城市桥梁耐久性

据统计，在我国已建的城市和公路桥梁中，以钢筋混凝土桥梁、预应力混凝土桥梁及大量的拉索结构（斜拉桥、悬索桥）桥梁居多。前些年在我国各地城市桥梁建设上，曾出现单纯追求结构上轻巧、单薄的倾向，以致严重影响城市桥梁的耐久性。此外，我国部分城市设计的独柱支承预应力弯桥发生的支座脱空现象也比较严重，主要原因是对预应力钢束产生的扭矩认识不足，结构计算分析中未计入预应力对扭矩的影响；支座预偏心设置和支承体系设计不合理；设计中对长期荷载，特别是对温度力、制动力、收缩、徐变引起的平面外水平变位认识不足，水平限位措施不力等，因而导致了上部结构在长期荷载作用下的“水平爬行现象”。不少独柱弯梁桥的部分支座脱空现象，对其结构的安全性和耐久性产生了十分不利的影响。

研究表明，北方许多城市冬天消除桥面积雪多采取撒盐方式，对桥梁耐久性产生很大的影响。当桥梁混凝土结构开裂后，内部钢筋容易受氯离子侵蚀，致使桥梁出现桥面渗水、钢筋锈蚀、铺装层剥落、碱集料反应等而引起的混凝土胀裂等严重损坏问题，严重影响了桥梁的耐久性和正常使用寿命，以及行车的舒适性和安全性。又由于我国大多数城市桥梁桥面不做防水层或防水不力所反映出的问题，如图 1.10、图 1.11 反映的是北京城市桥梁由于防水不力对主梁所造成的侵蚀。要重视桥梁结构防水材料的研究，要积极研制和开发适合桥梁结构防水的专用材料，开发出适应桥梁工作环境，其性能应具有较高强度和优良的防水性、延伸性、抗裂性，能适应车辆荷载、温度变化等作用下产生的变形功能，也要具有良好的耐热、耐寒性能，能适应较大的温度变化；要具有良好的黏结性、抗剪切性和抗疲劳性，能使防水材料与桥梁主梁混凝土和桥面铺装间有可靠的连接；还应满足防水施工工艺简单、便于掌握、造价适中、运输和储存方便，并能确保防水质量。提高城市桥梁的耐久性，应从总体上关注提高混凝土的品质，积极采用高性能混凝土，以达到桥梁结构高耐久性、高强度的目的。在结构构造设计上要充分考虑桥梁耐久性要求，提高结构的防水性能，并重视和增加对现有混凝土桥梁的维修养护工作。

图 1.10 北京月坛南街跨线高架桥梁

图 1.11 北京某立交桥梁防水不力对主梁的侵蚀

自 20 世纪 70 年代以来，桥梁混凝土耐久性问题在发达国家受到广泛关注，80 年代美国的相关报告显示：在美国约有 25.3 万座混凝土桥面结构处于不同程度的损害，而且每年还会增加 3.5 万座新的病害结构。日本也对部分沿海地区修建的 15 座混凝土桥梁进行调查，发现它们在建成后不久出现了由于盐分侵蚀引起的钢筋锈蚀、混凝土剥落、预应力筋损伤等各种病害。21 世纪以来，我国大规模建造拉索结构桥梁，但对这类拉索结构的寿命预测并没有可靠的依据。据统计，拉索寿命为 2~16 年，约为桥梁设计寿命的 1/10 至 1/5，在此期间，任何时候拉索都有破断的可能。根据欧美日发达国家的经验，因为结构耐久性原因而产生的维修费、加固费是昂贵的，例如拉索结构桥梁其拉索破断毁桥的修复费用已达全桥建造当年总价的 2~4 倍。故提高桥梁的耐久性成为迫切需要解决的问题。

1.4.3 案例之三——关于城市桥梁创新性

重庆朝天门长江大桥位于长江上游重庆主城区，西连江北青草坝，东接南岸王家沱，主跨长 552m，全

图 1.12　重庆朝天门长江大桥

长 1741m，若含前后引桥段则长达 4881m，主跨为世界跨径最大的拱桥，超越上海的卢浦大桥，见图 1.12。

朝天门大桥是重庆主城区的第 8 座跨江桥梁，于 2006 年 3 月动工，2009 年 4 月 29 日通车。建成后的朝天门大桥分为上下两层，上层为双向 6 车道，行人可经两侧人行道上桥；下层则是双向轻轨轨道，并在两侧预留了 2 个车行道，可保证今后大桥车流量增大时的需求。大桥西接江北区五里店立交，东接南岸区渝黔高速公路黄桷湾立交，全长 4.158km，是主城一条东西向快速干道。大桥采用组合式系杆，节省钢材 1000 余吨，即节约了资金，还为大桥减轻了重量。

重庆朝天门长江大桥的创新性是：其主桥钢桁架拱桥在设计、钢桁梁制造、施工技术、关键技术研究和施工监控中，针对桥梁结构复杂、施工中结构受力状态变化大、施工布置难度大等困难，在诸多方面取得了重大突破。该大桥目前为世界最大跨度拱桥，主桥中部的支座为世界上承载力最大的球形铰抗震支座；在国内钢桥永久结构设计中，首次采用主桥下系杆“钢制杆件+辅助系索”的组合式预应力系杆等一系列新技术、新材料、新工艺、新设备，是我国大跨度钢桁拱桥设计创新的代表作和重庆市新的地标性建筑。

近些年来的研究表明，现今斜拉桥的跨度已突破千米，且尚有发展的潜力。在 1200m 跨度范围内，完全自锚的斜拉桥的经济性将明显优于悬索桥。而且，多跨斜拉桥的刚度、抗风稳定性和可施工性也优于多跨悬索桥。如德国和丹麦之间的费马恩海峡的桥梁方案（Fehmarnsund Bridge）选用多跨 780m 的斜拉桥，可满足 20 万吨海轮的通航要求，是最经济的跨海工程方案，此为我国长江下游的越江工程和东南沿海的跨海连岛工程提供了重要的借鉴。

1.5　城市桥梁经济性、耐久性和创新性的研究趋势

（1）对我国目前已建城市桥梁的统计分析表明，桥梁工程耐久性更多的只是作为一种概念，虽然桥梁设计中提出了使用年限的要求，但还没有进行专门的耐久性设计，桥梁设计中更多考虑的是强度要求，考虑耐久性较少，存在着重视强度极限状态，而忽视使用极限状态的倾向。

欧美国家的最新研究成果表明，如果在桥梁设计和建造时期未充分考虑桥梁的安全性和耐久性，将会在桥梁运营和维护中付出惨重的经济代价。近些年来国外专家在分析研究、认真总结以往工程事故经验教训的基础上，提出了全寿命周期成本最小的设计理念，以系统论思想为引领，从项目生命周期的全过程综合看待成本，更加强调了工程耐久性的重要性。

进入 21 世纪后，国内外专家的共识是——必须充分关注如何确保城市桥梁在其设计寿命中的健康——即正常运营和使用。有的学者提出，桥梁建设者的责任就是以最大的成本效率来建造在规定服务时间内保持安全的桥梁，应不断提出对更耐久性桥梁的挑战；一个成功的设计必须要预计在桥梁服务寿命期内可能会发生的情况。中国工程院撰写的咨询报告大声呼吁，要尽快建立基于耐久性全寿命设计理念的桥梁，制定相应的规范和标准，使我国桥梁在设计和建造阶段充分考虑到全寿命的使用性能和要求。

（2）在桥梁建设前期，如何制订一个最经济的方案，鼓励桥梁建设者实现创新的目标，并在特定环境下实现标志性景观的要求，允许适当超过基础性方案的造价，但必须要有一个限度，德国的做法是不超过 10%；对于城市中小跨度的桥梁，因其投资较少，对特殊的景观要求放宽至 15%，超过 15%的方案将不予接受，以体现经济性原则的重要性。

（3）国内外在混凝土桥梁耐久性研究方面取得了突破性进展。近些年来人们认识到，随着时间的推

移,混凝土桥梁整体或局部质量的下降和老化将影响桥梁的耐久性,主要反映4个方面的问题:

①混凝土裂缝(包括垂直裂缝、斜裂缝和纵向水平裂缝);

②支座混凝土的局部开裂,混凝土腐蚀(气相腐蚀和液相腐蚀);

③钢筋的不断锈蚀;

④荷载造成的损伤累积(包括超载运营)。

因此需要高度关注桥梁耐久性方面的研究,尽快改变目前我们在设计图纸上无细化的防水设计、无防水选材说明造成防水设计上选材不当,降低设计标准,影响桥梁使用寿命和耐久性的现状。对于新建桥梁,建议进行钢筋混凝土结构的预防性保护;对于已经发生病害的桥梁,在进行病害治理的同时,还要做表面的防护,以延长结构的使用寿命。国外在这方面已经走过数十年,已经有比较成熟的材料和工艺,可以借鉴,但必须指出的是,我国的自然环境、经济发展水平、混凝土性能与国外有一定差距,必须要结合我国具体情况进行改进。国内外的研究和实践都表明,结构耐久性对于桥梁的安全运营和经济性起着决定性作用。提高钢筋混凝土结构耐久性是一项系统工程,要从设计、选材与施工、维护各个环节着手,特别要以体现设计为前提、为龙头的指导思想,改进我国桥梁防水、防腐结构设计。

(4)在桥型方案的比选中,国内著名专家提出要慎用造价较昂贵、施工期也较长的悬索桥。无论在长江下游的越江工程、沿海的跨海连岛工程,以及中西部山区的跨谷工程中,应优先考虑相对较经济且拉索可以更换的斜拉桥或者拱桥方案。如必须采用悬索桥时,应提出充分的理由,而且,对于不可更换的主缆防腐要认真处理,以保证其寿命期中的耐久性。不能仅单纯以追求跨度为由,不顾经济性原则而随意选用悬索桥方案。应充分认识经济性作为判定一个桥梁建设和设计是否成功的基本标准,将桥梁造价保持在一个合理的范围内。

(5)各地车辆的超载问题严重危及桥梁结构的安全。国外专家曾说过:“规范的超载系数,绝不可能达到足以防备设计可能的大错误,但是许许多多的中小错误都可以用规范的超载系数来防备。”“规范是分析、设计和偏于安全的思路的结合。”近些年,在我国城市桥梁结构的安全性与耐久性是一对孪生兄弟,我们面临的情况是:桥梁结构安全问题虽已受到重视,但各种事故却时有发生;耐久性常被忽略,潜伏着安全隐患,直接影响着桥梁结构的使用寿命和年限,应慎重研究,统筹考虑。

国内外的研究和实践表明,结构耐久性对于桥梁的安全运营和经济性起着决定性作用。要尽量减少桥梁使用期间的事故,不断提升对桥梁工程耐久性的重视程度,需从工程建设的指导思想、制度、技术、养护、运营管理等方面全方位提高桥梁的工程耐久性。对于不可更换的部件要保证其可检性和可修性;而对于一些不可能全寿命使用的部件,如支座、拉索等则要具有可检性和可换性;同时还要采用各种先进的健康监测手段使病害能被早期发现,并通过及时养护、维修和更换等措施以保证桥梁的全寿命服务质量。

由于历史原因,目前我国许多城市桥梁长期处于超负荷运行,加之超限、严重超载问题的客观存在,大量的桥梁存在安全隐患,危及桥梁结构和人民群众生命安全。譬如,2013年1月24日,发生在哈尔滨阳明滩大桥工程——三环路群力高架桥洪湖路上行匝道的倾覆事故,就是一起由于车辆严重超载而导致匝道倾覆、车辆翻落至地面,造成3人死亡5人受伤的特大道路交通事故。应充分认识当前桥梁安全面临的严峻形势,完善相关的规范,在桥梁设计中,必须对桥梁倾覆稳定性进行分析,优先选用抗倾覆能力强的结构形式,增加相应的构造措施来提高桥梁的抗倾覆安全性能,并进行进行长期的、专门的科学研究。

(6)近年来桥梁结构承载能力评估的研究方面取得了重大的进展。桥梁运行评估最首要的是合理评估既有桥梁的承载能力并使之规范化。桥梁承载力的评估应是建立在现有桥梁设计规范的基础上,不同的桥梁构件承载能力的表达方式是不同的。国外学者 Talyt 提出承载能力评估方法被广泛采用,其主要思想是用各种构件的活载承载能力和各种桥梁构件在设计活载下的最大弯矩、剪力和轴力的比作为各单元承载能力的评估指标。对于不同形式的桥梁,其承载能力的评定方法也不同。常用的方法包括:基于外观调查评定法;基于设计规范的方法;荷载试验的方法;基于专家经验的方法;基于结构可靠度理论的方法。

(7)2010年我国《城市桥梁桥面防水工程技术规程》正式颁布实施,该规程全面反映和吸收了我国城市桥梁桥面防水技术在设计理念以及在防水技术和防水材料方面的科技研发和工程实践的创新成果。规程明确了设置桥面防水层的原则;揭示了城市桥梁桥台防水的特点,以及规程适用的范围;规定了防水等级的划分。特别是对城市桥梁防水层材料选定作出了基本规定,明确了防水层的适用范围;诠释了桥面防水应树立城市桥梁桥面防水系一个"系统"工程的理念,这些设计思想充分反映了近年来我国城市桥梁桥面防水技术在设计理念上和提高桥梁耐久性的最新成果。

一般来说,钢筋混凝土桥梁结构防水应着眼于自身防护,并提倡应用高性能混凝土。自20世纪80年代以来,工程建设领域以提高耐久性为目标,广泛采用高性能混凝土。高性能混凝土不同于普通混凝土,它加入了比水泥颗粒小约100倍的胶凝材料如微硅粉、优质粉煤灰,并采用高效减水剂使混凝土可以采用较低的水灰比以及良好的养护条件。其结果是减小了集料与胶凝材料间的间隙,使其黏结强度提高,在混凝土整体强度提高的同时,密实度增加,混凝土自身抗渗性提高,从而可大大提高混凝土的耐久性,这已在世界各地引起人们的广泛重视。

1.6　我国城市桥梁建设创新上的发展趋势

(1)我国城市桥梁建设已处于创新和赶超国际桥梁工程界的时代,并在某些桥型的理论研究和设计实践方面处于国际领先水平(如东海大桥和卢浦大桥等)。城市大跨径桥梁将向更长、更大和更柔的方向发展,将运用各种组合体系、协作体系以及三向组合结构和混合结构等创新结构体系的方向发展,充分发挥不同材料和体系的各自优点,并最终优化为高经济指标、可靠的结构连接以及安全方便的施工工艺组成的新型桥梁结构。如组合体系的最大跨径将突破2000m。

(2)今后一个时期,我国城市桥梁设计将结合城市的特点研究如下相关课题:进一步开发和研究适合大城市施工条件的桥梁结构形式,加强低高度梁桥的设计研究;深化曲线梁桥设计实践的设计研究,进一步完善曲线梁桥设计指南。

(3)充分重视桥梁美学及城市环境保护的研究和应用,强调桥梁建设与环境协调、文物保护的关系,达到人文景观与环境景观的完美结合;积极开展各种适应城市特点的新型桥型开发工作。

(4)城市大跨径桥梁下部结构的设计技术将迈向新的高度,我国将积极开展大跨度桥梁深水基础的研究,大力推广大型群桩基础、地下连续墙及冻结基础、大型沉井施工的施工技术,在不久的将来100~300m的深海基础将展现在世人面前。

(5)在以往混凝土桥梁耐久性研究的基础上,建立桥梁结构安全设计全新理念,在耐久性设计基础上强调桥梁结构设计寿命期内桥梁的健康监测、维修养护、要求等。

(6)桥梁健康监测、桥梁施工监测、旧桥鉴定、旧桥加固等领域的研究和应用的空间将更加广阔;而损伤识别和各种主动、被动控制技术的应用将使结构的养护和维修更加科学和及时,并最终提高城市桥梁的耐久性。

(7)在大跨径城市桥梁的抗震和抗风方面将取得新的突破。将进一步完善各类桥梁的抗震设计规范和设计方法,利用智能材料的自调解功能和良好的滞回耗能特性,开发并应用于工程建设中的新一代桥梁减振、隔振支座或装置。将进一步研究抗风设计中的流体和结构相互作用的机理,完善城市桥梁的CFD技术,进行"数值风洞"和"桥梁抗风虚拟现实"的科技攻关工作。

(8)城市桥梁工厂化预制和整体化安装将成为城市桥梁施工手段的主流,并将采用抗腐蚀材料及采用标准化方法对城市桥梁进行防护性涂装,以提高材料和结构的耐久性,延长城市桥梁的使用寿命。

(9)城市桥梁在材料上的发展趋势:现有材料(高性能钢,高性能混凝土)的加强,新材料(纤维加强合成材料,新型金属合成材料)的发展,结合材料的新结构以及结构控制等方面的创新。

1.7 对策建议

(1)应充分认识城市桥梁经济、耐久和创新问题的重要性,积极应用最新的科研成果,并通过各类工程和非工程措施,提高我国城市桥梁的正常使用能力和结构的耐久性;桥梁工程建设者和相关主管部门,应将城市桥梁作为城市生命线工程最重要组成部分高度关注此问题。

(2)应进一步加强城市桥梁创新性的专题研究,引入创新理念和运作机制,积极开展城市桥梁的创新工作,在满足使用功能和城区环境的条件下,提高桥梁工程建设的质量,节约建设费用,缩短建设工期,拟定合理的工期,实现城市桥梁的安全、耐久和美观。

(3)对已出现的城市桥梁坍塌事故和案例,应本着科学、客观、公正的态度,将最终的结论公之于众,并组织召开专题研讨会,使更多的人从国内外发生的事故案例中汲取有益的经验和教训,防微杜渐,通过共同努力,使我国城市桥梁的风险损失降至最低。

(4)应在准确、细致的灾害调查基础上,对城市交通和社会基础设施的现有荷载设置、设计方法和规范进行系统的评估,总结相关经验教训,并为建立安全、合理的防灾设计体系提供科学依据。加强对桥梁结构的安全防护与监测、环境保护与节能、新型建筑材料的开发与推广以及网络化监测与控制等领域等系统的开发研究。

(5)应总结近年来国内四川汶川、青海玉树等特大地震的抗灾经验,根据震害对桥梁结构所造成的损失情况及分析结果,适当调整我国的地震区划,适当提高我国结构抗震设防标准;专题研究城市桥梁的设防标准,提高城市桥梁抵御灾害的能力,进而避免和减轻重大的地震灾害。

(6)针对我国城市桥梁耐久性和安全性研究的基础性工作较薄弱的特点,应尽快建立桥梁风险评价基础资料如桥梁事故、灾害实例等数据库,应对自然灾害如风暴、潮流及波浪灾害、暴雨及内涝、地震及海啸、雷击等风险;意外事故风险(不可抗力):船舶碰撞、桥梁结构施工技术创新、主要施工设备、管理及责任风险等进行深入研究,并提出相应对策措施。

(7)积极开展相应的科研工作,高等院校、科研机构应和从事城市桥梁建设的设计、施工、监理和建设方密切结合,共同推进我国城市桥梁风险评价技术的发展。

(8)加强与国际同行的交流,积极关注国际上该领域的发展趋势,及时了解和搜集国外的最新科研成果,开展国内外的学术交流活动,大力促进我国城市桥梁建设的技术进步,推动我国城市桥梁建设的可持续发展,并朝着世界桥梁强国的目标迈进。

2 北京城市桥梁建设

2.1 引言

北京是中华人民共和国的首都，是直辖市和国家中心城市，是全国的政治、文化、科教和国际交往中心，是世界著名的古都和现代国际城市，也是中华人民共和国中央人民政府和全国人民代表大会的办公所在地。北京位于华北平原的北部，背靠燕山，有永定河流经老城西南，毗邻天津市和河北省。北京下辖东城区、西城区、朝阳区、海淀区、丰台区和延庆县等16个区县。面积为16410.54km^2，截至2014年末，北京市常住人口2151.6万人。北京也是中国"四大古都"之一，拥有6项世界级遗产，是世界上拥有文化遗产项目数最多的城市，是一座有着3000余年建城历史、860余年建都史的历史文化名城，拥有众多历史名胜古迹和人文景观。

2.2 北京立交桥梁建设

首都北京是一个世界级的大都市，每天有川流不息的车辆穿梭其中。其路口众多，仅靠红绿灯不能起到疏导车流的作用，反而容易造成拥堵。因此，北京建设了许多城市立交桥。为了配合宽大的马路和承担与日俱增的交通压力，北京的立交桥往往规模较大，设计复杂，是城市的一大亮点。

2.2.1 北京复兴门立交桥

1974年10月，中国第一座城市立交桥在北京复兴门建成，它坐落在西二环路与复兴门内、外大街相交处，是城区最早建成的苜蓿叶形互通式立交桥，见图2.1、图2.2。它标志着我国城市公路桥梁设计建设

图2.1 复兴门立交桥照片1

图2.2 复兴门立交桥照片2

跨上了一个新台阶。复兴门立交桥长42.40m、宽51.70m，双向10车道，上跨西二环，是北京东西长安街与西二环路两条交通动脉的交汇点。它的建成标志着我国城市公路桥梁在设计、建造及交通管理方面跃上了一个新台阶。

2.2.2 北京建国门立交桥

北京建国门立交桥位于北京东长安街与东二环路交叉处，1979年兴建，是我国第一座机动车与非机动车完全分行的三层互通式立交桥，见图2.3、图2.4。近年来该桥成了京城著名的堵点，北京市政府对其进行了加宽，改造后的桥面和匝道拓宽了3.5m，新添了一条车道。此外，建国门桥周边绿地和规划用地也进行了适当的调整。

图2.3 建国门立交桥照片1

图2.4 建国门立交桥照片2

2.2.3 北京三元立交桥

北京的三元立交桥位于北京市三环路东北角转弯处，因地处朝阳区西部的三元桥附近而得名，是东三环与北三环的交界点。三环主路在桥上通过，桥北侧是京顺路，南侧是机场高速路。三元立交桥建成于1984年，为机动车和非机动车混行的苜蓿叶形互通式立交桥；主桥总占地面积$26\times10^4m^2$，桥全长4.8km，由3个主桥、5个匝道引桥和7条匝道组成；主桥为V形墩钢架结构，上部主梁为T形截面，匝道的架空引桥采用预制钢筋混凝土宽腹T形简支梁，引桥墩为双柱式薄壁墩，见图2.5、图2.6。

图2.5 三元立交桥照片1

图2.6 三元立交桥照片2

2.2.4 北京西直门立交桥

毋庸讳言，提起北京的交通拥堵问题，人们必然要联想到西直门立交桥（图2.7、图2.8）。社会上对西直门立交桥的评论很多，有正面、有反面的，连北京的出租车司机都津津乐道对外地人讲述西直门立交桥如何如何；网上对西直门立交桥的评论也不少。

图 2.7　西直门立交桥照片 1

图 2.8　西直门立交桥照片 2

1）西直门立交桥的历史发展沿革

西直门立交桥改扩建工程，从工程开始就备受人们关注。建成于 20 世纪 70 年代末的原西直门立交桥，90 年代后由于交通量的增长远远超过了该桥的设计运行能力，使其成为二环路最拥堵的节点，成为制约北京城区交通改善的瓶颈。西直门立交桥改扩建工程，地上、地下工程量巨大。地上的原西直门立交桥为二环路最拥堵的节点；地下的综合管线纵横交错，且多为 60 年代末至 70 年代所建。北京市领导经过反复酝酿，终于决定 1999 年国庆节前作为二、三环改建工程的一个组成部分，完成西直门立交桥改扩建工程。工程建设指挥部要求：211 天内，在拆除旧桥的原位上建成 3 层转盘式立交桥，还要将二环路机动车道拓宽为双向 10 车道，并完成立交桥区的综合地下管线等多项改建内容，施工期间维系二环路主路不断行、西直门内外大街公交车辆直行。1999 年 9 月 17 日，北京西直门立交桥建成通车。拆旧建新历时 194 天。

2）如何看待和分析西直门立交桥的交通拥堵问题

笔者认为应从 6 个方面去认识：

其一，西直门立交桥确实是北京交通最拥堵的地段之一。这是因为西直门立交桥地处多条城市交通快速路和主干道（如西二环、北二环、西直门北大街和西直门内、外大街）的交汇点。同时，西二环以西至西三环的整个区域中，能够直接贯通南北且行驶条件好、通行能力强、服务水平高的交通干道的数量几乎为零，因而西二环成为南北向交通的最佳选择，致使车流量过度集中而产生拥堵。而位于其北段西外大街和学院路两条环切线交汇处的西直门立交桥拥堵更是严重。

总体上讲，该区域交通流量特别大，是一个很特殊的地段。譬如，与之对应的北京东北角立交，仅是二环路与首都机场联络线相交汇；此外，近些年来，新扩建的北京北站也吸引了大量的人流和车流。

其二，西直门立交桥位于多条快速路和主干路交汇点，根据节点的功能定位，应以解决快速路之间的交通转换为主,同时应兼顾与主干路之间的交通集散。由于现在的西直门立交桥是经原有立交改建而成的,受地上、地下以及周边建设条件的限制,只能实现快速路之间部分转向的连续互通功能,部分转向未能实现直接连通,以致部分快速路之间的转向需经由主干路系统的转向系统解决,因而形成交通混杂、绕行距离过远、行驶不便等问题。

其三,这座经改造后的城市立交,其周边的地形地物十分复杂,这比原事先规划好的、地域宽阔的地段修建一座新的立交要困难很多。例如,北京玉泉营立交,就是在场地条件较好的情况下修建的,广大市民给予很高的评价。而西直门立交桥在改建时存在建设条件差,四周的地形、地物多——如西北角既有新扩建的北京北站,又建有新的大型商业中心,这无疑加剧了该立交桥新的交通拥堵程度。

其四,由于受地形的限制,且利用早期立交的匝道,该立交高架匝道桥梁的集散长度比较短;部分匝道的转向条件较差(转弯半径小);同时,周边的公交车站及立交出入口间距比较短,这无疑造成了行人和车辆的使用不便,并形成新的交通拥堵。

其五,针对西直门立交桥特定的交通环境,公安交通管理部门力图通过新的交通组织,将由西向南的交通实行限制,以改善该立交的交通状况。通过交通导向和组织,将此部分交通流经展览路转南,行至车公庄立交桥转向南行驶,完成其转向功能。此举虽然在很大程度上转移了西直门立交桥的拥堵点,但许多市民误认为西直门立交桥的交通功能不完善,也带来很多不便(譬如由西往南无法去附近的人民医院),这其中也存在一定的误解。

其六,单向车流的潮汐波加剧了西直门立交桥的拥堵。譬如由西向东(西外大街至北二环的匝道)十分拥堵,主要是北二环的车流本已饱和,再并入新的车流必然要堵塞;而由东往西(北二环至西外大街)不堵塞,属于车流量的分流。又譬如,由北往南(西直门北大街至西二环)的车流十分堵塞,因原来的北二环车流已饱和,再加入新的车流必然要饱和;反之,由南至北的车流(北二环至西直门北大街)就不存在堵塞,主要是对该地区车流起到了分流的作用。这也客观地反映了该立交桥的综合交通情况。

3)如何缓解西直门立交桥的交通拥堵问题?

笔者特提出如下八条对策建议:

(1)从城市交通空间布局和时序布局的高度来分析西直门立交桥的交通拥堵问题,通过多种措施,尽量减少该区域的交通流量。

(2)要发挥城市交通设施的最大效益,分解该区域的交通流量;开辟和实施动态的交通潮汐流车道(如西直门北大街和西外大街)。

(3)通过技术手段,将该立交桥特别拥堵点进行转移和分流,譬如可延长西向东(西外大街至北二环)的拥堵点,以缓解交通拥堵。

(4)进一步研究和构建该区域合理的路网结构,通过交通毛细血管来分解该区域的交通流量。

(5)在该区域采用大容量公共交通(如二环路上),通过大容量的交通工具快速运送乘客通过西直门立交。

(6)在轨道交通线网上,增设西二环至西直门北大街的支线,通过轨道交通来分流一部分车流,并引导驾驶人员和乘客使用轨道交通。

(7)依据西直门立交桥的交通结构,改进和设立清晰醒目的交通标志,绘制完整的包括直行、右转、左转、掉头行车示意图,标注出该立交桥的出入口和立交桥的走向图。交通标志要简单清楚,并使其立交桥的指示牌有渐进感,以引导人们顺畅地通过该立交。

(8)建议采用地下交通方式来分流车流量。在确保安全的前提下,建设地下道路,譬如从德胜门进入地下(距地面60m),经西二环至京开路(其间,可分别从金融街、菜户营和玉泉营进入地面),这样可大大分流西二环的车流,也可缓解西直门立交桥的交通拥堵。

2.2.5 北京四元立交桥

四元立交桥位于首都机场高速路、京顺路与北四环路交汇处,是由2座主桥、6座通道桥、8座跨河桥、10座匝道桥共计26座结构类型不同的桥梁组成的定向苜蓿叶形4层大型立交桥群，桥梁总面积40572m^2，总长度2800m，立交桥占地62ha，见图2.9、图2.10。它是目前为止，北京道路立交桥除四惠桥外占地面积最大、结构形式最为复杂、桥梁长度最长的立交桥，举目前望，犹如一道彩虹悬挂在蓝天下；20条匝道、10条匝道桥又像巨大的过山车轨道盘旋在半空中；从高空俯瞰，又像出自工艺匠人之手的一方巨型藤编艺术品。四元立交桥造型庄重、气势宏伟，交通功能强，各种方向的车都按专行车道行驶。这座大型城市桥梁的设计，体现了我国桥梁设计师们的整体水平，通过这座桥梁的建设和施工，也检验了我国桥梁工作者的建设能力和管理水平。

图2.9　四元立交桥照片1

图2.10　四元立交桥照片2

四元立交桥下部结构为钢筋混凝土圆柱墩及钻孔灌注桩，最大桩径1.5m，最大孔深47.5m，共有桩基643根。桥梁上部结构为安装预制预应力混凝土简支梁和现浇后张预应力混凝土箱形连续梁，共安装简支梁466片，现浇混凝土55844m^3，使用钢筋、钢绞线总计580t，使用张拉锚具7000套。桥面铺装为SMA沥青玛蹄酯碎石混合料。四元桥主桥、主路设计时速为80km/h，桥梁设计荷载汽—超20级，挂—120；定向匝道桥设计时速为60km/h。该桥结构采用了独柱支承的现浇后张预应力混凝土单箱单室弯梁形式，外观简洁，轻巧，线形流畅；匝道桥最大单孔跨径达47.2m，梁底距地面最大高度12m，最长为618m，单联最长280m。

整座桥梁立交线形复杂，平面形式多样，斜桥、弯桥、叉口桥等异形桥梁占92%以上，且均采用预应力工艺，具有弯、坡、高、斜、跨径大等特点，与国内同类工程比，其设计、施工难度很大。四元桥由北京市市政工程设计研究总院设计，北京市市政一建设工程有限责任公司（原北京市第一市政工程公司）承建施工。工程于1992年8月30日开工，1993年9月14日建成通车。

2.2.6　北京天宁寺立交桥

天宁寺立交桥位于莲花池东路东端与广安门北滨河路交汇处，为4层快慢车道分离的定向式立体交叉设施。该桥建成于1991年，既是路陆桥又是跨河桥，是二环路上最复杂的一座立交桥，也是北京规模最大的立交桥，见图2.11、图2.12。

图2.11　天宁寺立交桥照片1

图2.12　天宁寺立交桥照片2

天宁寺立交桥为 3 层苜蓿叶形加定向型互通式立交桥，由 16 座大小不一、形状各异的桥梁组成，共 96 跨。如果把西便门桥比喻为人的动脉，那么天宁寺桥就像神经网络，呈纵横、斜向、弯曲上下 3 层立体交叉状，最上层是二环主路桥，分南北两桥——南桥 18 孔，北桥 20 孔，各分为 4 联，都是现浇预应力等截面连续箱梁。桥梁总长 2243m，桥梁总面积 $3.6\times10^4m^2$。主桥长 579m，为分离式多室箱后张预应力钢筋混凝土连续梁弯桥。

由天宁寺立交桥往东是前门东、西大街，再东行即是北京站；由桥往西过了白云桥就是北京西站。这条东西大街从正阳门前通过，连接着北京两个最大的客运火车站，是北京的重要交通枢纽。

2.2.7 北京四惠立交桥

四惠立交桥是北京四环路、建国路—京通快速路、通惠河北路相交处的一座非常复杂的大型立交桥，是北京市占地面积最大立交桥，也是北京交通拥堵较为严重的地区之一，见图 2.13、图 2.14。

图 2.13 四惠立交桥照片 1

图 2.14 四惠立交桥照片 2

2.2.8 北京广安门立交桥

北京广安门桥于 1991 年建成，位于广安门护城河上，是贯通两城区（原宣武区）东西的重要通道，也是京石公路进入北京的主要通道，见图 2.15、图 2.16。广安门立交桥系 3 层变形苜蓿叶互通式立体交叉设施，由大小 11 座桥梁组成，共 36 跨，桥梁总长 6454m，总面积 $1.93\times10^4m^2$。上层主桥为 7 跨等截面双向预应力混凝土连续 T 形梁，桥的一端设“十”字形双向预应力混凝土点支承的异形板；下部结构采用与中层桥重叠的共用墩柱，重力式桥台；中层桥为 5 跨后张预应力混凝土简支 T 梁。

图 2.15 广安门立交桥照片 1

图 2.16 广安门立交桥照片 2

2.2.9 北京五环路立交桥

全长 99km 的五环路上共架设大小立交桥 70 余座，几乎汇集了北京已有的各种桥梁式样，其中占地数百亩、投资超亿元的大型互通式立交桥就多达 13 座。北京五环路的贯通为瑰丽多姿的北京立交桥再添异彩，见图 2.17～图 2.22。

图 2.17　北京五环路立交桥照片 1

图 2.18　北京五环路立交桥照片 2

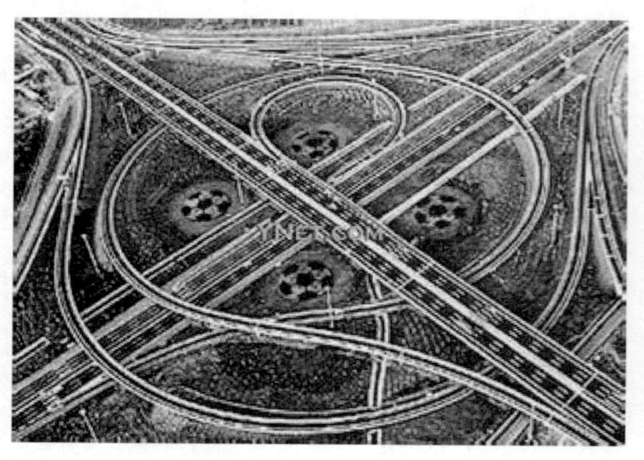

图 2.19　北京五环路立交桥照片 3

图 2.20　北京五环路立交桥照片 4

图 2.21　北京五环路立交桥照片 5

图 2.22　北京五环路立交桥照片 6

五环路跨越京承、京沈、京津塘、京开、京石、八达岭、首都机场等高速公路和京通快速路，并与京顺路、阜石路、京良路、京原路、成寿寺路等二三十条城市主干道相交，因而一座座形态各异的立交桥成为五环织入北京路网的重要结点。五环路上最具特色的立交桥当属石景山南站高架桥，它是北京第一座转体斜拉桥，高高耸立的倒 Y 形主塔与 6 组斜拉钢索构成的简洁造型为北京立交桥增添了一道靓丽风景。除斜拉桥外，苜蓿叶加定向匝道式、标准苜蓿叶式、菱形立交桥、环形立交桥、顶进箱体桥等北京已有的桥梁样式在五环路上也一应俱全。同时跨越机场高速和京顺路的五元桥是五环路上规模最大的立交桥，占地 800 多亩（533280m^2），整体造型轻盈优雅，十几条定向匝道如飘带般在主桥周围延展，过往车辆转到各个方向都极为顺畅，像这样的特大互通式立交桥在五环路上还有 7 座。

跨越京沈高速的五方桥线条流畅，匝道呈同心环状分布，四个巨大的足球形绿化造景点缀其间，充分体现五环奥运大道的特色；紧邻圆明园跨越清河的肖家河桥为了不影响周围景观，将匝道全部移到了北侧，并尽可能压低路基拉长桥身，确保立交桥不对圆明园景区形成视觉干扰。

五环路立交桥的科技含量大大提升，不少施工工艺在北京还是首次使用。跨越京山、京沪、京津铁路和京良公路的分离式立交桥采用了可更换体外预应力张拉索技术，桥梁使用一定年限后可以对张拉索重新调整或更换，以解决桥梁老化问题，这在全国都是前沿性的探索；这座桥还在北京首次采用了真空灌浆施工工艺。全长950m的石景山南站桥凌空跨越京原线、三沙线、首钢专用线等7道铁道线，为了尽可能减少对列车运营的影响，采取了转体斜拉桥的独特设计，主桥先在线路一侧预制，然后旋转49°跨越铁路线，13800t的主桥转体创下了全国桥梁转体施工最大吨位纪录。

2.2.10　北京昌平南环路大桥

昌平南环路大桥位于南环路东段，跨越东沙河的滞洪区，全长750m，宽43m，其中主桥为双塔双索面自锚式悬索桥，桥长316m，主跨175m，主塔高66.9m，是北京市第一座悬索结构的公路桥梁，是连接昌平新老城区的纽带，见图2.23、图2.24。

图2.23　昌平南环路大桥照片1

图2.24　昌平南环路大桥照片2

该大桥设计新颖独特，悬索和全钢结构桥体轻盈、通透，恰好与东沙河湿地生态恢复工程及龙山、蟒山等人文、自然景观相呼应；首创的两主塔间和无上横梁的设计，使大桥整体有一种开放、升腾的气势，预示昌平区社会经济的蓬勃发展；绚丽的夜景照明设计更是光耀水天，使得南环路大桥不仅是昌平新城的交通枢纽，更是一座名副其实的景观大桥，今后也将成为北京的一个新的旅游景点，成为昌平地区标志性建筑。

大桥在建造中应用了环氧沥青混凝土等30多项新技术、新材料和新工艺，技术上属国际领先。全桥焊缝长度25多万米，钢结构施工自2005年10月开始至2007年5月建成，工期18个月。特别是钢结构施工自2006年4月开始至2006年10月6日大桥合龙，工期5个月，其施工速度在我国建桥史上创造了新的纪录。在大桥的施工管理上，重点抓了安全、质量、进度、投资控制、环保、文明施工等重大环节，使大桥的建设始终在受控状态，至今未发生一起安全、质量事故。

2.2.11　长安街西延永定河特大桥——和力之门大桥

北京长安街上新建的永定河特大桥——和力之门大桥系一座新型的城市景观桥梁，见图2.25~图2.27。长安街西延工程西起三石路，向东跨越现况砂石坑（规划为门城公园），经门头沟规划门城新城滨水商务区，上跨西六环、永定河和丰沙铁路，穿越首钢改造主厂区，终点至古城大街，全长约6.459km。该工程为城市主干路，规划红线宽度为60~80m，其中三石路至六环路西侧路规划红

图2.25　永定河和力之门大桥照片1

线宽度为60m，六环路西侧路至北辛安路规划红线宽度为80m，北辛安路至古城大街规划红线宽度为78m；设计行车速度为60km/h。道路标准断面采用三幅路形式，主路宽度30m，布置4上4下8条车道，最外侧为公交专用道，主辅隔离带宽3～3.5m，外侧辅路宽7m，人行步道宽5m（含树池）。该工程全线共29条相交道路，其中高速公路1条，主干路5条，次干路8条，支路15条。其中设置互通式立交桥1处（预留远期实施，近期为分离式），分离式立交桥3处，灯控路口10处，其余接辅路或右进右出。

图2.26　永定河和力之门大桥照片2

图2.27　永定河和力之门大桥照片3

全线桥梁工程主要分为四部分，即跨越永定河的永定河大桥；跨越现况六环路的六环路立交桥；跨越砂石坑和规划冯村沟的冯村沟大桥；跨越现况冯村沟的冯村沟跨河桥。全线桥梁总长1378m，全线桥梁总面积73060m^2，另设置人行地下通道4座。永定河特大桥主桥结构形式为3跨钢塔钢箱斜拉刚构组合体系桥梁，桥梁主跨为280m，主桥总长526m，桥梁面积25122m^2，引桥采用现浇预应力混凝土连续箱梁，引桥总长704m，桥梁面积33107m^2，全桥桥梁总长1230m，桥梁总面积58229m^2。

大桥的特点展现在6个方面：

（1）桥梁景观。永定河特大桥作为长安街上跨越永定河的桥梁，如同长安街周边诸多标志性建筑一样，是现代建筑科技结晶，历史人文风貌、时代特性的综合体现，拥有特殊的寓意，将成为北京的城市地标。所以这座桥应该是站在世界高度，给人印象深刻的一座标志性建筑，和周围的山水环境和谐共生，体现北京的活力，长安街的底蕴，永定河的胸怀。

桥梁景观设计充分分析周边环境，考虑首都人文景观、文化历史背景等因素，注重城市景观组织，合理处理与周边景观的衔接。考虑与沿线建筑物、地形及环境保持协调。大桥形式应美观、新颖、实用、经济。从主桥到引桥、梯道的桥梁景观效果应统一协调，互相呼应。

（2）结构体系。常规的大跨桥梁结构通常采用平衡和稳定的体系，而长安街的桥要能展现北京的活力，用一个独一无二的工程，以一种干脆利落的方式展现跨越河流的这个动势，而不是通过一系列连续的承重的构件去表现。桥梁结构体系结合景观要展现北京迈向未来的向往和站上国际舞台的能力，所以结构设计的选择需要更有活力，利用天然地势通过将桥梁基础和河岸平齐来展现活力同时赋予桥梁的三维视角，总体外观既简洁又富于现代感，同时平行于水流方向的基础对于河道行洪的影响降低到最小。所以本项目主桥结构体系要服务于大桥建筑景观需要，并力求功能合理，技术可行，结构安全，经济适度。

结构选取全焊钢结构，是目前国际桥梁设计的流行趋势。钢结构天然的高强度、延展性使得结构设计的安全度和创新性大幅提高。从结构细节处理到构件、附属工程选取，都鼓励采用先进科技工艺，引领北京乃至全国桥梁建设新发展。

（3）桥梁布孔。由于永定河两岸堤防的重要性，尤其是左堤（东侧）设防标准为最大可能洪水，其安全对整个北京市的防洪度汛具有重要影响，所以桥孔布置应结合河道水流方向，减小河道内墩柱数量，墩位尽量远离河堤。

（4）桥梁基础。根据地质条件，因地制宜，选择合理的基础形式。基础形式、埋深应充分考虑河道行洪和冲刷影响。下部结构应与上部结构景观效果统一、协调、衔接平顺。

(5)施工方式。桥梁结构的设计应充分考虑施工对现有城市交通的影响,选用适宜的结构形式、施工方法、施工工艺、合理地安排工期,避免设计与施工脱节。

(6)耐久性与舒适性。桥梁的结构形式及材料,满足耐久性、抗震、减噪的要求。同时针对不同桥型,边中跨比应协调,结构受力合理,尽量保持结构连续,以提高行车舒适度、结构安全性和耐久性。

2.3 北京城市桥梁创新技术的应用

2.3.1 设计理念上的创新

1)耐久性思想的引入

近年来北京地区针对城市立交桥混凝土桥梁的使用环境,认真研究混凝土在安全度和耐久性方面存在的问题,对现阶段可行的适合我国具体情况的桥梁耐久性进行研究,并采取相关措施,以提高城市桥梁结构的安全度和耐久性。譬如从混凝土的耐久性指标(包括抗冻性、抗渗性、抗钢筋锈蚀等)、结构形式及构造措施等方面提出控制措施。提出应从整体的耐久性的观点进行工程建设,改变目前盲目提高强度的观点,并积极开展了加强混凝土耐久性在实际工程中的定性、定量研究,如氯离子腐蚀钢筋的定量化研究、氯离子对预应力结构的腐蚀研究、盐冻问题研究、矿物掺和料在实际工程中的推广应用以及对耐久性作用的影响,以逐步实现对混凝土桥梁的耐久性定量化设计。同时,提出了在混凝土桥梁耐久性研究的基础上,建立城市桥梁结构安全设计的新理念。

2)桥梁结构防水技术的应用

20 世纪 80 年代末以来,我国各大、中城市日益重视城市桥梁结构防水技术。研究表明,城市桥梁防水主要存在 3 个问题:一是桥梁设计问题,表现在铺装设计不合理和受力薄弱环节未做防水处理以及结构防水设计不合理;二是防水材料问题,主要是缺少桥梁专用的防水材料;三是施工环节,防水施工质量尚未形成统一的操作规程和验收标准,缺少专业的桥梁工程防水施工队伍。

《城市桥梁防水卷材材料标准》和《城市桥梁防水涂料材料标准》两个标准已正式颁布而《城市桥梁防水系统的设计、施工、检测技术规定》也正式开始了编制工作,这将进一步促进我国城市道路和桥梁结构防水技术的发展。

研究表明桥梁防水材料的抗剪切性能十分重要,而影响抗剪的因素,包括:①桥面铺装的厚度、硬度及稳定度。铺装越厚,铺装材料硬度越高,高温稳定性越好就越不易滑动。②防水层厚度的优化。③混凝土基面的表面平整度,粗糙度及干燥性等。④施工因素。⑤解决材料中耐高温—低温、强度—延伸率、硌破—抗剪等一系列矛盾。⑥桥面构造中排水(包括渗水)畅通、伸缩缝、隔离带、泄水孔等与防水层衔接处构造的处理。

北京地区近些年在工程建设中广泛推广桥梁防水新技术,取得了显著的效益,并在以下几方面取得了以下成功的经验:①设置桥面防水层将提高桥梁耐久性,对延长桥梁使用寿命起到重要的作用。②桥面防水是“系统工程”,需搞好结构、施工、使用、自然条件等的协调配合,应引入“系统防水”的概念,通盘考虑,综合治理。③防水卷材应解决其抗剪“错动”问题,提高卷材的高温抗剪性能。完善卷材“接头”构造,采用机械锚固办法,或生产一种高温稳定性好的黏结材料。④改变桥面沥青铺装材料的性能,增加刚度、强度、热稳定性等。

2.3.2 大跨径桥梁设计的创新技术

近年来北京地区在采用转体法施工的曲线斜拉桥新技术、矮塔斜拉桥设计的创新技术以及自锚式悬索桥在城市景观桥的应用等方面取得了突破。

1)转体法施工的曲线斜拉桥

北京五环路上的石景山南站高架桥是我国目前转体吨位最重和斜拉索索力最大的转体斜拉桥梁,该高架桥全长 1181m,桥面总宽 29m,于 2003 年 2 月开工,2003 年 10 月建成通车,总投资 1.3 亿元。该工程通过设计和试验研究，在以下3个方面取得的技术创新：

（1）曲线转动体系的重心控制。将曲线箱梁内、外侧腹板设计成不等厚结构，并在转体结构端部对曲线内侧的箱室结构作切除处理；同时将转体结构重心在横桥向的偏移量设计成球铰的横桥向偏移量，使球铰中心与转体结构重心在一条铅垂线上。研究了大型复杂转体结构称重的方法，使转体结构的重心在设计允许范围内，确保转体施工的安全。北京五环路曲线斜拉桥转体法施工见图2.28、图2.29。

图2.28　转体法施工曲线斜拉桥照片1

图2.29　转体法施工曲线斜拉桥照片2

（2）斜拉索锚点构造与局部应力处理。为顺利进行转体施工，降低工程造价，便于维修养护，斜边索采用稀索体系，每一锚固点处两束斜拉索合计25000kN的集中力，索力居国内第一位。设计中没有使用常规的模型试验法，转而采用先进的计算机仿真技术和新型7-7ϕ5低回缩量钢绞线群锚预应力体系，提出了全新的斜拉索锚点构造设计和局部应力处理技术，既提高了工程可靠性，又缩短了设计周期约1个月。

（3）14万kN球铰设计、制造与安装工艺。该课题研究达到了主桥施工期间对铁路运营的干扰降至最小的要求，有效缩短了施工工期，并首次实现了单铰转体重量达14000t的转体结构设计、施工与重心控制；提出了新颖的斜拉索锚点构造设计和局部应力处理技术，创造了预应力混凝土曲线斜拉桥单铰转体重量达1.4×10^4t的世界纪录。

2）三塔部分（矮塔）斜拉桥

北京潮白河大桥是国内第一座三塔部分（矮塔）斜拉桥，如图2.30所示。众所周知，部分斜拉桥是近年来出现的一种新桥型，介于常规的斜拉桥与传统的梁式桥之间，其受力特点为索塔、斜拉索和主梁共同承受竖向荷载。与梁式桥相比，部分斜拉桥的跨越能力大，相同跨径的部分斜拉桥比梁式桥经济；与斜拉桥相比，部分斜拉桥整体刚度大，变形小，施工方便。

图2.30　三塔部分（矮塔）斜拉桥

潮白河大桥主桥为72m+120m+120m+72m的3塔4跨部分斜拉桥，跨径大，桥长，而环境温度的变化、混凝土的收缩徐变和地震作用对主梁和墩柱的受力影响较大，是确定结构体系应考虑的重要因素。温度变化和混凝土收缩徐变引起主梁的纵桥向变形，如果主梁与墩柱之间采用固定支座或墩梁固接，主梁的变形将会在主梁和墩柱内产生较大的内力，对结构产生不利影响。为了消除温度变化和混凝土收缩徐变对结构的不利影响，在主梁和墩柱之间采用纵向活动支座是一个比较好的选择方案，可保证主梁在温度变化和混凝土收缩徐变时自由变形。潮白河大桥主桥是对称结构，中塔为温度零点，主梁在中塔处不产生变形，所以在中塔处墩梁之间为固接，在边塔和边墩处采用纵向活动支座。

部分斜拉桥主梁外形更接近相同跨径的连续梁桥。潮白河大桥主梁采用变截面单箱三室结构，索塔处梁高4.2m，梁端和中跨跨中处梁高2.2m，主梁结构宽29.24m，单侧悬臂宽4.5m。主梁为三向预应力结构,主桥为单索面部分斜拉桥,索塔和斜拉索都布置在主桥的中央分隔带上,每个索塔上挂 8 对斜拉索。斜拉索在塔上竖向间距为 0.8m,通过分丝管穿过塔身,分丝管出口处设有抗滑锚板,防止钢绞线滑动。斜拉索锚固于主梁中室内,锚固点纵桥向间距为 5m。

部分斜拉桥与常规斜拉桥不同,主梁的自重与机动车、人群等移动荷载主要由主梁承担,斜拉索仅起辅助作用,协助主梁承受部分活载,结构的整体受力性能更接近于梁式桥。因此,部分斜拉桥不宜采用飘浮体系,主梁必须直接支承在墩柱上。

潮白河大桥在中塔处为墩梁固接,边塔和边墩处采用纵向活动支座,虽然可以有效消除温度变化和混凝土收缩徐变对结构的不利影响,但由于主梁与墩柱仅在中塔处有水平连接,地震作用时主梁的纵向地震力将完全传递到中塔墩上由其单独承担。为了改善结构在地震作用下的受力性能,在边塔处设置阻尼器,使边塔墩分担一部分地震力,减轻中塔墩所承受的地震作用。然而,其整体刚度较大,地震作用下结构的位移反应较小,对阻尼器的要求也与常规斜拉桥不同,应根据结构的地震反应特性对阻尼器进行设计和制作。

3)亚洲首座地铁曲线斜拉桥

我国城市第一地铁曲线斜拉桥——北京地铁 5 号线斜拉式立交桥,如图 2.31 所示,于 2005 年 11 月 2 日在清河立水桥畔落成。该斜拉桥系目前亚洲第一座集斜、弯、坡为一身的跨河地铁斜拉桥,施工难度相当大。这座含有多项高新技术的桥梁,已成为京城北部一个地标性建筑。

这座斜拉桥全长 210m,为 3 跨斜拉连续箱梁结构,主塔为双索面 A 形塔,塔高 66.9m,主梁长 108m,连接清河两岸;边跨长 102m,跨越立军路。

图 2.31 亚洲首座地铁曲线斜拉桥——北京地铁 5 号线斜拉式立交桥

2.3.3 近年来在城市桥梁结构设计上的创新

北京地区近年来在桥梁结构设计上采用了一些创新技术,如预弯复合梁技术、体外预应力技术、点支承异形板结构以及混合结构(横向结合和纵向结合以及替代腹板)等在城市桥梁中的应用。

1)预弯梁复合技术的应用

预弯预应力复合梁简称为预弯复合梁,其设计思想首先由比利时设计工程师利普斯基在 1949 年提出,随后他和贝阿斯教授合作,提出了预弯复合梁的初步设计与计算方法。由于预弯复合梁具有自重轻、易吊装、整体性强、耐久性好等优点,得到工程界的重视,并相继在英国、德国、法国、美国以及日本等国家得到推广和应用。预弯复合梁不同于以往的预应力结构,在横向卸去预弯钢梁上的预加力,利用所释放出来的预加弯矩对一期混凝土施加预应力。

北京市市政工程设计研究总院于 1999 年在哈尔滨设计了两座预弯复合梁桥——红旗路立交桥和大庆路立交桥,跨径分别为 38m 和 33m,超过了国内其他同类桥梁。2002 年在北京长河五塔寺跨河桥中,实现了北京第一座预弯复合梁的设计与施工,跨径达到了 33m,并在玉泉路跨永定河引水渠跨河桥中实现了跨度为 32m 的预弯复合梁。工程实践证明,预弯组合梁可减小梁高,降低立交桥梁结构的有效高度。

预弯组合梁结构相对刚度较大,由于其本身呈微弯反拱,外荷载作用下挠曲变形将大为减小,同时钢梁的存在也较大地增强了刚度和耐久性。预弯组合梁常为简支结构,具有该类结构的优点,采用预制拼装的施工方式,更适合在不宜中断交通及不便架设支架整体现浇的桥位处使用。

预弯组合梁由于梁高减小,使结构外观轻巧、美观,与各种结构配合使用,便于线性顺接协调、结构处理方便,也减少了桥梁结构的长度及桥梁面积,最终减少造价,使桥梁结构更加经济合理。预弯组合梁便于养护,减少建筑养护费用及日常养护给社会、日常生活带来的不便。

2)采用新的架桥技术和节段拼装梁新技术

采用新的架桥技术,以提高生产效率、节省材料、减少施工对现有交通的影响。

图 2.32　采用节段拼装梁新技术

(1)架桥机。大量采用整体架设(简支梁)和阶段拼装(逐孔拼装,分简支梁和先简支后连续梁;悬臂拼装,由悬臂梁合龙转化为连续梁)的方式架设城市桥梁(图 2.32)。有力地推动新型架桥机设备发展,包括架运一体机设备的技术进步。

(2)造桥机。采用可移动支架、模板现场浇筑的施工方式。

(3)转体施工、顶推施工。标准化设计、工场化生产、装配化施工的预制拼装工法得到应用。

3)点支承异型无梁板桥的应用

由于城市道路线形及客观环境的要求,桥梁平面形状变得越来越不规则,且由于多层立交方案的选用,为降低高度,对桥梁扁薄轻巧提出了进一步的要求,而异形无梁板桥结构则顺应了这种需求,并在北京地区得到了广泛的运用。

异形无梁板桥建筑上称无梁楼盖,其确切的定义是“上部结构为任意不规划平面形状的体板,下部墩柱为任意位置且直接支承在板体上的桥梁”,过去也曾称点支承异形板桥,其特点是适应性能好。因城市立交桥线形复杂,由此构成的桥梁平面、除弯、坡、斜外,还有叉口形、T 形、十字形、O 形等,墩柱也以满足桥下各向交通净空而设置,故其适应性好,结构较薄,同梁式桥比,厚度降低约 35%,还具有外形美观、结构合理、施工方便等优点。

综上所述,异形无梁板桥的优点十分明显,在城市立交桥中,为解决超异形、低高度等要求,它是值得推荐的桥型。其缺点是材料指标相对偏高。

2.4　感悟与结语

综上所述,北京作为祖国的首都,因其所处的地理位置和城市的特点(无宽、深的大江大河),且大规模城市建设起步较早,因而其城市桥梁在我国桥梁建设上有其独特之处。近 30 年来,北京地区在全国率先建设了一大批复杂立交桥梁、城市跨线桥梁、轻轨铁路高架桥梁等各类大、中型桥梁,并在城市桥梁的弯、坡、斜技术上呈现自身的特点。近年来北京在城市景观桥的设计上,亦独树一帜,取得了可喜的成就,譬如,昌平南环大桥,通州运河大桥等。永定河新桥——和力之门大桥,采用浅色系,体现出十足的现代感和活力,将工业文明与历史的厚重感相呼应;新桥采用具有工艺美学特征的钢结构桥梁,与首钢的整体风貌达成一致。总之,北京今后将不断修建最新、最美的城市桥梁,努力把北京建设成为现代化的、国际一流的和谐宜居之都。

3 上海城市桥梁建设

3.1 引言

上海,简称沪或申,是中国第一大城市,中华人民共和国直辖市之一,中国国家中心城市,中国的经济、金融中心,繁荣的国际大都市,拥有中国大陆首个自贸区"中国(上海)自由贸易试验区"。上海市的面积为 6340.5km^2,到 2014 年末,上海全市常住人口总数为 2425.68 万人。上海是中国的经济、交通、科技、工业、金融、贸易、会展和航运中心,GDP 总量居中国城市之首。上海港货物吞吐量和集装箱吞吐量均居世界第一,是一个良好的滨江滨海国际性港口。上海正致力于在 2020 年建成国际金融、航运和贸易中心。

上海地处长江入海口,东临东海,隔海与日本九州岛相望,南濒杭州湾,西与江苏、浙江两省相接,共同构成以上海为龙头的中国最大经济区——长三角经济圈。上海拥有深厚的近代城市文化底蕴和众多历史古迹,江南的吴越传统文化与各地移民带入的多样文化相融合,形成了特有的海派文化。上海在 2010 年成功举办了世界博览会。

1971 年,松浦大桥建成,改写了黄浦江无大桥的历史,1991 年、1993 年、1995 年、1997 年,上海以平均每两年一座大桥的速度,相继建造了南浦大桥、杨浦大桥、奉浦大桥、徐浦大桥,2003 年建成通车了卢浦大桥,2005 年建成了松浦二桥。

3.2 上海城市桥梁建设

上海百年来一直是我国的第一大城市,有着悠久的历史。作为最早开放通商口岸的城市之一,"东方明珠"有着得天独厚的地理优势,使其迅速广泛地吸收西方的先进文明,即使是在落后的晚清时期,上海也是全亚洲的中心,引领着亚洲的近百年的经济文化和时尚。同这座城市的名片一样,上海的桥梁也有着悠久的历史与独特的魅力。

3.2.1 外白渡桥

上海外白渡桥是中国的第一座全钢结构铆接桥梁和仅存的不等高桁架结构桥,同时也是自 1856 年以来在苏州河河口附近同样位置落成的第四座桥梁。由于处于苏州河与黄浦江的交界处,因此成为连接黄浦与虹口的重要交通要道。现在的外白渡桥于 1908 年 1 月 20 日落成通车。由于其丰富的历史和独特的设计,外白渡桥成为上海的标志之一,同时也是上海的现代化和工业化的象征,见图 3.1、图 3.2。1994 年 2 月 15 日,上海市人民政府将外白渡桥列为优秀历史保护建筑之一。

在上海这样一个日新月异的城市里,外白渡桥仍旧散发着独特的魅力。自 1908 年落成后,外白渡桥便成为上海天际线的组成部分。在上海城建档案馆内存有外白渡桥的设计建造图纸及历年大修图纸档案共计6卷。已经泛黄的正式设计图纸上标明，外白渡桥建造方为“上海特别市政委员会工部局”，图纸绘制日期是1903年8月25日。虽说是由手工绘制而成，但线条却是工工整整，每一数据都不差分毫。这就是老桥的“出生证明”与“护身符”，它是老桥如何做到“修旧如旧”的最权威依据。

上海文物管理委员会地面文物处表示，老桥的修葺方案早前已上报国家文物局，并获得批复。按文物部门要求，苏州河历史最低水位以上的桥体将保持原貌。这是一套大胆而科学的维修保护方案，该方案在通道施工中提高文物保护的安全系数，并可保外白渡桥再使用50年。在此以前，外白渡桥一天交通流量达3万辆次，而在此以后，外白渡桥将只对行人开放。到位的保护措施，最大限度地保证了老桥不会在我们的视野中消失。未来更将进行每10年一次的超声波探测，以确保桥体安康。

尽管在现代桥梁设计中，外白渡桥建造过程中所采用的铆接技术已经很少被使用，但是，大修时，还是会对所有铆钉逐一检测，对每一根超期服役的钢桁进行健康检查。受损部件将被更换，剥落的油漆将被除锈，并涂刷与原本色彩没有偏差的防水油漆。外白渡桥在2009年3月左右完成大修后恢复原位，桥的寿命将有望再延长50年以上。2009年4月2日，上海外白渡桥“城市之光”灯光系统开始全面试灯。新的灯光系统采用全彩LED灯具，不仅可呈现出多种色彩，还大大降低了能耗，见图3.1、图3.2。

图3.1　外白渡桥照片1

图3.2　外白渡桥照片2

外白渡桥正式亮灯通车仪式在2009年4月10日举行。2008年4月6日上午，上海外白渡桥移桥工作正式开始，到12时10分许，外白渡桥南段桥面顶起，在原地转向，从苏州河开往黄浦江。至此，外白渡桥南段移桥工作一切顺利，由拖船将外白渡桥拖往上海船厂维修。2009年2月25日上午，上海最著名的百年老桥外白渡桥的北跨桥体在历时10个月的搬移检修之后，“乘坐”驳船回归原位，以焕然一新的身姿，重新横跨在苏州河河口。获得“新生”的这座百年老桥，还能够使用50年至100年。

3.2.2　恒丰北路桥

恒丰北路桥是上海南北向干道之一，1987年建成，全长613m，其中斜拉桥主桥长151m，是我国第一座预应力混凝土独塔单索面斜拉桥，见图3.3、图3.4。主桥结构为梁塔墩固结的两跨（76.65m+72.8m）连续斜拉桥，塔高50m，采用等截面矩形断面。主墩与桥轴线作斜交，基础采用ϕ900mm钢管桩，埋深82m。

图3.3　恒丰北路桥照片1

图3.4　恒丰北路桥照片2

主梁梁高 150cm,采用抗扭刚度较大的 4 室箱梁。该桥为 15 对拉索组成竖琴式布置的单索面,每对索有 2 根拉索,全桥共 60 根,梁上索距 450cm,塔上索距 270cm,每根拉索采用 302 根 $\phi5$ 高强钢丝组成,外套 PE 管,管内压注水泥浆。锚头采用 3800kN 大吨位冷铸锚。上部结构施工采用挂篮悬臂对称浇筑,全断面分成脊骨梁、边箱梁及悬臂板三部分,分别用三种挂篮呈品字形同时推进施工。

3.2.3 南浦大桥

南浦大桥是上海市区第一座跨越黄浦江的自行设计、建造的新颖的双塔双索面叠合梁斜拉桥(图 3.5、图 3.6),全长 836m,主跨 423m,在世界上已建成的同类型斜拉桥中名列第二。主塔高 150m,桥面总宽度为 30.35m,两岸引桥全长 7500m,工程总投资 8.2 亿元,于 1991 年 12 月 1 日建成通车。南浦大桥是上海市区第一座跨越黄浦江的大桥,落成于 1991 年 11 月 19 日。南浦大桥主桥为一跨过江的双塔双索面叠合梁结构斜拉桥,两岸各设一座 150m 高的 H 形钢筋混凝土主塔,桥塔两侧各以 22 对钢索连接主梁索面,呈扇形分布。桥下可通行 5 万吨级巨轮。

图 3.5 南浦大桥照片 1

图 3.6 南浦大桥照片 2

大桥设置机动车道 7 条,其中浦东往浦西 3 车道,浦西往浦东 4 车道,两侧各设 2m 宽的观光人行道。浦西引桥长 3754m,以复曲线呈螺旋形、上下二环分岔衔接中山南路和陆家浜路。浦东引桥长 3746m,采用复曲线呈长圆形,与浦东南路相连并直通杨高路。南浦大桥也是上海道路内环线的过江枢纽。南浦大桥设有观光电梯,游人可乘电梯上桥观光。大桥主塔的上横梁上,镶嵌着由邓小平同志题写的桥名。南浦大桥是一座现代化桥梁,它犹如一架横卧的竖琴。南浦大桥规模之雄伟,工艺之严格,技术之复杂,施工难度之高,建设周期之短,是我国桥梁建设史上少有的,在世界桥梁建设史上也不多见。

3.2.4 杨浦大桥

杨浦大桥是黄浦江上的第二座大桥,于 1993 年 10 月竣工通车,与南浦大桥遥相呼应,是内环线高架连接浦东与浦西的过江枢纽,见图 3.7、图 3.8。大桥为双塔双索叠合梁斜拉桥,总长为 7654m,跨径为 602m;主桥长 1172m,宽 30.35m,共设 6 车道,两旁设有 2m 宽人行道,并有上下电梯供观光游览;净高 48m,

图 3.7 杨浦大桥照片 1

图 3.8 杨浦大桥照片 2

桥下可通 5.5 万吨巨轮；大桥两侧各有一座倒 V 钻石形主塔，高 208m。杨浦大桥是上海继南浦大桥之后建成的跨越黄浦江的第二座斜拉索公路桥，是当时世界主跨径最大的斜拉桥。邓小平为杨浦大桥题写的桥名镶嵌在主塔三角区内。

大桥的设计施工中提出了钢箱梁简化加劲的合理建议和加劲肋的设计方法，改进了拉索锚箱的设计，整理了中国桥梁抗风稳定性的理论分析、试验内容和方法，为中国大跨度悬吊体系的抗风设计准则和实验方法奠定了科学和实践基础；先张法板梁用高强度低松弛预应力钢绞线作预应力筋，OVM 锚具作工具锚效果良好，其成果已推广到上海内环线等其他工程设计施工中。杨浦大桥的建成使中国斜拉桥的设计和施工水平进入世界先进行列。在大桥建设过程中，坚持以科学技术为第一生产力，把科研、设计、施工紧密地结合起来，完善并发展了建设南浦大桥时建立的成套技术和质量保证体系，整个建设中采取全过程质量监理和政府监督，主桥单位工程优良率达到 100%，并在建设过程中抓好了投资管理，使工程建设费用控制在概算之内。

杨浦大桥挺拔高耸的主塔似一把利剑直刺苍穹，两侧钢索呈扇面展开，如巨形琴弦，正弹奏着巨龙腾飞的奏鸣曲。邓小平同志亲自为大桥题写了桥名，他以 88 岁高龄登上杨浦大桥时感慨地说："喜看今日路，胜读万年书。"大桥以其线条流畅、动感强烈的设计造型横跨浦江，成为上海的一个门户特征。

3.2.5　奉浦大桥

上海奉浦大桥于 1995 年 10 月 26 日竣工通车，是上海地区继松浦、南浦、杨浦大桥之后黄浦江上的第四座大桥，是由奉贤县与市有关部门和企业共同集资修建，用 19 个月的时间建成的，见图 3.9、图 3.10。奉浦大桥是上海城市总体规划中南北快速干道四号线公路的一个重要组成部分。

图 3.9　奉浦大桥照片 1

图 3.10　奉浦大桥照片 2

奉浦大桥于 1997 年 6 月建成通车，是上海市区南部连接浦江两岸的又一座跨江大桥，也是黄浦江上第一座大跨度预应力混凝土连续梁桥。大桥全长 2201.8m，主桥跨径为 545.30m（85.15m+125m+125m+125m+85.15m），宽 18.6m，设 4 条车行道，属一期工程；远期在其下游一侧再建一座 4 车道桥梁。徐浦大桥通航净空高为 28m，能容 3000t 油轮通过。主桥采用单箱单室、大悬臂、薄壁箱形断面的三向预应力体系，设计荷载标准为汽车—超 20 级，验算荷载为挂车—120，人群荷载为 2.4kN/m^2。

大桥纵向预应力设计采用上海市城建设计院开发的《后张法预应力混凝土桥梁 CAD》软件。全桥共布置纵向预应力钢束 1342 束，采用直径 15.24mm 高强度低松弛钢绞线，标准强度为 1860MPa；锚具采用 OVM15-7 型，配置 YCW-150 型和 YCW-250 型千斤顶张拉，预应力管道采用金属波纹管。主桥江中 4 座桥墩为高桩承台，桩基采用直径 900mm 钢管桩，桩长 63m，桩尖设计高程-60.0m，单桩容许承力 6000kN。部分钢管桩采用斜桩（7：1）。江中承台采用钢套箱围堰施工法。4 座桥墩各设置 2 只 45000kN 盆式橡胶支座。该桥进行了水上安全防护系统设计，以解决船舶对桥墩的碰撞和防护问题。

3.2.6 徐浦大桥

徐浦大桥是上海市外环线南端的过江点，是直接沟通沪宁、沪杭高速公路进入上海过江的交通枢纽，同时也是虹桥机场与浦东国际机场之间最便捷的连接通道，见图3.11、图3.12。徐浦大桥是继南浦大桥、杨浦大桥之后，上海市区第3座跨越黄浦江的特大型桥梁. 位于徐汇区龙华乡和浦东新区三林镇附近的江面上，下游距南浦大桥10.2km。大桥全长1072m，主跨590m，总宽35.95m，设双向8车道，设计时速80km/h；主塔呈A形，塔高217m，拉索采用扇形平面布置，共30对240根。

图3.11 徐浦大桥照片1

图3.12 徐浦大桥照片2

大桥设计上保持了与南浦大桥、杨浦大桥一致的风格：高矗的主塔、扇形的索面、简洁的钢结构主桥，成为前两座斜拉桥的新家族成员。徐浦大桥建设所需的6万余吨钢材，首次全部采用了宝钢集团生产和轧制的板材、线材，开创了在重大桥梁建设中钢材国产化的新局面。

大桥于1994年4月动工兴建，工程总共投资20亿元，于1996年12月27日实现全线结构贯通，进入桥面铺装施工阶段。徐浦大桥首次全面采用国STE355钢板，代替进口桥梁钢板加工制作构件，推动了中国特种钢材冶炼和轧制水平的提高。

3.2.7 卢浦大桥

上海卢浦大桥于2003年6月28日正式通车，是上海黄浦江上继南浦大桥、杨浦大桥、徐浦大桥、松浦大桥、奉浦大桥后投入使用的第6座大桥。它已成为21世纪上海的新地标。上海卢浦大桥在当今世界拱桥建造史上创下了许多令中国人自豪的世界第一，如跨度最大(550m)、用钢量最多(35000多吨)、主拱截面积最大(高9m、宽5m)、单件构件最重(860t)、江中跨拱肋吊装最重480t、现场焊缝最长(40000多米)、现场焊接的钢板最厚(100mm)；采用的造桥技术最多(融斜拉、悬索和拱桥工艺于一身)，使用的16根水平索长度(760m)、直径(180mm)、拉力(1700kN)，均为全球拱桥之最，见图3.13、图3.14。江泽民为卢浦大桥题写了桥名，14年巨变，浦江天堑变通途。

图3.13 卢浦大桥照片1

图3.14 卢浦大桥照片2

2000年10月25日开工建设的卢浦大桥北起浦西鲁班路，穿越黄浦江，南至浦东济阳路，全长8722m，是当今世界第一钢结构拱桥，也是世界上跨度最大的拱桥。大桥主桥为全钢结构，大桥直线引桥全长3900m，主桥长750m，宽28.75m，一跨过江。其由于主跨跨径达550m，居当时世界同类桥梁之首，被誉为"世界第一钢拱桥"，入选世界纪录协会世界最大跨度钢拱桥，创造了新的世界纪录。

卢浦大桥主桥按6车道设计，引桥按6车道、4车道设计，设计航道净空为46m，通航净宽为340m，可通过7万吨级的轮船；高9m、宽5m的主拱截面为当时世界之最；它也是世界上首座完全采用焊接工艺连接的大型拱桥。2007年5月1日卢浦大桥上首次亮灯，桥身呈优美的弧形，如长虹卧波，飞架在浦江之上。

卢浦大桥像澳大利亚悉尼海湾大桥一样具有旅游观光的功能。与南浦大桥、杨浦大桥不同，"世界第一拱"卢浦大桥将观光平台安在巨弓般的拱肋顶端，不但使观光高度更高，而且需要游客沿拱肋的"斜坡"走300多级台阶步行观光，增加了观光性、趣味性和运动性。游客乘坐高速观光电梯直达50m高的卢浦大桥桥面，沿大桥拱肋人行道拾级而上，在"巨弓"背上大约攀登280m，登上100m高的拱肋顶端，站在篮球场大小的观光平台中眺望，浦江美景尽收眼底。由于卢浦大桥位于上海2010年举办的世博会会址的中轴线上，因此，镶嵌在卢浦大桥拱肋上的"桂冠"——拱肋顶部观光平台，将是鸟瞰世博会址昨天、今天和明天的最佳景点。

3.2.8　松浦二桥

上海松浦二桥（又名黄浦江大桥）于2005年12月28日合龙，是跨越黄浦江的第7座桥梁，见图3.15。大桥跨度398m，全长为1km，桥面设双向6车道，设计时速100km/h，是嘉金高速的关键节点。大桥地处松浦大桥上游1km处，是继松浦、南浦、徐浦等跨黄浦江的第7座大桥，同时也是黄浦江上游第一座大桥。该桥是高速公路专用桥，属于连续梁桥结构；通航主跨径为120m，通航高度大于13.8m。该桥属于双幅桥结构，单幅桥宽为16m。大桥建成后将缓解松浦大桥的拥堵状况，对完善上海"153060"高速公路网、发挥该网的整体功能意义重大。

图3.15　松浦二桥照片

上海松浦大桥正桥桥型为连续钢桁架结构。上部结构为96m+112m+112m+96m，其中铆接三角形钢桁架连续梁共长419.6m；中间支点及112m跨端支点均设两片6m高的加劲弦；主桁中距6.02m，主桁节间为8m，钢梁宽6m。正桥江中3座桥墩采用直径为1.2m钢管桩基础，上用吊箱围堰修筑高桩承台。正桥公路铁路共用两岸各3座桥墩，采用直径为1.25m钻孔灌注桩基础。铁路引桥墩台74座，公路引桥墩台38座，均为直径55cm钢筋混凝土管桩基础。正桥两端与引桥交接处建有塔楼，桥上设置照明、通讯、水电、提升站等，桥头周围配有管理房、道路、小广场绿化及码头等附属设施。公路桥的路面宽9m，两侧各设1.5m人行道。公路引桥南北岸各22孔，采用31.7m预应力钢筋混凝土简支梁。公路桥正桥长419.6m，引桥长1438.85m，全长1858.45m，引桥坡度为3%，荷载按汽车—20级设计和挂车—100检算，人群荷载3.5kN/m^2。铁路正桥长419.6m，引桥长2628m，全长3047.6m，共有85个墩台，两岸各有1个桥台，梁跨为4孔（96m+112m+112m+96m）平弦伸臂三角形钢桁梁，梁高12.8m，加腿高6m。两岸96m边跨中的80m挂梁采取4‰降坡，以减少引桥长度，其中北岸引桥42孔、南岸引桥38孔，采用31.7m预应力钢筋混凝土简支梁。铁路荷载按中—22级（货车由6.0t/m改为8.0t/m）设计，不考虑电气机车。

3.2.9　东海大桥

上海东海大桥是上海国际航运中心洋山深水港区一期工程的重要配套工程，为洋山深水港区集装箱陆路集疏运和供水、供电、通信等需求提供服务，见图3.16、图3.17。东海大桥位于杭州湾口无遮蔽海域，连接远离陆域逾30多公里的外海孤岛，地处海洋环境，是我国目前最长的桥梁，也是第一座真正意义上的跨海大桥。大桥北端起始于上海南汇芦潮港，通过沪芦高速公路与市区沟通，南至浙江嵊泗崎岖列岛，通往上海洋山集装箱深水港区，是洋山集装箱深水枢纽港陆路集疏运的通道，并兼顾社会交通运输功能。

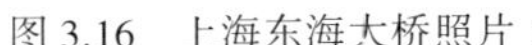
图 3.16　上海东海大桥照片 1

图 3.17　上海东海大桥照片 2

上海东海大桥按双向 6 车道加紧急停车带的高速公路标准设计，分上下行双幅桥面，桥面总宽 31.5m，设计车速 80km/h，设计荷载等级为汽车—超 20 级、挂车—120 验算，并按重车间距 10m 密排布置进行校验，设计基准期为 100 年。

大桥全长 32.50km，其中大桥与沪芦高速连接的路桥连接段为 1.45km，陆上段为 2.26km；芦潮港新大堤至大乌龟岛之间的跨海段为 25.32km，大乌龟岛至小洋山岛之间的港桥连接段 3.47km。全桥设 5000t 级单孔双向主通航孔一处，通航净高 40m、主跨跨径 420m；桥墩按万吨级防撞能力设计；设 1000t 级双孔单向副通航孔一处，通航净高 25m，主跨跨径 140m；设 500t 级双孔单向辅通航孔两处，通航净高 17.5m，主跨跨径分别为 120m 和 160m。

按施工工艺特点，大桥可分为 8 个部分：即路桥连接段、陆上段、浅海段、非通航孔基础段、非通航孔段、主通航孔、辅通航孔和港桥连接段，其中港桥连接段又分为开山路段、海堤段和颗珠山大桥 3 部分。

上海东海大桥自 2002 年 4 月开工，在上海市政府、市深水港工程建设指挥部的有力指挥下，经过 3 年半的紧张建设，于 2005 年 12 月，与洋山深水港一期码头同期投入运行。

上海东海大桥是我国第一座外海跨海大桥，工程具有鲜明的特殊性，主要表现在：建设条件相当复杂，建设规模巨大，工艺内容繁多，防腐要求高，工程设备需求量多、投入大，工期压力大，管理跨度大、难度高等。上海东海大桥的建成，为洋山深水港提供了唯一的陆上通道，体现了当代中国的桥梁建设水平，为我国外海大桥建设积累了经验，谱写了特大型跨海桥梁建设的新篇章。

3.2.10　上海长江大桥

上海长江大桥南起崇明县长兴岛西南方上海长江隧道登陆处，沿地面横穿长兴岛，跨越长江口北港水域，北至崇明县陈家镇，全长 16.63km。该桥是世界上最大的公轨合建斜拉桥，其桥面预留了轨道空间，将来有条件开通城市轨道交通，见图 3.18、图 3.19。

上海长江大桥跨江段长 10km，为斜拉桥型，按双向 6 车道设计，时速可达 100km/h。主塔造型不同于杨浦大桥的倒 Y 形，也不同于徐浦大桥的 A 字形，也不同于南浦大桥的 H 形，而是形如“人”字，平直的桥面从腰际穿过。

图 3.18　上海长江大桥照片 1

图 3.19　上海长江大桥照片 2

上海长江大桥主通航孔跨径达到 730m，超过了上海已建的任何一座大桥，比东海大桥主通航孔还大 300 多米，在国内仅次于苏通大桥和香港昂船洲大桥，位居世界第五。这一跨度能满足规模 3 万吨的集装箱货轮及 5 万吨的散装货轮的双向通航要求。上海长江大桥主塔于 2007 年 11 月 28 日顺利封顶；2009 年 10 月 31 日 18 时大桥正式通车。

上海长江大桥公路与城市轨道交通一体化跨江大桥建设，面临诸如规范的空白、箱梁悬臂布置轨道线、桥梁规模与跨度等方面的难题。上海市政工程设计研究总院技术团队通过科技攻关，成功解决了预留轨道交通设计参数、预留位置、结构的适应性、车桥耦合振动的舒适性、安全性等关键技术问题，填补了多项技术空白，为中国大型公路与轨道交通一体化桥梁的建设积累了宝贵的经验。

“万里长江第一桥”的设计理念，市政院设计团队的设计师们几乎不约而同地发出同样的看法：上海长江大桥尽管有世界级长大公轨合建桥之誉，但在设计之初并没有刻意去追求世界纪录的突破，而是着力于追求桥梁内在品质的提升。

人字形主塔体现力与物的完美结合。桥梁建设在实现它的交通功能的同时，也要考虑发挥它更多的美学价值，上海长江大桥位居长江入海口，堪称“万里长江第一桥”，如何使桥梁的景观成为上海的一个新地标，经过上海市政院建筑师和工程师的充分沟通，设计团队最后选择了上 212m 高的“人”字形桥塔，这在以往的桥梁上还没有使用过。

工程人员介绍，这种“人”字形桥塔也体现了中国传统文化天人合一的理念，流畅的桥面从主塔腰际穿过，简洁流畅受力合理的塔形，则体现了力与物的完美结合。此外，上海长江大桥全线还有一个 S 形弯，这种桥梁的线形布置，既考虑了对水流的影响最小，又与整座桥梁功能要求的线形结合起来，使得它在造型优美的同时还满足了环保上的要求。

大桥与上海长江隧道组成的工程创世界之最。上海长江隧桥总长度达 25.5km，由全球最大直径隧道和世界最大公路轨道合建斜拉桥组成，堪称目前世界规模最大的隧桥结合工程。

在上海长江隧道建设中，两台超大型盾构一次连续掘进 7.5km，不设中间检修井，施工中轴线偏差在 ±75mm 标准以内，在世界上绝无仅有。隧道盾构直径达 15.43m，是世界直径最大的盾构，其横断面面积近 180m^2，建筑面积可相当于一般民用建筑的 4 室 2 厅。上海长江隧道最深处在水下 55m，江底隧道无渗漏，打破日本东京湾公路隧道埋深 50m 的纪录。

上海长江大桥主通航孔为跨径 730m 的分离式全飘浮体系斜拉桥，是世界上已建成的同类桥梁中最大的。国外不乏轨道交通同公路交通分层运行的例子，但上海长江大桥上轨道交通与双向 6 车道的公路交通同平面并驾齐驱，这在世界上属于首例。

3.2.11　上海高架道路

上海高架道路内环线高架道路全长 47.66km，平均路幅宽 18m，设双相 4 条机动车道，中间设隔离护栏，两边设防撞墙和隔音板，设计时速 80km/h。环线由三部分组成：浦东段 8km 地面道路，通过浦江双桥与浦西段连成一体，见图 3.20、图 3.21。它是上海开埠以来规模最大的市政工程建设项目。沿线设 6 座大型互通式立交桥及 41 条上下匝道，使高架道路与地面道路连成一体，贯穿南北的高架道路与内环线相衔接，初步形成城市立体交通网络的雏形。内环线沿线设置了先进的监控系统、通信系统、光电指示系统和光源照明系统，数十台电视屏幕可以 24 小时监视高架道路的运行情况，创国内城市交通现代化之最。

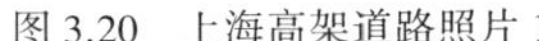
图 3.20 上海高架道路照片 1

图 3.21 上海高架道路照片 2

3.3 感悟与结语

以上全面介绍了上海各类桥梁的发展沿革和近些年来其最新的建设成果，给笔者很多的感悟和启示。

(1)外白渡桥作为近代上海的标志之一，其丰富的历史和独特的设计，代表了上海的现代化和工业化。通过电视剧《上海滩》，这座近代桥梁深深地印刻在几代人的脑海中。

(2)恒丰北路桥作为继上海卯港大桥之后，上海市早期修建的斜拉桥之一，结构上采用梁塔墩固结的两跨连续斜拉桥，虽然现在看来有许多需要商榷的地方，但毋庸讳言，它为我国 20 世纪 90 年代之后的城市桥梁建设积累了宝贵的经验。

(3)以南浦大桥、杨浦大桥和卢浦大桥为代表的现代城市大跨径桥梁的成功修建，展现了桥梁设计和建设的巨大成就，而这些大桥也早已成为了上海市新的标志性建筑和城市新景观。

(4)上海东海大桥和上海长江大桥的成功修建，表明上海在推动我国从桥梁建造大国向世界桥梁强国的进程中，迈出了坚实的一步。

(5)在今后随着上海的城市桥梁的建设不断发展，我们有理由相信和期盼着上海在城市桥梁建设上不断创造出新的奇迹。

4 天津城市桥梁建设

4.1 引言

天津,简称津,中华人民共和国直辖市、中国国家中心城市、我国北方的经济中心、环渤海地区经济中心。天津自古因漕运而兴起。新中国成立后,天津的城市桥梁建设快速发展。天津面积为 11946.88km^2,截至 2014 年末,全市常住人口达到 1516.81 万人。

由于天津城市的发展和城市公路网的建设,天津的立交桥也成为城市交通的重要组成部分。天津的城市桥梁是天津市重要的交通设施,目前分为水桥和立交桥两种形式。由于天津地处九河下梢,拥有多条河道,因此建有大量各式各样的桥梁。近代的开埠使天津拥有了一些西方开启式钢桥,如吊旋的解放桥、金钢桥,平转的金汤桥,平拖的金华桥等。桥梁专家茅以升说:“几乎全国的开合桥都集中在天津。”目前,天津总共有桥梁一百多座,其中海河上游的桥梁已达 20 座,平均距离由原来的 1.68km 缩短至不到 0.8km,方便了海河两岸交通。

随着天津城市的不断发展,浮桥已经不能满足天津交通的需要。光绪十三年(1887 年),天津的第一座钢结构大桥建成。该桥位于今河北区北营门外大街北口与北河口之间,即北运河和子牙河汇合之地。原桥为木制拱桥,1888 年在原址以西改建为铁桥,桥长约 40m,形状如彩虹,故又称之为“虹桥”,又名“老红桥”。1924 年,该桥因桥身年久失修被洪水冲垮而倒塌。之后,人们在原地修建了一座浮桥以维持交通。1937 年,在老红桥西边约 0.5km 处建立一座新红桥,也称西河桥,1965 年,又改称大红桥,至今仍在使用。当时,大红桥附近是天津市通往冀中的重要内河码头。至今,大红桥仍是红桥区标志性建筑物,也是区内现存的唯一铁桥,是天津市市区仅存的 3 座开启式铁桥之一。另外,红桥区也是以该桥命名的。

1888 年,天津第一座悬臂式开启桥金华桥在直隶总督行馆前的南运河上建成。这座桥是中国最早的开启式钢桥。

1903 年,由美国施特劳斯公司设计并供应材料,中国大昌公司负责安装的金钢桥建成,当时天津老百姓俗称新铁桥。1924 年,在金钢桥旁边又另建一座新桥,新桥为立转开启式,很像古代护城河上的吊桥。这座新桥仍沿用金钢桥的名称。

1906 年,由天津市政府与奥地利、意大利租界领事署及电车公司合资修建的金汤桥在海河上建成。其中孔能作水平旋转,成为启闭式桥梁中的一个新品种。

1926 年,在老龙头火车站旁新建了一座悬臂式开启桥。因为当时该桥处在各国租界地之内,所以被称为万国桥。此后,这座桥又先后被改称为中正桥和解放桥。解放桥也是现今全中国旧钢桥中唯一还能开启的桥。

1985 年,海门大桥作为中国第一座最大的垂直提升式钢结构跨河大桥建成。海门大桥总长 903m,中孔跨度 64m,为活动孔。在活动孔两侧还建有 45m 高的提升钢塔架,作为开启通航道。海门大桥开启时,净宽 60m、净空高 31m。

1987 年 12 月，一座采用先进建桥技术修建的大型公路桥永和大桥建成。该桥全长 510m，中孔主跨径为 260m，桥面宽 14.5m，两岸的门式塔柱高 55.5m，共有 44 对钢质缆索，采用钢索斜拉悬挂的桥梁结构形式。

天津桥梁众多，南运河桥梁有金钟桥、金华桥、新三条石桥、爱民桥、团结桥、大丰桥、井冈山桥、邵公庄闸桥、芥园桥、咸阳桥、密云桥；北运河桥梁有勤俭桥、北浐桥、辛庄桥、子牙河立交桥、子牙河大桥、新红桥、大红桥、西河大桥、外环线子牙河桥。

4.2 天津水上桥梁建设

天津，因其地理位置紧靠我国的政治中心北京而在近代历史上占据着重要的位置。许多帝国主义国家在此设立过租界，众多民族栋梁在此驻足，激荡时局，翻开了风云变幻的历史篇章，留了无法抹去的城市烙印。如今，天津已是四大直辖市之一，在改革开放的浪潮中引领风骚，城市、社会、经济、文化迅速发展。天津的桥梁独具特色，开启式桥梁占据全国半壁江山，既保证了交通，有不阻碍通航，延续了港口城市的小品雅韵，在北方的粗犷中独显别致。

4.2.1 天津解放桥

天津解放桥，位于天津火车站与解放北路之间的海河上，是一座全钢结构可开启的桥梁，建于 1927 年，桥长 97.64m，桥面总宽 19.5m。桥身分为 3 孔，中孔为开户跨。开户跨为双叶立转式，在桁架下弦近引桥部分背贴一固定轨道，开桥时活叶桁架沿轨道移动开启，以便让开更大的通航净空。合则走车，开则过船，“万国桥下过大船”，曾经是海河一景。它不仅是天津的标志性建筑物之一，也是连接河北、河东、和平三区，沟通天津站地区的枢纽桥梁。解放桥附近原有一座老龙头桥，是 1902 年法租界当局要求清政府修建的。随着城市交通的发展，1923 年筹建新桥，于 1927 年正式建成后，将老桥拆除。解放桥原名万国桥，即国际桥之意，北连老龙头火车站，南通紫竹林租界地。因当时的天津有英、法、俄、美、德、日、意、奥、比等 9 国租界，故得此名。而此桥位于法租界入口处，又是由法租界工部局主持建造的，所以当时天津民众称它为法国桥。抗日战争胜利后，当时的国民政府以蒋介石的名字命名此桥，叫作中正桥，见图 4.1~图 4.4。

图 4.1 解放桥照片 1

图 4.2 解放桥照片 2

图 4.3 解放桥照片 3

图 4.4 解放桥照片 4

2007 年 1 月 18 日，经过 8 个多月的封闭施工，解放桥完全按照原貌修复完成并竣工通车，恢复了桥体开启功能，为靓丽的海河再添新景。解放桥上曾留下过许多故事和传说，不仅有解放军用一个连的兵力、仅用 20 多分钟时间攻克大桥的佳话；最为扑朔迷离的是至今没有搞清楚大桥设计者到底为何方人士。比较盛行的传说，乃是法国巴黎埃菲尔铁塔的设计者。

4.2.2　天津狮子林桥

天津狮子林桥位于南开区、红桥区与河北区的交界处的海河之上，始建于 1974 年。为确保海河通航要求，有关部门于 2003 年对狮子林桥进行顶升，当时尚属国内首例。同时，桥头的 4 座石狮修葺一新，又在桥上新塑大小狮子 1177 只，共计 1181 只。狮子雕像神态各异，或仰天长啸，或闭目养神，或低头沉思，或欢腾雀跃，绝无重样。桥中狮子林可谓中国一绝，见图 4.5 ~ 图 4.7。

图 4.5　狮子林桥照片 1

图 4.6　狮子林桥照片 2

狮子林桥是中国公路桥梁建设上最早采用预应力混凝土悬臂技术的一座桥梁。桥全长 96.6m，分跨为 24m+45m+24m，由单悬臂梁和 8m 长挂梁构成。桥宽 2×3m+18m。1994 年在老桥上、下游每侧各修建一座新桥，新桥桥宽为 9.3m，结构截面为 3 跨变截面预应力混凝土箱形连续梁，跨径为 25.2m+45m+25.2m。2003 年 8 月再由城建集团对桥体成功实施了整体抬升，抬升高度 1.271m。最终留在今日狮子林桥上的原先狮子林桥上的狮子有 3 种，一是雄踞桥头的两对同形的汉白玉石雕；二是桥栏之间石垛上的高浮雕；三是每个石垛间栏杆立柱上的铸铁狮，3 种加起来，狮子林桥上总计有 184 个狮子。另外，在原来的废桥墩上，1986 年建造的“哪吒闹海”和“二龙戏珠”造型，成为海河水面上第一组固定景观。1995 年，又用 6 条由玻璃钢制成的金色盘龙将新设的一根直径 600mm 的过河煤气管道缠绕起来，与原有的 3 条铜龙雕相映成趣，形成意蕴深远的新景观。新的桥梁景观设计采用现代设计理念，本着一桥一景的原则，在充分考虑海河与周围景观、建设相协调的基础上，保留了桥头原来的 4 座石狮子，同时在桥栏、桥身、桥墩等不同部分新塑大小石狮子几百个，特别是桥墩处采用的是狮子图像的浮雕，这意味着当人们行船通过这里的时候，从桥下也能看到可爱的小狮子，充分体现狮子林桥的特色。另外，狮子林桥的桥面处理上，首次采用彩色沥青。在灯光处理方面更是别具一格，其夜晚效果尤为壮观。为不影响狮子林桥的整体景观，狮子林桥旁的煤气管道将改为河下穿过。

图 4.7　狮子林桥照片 3

4.2.3　天津金汤桥

金汤桥始建于清光绪三十二年(1906 年)，比解放桥早建约 20 年，由天津海关道和相关租界当局、外国公司合资，将此地浮桥改建而成的 3 跨平转式可开启钢结构桥梁，也是国内目前仅存的同类桥梁。在天津,金汤桥又是象征天津解放的标志。在平津战役中,多路攻城的解放军官兵于 1949 年 1 月 15 日凌晨在此会师,天津解放,所以该桥也被天津人民亲切地称之为会师桥。金汤桥位于建国道西端与水阁大街之间的海河上,桥名“金汤”是取“固若金汤”之意。桥长 76.4m,总宽 10.5m,面积 8022m^2,是天津市现存最早建造的大型铁桥之一,见图 4.8~图 4.10。

图 4.8 金汤桥照片 1

图 4.9 金汤桥照片 2

金汤桥原为浮梁舟桥,由 13 条木船连缀而成,桥面铺设活动木板。初名盐关浮桥,俗称东浮桥。清雍正八年(1730 年)由青州分司孟周衍商请盐院郑禅宝营造,故又称孟公桥。到 1906 年(光绪三十二年)10 月,因铺设从东浮桥至东站有轨电车路轨,由津海关道和奥、意租界领事署及比商天津电车电灯公司合资改建为永久性的钢梁铁桥,存留至今。原来也是用电力启动的开合桥,1970 年第二次大修时,开启设备才被拆除。2005 年金汤桥再次重修,恢复了开启功能。

图 4.10 金汤桥照片 3

4.2.4 天津北安桥

北安桥,连通福安大街与胜利路,原为木结构,早在民国初年就是连接意租界与日租界的重要桥梁。抗战胜利后,此桥改建为水泥灌桩桥,名为胜利桥。1975 年改建为 3 孔拱形钢混结构,更名为北安桥。桥头雕像采用西方古典主义表现形式,内容上以中国 4 灵——青龙、白虎、朱雀、玄武为题材,寓意东、南、西、北四方平安。另外,桥栏基柱上的 4 尊乐女雕像也是神采飞扬,与桥两侧的几十盏欧式雕塑灯相映成趣,如图 4.11~图 4.13 所示。

图 4.11 北安桥照片 1

图 4.12 北安桥照片 2

图 4.13　北安桥照片 3

北安桥桥宽 24.6m，其中机动车道 18m，人行道每侧各 3m。2004 年，北安桥整修，桥梁整体抬升 1.7m，并在两侧各新建一座 9m 宽的新桥，其中 6m 用于非机动车行驶，3m 为人行道。顶升后的北安桥老桥将专用于机动车行驶。新建桥梁的河中跨径布置与原桥相同，同时考虑行人的通行和海河西路下沉式路面的跨越，增加了桥跨布置。另外还进行景观装饰，借鉴法国巴黎塞纳河上的亚历山大三世桥的特点，桥头和栏杆设置金色雕像，青铜灯饰，但是 4 个金色桥头雕像采用的是中国传统题材：青龙、白虎、朱雀、玄武 4 灵。

北安桥顶升采用同步顶升方法，分 5 步进行。采用这种技术一方面能够不损坏现有桥梁结构，另一方面对交通的影响范围比较小，可以大大舒缓交通带来的压力。顶升采用 36 台各承重 2000t 的千斤顶共同完成。每个桥墩对称分为两个控制区，全桥共划分为 8 个区域。在封锁交通后，工作人员将先切断桥面连接，松开固定支座锚固连接螺栓，然后开始为桥体称重，在确认各支座受力均衡后，进行试顶升 2cm。接下来进行分级顶升至施工需要的高度，安装墩台顶钢支撑，下一步进行钢管混凝土支座垫石施工，最后落梁就位固定支座。

4.2.5　天津大沽桥

大沽桥是由世界著名的桥梁设计大师邓文中院士设计，全长 243m，宽 32m，其构思取“日月生辉”之意，见图 4.14 ~ 图 4.16。坐落在解放桥和广场桥之间的大沽桥，2003 年 7 月 6 日正式开建，经过一年多的建设，成为海河首批新建 5 座桥梁中最先通车的一座。大沽桥连通大沽北路与五经路由两个不对称的拱圈构成，大拱圈弧长 140m，高 39m，向东倾斜 18°，象征太阳，小拱圈弧长 116m，高 19m，向西倾斜 22°，象征月亮。双拱向外倾斜，共由 88 根吊杆系于桥的两侧，与桥外伸出的半圆观景平台相对。据介绍，这种设计全称为“不对称外飘式联合梁系杆拱桥”，是世界上独一无二的创举。在 2006 年国际桥梁大会上，大沽桥一举获得世界著名桥梁大奖——尤金菲戈奖，全球每年只有一座桥梁能够获此殊荣，代表了世界建桥技术的最高水平。

图 4.14　大沽桥照片 1

图 4.15　大沽桥照片 2

图 4.16　大沽桥照片 3

4.2.6　天津赤峰桥

天津赤峰桥系连通赤峰道与华昌道的一座桥梁。赤峰桥主桥 130 多米，引桥为互通式立交桥，见图

4.17~图4.19。主桥塔高64余米，好像风帆。塔底为船形建筑结构，是一处视线上佳的游览平台。远远望去，赤峰桥犹如海河上扬帆而来的一艘巨轮，蔚为壮观。建成后的新赤峰桥西连和平区的赤峰道、海河西路，东接河东区的李公楼立交桥、海河东路，有效缓解了天津站地区的交通压力。

图4.17 赤峰桥照片1

图4.18 赤峰桥照片2

新建的赤峰桥是和平、河东两区间的一条跨河通道，也是从中心商业区、商务区通往天津东南部地区的重要道路。赤峰桥是国内唯一一座斜塔双索面弯斜拉桥，而斜塔的两个附属建筑——塔顶的球形建筑物和塔底的船形建筑物也成为特色景观。

4.2.7 天津大光明桥

大光明桥位于天津市海河开发的中心地带，始建于1983年，紧临小白楼地区，跨越海河，连接河东区十一经路与和平区曲阜道。作为连接河东、和平两区交通的重要跨河枢纽桥梁，始终承担着过大的交通压力。虽然保定桥、奉化桥建成后在一定程度上缓解了它的压力，但是一些数据显示，大光明桥日流量仍可达7万多人次，早晚高峰时段，机动车流量为4000余辆/小时，非机动车流量为7000余辆/小时，因而造成大光明桥时常出现拥堵。

大光明桥，全长564.282m，其中桥梁长133.3m，宽30.5m。这座桥本身是一座不具备开启功能的桥梁，但目前的净高不能满足海河航道通航的要求，需要实施抬升改造。根据设计，改造将对原桥向上抬升0.8m。为沟通大光明桥桥上桥下车辆，此次改造将为大光明桥配上两条匝道，分别沟通海河东路和海河西路。其中，北匝道长115.331m，南匝道长150.673m。改造后的大光明桥不但桥面顺畅，上下连通，而且增强了景观效果。为了使大光明桥成为一座具有景观特色的桥梁，设计师为桥体进行了整体包装，通过装修将大光明桥改造成一座欧式风格的桥梁。在桥头新建四个欧式的桥头堡，每个桥头堡上都将安装主题雕塑，分别以“日”、“月”、“星”、“辰”来代表，见图4.20~图4.22。

图4.19 赤峰桥照片3

图4.20 大光明桥照片1

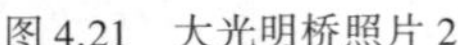

图 4.21　大光明桥照片 2

图 4.22　大光明桥照片 3

4.2.8　天津直沽桥(奉化桥)

直沽桥原名为奉化桥,系连通奉化道大直沽西路。直沽桥全长 257m,主跨近 140m,最大宽度 58.5m,主跨拱高 30m,是海河上最长的一座桥梁。它由众多飞跨拱、钢结构花瓣构成受力结构,是艺术空间设计与建筑美学的经典之作,见图 4.23、图 4.24。该桥是天津市首座中承式全钢结构拱桥,由法国马克 · 曼朗设计所和天津城建设计院联合设计。

图 4.23　直沽桥照片 1

图 4.24　直沽桥照片 2

直沽桥位于海河刘庄桥上游,是中心城区快速路工程南横的一部分,连接河东区大直沽西路和河西区奉化道,为双向 6 车道,其通行速度应该能达到快速路规划的 60km/h 时速,比其他海河上桥的通行时速 20~30km/h 要快。

全桥有 27 道飞跨拱、68 片钢结构“花瓣”和 296 根吊杆,再加上钢桥面,共需 7500t 钢,成为天津市用钢量最大的跨海河大桥。全桥每三道形成一组跨,夹在三道拱之间的就是花瓣状的钢结构。每片“花瓣”由两个钢制“三角形”组成,工程人员将它们戏称为“钢锅盖”。“钢锅盖”共有 36 种大小,最大的边长 7m,重量近 3t;最小的 3m,重不到 1t。这些看上去轻盈灵巧的“花瓣”要用 280t 左右的钢材制成。

该桥河道内不设桥墩,两边跨分别跨越河坝路及台儿庄南路。桥梁主体上、下游侧分别设置人行桥及景观步道。上游侧设置人行桥,以保障两岸人行交通的顺畅,下游侧设置景观步道,满足两岸亲水空间的沟通。主跨和副跨的中间拱位于两侧行车道之间;主跨与副跨的侧拱位于行车道与景观步道和人行道之间。

由于设计独特且技术含量高,直沽桥的施工难度也堪称世界第一。为了保证桥梁的景观效果,直沽桥从拼装到焊接,每一步都必须严格按照坐标点上的精确度来操作,任何一点误差都可能影响整体效果。为了保证桥梁的安全,在钢结构的制造和结点的处理上也要经过层层把关,并且在拼装和焊接时将同时使用多项特殊工艺使桥梁结构更加坚固。

4.2.9 天津慈海桥

慈海桥全称天津永乐桥摩天轮，坐落在天津海河畔，是一座跨河建设、桥轮合一的摩天轮，兼具观光和交通功用，是世界上唯一建在桥上的摩天轮，是天津的地标之一。

摩天轮直径为110m，轮外装挂64个360°透明座舱，每个座舱可乘坐8个人，可同时供512个人观光。摩天轮旋转一周所需时间为30min，到达最高处时，周边景色一览无余，甚至能看到方圆40km以内的景致，被誉为“天津之眼”，见图4.25～图4.27。

图4.25 慈海桥照片1

图4.26 慈海桥照片2

慈海桥位于三岔河口横跨子牙河，连接河北区五马路和红桥区三条石横街，与具有彩虹桥之称的金钢桥相距700m。慈海桥全长330m，跨度100m，分为两层，上层为机动车专用道路，下层为人行道桥。慈海桥摩天轮直径为140m，相当于35层楼高，超过英国泰晤士河畔的伦敦之眼，跃居世界第一，被中国世界纪录协会收录为世界最高的桥上摩天轮。

慈海桥上层为机动车专用道路，双向6车道，中央宽度为30m，向两端逐渐变窄，最后与25m宽的道路平滑相接。在中央分离带开辟摩天轮通过口，并在开口两侧设置高护栏。下层为人行道桥，利用3条直线通道将桥面整体分为6个明快的区域，从北侧开始依次为：亲水散步区、店铺区、主路、观览车出入口、观光餐厅区、观光亲水区。这种设计，既为机动车创造了良好的通行条件，也为行人开辟了舒适的过往环境。

图4.27 慈海桥照片3

为增强慈海桥摩天轮外观视觉冲击力，摩天轮的车轮和主体结构采用中国传统颜色红色与绿色，使游客通过色彩一下感受到强烈的民族情调。每个轿厢则分别喷涂金、银等各种颜色，使其充满童话般的美妙。大桥封闭行人层，吊顶、墙面等采用正面幕墙玻璃，以强化整体的通透性、轻盈感。窗框则采用铝蜂窝板、钢板、穿孔钢板等金属材料，颇具现代意识。

慈海桥摩天轮的夜间照明系统，不仅限于照亮摩天轮，同时通过各种角度的光照，将上部的机动车道与人行桥一并照亮。这些主体灯光与桥上商店、餐厅特有的灯光交相辉映，可幻化出一个童话般的绚丽夜景。

慈海桥摩天轮的设计，处处体现着人文关怀。在游客行经的所有道路上，没有台阶，方便老人、孩子和残疾者；商业区的卫生间，设有轮椅专用间；所有的道路均保证了轮椅的回转宽度；在摩天轮出入口处，除设有通向登轮出入口的坡道外，还设有两个轮椅可直接进入的轿厢。残疾人如到此游览，所行之处绝无障碍。

天津市慈海桥的构思是将机动车桥梁结构、摩天轮和商业设施结构三者布置成为一个整体结构。这个方案在“功能和景观结合”方面构思独特，使大桥不仅成为天津子牙河上的一处独特景观，而且还可以满足商业、观光休闲等功能，是天津市标志性建筑之一。

4.2.10　天津金钢桥

天津金钢桥坐落在中山路南端，横跨海河之上，是天津市内重要的交通桥梁之一。它始建于1903年，因不能负重，1924年又建新桥，即今改建前的金钢桥。1903年所建桥，俗称老桥。1901年袁世凯继李鸿章任直隶总督兼北洋通商大臣后，于1902年将原驻保定的总督衙门移驻天津，将海河北岸原淮军的海防公所改为直隶总督衙门。袁世凯为了提高他的政治地位和为来往京津两地方便，在河北种植园南侧修建新车站，称总站，俗称北站。1903年车站建成后，从新车站修通一条直达衙署的大马路，命名为大经路（1946年为纪念孙中山先生多次来津经过此路，改为中山路）。为了与河对岸沟通，是年将原窑洼木浮桥改建成双叶承梁式钢架桥，因是钢结构，故称金钢桥，见图4.28～图4.30。桥长76.20m，宽6.45m，下分3孔，中跨11.60m。桥台用条石砌筑，桥面铺木板，可以开启。但建后不能载重，又于1924年在桥下游18m处另建成一座大型钢梁双叶立转开启式新桥，桥长85.80m，宽17m，两旁各有2m宽的人行道。桥墩为钢筋混凝土结构，插入河底，距桥面24.4m，可以从中间用电力操纵吊起开成八字形行船。新桥沿袭旧称亦称金钢桥，即今改建前之金钢桥。新桥建成，大经路也于是年铺成沥青路。当时，从北站通过宽阔的大经路、金钢桥，直达海河对岸各地，交通方便至极。

图4.28　金钢桥照片1

图4.29　金钢桥照片2

图4.30　金钢桥照片3

天津金钢桥是一座历史悠久的纯用铆钉铆起来的钢铁浮桥，可从中间抬升，现在被拆除。在老金钢桥的基础上面又修建了一座彩虹式的金钢桥，新的金钢桥是中承式受力构造，钢结构的拱柱内灌混凝土，上方钢拱与桥采用拉杆相连接作为受力体系。这种拱梁式相结合的桥在力的传递与处理方面有着独到的好处，可以减小因车辆对桥的水平冲击力而造成的水平移动变形。与主拱桥相连接的两侧引桥由四分之一圆弧的钢管支撑，其间的一些立柱将桥上方的压力传递给拱和圆弧，进一步传递给地基。

1923年建新金钢桥后，旧金钢桥即成便桥，1927年因待修停用。日寇侵华时期，1942年将桥梁拆除制造军火，仅余下4座桥墩。1981年为缓和金钢桥上交通拥挤堵塞，又利用旧桥墩整修加固，建成钢架便桥，未用多年又废弃。金钢桥新桥自1924年建成至1996年已历72年历程，由于年代久远，桥底钢板已经锈蚀，桥身亦不能启动，且桥体整体下降，成为危桥。

4.3 天津立交桥梁建设

4.3.1 天津城市立交桥发展沿革

1985年以后,为适应交通运输发展,天津城市互通立交桥从中环起步,三环14射道路的建设及京津塘等一批高等级公路的修建,不仅立交桥数量增长迅速,而且形式多变。在设计中学习引进了交通工程学,并不断总结、提高、创新,立交桥设计技术有了长足的发展(图4.31),在立交桥选型、交通分析、方案评价、线形设计等方面积累了宝贵的经验。

天津中环线位于中心市区,车流量大,建筑密集。当时,城市交通主要矛盾是机动车与非机动车的矛盾。天津是中国自行车王国,道路大部分未分行。立交桥方案设计中以交通工程学为指导,在满足交通功能前提下,因地制宜,从现状实际出发,通过对立交桥匝道的巧妙安排,获得了拆迁占地少、投资省、功能全、造型美的最佳效果。在立交桥方案设计中,首先根据相交道路性质进行定性分析,然后根据交通流量大小、流向特点进行定量分析,确定交通主流,因地制宜地确立立交桥形式。下面介绍几个实例。

图4.31 密云路立交桥

1)八里台立交桥

八里台立交桥是天津首座互通立交桥,位于环线与放射性干道相交处。结合天津自行车爬坡能力低、不愿绕行及市区建筑密集、地下管线多、流量大、转向流量均匀等特点,提出架空匝道的构思,形成了机、非分行3层扁平苜蓿叶全互通立交桥方案,降低了规划方案层次与高度,节省投资约1000万元。该立交桥以占地少、功能全、造型壮观、造价低被誉为彩虹上的一颗明珠。通车后通行能力提高6倍,车速提高5倍,成为20世纪80年代中国三大立交桥之一,入编百科全书画册。

2)解放路R形立交桥

解放路立交桥方案中,结合路口建筑密、拆迁难度大的特点,提出利用湘江道及大沽路原路网作为两个地面匝道,另修建一个苜蓿叶匝道,保留地面色灯的R形二层立交桥方案,减少拆迁,缩短施工周期。

3)中山门蝶形立交桥

中山门立交桥位于中环线东半环,该路口西侧为学校与住宅楼,东侧为空地,设计将中环线主线向东偏移,形成上、下行曲线高低定向桥,将相邻两片苜蓿叶叠合在西侧,形似彩蝶图案,因而得名。

4)王顶堤立交桥

从1990年起,在中环线流量较大的交通矛盾突出的主要交叉口相继修建了互通立交桥,西半环修建了王顶堤立交桥。该口中环线呈90°转角,除相交道路双向直行为主流外,中环线方向左、右转也是交通主流;另一特点是西口与北口一对左、右转流量也较大,亦属路口主流。为此,对两个左拐主流采取定向匝道,两个次要左拐采取环形匝道并与流量略小的直行主流交织,保证了主流通畅。立交桥地处天拖南、王顶堤、华苑居住区、高科技产业园区及一中心医院附近,为减少占地,立交桥匝道集中布置,充分利用空间安排各向匝道,利用东、西向上下行高低桥布设迂回匝道穿越,形成三层定向加迂回匝道的组合型立交桥。

5)卫国道立交桥

东半环在1990年修建了卫国道立交桥,该口为五岔路口,相交道路有快速环线、放射线及主干道,四周建筑密集,拆迁受限制,因而采取分期修建方式。通过对20个方向交通流量分析,一期工程只对6个主流向设置匝道，形成三层定向加苜蓿叶组合型立交桥，其他方向交通流及非机动车仍在地面环岛通行。

4.3.2　天津城市环线立交桥

(1)内环线上的立交桥

①十一经路立交桥：十一经路与卫国道、津滨大道交口；

②金狮立交桥：金钟河大街与狮子林大街、昆纬路、新开路交口；

③金纬路立交桥：金纬路与新广路交口；

④李公楼立交桥：海河东路与华昌道交口。

(2)中环线上的立交桥

①解放南路立交桥：新围堤道与解放南路交口；

②中山门立交桥：津塘公路与东兴路交口；

③东兴立交桥：东兴路与津滨大道交口；

④东风立交桥：津滨大道与靖江路交口；

⑤顺驰立交桥：卫国道与红星路交口；

⑥民权门立交桥：金钟河大街与育红路、红星路交口；

⑦仓联庄立交桥：育红路与志成路交口；

⑧普济河道立交桥：普济河道与铁东路交口；

⑨勤俭立交桥：勤俭道与普济河道交口；

⑩西青道立交桥：西青道与红旗北路交口；

⑪长江道立交桥：长江道与红旗路交口；

⑫王顶堤立交桥：富康路与红旗路交口；

⑬八里台立交桥：卫津路与吴家窑大街、富康路交口。

(3)东南半环快速路立交桥

①卫昆桥：卫国道与昆仑路交口；

②津昆桥：津滨大道与昆仑路交口；

③昆仑桥：津塘公路与昆仑路交口；

④海津大桥：黑牛城道与昆仑路交口；

⑤郁江桥：解放南路与黑牛城道交口，跨黑牛城道和郁江道；

⑥津谊桥：黑牛城道与友谊路交口；

⑦中石油桥：卫津南路与红旗南路交口；

⑧宾悦桥：宾水西道与红旗南路交口；

⑨富康路桥：富康路与苑西路交口；

⑩雅安桥：西北半环雅安道与陈塘庄支线交口；

⑪云河桥：西北半环密云路与黄河道交口；

⑫芥云桥：芥园西道与密云路交口；

⑬绥江桥：西纵卫津南路与绥江道交口；

⑭北仓桥：西纵北仓道与京津路交口；

⑮南仓桥：西半环南仓道与京津路交口；

⑯辰泰桥：铁东北路与南仓道、淮河道交口；

⑰北新桥：北仓道与铁东北路交口；

⑱前园桥：西青道与咸阳路交口；

⑲南珠桥：解放南路与珠江道交口；

⑳中北桥：西青道与外环线交口；

㉑祁连桥:卫国道与祁连路交口;

㉒雪莲桥:津滨大道与四厂路交口;

㉓友谊路铁路立交桥:友谊南路与郁江道交口,跨郁江道与陈塘庄支线。

4.3.3 天津中山门立交桥

中山门立交桥是天津市中环线上一座重要的交通枢纽,建筑造型新颖,是两层半苜蓿叶型定向组合式立交桥,由两条主线和8条匝道组成,累计桥长1458m,宽9.5~13m,桥梁面积15150m^2,占地6×10^{4}m^2,工程造价1590万元,工程于1985年12月23日至1986年6月10日修建。

桥梁上部结构为现浇普通钢筋混凝土箱梁和非预应力板梁,下部基础为打入钢筋混凝土方桩,矩形墩柱及Y形单柱桥墩,现浇钢筋混凝土引路挡墙,其表面砌筑了预制混凝土蘑菇石,全桥从平、纵、横断面都具有弯、坡、斜的特点。由于该桥造型新颖,施作精细,成为天津市的一大景观,被誉为"蝶桥",见图4.32。

4.3.4 天津八里台立交桥

中环线上的八里台立交桥西起复康路,跨越卫津路,东至吴家窑大街,总长2105.8m(包括匝道桥和引路),是天津市第一座三层互通式城市高架立交桥,见图4.33。第一层立交桥全长1443.14m,引路长度为662.683m。

图4.32 中山门蝶式立交桥

图4.33 八里台立交桥

4.3.5 天津十一经路立交桥

十一经路立交桥修建于1982年,西起十纬路,东接成林道,跨京山铁路和津塘路,是一座兼跨铁路、公路的分离式立交桥,见图4.34。在十一经路立交桥修建之前,河东区内环线附近的交通非常不便。根据道桥部门的记载,在十一经路立交桥建成通车前,当时市民要想过京山铁路,只能通过九经路或者十五经路的地道,十五经路绕行太远,九经路地道非常狭窄拥挤,人车通行都很困难,这一地区也就成了一个著名的卡口。

为了缓解十一经路附近通行难的状况,市政府决定修建十一经路立交桥。据道桥施工部门介绍,当时修十一经路立交桥,真是不知多少事情都是第一次,缺经验少设备难题一堆,但靠着集体智慧和土洋结合的办法,硬是用7个月的时间啃下了这块硬骨头。飞跨铁路的大梁一次吊装成功,施工也没有影响铁路运行。该桥竣工通车后,周边市民的出行环境得到了一次跨越式的改善。虽然和后来的很多津门立交桥相比,十一经路立交桥的外观结构显得相对比较简单,但就实用性和"第一次"的开创意义而言,十一经路立交桥仍将在天津市的桥梁建筑史上占据一个重要的位置。

图4.34 十一经路立交桥

在建成之后的20多年里，十一经路立交桥一直是周边最重要的交通枢纽桥，但随着城市的进一步发展，原来的十一经路桥显得有点不够用了。2008年奥运会前夕，十一经路立交桥改造工程全面完工，工程在将原来十一经路立交桥保留的情况下，左右各新建两条主线桥，跨越津塘路、京山铁路、成林道环岛，东接东风立交桥，北接顺驰立交桥，形成了一个气势雄伟、四通八达的三层立体城市高架交通快速通道，是天津市快速路的一个重要组成部分。

4.3.6　天津滨海立交桥

滨海立交桥于1998年9月正式动工兴建，该桥位于天津开发区与塘沽区相邻的史家庄地区，南接塘沽区大连道、解放路、洋货市场等繁华地段，北接开发区干道，东接进港干道，将塘沽区、开发区、天津港连为一体。全桥为三层苜蓿叶互通式特大型立交桥枢纽，建筑面积$8.8\times10^4m^2$，其中桥梁面积$77920m^2$，主桥为双向4车道，桥面宽18m，最宽处37.4m，最高墩20m，引桥面积$9402m^2$，桥下有$12\times10^4m^2$的绿化工程，总投资近5.2亿元，见图4.35。

4.3.7　天津河北大街立交桥

天津市河北大街立交桥是天津市中心城区快速路上的一座组合式大型全互通立交桥，由2条主线、1条连接线及6条匝道组成。立交桥位于天津市河北区志成道北侧，跨越子牙河延伸线后，至红桥区河北大街落地，全长1.1km，总面积$3.9\times10^4m^2$。其中主桥长230m，宽36.8m，为双向8车道，主跨度145m。该桥为斜拉桥，主桥为钢结构主梁和钢塔，主桥上有一座拱形主塔，主塔高85m，倾角75°，是目前华北地区最高的独塔斜拉桥，也是天津市目前唯一一座拱形跨河斜拉桥，见图4.36~图4.38。该桥由天津城建集团天佳公司承建，于2008年6月底建成通车。

图4.35　滨海立交桥

图4.36　天津河北大街桥照片1

图4.37　天津河北大街桥照片2

图4.38　天津河北大街桥照片3

4.3.8　天津东风路立交桥

东风路立交桥原名东风高架立交桥，位于长沙东风路与三一大道交汇处。该桥始建于1993年，2003年改建成互通式立交桥。东风路立交桥长2620m，宽15m，见图4.39、图4.40。

图 4.39 天津东风路立交桥照片 1

图 4.40 天津东风路交交桥照片 2

东风路立交桥改扩着重解决以下问题:在 319 国道沿线北侧增加一条匝道 A 线,实现高跨 319 国道解决左转弯问题;在东风立交桥两侧增加一条南北向匝道 AB 线,与蒋家垅小区连通,上跨 319 国道与 AB 线汇合,解决南北交通与 319 国道平行交叉问题;东风立交桥东侧增加一条 8 形 C 线,下穿东风桥,与蒋家垅道路相连,解决东风路至伍家岭桥左转弯问题。另外 C 线还有辅道沿老铁路京广线下行线下穿 319 国道,解决南北交通的直行问题。这座新建的立交桥能完全打破城北交通瓶颈,新改装的高架桥将正式投入使用,以往平交的高架桥将被东西南北互通的多功能立交桥所取代。

4.4 感悟与结语

通过上述全面介绍天津市城市桥梁建设的历史发展沿革,以及近十多年来天津在城市景观桥梁建设的新成果,笔者有如下感悟和启示:

(1)海河是天津城市发展的脊梁和文脉,海河上不同时期建造的各类桥梁,如今已成为人们游览天津的必选项目,而天津的解放桥和金钢桥在我国近代桥梁建设史上,应该留下浓重的一笔。

(2)近 10 多年来,在美籍华人邓文中院士的指导下,在海河上修建了一批城市景观桥,虽然在学术上仍有一些争议,但毋庸讳言其设计理念具有鲜明的时代气息和特征:桥梁要成为通济利涉的构造物,还要突出其自身特有的魅力,表现出勃勃生气,要形成一桥一景,并为无愧于时代的精品桥梁造型设计需展现出功能美和形式美,展现海河景观桥梁灯光设计与动态景观设计,并与环境相协调,建成人性化的城市桥空间等。

(3)天津在 20 世纪 80 年代初期乃至尔后的 30 多年,修建了一大批城市立交桥梁和高架桥梁,并进行了认真的归纳和总结,也为我国城市道路和桥梁设计工作者提供了有借鉴意义的资料和建设案例。

(4)在城市大跨径桥梁建设上,天津早期建造了永和斜拉桥,近期也在大跨径城市桥梁设计和施工上取得新的进展。

我们深信,今后随着天津经济的腾飞和社会进步其城市桥梁建设必将取得新的进步。

5 重庆城市桥梁建设

5.1 引言

重庆,简称渝,别称巴渝、山城、雾都、渝都、桥都、江城,是中华人民共和国四大中央直辖市之一,五大国家中心城市之一,国家历史文化名城,长江上游地区经济中心、金融中心和创新中心及政治、航运、文化、科技、教育、通信等中心,是国务院定位的国际大都市,面积为 82402.95km^2;人口主城区 808 万;截至 2014 年末,重庆市常住人口 2991.40 万人。重庆长江和嘉陵江上共有 22 座桥,都是特大型桥,这个数字超出武汉、南京、上海、天津等竞争对手近一倍。全重庆桥梁总数已超过万座,是当之无愧的“中国桥都”。

最早的石拱桥:史上有记载的重庆最早建的桥,是北宋(约 1050 年)的荣昌施济古桥,这是一座石拱桥,清代被誉为“川东保障”。

最早的桁架拱桥:建于 1977 年的江津任沱大桥,采用钢筋混凝土预应力桁架拱桥,是国内第一座预应力桁架拱桥。

最宽大的桥:被誉为“亚洲最宽大跨度式桥梁”的嘉华大桥,拥有双向 8 车道,该桥长 1000 余米,总宽 37.6m,宽度在同类桥梁中属亚洲之最。

重庆“桥史”,也是一部重庆的发展史,桥梁已经和这座城市的发展血脉相连。国际著名桥梁建筑工程大师、美籍华人邓文中先生说,重庆是名副其实的“桥都”,桥梁数量最多、桥型种类最齐全,在世界上都是独一无二的。

历史上,重庆境内建造了许多石拱桥,其中不乏经典之作。建于北宋的荣昌施济古桥,清代即有“川东保障”之称,自 1929 年始成为成渝公路必经之桥;位于万州城区的万安桥,建于 1926 年至 1929 年,是全国跨径最大的砖拱桥。新中国成立后,重庆人民在建设新中国的伟业中充分发挥他们的聪明才智,修建了大量桥梁,许多桥梁都达到国内领先水平。

据了解,从桥梁数量看,截至 2014 年底,重庆建成公路桥梁 5000 多座,其中长江上建成特大桥 12 座,在建的 8 座。嘉陵江上已建和在建公路大桥 12 座。从种类看,重庆有拱桥、斜拉桥、悬索桥、连续刚构桥、T 形刚构桥等桥型,并拥有几个世界第一:万县长江大桥是世界上跨度最大的混凝土拱桥,巫山长江公路大桥是世界上跨度最大的钢管混凝土中承式拱桥,菜园坝长江大桥是世界上跨度最大的公路和轨道交通两用拱桥。

5.2 重庆水上桥梁建设

重庆桥梁之多,造型各异,让人眼花缭乱,各类结构的特大跨江大桥堪称是现实版的桥梁工程教科书。从早期的T构、连续梁桥到20世纪初期悬索、斜拉等大跨结构飞跨江河，再到如今轻轨公路两用大跨度拱桥彩虹般横亘流动不息的长江，重庆见证了中国桥梁建设的大国崛起。桥梁是古老山城的另一张名片，举目之下时时能眺望到两三座世界著名大桥，让人不禁感叹在中国腹地的群山之间，凝聚着如此伟大的人类智慧，它们拉动了一座城市的勃勃生机，点亮了西部大发展的灯塔。

5.2.1 朝天门长江大桥

朝天门长江大桥位于长江上游重庆主城区，西连江北青草坝，东接南岸王家沱，主跨长552m，全长1741m，若含前后引桥段则长达4881m，主跨为世界跨径最大的拱桥，超越上海的卢浦大桥，见图5.1、图5.2。朝天门大桥是重庆主城区的第8座跨江桥梁，于2006年3月动工，并于2009年4月29日通车。朝天门大桥不管是白天还是黑夜看起来都很宏伟壮观。大桥分为上下两层，上层为双向6车道，行人可经两侧人行道上桥；下层则是双向轻轨轨道，并在两侧预留了2个车行道，可保证今后大桥车流量增大时的需求。大桥西接江北区五里店立交桥，东接南岸区渝黔高速公路黄桷湾立交桥，是主城一条东西向快速干道。

图5.1 朝天门长江大桥照片1

图5.2 朝天门长江大桥照片2

朝天门长江大桥与规划中的两江过江隧道一起，将把解放碑、江北城、弹子石三个中央商务区构成一张立体的交通网。2004年12月29日，朝天门大桥正式动二兴建。虽然名叫“朝天门大桥”，但大桥的实际位置是在离朝天门还有1.7km的溉澜溪青草坪。朝天门大桥从设计之初就定位为重庆的江上门户。“方案最终选定了简洁大气的钢桁架拱桥形式”，项目部负责人说：“大桥只有两座主墩，主跨达552m，比世界著名拱桥——澳大利亚悉尼大桥的主跨还要长，成为‘世界第一拱桥’。”

2009年4月29日下午5点，被誉为“世界第一大跨径拱桥”的重庆朝天门长江大桥正式通车。“这种拱桥施工难度最大在于钢结构部分。我们采用组合式系杆，少用钢1000余吨，不但省了钱，还为大桥减轻了重量。”工程建设负责人介绍，这座桥打破了国际惯例一座桥梁用一种钢材的做法，而是使用了三种钢材。由于桥的各个连接点之间承受的力量存在悬殊，大的几千上万吨力，小的不到百吨力，所以此桥使用了强度不一的Q420、Q370和Q345QD钢材。拱桥的弧形流畅，但设计和施工难度都大，比如拱合龙后，他们设计了一个临时的系杆，拉力达5×10^4kN，全靠它把47500t钢梁“拉起”，便于安装拱体。

5.2.2 万州长江大桥

万州长江大桥是国家主干线上海至成都公路在重庆万州跨越长江的一座特大型公路桥梁，由重庆交通大学土木建筑学院顾安邦教授主研完成，设计施工技术的研究成果获国家科技进步一等奖，见图5.3、图5.4。大桥主孔跨径420m，全长856m，桥面全宽24m，按正线高速公路4车道设计，桥高147m（枯水位以上）。主拱轴线为悬链线，矢跨比1/5，拱轴系数1.6。拱圈为单箱3室截面，箱高7m，宽16m，拱箱标准段顶、底板各厚0.4m，腹板厚0.3m，拱脚段顶、底板各厚0.8m，腹板厚0.6m。拱上及引桥为同一孔跨贯通布置，共27孔30.668m预应力混凝土T梁，桥面连续。拱圈采用钢管混凝土劲性骨架外包C60级高强混凝土复合结构。其中钢管混凝土劲性骨架先期是施工构架，在拱圈形成后它就成为拱圈内的劲性钢筋。大桥于1994年5月开工建设，1997年5月竣工通车，是当时世界上跨径和规模最大的钢筋混凝土拱桥。

大桥单孔跨江,无水下基础,跨度雄居世界同类桥梁首位。主拱圈采用钢管与劲性骨架组合的钢筋混凝土箱形截面,采用缆索吊装和悬臂扣挂的方法施工。万州长江大桥的建设使我国的拱桥建筑水平处于世界领先地位。

图 5.3　万州长江大桥照片 1

图 5.4　万州长江大桥照片 2

交通部初步设计批复中,明确提出了大桥在技术设计阶段应充分考虑回答的主要问题:

(1)桥址地质尚未彻底查明,要在补充钻探的基础上,进一步论证拱脚落在何处,并结合优化拱轴线和矢跨比,确定最佳拱桥跨度。

(2)考虑三峡水库诱发地震的影响,应采取相应地震烈度设防措施。

(3)大桥所采用的劲性骨架,截面较弱,横向联系不强,应适当加强,使之有足够的安全储备。

(4)对劲性骨架钢管接头的联系,施工稳定性和钢管内混凝土浇筑工艺等技术问题要绝对保证。

针对以上问题,省交通厅组织设计和地探人员,重新对桥位地质进行了补充钻孔,选择最佳地质结构作为拱脚落脚点。设计人员在设计理论上应用了拱圈强度验算非线性综合分析法和施工过程非线性稳定分析法等力学分析和控制方法,正确评价了拱圈结构形成过程中的稳定安全性,确认 420m 跨度劲性骨架拱圈结构形成过程和施工运行过程的可靠可行性,并委托西南交大做模型试验;委托省内强于力学研究的大学计算和国内稳定程序计算手段最先进的某飞机研究单位对稳定安全系数进行验算、分析,采用最可靠的数据。

5.2.3　巫山长江大桥

巫山长江大桥又名巫峡长江大桥(公路桥),是一座钢管中承式拱桥,项目总投资 1.96 亿元。大桥全长 612.2m,桥面净宽 19m,双向 4 车道,主跨 492m。大桥引道全长 7.4km,路基宽 8~12m,为山岭重丘二级路。它被称为"渝东门户桥"、"渝东第一桥",见图 5.5、图 5.6。

图 5.5　巫山长江大桥照片 1

图 5.6　巫山长江大桥照片 2

巫山长江大桥在建设中创造了当时桥梁建设的 5 项世界第一。巫山大桥属中承式钢管拱桥,主跨跨径 492m,居同类型桥梁世界第一;大桥创下组合跨径、每节段绳索吊装重量、吊塔距离、拱圈管道直径和吊装高度5个世界第一。该桥已被列为世界百座名桥。

天堑长江一直是巫山经济发展的天然障碍,巫山南北两岸的经济发展极不均衡,也严重制约了巫山整体经济发展的规划布局。巫山长江大桥是“8小时重庆”主干道渝巴路的支线桥梁,通过该桥,连接湖北巴东、恩施、宜昌、建始以及湖南的张家界等。

大桥建成通车后,将对拓宽巫山旅游景观、顺畅渝东交通、带动巫山经济发展等有着显著的现实意义和深远的历史意义。

重庆巫山长江大桥位于长江三峡段的巫峡入口处,桥址处为长江主航道。该桥由四川省交通厅公路规划勘察设计研究院设计,于2001年12月28日开工建设,2003年4月17日大桥钢管主拱合龙,2004年4月底实现初通,2005年1月8日正式竣工通车。

巫山长江大桥跨径组合为6×12m(引桥)+492m(主跨)+3×12m(引桥)。桥面为预应力混凝土Π形连续梁。全桥吊杆和立柱间距为12.0m,吊杆、立柱横梁及引桥墩盖梁均设计为预应力混凝土截面梁,桥面与拱肋交汇处横梁为组合截面梁。主桥两条拱肋为钢管混凝土组成的桁架结构,拱顶截面高7.0m;拱脚截面高为14.0m,肋宽为4.14m,每肋上、下各两根ϕ1220mm×22(25)mm的内灌C60的钢管混凝土弦杆,弦杆通过横联钢管ϕ711mm×16mm和竖向钢管ϕ610mm×12mm连接而构成钢管混凝土桁架。吊杆处竖向两根腹杆间设交叉撑,加强拱肋横向连接。拱肋中距为19.70m,两肋间桥面以上放置K形横撑,桥面以下的拱脚段设置米形撑,每道横撑均为空钢管桁架,全桥共设横撑20道。

5.2.4 重庆长江大桥复线桥

2006年09月25日,重庆长江大桥复线桥(右)正式建成通车,这将极大缓解渝中半岛至南岸区的交通压力。建成于20世纪80年代初的重庆长江大桥是连接渝中半岛和南岸区以及长江南北两岸省区市的一条重要交通要道,也是重庆通往我国南方的一条重要出口通道。为了缓解交通压力,重庆市政府决定修建长江大桥复线桥。工程于2003年12月底正式开工建设,桥长1103.5m,宽19m,单向4车道,主跨长330m,由北向南跨度为87.75m+4×138m+330m+133.75m,采用连续刚构与连续梁组合体系,工程总投资决算4.05亿元。重庆长江大桥复线桥于2006年09月25日正式建成通车。重庆长江大桥复线桥位于重庆市南北干道上,是重庆主城南北交通的咽喉,也是重要的城市景观桥梁。复线桥从景观上要求与既有重庆长江大桥外形协调,墩位对应,桥型相似,同时从长江航运的发展要求,复线桥主航道上不能设墩,因此复线桥主跨就确定为174m+156m,能较好适应未来通航需要,也使该桥跨径成为世界梁式桥之最,比原世界最大跨径301m(挪威1998年建成的斯托尔马桥)长29m,见图5.7、图5.8。

图5.7 重庆长江大桥复线桥照片1

图5.8 重庆长江大桥复线桥照片2

为提高跨越能力,该工程在330m主跨中间创造性的采用10m钢箱梁,也使施工风险减少,同时大大加快了施工速度。采用与旧桥8跨静定T形钢构外形相似的刚构—连续组合结构体系,较好地解决了结构不对称及超静定次数多、温度变化、混凝土收缩徐变等问题。钢箱梁段整体制造、自浮运、吊装、连接技术具有独创性。同时较好地采用了体外预应力束技术,改善了结构受力和变形控制。

该项目充分利用钢结构和预应力混凝土结构各自的优点,在充分认识预应力连续刚构体系力学行为的基础上，开创性地把组合结构概念和钢—混凝土连接技术融合起来，通过大量的科学研究、试验、精心设计、精心施工与有效的控制，建成了独特的钢与混凝土混合连续刚构—连续组合结构体系，使连续刚构桥跨越能力增强，结构行为更趋合理，其设计理念以及建设技术具有创新性，并在本桥建设中得到成功应用，对推动同类桥梁建设发展与技术进步具有非常重要的意义，具有极高的技术经济及社会效益以及极大的推广应用价值。采用该技术建造的重庆长江大桥复线桥是世界最大跨径连续刚构桥，将世界梁式桥建设向前大大地推进了一步，其技术指标领先于同类桥梁，产生了巨大的国际影响。项目形成的设计理念、施工方法、结构构造处理等系列建设技术已被同类工程建设广泛借鉴、采用。

5.2.5　重庆菜园坝长江大桥

重庆菜园坝长江大桥（又名珊瑚长江大桥），是目前国内最大的公共交通和城市轻轨两用大跨径拱桥，主跨 420m，为中国第二大跨度拱桥，钢结构总重 18000t。该桥结构形式采用中承式无推力钢管混凝土系杆拱桥，是集钢管拱、钢箱梁、钢桁梁各种新型桥梁结构形式和科技成果于一身的现代化桥梁，这种结构形式不仅在我国绝无仅有，而且在世界桥梁中也具有独特的地位，见图 5.9、图 5.10。菜园坝长江大桥创下了三项世界第一：钢箱拱梁跨距 420m，为世界第一长；是世界第一座公路轻轨两用城市大桥；也是世界第一座采用缆索吊机安装的大桥。

图 5.9　重庆菜园坝长江大桥照片 1

图 5.10　重庆菜园坝长江大桥照片 2

此外，该大桥建设采用了缆索吊装系统施工工艺，在国内桥梁建设史上开创了三个第一：塔吊最高（202m）、跨度最大（420m）、起吊最重（420t）。

菜园坝大桥全长 1866m，其中主桥长 800m，北引桥长 886m，南引桥长 180m，这是国内最大的公共交通和城市轻轨两用大桥。主桥为两层设计，上面为双向 6 车道，限速 60km/h；下面为轻轨 3 号线通道。

菜园坝长江大桥通过菜园坝 7 条匝道连接大桥。两路口—菜园坝—长滨路，是菜园坝大桥北岸交通的三个层次。菜园坝立交桥位于火车站广场外，为三层 5 叉全通式立交桥。与菜园坝大桥配套的共有 12 条匝道，其中 7 条与大桥直接相连。5 条不与大桥直接相连的地面匝道可满足向阳隧道、菜袁路、长滨路、南区路和菜园坝大桥 5 个路口的车流通行需要：从菜袁路到长滨路方向（为匝道桥，位于大桥北引桥下方）；从长滨路到南区路方向；从向阳隧道经菜园坝转盘到菜袁路、南区路方向；从菜袁路到南区路方向（为地面匝道和匝道桥）。

5.2.6　重庆双碑嘉陵江大桥

重庆双碑嘉陵江大桥，是重庆市沙坪坝区和江北区之间的又一座跨江大桥，于 2008 年 12 月 28 日正式动工，2013 年底通车。双碑嘉陵江大桥，西起沙坪坝区双碑杨双路，东至江北石马河，横跨嘉陵江。大桥全长 1927.5m，东引桥长 263.5m，西引桥长 1019m，主桥长 645m。双碑嘉陵江大桥设计为双塔单索面斜拉桥，主桥桥面宽 32.5m，双向 6 车道，中间有 5.5m 的拉索分隔带，两侧各有一条 2.5m 宽的人行道，人行道将铺装花岗岩防滑石板，是国内同类型桥梁中最宽的，主跨 330m，跨度居全国同类桥梁第一，见图 5.11、图 5.12。双塔一高一低，形如一大一小两座石门将大桥串联在一起。大桥通过一座立交桥与内环高速相连。双塔中高塔的桥墩部分由打入河床下的 24 根桩支撑，最深的一根桩底在河床以下 30m。

图 5.11 重庆双碑嘉陵江大桥照片 1

图 5.12 重庆双碑嘉陵江大桥照片 2

环保是双碑嘉陵江大桥的亮点。据了解，为了不影响梁沱水厂从嘉陵江取水，双碑嘉陵江大桥地址多次更改；施工期间产生的生活污水将排进市政管道，工地周围将设置 2m 高的围挡，施工所需沥青也不会在工地周围熬制，建筑渣土则送到北部新区处理。建成后，这座桥将采用雨污分流的方式，防止污水流入嘉陵江，大桥两端也将分别设置隔音墙。

5.2.7 重庆石门嘉陵江大桥

重庆石门嘉陵江大桥位于重庆沙坪坝区中渡口和江北区大石坝之间，桥型为独塔单索预应力混凝土斜拉桥，见图 5.13。大桥跨越嘉陵江，全长 716m。主桥为 200m+230m，单索面独塔预应力混凝土斜拉桥，系当时国内同类桥梁中最大。桥面全宽 25.5m，设 4 车道。墩高约 50m，塔柱自桥面以上高 113m，塔总高约 163m。拉索采用平行索布置，索距 7.5m，拉索最长达 230m。主梁为箱形断面，采用劲性骨架悬臂浇筑施工。引桥为主孔 5×50m+36m 预应力混凝土连续梁，采用顶推法施工。大桥由上海市政工程设计院设计，1985 年 12 月 25 日开工，1988 年 12 月 25 日竣工。

图 5.13 重庆石门嘉陵江大桥照片

5.2.8 重庆马桑溪大桥

马桑溪长江大桥是重庆环线高速公路上的第二大控制工程，是从长江上游顺流进入重庆主城区的第一座标志性建筑，与大佛寺长江大桥遥相呼应。大桥长 1104m，桥面宽 30.6m，主塔高 160 余米，主跨为 360m，为 3 跨双塔双索面斜拉桥。索塔采用倒 Y 形箱形断面，造型美观，线条简洁明快，见图 5.14、图 5.15。

图 5.14 重庆马桑溪长江大桥照片 1

图 5.15 重庆马桑溪长江大桥照片 2

重庆马桑溪长江大桥，位于大渡口区马桑溪到巴南区花溪镇之间，是主城外环高速公路跨越长江的公路桥梁。该桥由四川省交通厅公路规划勘察设计院设计，采用的是世界上最先进的平行钢绞线斜拉索体系。主桥跨径组合：5m+179m+360m+179m+44m+8×40m。主桥桥宽30.6m，引桥桥宽29.6m。两个主桥墩均在水中，呈倒Y形。桥面中间设1.5m的中央分隔带，车行道2×11.25m，两侧各有检修道1.5m。设计荷载：汽—超20级，挂—120。

大桥主梁为分离式三角形箱梁，索塔为钢筋混凝土倒Y形；引桥为9×40m预应力钢筋混凝土简支梁。下部构造：主塔基础为ϕ3.0m钻孔桩，桩柱式盖梁基础；桥头引道为南北岸各202.3m和234m的挖、填路基，土石方$20\times10^4m^3$。马桑溪长江大桥采用的是世界上最先进的平行钢绞线斜拉索体系，造型美观，线条简洁明快，成为万里长江上的一道壮丽景观。

该大桥于1998年10月开工，由重庆市渝通公路工程总公司和铁道部大桥局五处联合中标承建，合同工期为36个月，工程总造价1.6亿元。图5.15为合龙后的马桑溪大桥像一把美丽的竖琴。

5.2.9　重庆鹅公岩大桥

鹅公岩大桥，位于重庆市九龙坡区长江九龙滩，与九龙铁路车站和九龙港相邻，于1997年12月开工，2000年建成通车，总投资概算为14.1亿元人民币。该大桥全长7.27km，其中正桥长1420m，主桥长1022m，主跨600m。该桥桥型为门形双塔柱悬索桥，主塔高163.9m，见图5.16、图5.17。该大桥连接重庆九龙坡区、南岸区、经济开发区和高新技术开发区4区，对改善重庆的交通网络结构，推动重庆和西部的社会经济发展将起到重要作用。

图5.16　重庆鹅公岩长江大桥照片1

图5.17　重庆鹅公岩长江大桥照片2

2000年12月，鹅公岩大桥作为主城的首座双斜拉悬索桥竣工通车，大桥悬索漆上了漂亮的朱红色，被市民誉为“主城最美大桥”。2012年3月30日，大桥悬索开始着色，鹅公岩大桥再一次换上了新装。

该桥的主缆索股架设，在国内首次采用施工索道牵引新工艺，创造了国内主缆架设无破、断丝纪录。另外，该桥还根据河道水位变幅大、水流紊乱的特点，创造了世界上首例架空索道空中吊运安装钢箱梁的新技术。大桥目前为公路桥，今后将改为公路及城市轨道交通两用桥。主桥为8车道，210m+600m+210m三跨悬索桥，桥宽35.5m，有效桥宽32.5m，双向6车道，两边各2.5m人行道。设计荷载汽车—20级，验算荷载挂车—120及平板车300t，设计车速80km/h。

5.2.10　重庆李家沱大桥

李家沱大桥位于重庆市九龙坡区和巴南区之间，大桥南岸为李家沱工业区（巴南区），北岸为九龙坡区，于1991年11月开始基础施工，预计1995年底建成，实际于1997年建成。主孔全长1288m，跨径组合为：过渡孔（53m）+主孔（169m+444m+169m）+过渡孔（53m）+南引桥（8×50m）。桥面宽度24m，为4车道（中间设置分隔带），是目前国内最大的拉索设在上部结构两侧形成两个对称索面（又叫双索面）的斜拉桥，见图5.18、图5.19。

该桥结构体系为双塔双索面预应力混凝土斜拉桥，塔、墩固结，主梁为纵向悬浮体系，塔梁交叉处设置横向限位装置，在过渡孔于北台及南引桥结合处设置大位移量伸缩缝。

主梁采用扁平的实心双主梁断面,主梁肋高 2.5m,宽 1.7m。横梁间距为 4.5m,设置横向预应力钢束。主梁在中跨的中间部分及边跨的部分区段设置有纵向预应力钢束,采用 OVM 锚具及高强度低松弛钢绞线。主塔呈花瓶形,塔全高 141.5m,塔身为矩形空心断面。拉索采用扇形双索面布置,梁上索距为 9m,在塔上采用不等距排列,索距 1.5~1.6m,每个索面中有 24 对斜拉索,锚具采用 LM7 型冷铸锚锚具。

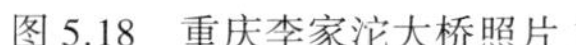
图 5.18 重庆李家沱大桥照片 1

图 5.19 重庆李家沱大桥照片 2

主桥两个主墩基础根据地形及地质条件并结合施工难易程度作了不同的处理。2 号墩采用 ϕ2.6~3.2m的变截面挖孔桩基础,3 号墩采用沉井基础。

5.3 重庆立交桥梁建设

重庆目前拥有立交桥 114 座,其中城市立交桥 65 座,高速路立交桥 49 座。随着"畅通重庆"建设的推进,重庆市立交桥越来越多,不仅对建立快速交通网络发挥了巨大作用,也为城市增添了新的景观。

5.3.1 黄桷湾立交桥

位于南岸区弹子石 CBD 的黄桷湾立交桥,被称为重庆主城最大、最复杂的立交桥,见图 5.20。黄桷湾立交桥共有 5 层,最高一层距离地面约 40m,相当于十几层楼高。黄桷湾立交桥一期建成后,往来茶园、江北国际机场、朝天门大桥、大佛寺大桥等方向的车辆,通过黄桷湾立交桥将非常快捷。尤其是江北到茶园,车行时间将缩短至 15min。

图 5.20 重庆黄桷湾立交照片

这座重庆最复杂的立交桥连通内环快速路、朝天门大桥、机场快速路与慈母山隧道,立交桥最高处达到 37m,从上到下共有 5 层:第一层是连接朝天门大桥与慈母山隧道的"三横线"快速干道;第二层是机场专用高速匝道;第三、四层也是匝道;最底层是弹子石至广阳岛道路。由于该立交桥连接江北机场、南 CBD、茶园等 8 个方向,修建匝道多达 15 条,建成后将改善主城与鱼嘴片区,江北机场与南岸、巴南片区的交通联系。

5.3.2 苏家坝立交桥

由菜园坝大桥北岸向南岸行驶,接南岸区海铜路有一座让人惊叹不已的螺旋形立交桥,薄薄的梁体,高耸的桥墩,加上大半径螺旋匝道,乘车进入该立交桥后,在此高处看到的美景,让人惊叹不已,这就是曾被多部电影选中取景,被重庆市民戏称为过山车的国内最高匝道桥——苏家坝立交桥,见图 5.21。苏家坝立交桥与南城立交桥、南城隧道一起,形成立体交通体系,与菜园坝大桥南桥头配套。为了解决菜园坝大桥与海铜路之间 30m 的高差,采用螺旋形展线方式衔接,最终形成高 72m 的全国城市最高的匝道

图 5.21　苏家坝立交桥照片

桥——苏家坝立交桥。虽然外观惊险，但该桥行车状态良好，驾驶员和乘客都感到十分舒适和平稳。这是因为在进行匝道线形设计时，考虑了汽车的行驶特性，模拟了车辆在立交桥上行驶的各种状况，采取了最优化的设计方案。该立交桥的螺旋形类似椭圆线形结构，根据汽车行驶中的状态，采用回旋曲线，小半径为 60m、大半径 100m，其曲率不断变化，结合桥面超高横坡的变化，从而减轻了离心力对汽车的影响，让乘客感觉十分舒适。也因此，2005 年苏家坝立交桥建成通车以来，至今没发生过一起交通事故，成为国内城市立交桥典范之作。

5.3.3　华村立交桥

华村立交桥总面积达 $3\times10^4 m^2$，相当于 4 个标准足球场（$8000m^2$）的面积。这座立交桥是嘉华大桥的配套工程，地处渝中区华村，见图 5.22、图 5.23。该立交桥北起嘉华大桥，南至大坪隧道，由 15 条匝道、两条东西走向连接干线嘉陵路和嘉滨路，以及连接嘉华大桥与大坪隧道的主线引桥组成，同时，还拥有 3 座地下人行通道。

图 5.22　华村立交桥照片 1

图 5.23　华村立交桥照片 2

华村立交桥是一座 3 层互通式全定向立交桥，第一层为嘉陵路地面道路；第二层为高架桥道路；第三层为嘉华大桥至大坪隧道引道。华村立交桥建成后，能缓解两路口的交通压力，给市民带来便捷。大桥建设负责人进行估算了一下：以大坪方向的市民到江北区为例，按照目前的交通状况来说，从大坪方向前往江北区，通常会经过车流量较大的两路口、上清寺进入江北区，这段路程耗时 40min 左右。华村立交桥建成通车后，市民可从大黄路至大坪隧道，经华村立交桥直接上嘉华大桥，市民从渝北区乘车到江北区红旗河沟仅需 15min。

5.4　感悟与结语

通过上述对重庆地区各类城市桥梁进行介绍，笔者有如下的感悟与启示：

（1）重庆地区毗邻长江和嘉陵江，城市居民与桥梁有着天然和必然的联系，没有桥梁作为出行和连接的通道，将极大制约着城市的发展。

（2）天然的条件，使得重庆地区在建造大跨径城市桥梁的实践中走在了全国的前列，譬如，20 世纪 70 年代和 80 年代，重庆地区建造了嘉陵江大桥和石门大桥，这也为今后建造大跨径越江大桥奠定了坚实的基础。

(3)重庆正式设立直辖市，打开了重庆桥梁史上崭新的篇章，创造了一个又一个中国领先、世界之最。仅1997年，重庆境内就有5座长江大桥建成通车；江津、丰都、巫山等区县更是以一县之力建成了长江大桥。

(4)在城市立交桥的建设实践中，其特殊的地理环境(山高坡陡、地质复杂)，为重庆人展现聪明智慧和创造力，开辟了广阔的天地，同时也修建了一大批高水平的城市立交。

嘉陵江上已有12座大桥，2座在建；长江上已建成10座，2座在建。近期重庆新的规划向世人展示，未来几年他们将在宝山、大竹林、红岩村、寸滩、果园等地修建跨江大桥；到2020年，重庆主城区两江桥梁将达37座，届时，重庆将成为名副其实的“桥都”，我们将拭目以待。

6 广州城市桥梁建设

6.1 引言

广州,简称穗,别称羊城、花城,是广东省会,副省级市,中国国家中心城市,世界著名的港口城市,国家重要的经济、金融、贸易、交通、会展和航运中心,面积 743km^2,2013 年人口 1292.68 万人。广州地处中国大陆南方,广东省中南部、珠江三角洲北缘,是中国的南大门,国家综合交通枢纽,是国务院定位的国际大都市和国家三大综合性门户城市之一,与北京、上海并称"北上广",社会经济文化辐射力直指东南亚。广州又是中国近现代革命的策源地,1911 年爆发的广州"三·二九"起义,拉开了辛亥革命的序幕。广州作为中国最大、历史最悠久的对外通商口岸和海上丝绸之路的起点之一,有"千年商都"之称。加上外国人士众多,也被称为"第三世界首都"。

广州大桥跨越珠江主、辅航道及二沙岛,连接广州大道南北两段的桥梁,北端东侧设有环道与二沙岛连通,于 1985 年 5 月建成通车。由于广州大桥是珠江上第三座大桥,故当地人简称为"三桥"。

珠江大桥为铁路、公路两用桥,是广州往西面的主要出口,1958 年兴建,1960 年建成通车。桥分东桥和西桥两座,中间为双轨铁路线,两侧为公路线。珠江大桥气势宏伟,曾是羊城八景之一"双桥烟雨"的标志。

海印桥是 1986 年通车的,为广州第一座双塔单索斜拉桥,结构和我们熟悉的美国旧金山的金门大桥相仿。两个高塔犹如两个高大的帆影,有形象丰富的寓意,夜色之下,灯火之中,海印桥的美景为珠江增添灿烂。

在 1997 年底到 1998 年初不到一个月的时间内,广州又相继通车了江湾大桥和解放大桥,把东濠涌高架和解放路延至了江南。半年后,鹤洞大桥也通车了,广州城区的建桥工程暂告一段落。广州城区在珠江的大桥从东往西共 7 座(珠江大桥未算在内)。

图 6.1 广州大桥照片

6.2 广州水上桥梁建设

6.2.1 广州大桥

广州大桥位于中国广州市市区东部,海珠桥下游,跨越珠江主、辅航道及二沙岛,连接广州大道南北两段,于 1983 年 4 月动工,1985 年 5 月建成通车。因是广州第三座横跨珠江的桥梁,故又称广州珠江第三桥,见图 6.1。广州大桥位于中国广州市,跨越珠江主、辅航道及二沙岛,连接广州大道南北两段,北端东侧设有环道与二沙岛连通。

6.2.2 海印大桥

海印桥,因为桥的北端位于羊城三石的海印石而得名。大桥位于中国广东省广州市大沙头,连接越秀区及海珠区,跨越珠江,全长约1130.75m,塔高57.4m,北接东湖路,南接东晓路,并建有引桥连接沿江路及滨江路。大桥为双塔单索面斜拉桥,由186根钢索星形拉固,塔顶像两只羊角,寓意羊城。海印桥有着一艘双桅船在旭日初升时扬帆远征的形象,夏夜像两把巨大的竖琴伴随着潺潺流水奏响悠扬动听的乐章,是珠江河上别具特色的第4座公路桥,见图6.2、图6.3。

图6.2 海印大桥照片1

图6.3 海印大桥照片2

6.2.3 江湾大桥

江湾大桥位于海珠桥与海印桥之间,是跨越珠江的一座桥梁,连接越秀区和海珠区。1994年11月动工,1998年1月通车。大桥北端与东濠涌高架路连接,设置匝道与东华南路相接;南端跨越滨江路后与江湾路相接,设置匝道与滨江路和纺织路相接,是内环路的跨江大桥之一,见图6.4、图6.5。大桥全长910m,宽28m,为双向6车道。主桥长294m,为变截面3跨预应力混凝土连续结构。江湾大桥由香港新世界集团属下公司与广州市隧道开发公司合作建设,总投资8.1亿元。江湾大桥的建成后,可通过广州东濠涌高架路快速疏解珠江两岸交通,并与海珠桥、人民大桥、广州大桥、海印桥与解放大桥等5座桥梁构成更完善的交通网络。

图6.4 江湾大桥照片1

图6.5 江湾大桥照片2

1999年底建成的内环路把江湾大桥纳入了内环路系统的主干部分。

6.2.4 海珠大桥

海珠大桥全长356.67m,主桥全长182.90m,南北两跨对称布置,原为三孔下承式简支钢桁架桥,设计荷载为二列10t汽车;中跨为开启式结构,能向上分开,以利大船通过。海珠大桥是广州市第一座跨江桥，于1929年12月动工，1933年2月建成通车，由美国马克敦公司承建，马克敦公开称之为“珠江大铁桥”。

1933年2月，大桥落成通车，为简支拱形下承钢桁架梁。以其临近“海珠石”改名为“海珠桥”，为当时广州市区唯一一座跨过珠江的桥梁。旧海珠桥为开合式桥梁，方便船只通过。值得一提的是，在落成时海珠桥的落款是曾任国民政府主席的胡汉民。

1938年日军侵占广州，派遣飞机轰炸广州，把桥体的开合器振坏，日军还把整套设备盗走，从此大桥不可以开合，只能让小船通过，大船则泊于黄埔码头。后虽经修建，中段桥面开合部分已无法复原。

1950年3月25日，市政府开始重建海珠大桥，由衡阳铁路管理局技术员卓观培带领有关技术人员日夜奋战，仅用6个月时间便把海珠桥修复并通车，桥长486m，正桥182m，桥宽33m，重建后的海珠桥桥面不能开合。桥上来回设有三线行车，两边亦设有行人路及自行车道，外观与原桥大致相若。1970年，海珠桥上交通日趋繁忙紧张，1974年12月海珠桥扩建工程正式动工，在原桥两侧加宽各11m的预应力钢筋混凝土结构桥，桥跨与原桥一致组合成一新的桥面体系。经扩建的海珠桥，新旧桥既独立又联体。

1995年5月至1996年9月，海珠大桥在原桥上进行加固、维修。工程采用自锚式吊索方案，将中孔恒载转嫁到吊索上，原桥变为3孔连续自锚式悬索吊桥。

2012年2月28日，79岁“高龄”的广州第一座跨江大桥——海珠大桥正式封闭，进行为期18个月的大修。这是广州史上最大手笔的一次桥梁维修。此次大修以恢复1950年的历史原貌为基础，主桥由南、北边跨和中跨组成。途经海珠大桥的22条公交线路改道绕行解放大桥、江湾大桥及人民桥。

2013年8月，海珠大桥大修基本完成，此次大修拆除重建了两端地面上的引桥，并更换了主桥的钢材。而包括1995年加建的吊塔在内的加固结构也完成了使命，全部拆除，基本恢复1950年原始结构，见图6.6、图6.7。

图6.6　海珠大桥照片1

图6.7　海珠大桥照片2

6.2.5　解放大桥

解放大桥始建于1994年，于1998年建成通车，是广州老城区南北向交通主干线解放路上横跨珠江的特大桥梁，见图6.8、图6.9。大桥北起越秀区解放南路，南接海珠区同福路、同庆路，全长923m，宽25m，双向4车道，两侧各有3m宽的人行道。其中主桥长724.5m，匝道长252m；主桥宽25m，设计标准为汽—超20级、挂—100。

主桥采用55m+83.6m+55m三跨连续无风撑下承式钢管混凝土系杆拱结构。边跨矢跨比为1：4.5，中跨矢跨比为1：5，拱轴线均为抛物线，两拱肋中心距为18m。主桥桥面系由33对吊杆、33片部分预应力混凝土横梁、普通钢筋混凝土加劲纵梁、钢筋混凝土槽形板、后浇混凝土结构层和钢纤维混凝土铺装层等组成。

图 6.8　解放大桥照片 1

图 6.9　解放大桥照片 2

6.2.6　人民桥

人民桥是跨越珠江两岸的一座桥梁。其北起六二三路，与康王南路相连，南至洪德路，与工业大道北相连，是一座 3 孔预应力钢筋混凝土钢构桥，见图 6.10、图 6.11。大桥全长 701.2m，主桥长 182m，宽 18m，其中行车道 12m，两侧人行道各 3m。南北引桥长 519.2m，宽 12m，但引桥不设人行道，由 4 座步梯连接主桥供行人、自行车上下。

图 6.10　人民桥照片 1

图 6.11　人民桥照片 2

据悉，1932 年曾提出在太平南路（今人民南路）西濠口建筑西堤铁桥，1935 年工务局亦进行筹划并选取桥式，但桥未筑成。中华人民共和国成立后，珠江南岸工业发展迅速，海珠桥难以承受日益加大的交通流量，急需建设新桥。1965 年 4 月，经国家计委和建工部批准兴建人民桥，同年 11 月 4 日正式动工，于 1967 年 5 月 1 日竣工通车。1984 年在人民桥南端建成洪德路立交桥疏导车流。1988 年在人民桥北端建成东、北、西 3 条匝道，分别连接沿江路、六二三路及沙面旧东桥。2000 年在人民桥东侧建内环路，拆除桥北三条匝道。

6.2.7　鹤洞大桥

鹤洞大桥是广州市一座双塔空间索拉复面斜拉桥，横跨珠江后航道，将海珠区和荔湾区连接起来，是广州市的一条交通要道，见图 6.12、图 6.13。大桥双向 6 车道行车，车速限制为 60km/h。大桥全桥总长 2300m，主跨为 360m，桥下通航净高 34m。桥面宽 30.3m，其中车行道 22.5m，两侧人行道均为 2m。桥上有 144 条斜拉索，最长的一条为 145m。大桥建成前，市民从海珠区前往芳村和佛山市，要通过渡轮或通过珠江大桥和珠江隧道，不仅路程远，还造成了巨大的交通压力。因此广州市政府兴建该大桥，缓解交通挤塞状况。

大桥建成的时候，是广州市区跨度最大的桥梁，同时也是工艺最复杂的桥梁。2011 年至 2012 年期间，因为多次出现裂缝，大桥的匝道需要封闭维修。统计数据显示，每天有大约 1400 辆载重超过 30t 的货车行经大桥，对此，大桥的管理单位表示，超载的货车对大桥安全构成威胁，但他们没有权力去查处超载行为。

图 6.12　鹤洞大桥照片 1

图 6.13　鹤洞大桥照片 2

6.2.8　丫髻沙大桥

丫髻沙大桥是广州环城高速路西南环段跨越珠江主、副航道和丫髻沙岛的特大桥梁，主桥采用 3 跨连续自锚中承式钢管混凝土拱桥桥型，见图 6.14、图 6.15。丫髻沙大桥于 1998 年 7 月动工，2000 年 6 月建成。当时共创下 3 项全国乃至世界第一：在钢管混凝土中承式拱桥中跨度第一；主跨达到 360m，为当时世界钢管混凝土拱桥中主跨度最长的；大桥平转转体每侧重量达 13680t，不仅居国内第一，也是世界同类型中第一座万吨转体桥梁；另外竖转加平转相结合的施工方法世界领先，大桥极限承载力和抗风力国内领先。

图 6.14　丫髻沙大桥照片 1

图 6.15　丫髻沙大桥照片 2

丫髻沙大桥分跨为 76m+360m+76m，主跨以 360m 一跨跨过珠江的主航道。桥宽 36.5m，双向 6 车道。边跨、主跨拱脚均固结于拱座，边跨设盆式支座，两边跨端部之间设钢绞线系杆，通过边跨半拱平衡主拱水平推力。

主拱肋采用悬链线无铰拱，矢高 76.45m，矢跨比 1 ∶ 4.5，拱肋中心距为 35.95m，共设置 4 组米字形、两组 K 形风撑。该工程曾获 2001 年建设部优秀工程设计一等奖、2002 年全国优秀工程设计银奖、2003 年中国公路学会科学技术一等奖。该桥在中国土木工程学会 2004 年第 16 届年会上入选首届《中国十佳桥梁》，位列拱桥第二名。

6.2.9　洛溪大桥

洛溪大桥位于广州市海珠区与番禺区之间的珠江沥滘航道上，是广州市区连接番禺的交通要道，北端连接广州大道，南端连接 105 国道，于 1984 年 10 月动工，1988 年建成通车。大桥架于广州与番禺洛溪之间的珠江主航道上，是广州通往番禺的咽喉要道。桥全长 1916m，宽 15.5m，双向 4 车道，主桥长 480m，采用预应力连续箱梁双支墩结构。其中主跨通航孔宽 180m，通航净高 34m。这样宽的跨度，在世界同类桥中排第六位，在亚洲排首位，见图 6.16、图 6.17。

全国政协副主席霍英东先生捐出1千多万元人民币兴建洛溪大桥,并由番禺路桥公司负责管理。该桥在当时是亚洲同类桥梁之冠,更有“洛溪飞虹”的美誉。洛溪大桥通车后,成为广州市区通往番禺、顺德、中山等地区的必经之路,随着珠三角的经济发展,过桥的车辆日益增加,当年设计车流量为每日3万辆,但实际流量达7万辆,严重时更达每日10万辆,远远超过设计流量。

图6.16　洛溪大桥照片1

图6.17　洛溪大桥照片2

6.2.10　番禺大桥

番禺大桥是连接广州市市区与番禺区主干道跨越珠江的一座特大型桥梁(图6.18、图6.19),位于洛溪大桥下游3.9km处。由于番禺区、佛山市顺德区、中山市、江门市、珠海市等地往来广州市的车辆日益增多,番禺大桥的建成将有效地缓解洛溪大桥交通压力。番禺大桥作为广东省重点公路工程,是广东省公路勘察规划设计院承接设计的重点项目。

图6.18　番禺大桥照片1

图6.19　番禺大桥照片2

番禺大桥的设计条件:主桥跨越珠江处、江面宽约460m,流速在0.9~1.0m/s之间,平均潮差约2.32m,通航水位时平均水深9.1m,桥址区1/100频率20m高处设计基本风速为44.6m/s。该区最高气温:38.7℃;最低气温-0.4℃;年平均气温21.8℃,年平均相对湿度78%~83%。

番禺大桥设计特点:除斜拉桥桥面宽度达到37.7m,列国内同类型桥第一位,列世界同类型桥第二位,列世界200m跨径以上同类型桥第一位。番禺大桥解决了超宽边主梁空间双索面斜拉桥的一系列设计计算理论问题,如边肋在施工及使用中的扭转函数问题,薄横隔梁在压、弯、扭、剪状态下的稳定问题,T梁超宽翼缘的剪力滞、轴力滞问题,主梁大体积尾段的体系转换问题,并对主梁7个断面进行施工应力跟踪测试。

6.2.11　华南大桥

华南大桥是跨越珠江的一座大型桥梁,两端连接华南快速干线,见图6.20。大桥北端位于天河区猎德村,桥南端位于海珠区赤岗磨碟沙的海军码头。大桥总长1610m,主桥长410m,桥宽36m,双向8车道,

图 6.20　华南大桥照片

两侧各有 2.25m 宽的人行道，是目前广州珠江前航道上桥面最宽的桥梁。大桥采用 3 跨预应力连续刚构结构，中跨 190m，两边跨各 113m，桥下通航净高 20m，净宽 120m。南引桥长 400m，北引桥长 700m。1996 年 12 月动工，1998 年 11 月建成通车，总投资 21.50 亿元。

6.2.12　猎德大桥

2009 年 7 月 30 日，连接珠江广州市区段前航道的第 14 座桥梁——猎德大桥局部试开通。作为新光快速路的北向连通部分，大桥开通后，广州市民往来番禺区、海珠区、天河区将一路快捷。猎德大桥主桥为独塔双索面空间自锚式悬索桥，主跨跨径 219m，位居同类桥型全国第一、世界第二，见图 6.21、图 6.22。

图 6.21　猎德大桥照片 1

图 6.22　猎德大桥照片 2

广州猎德大桥通车后，猎德大桥的系统工程南起海珠区江海大道，与新光快速路接顺，向北沿江海大道高架桥跨越新港路、双塔路、阅江路后接猎德大桥跨越珠江、临江大道，在猎德大道下地后以隧道形式下穿花城大道至天河区金穗路以南止，线路全长约 4.3km。除了沟通番禺、海珠、天河三区，大桥还可以为琶洲会展中心、新电视观光塔、珠江新城核心区等一系列标志性建筑提供重要的交通保障。大桥设计时速 60km/h，这意味着市民从天河区到番禺区，可实现全程高速，耗时约半小时。同时，南北向车辆也可从海珠区江海大道直行至天河区花城大道，从而直达琶洲会展中心区域，有望缓解广州大道的交通压力。

猎德大桥主桥为独塔双索面空间自锚式悬索桥，采用 47m+167m+219m+47m 的跨度布置，长 480m。大桥贝壳状三维曲面塔身造型独特，主跨跨径 219m，位居同类桥型排名在世界第二以及全国第一。

工程在施工工艺方面有许多创新："珠江之贝"三维曲面清水混凝土索塔的施工工艺难度很大；大断面钢加劲梁顶推施工工艺较新；非对称空间自锚式缆索系统施工工艺复杂。2008 年 10 月 20 日，随着全桥空间非对称主缆安装完成及吊索张拉和索力微调的全部完成，标志着猎德大桥三大技术难点已全部攻克。

6.3　广州立交桥梁建设

全国第一座 4 层双环互通式立交桥——区庄立交桥动工于 1982 年 12 月，建成于 1983 年 12 月，位于环市路与先烈路交叉点区庄，占地 $3.2\times10^4m^2$。底层是东西向直行下穿式机动车道；二层是环形交叉非机动车和人行道；三层是专供机动车左右转弯的环形交叉桥；四层是南北向直行机动车道。区庄立交桥高峰期每小时通行机动车2万辆，人车各行其道，安全畅通。

广州的区庄立交桥采用下穿式环形两层布局，南北向机动车沿解放北路在下穿越，车行道宽14m，净高4.5m，各以一引道连接环市中路、西路；上跨东西走向的环市路，以环形平面盘旋交叉组织交通，中间设一直径40m的中空花岛。环岛周边道路宽15m，高峰小时内，下行车道机动车流量1500辆，非机动车辆1万辆；上跨环岛机动车流量1000辆，非机动车6000辆。这种巧用地形、造型独特的两层环形立交桥，是国内建设的创举，见图6.23、图6.24。

图6.23 广州城市立交照片1

图6.24 广州城市立交照片2

广清高速公路与环城高速连接线是广州市北部出口交通改善工程的重头戏之一，也是广东省重点工程。该工程将串起广清高速和环城高速，让北面途经广州市区的车辆可以全程在高速公路上飞驰。广清互通立交桥包括进出城高架桥和佛山、深圳方向的定向匝道高架桥共7条，匝道桥长度近6km。其中立交桥从低到高共5层，为广州迄今为止规模最大的立交桥，最高处距地面约28m。第一层为增槎路，现已被改造为双向8车道的城市主干道，中央设置8m宽分隔带，两侧各设7m宽的人行道和3m宽的绿化带；第二层是现有的北环高速，这两层目前都已建成通车；第三层为进城高架桥与清远至深圳匝道并行段；第四层是广州至佛山匝道及出城高架；第五层是佛山至清远匝道。继市区人行天桥、高架桥绿化整饰之后，广州正进一步扩大立交桥的绿化范围，届时花城将处处花香，见图6.25、图6.26。

图6.25 广州城市立交照片3

图6.26 广州城市立交照片4

广州市区东风路德坭立交桥等14座立交桥于2005年开始进行了立交桥绿化整饰工程的招标，绿化长度达33km。立交桥与人行天桥相比，具有桥体庞大、结构复杂的特点，粗大的墩柱加上厚重的桥身，给人以压抑之感。

绿化整饰有利于软化桥体、美化环境。市政部门十分重视对广州市立交桥的绿化工程。对内环路沿线高架桥的绿化进行改造。沿线绿化突出生态特色，通过“点、线、面”结合方式，将绿化渗透到道路的每一个角落，充分利用道路构筑物进行垂直绿化，让花城名副其实。

多年来，广州不断加强桥梁绿化工作，成为全国人行天桥、高架桥绿化最多的城市。广州城市高架桥穿街过巷、纵横交错，总计超过 40km，成为全国高架桥最密集的城市之一，见图 6.27、图 6.28。然而，有关专家却深感担忧，认为高架桥的弊病不少，如果经济发展了，广州市的高架桥应该全部拆除。1990 年，广州是改革开放的前沿，经济发展更为迅猛，对交通的要求也日趋提高，在闹市区内不可能大量拆房子，开辟新路。面对矛盾，要增大交通流量、减少堵塞，除了修建立交桥去疏解之外，适当建设高架道路，是当时行之有效的办法之一。从大环境来讲，过去 20 年来，广州抓住了发展机遇，但也存在让开发商牵着鼻子走，弄得地面道路七弯八拐。

图 6.27　广州城市立交照片 5

图 6.28　广州城市立交照片 6

以前，广州的城市建设过分“见缝插楼”，导致地面道路缺乏拓宽空间，基于当时的理念和技术情况，人们只能向空中发展道路，所以高架桥大行其道。但是，广州市中心的高架桥，必然对商业带来影响，给老百姓的出行带来影响。广州市交研所曾经对开通后的内环路作过一项名为《广州市内环路建成后对周边地区社会经济影响研究》，其研究思路从对交通影响的研究开始，扩展到对土地利用、城市空间结构、城市经济发展与城市社会等范畴进行多角度的研究，试图比较全面地揭示内环路对广州社会经济带来的影响、变化的趋势、正面与负面的评价、采取应变的对策。相关专家在论及城市建设问题时，不少人主张广州市区内不要再搞高架桥，尽量用下穿隧道，虽然造价高点，工程量大点，但整个城市就会好看很多。林树森市长也在相关场合表态：“内环全部竣工之后，广州将不再建新的高架桥。”有的专家指出：“如果广州经济发展了，高架桥是非拆不可的。”城市建设回归人性和自然是 21 世纪的重要课题。譬如，东濠涌高架黄华路口匝道和人民路高架沿江路匝道的拆除了，那么，其他地段的高架桥的拆除也不是没有可能，关键要看经济条件是否达到。

6.4　感悟与结语

通过上述对广州市各类城市桥梁的全面介绍，使我们对广州不同历史时期建成的城市桥梁有了较深刻的认识。广州作为我国经济发展较快的地区，伴随着经济的快速发展，其城市桥梁亦取得令人瞩目成绩。譬如，最早的海印大桥系我国最早建造的斜拉结构；洛溪大桥系我国最早建造的连续刚构桥，后来许多公路上建造的刚构桥都吸收了洛溪大桥的有益经验；丫髻沙大桥、猎德大桥和华南大桥在不同桥型和结构体系上都为我国城市桥梁的发展积累了有益的经验。而近些年来广州市关于城市高架桥梁的“去与存”的争论，也为我国桥梁建设和设计领域提供了宝贵的经验和案例。

7 南京城市桥梁建设

7.1 引言

南京，简称宁，是江苏省会，副省级市，长三角及华东地区第二大城市，中国科教第三城，中国国家区域中心城市（华东），国家重要的政治、军事、科教、文化、航运、经济和金融中心，国家综合交通枢纽、通信枢纽和科技创新中心，南京都市圈核心城市，长三角辐射带动中西部地区发展的重要门户城市，面积6597km^2，截至2014年，南京市常住人口总量为821.61万人。

南京市内主要的城市桥梁有三叉河大桥、定淮门桥、草场门桥、汉中门桥、集庆门桥、中华门桥、逸仙桥，中山桥等；城市立交桥主要有中央门立交桥、赛虹桥立交桥、新庄立交桥、双桥门立交桥、马群立交桥、东杨坊立交桥、经五立交桥、铁心桥立交桥、纬八立交桥、花神庙立交桥、双龙街立交桥等。

7.2 南京城市桥梁建设

7.2.1 南京长江大桥

南京长江大桥位于南京市西北面长江上，连通市区与浦口区，是一座我国自己设计建造的双层双线公路、铁路两用桥，1968年12月29日竣工。上层的公路桥长4589m，车行道宽15m，可容4辆大型汽车并行，两侧还各有2m多宽的人行道。下层的铁路桥长6772m，宽14m，铺有双轨，两列火车可同时对开。其中江面上的正桥长1577m，其余为引桥，公路引桥采用富有中国特色的双孔双曲拱桥形式，见图7.1、图7.2。

图7.1 南京长江大桥照片1

图7.2 南京长江大桥照片2

公路正桥两边的栏杆上嵌着200幅铸铁浮雕，人行道旁还有150对白玉兰花形的路灯，洁白雅致。南北两端各有两座高70m的桥头堡，堡内有电梯可通铁路桥、公路桥及桥头堡上的瞭望台。堡前还各有一座高10余米的工农兵雕塑。南堡下是一个风景秀丽的公园。南京长江大桥共有9个桥墩，最高的桥墩从基础到顶部高85m，底面积约400m^2，比一个篮球场还大。正桥的桥孔跨度达160m，桥下可行万吨巨轮。整座大桥如彩虹凌空江上，十分壮观。每到晚上，桥栏杆上的1048盏泛光灯齐放，桥墩上的540盏金属卤素灯把江面照得如同白昼，加上公路桥上的150对玉兰花灯齐明，桥头堡和大型雕塑上的228盏钠灯使大桥像一串夜明珠横挂江上。

大桥由正桥和引桥两部分组成，正桥为钢桁梁结构，共有9墩10孔（1×128m+9×160m），由1孔128m简支钢桁梁和3联（3孔为一联）9孔跨度各160m连续钢桁梁组成，采用优质合金钢杆件在现场铆接拼装架设。主桁采用带下加劲弦杆的平行弦菱形桁架，采用悬臂拼装法架设。岩床埋在正桥河床33～47m以下，9个桥墩基础分别采用重型混凝土沉井、钢沉井加管柱、浮式钢筋混凝土沉井、钢板桩围堰管柱等基础。大桥通航净空宽度120m，桥下通航净空高度为设计最高通航水位以上24m，可通过5000t级海轮。长江大桥是南京的标志性建筑，江苏的文化符号，也是中国的著名景点之一，以“天堑飞虹”之名列为新金陵四十八景之一。大桥建设8年，投资2.88亿元，使用38.41×10^{4}m^{3}混凝土、6.65×10^{4}t钢材。1960年以“世界最长的公铁两用桥”被载入《吉尼斯世界纪录大全》。1968年9月30日，第一列火车拉着7节车厢从江岸南边开往浦口区。

南京长江大桥的竣工使火车过江时间由过去靠轮渡的1.5小时缩短为2min，迅速成为中国南北交通的命脉之一，在华东更具有举足轻重的地位，创造的直接经济效益超过60亿元。但从1990年开始，大桥的通行量逐日增加，到2002年前后已处于日夜超负荷运转状态，年通过总重量达2亿吨，日均机动车流量高达6.3万辆左右，超过设计能力1.5万辆/日的3倍多，但是封桥大修似乎永远不太可能。如果大桥公路桥封闭10min，南京市区便会陷入严重的交通瘫痪状态；封闭1个小时以上，整个江苏省的交通将会受到巨大影响。而铁路桥封闭1min将造成数十万元经济损失；封闭10min，华东地区的铁路命脉将陷入瘫痪。因此有关部门始终无法下决心彻底维修。南京长江大桥是新中国第一座依靠自己的力量设计施工建造而成的铁路、公路两用桥，它的建成开创了中国自力更生建设大型桥梁的新纪元。由于南京长江大桥的质量堪称一流，这支建桥队伍因此声名远扬。大桥建成后一直被称为南京最重要的标志性建筑。

7.2.2　南京长江第二大桥

南京长江第二大桥是国家“九五”重点建设项目，位于南京长江大桥下游11km处，由南、北汊大桥和南岸、八卦洲及北岸引线组成，是G36国家高速（南京至洛阳）的重要组成部分，南接南京绕城公路，北连宁淮，全长20.96km。

南汊桥两座索塔高达195.41m，有两个主墩，固定在水下50多米深的岩层下，其双壁钢围堰直径达36m，高度54～60m。南汊大桥为钢箱梁斜拉桥，桥长2938m，主跨为628m，该跨径建成时居同类桥型中国内第一，世界第三，仅次于日本多多罗大桥和法国诺曼底大桥，见图7.3、图7.4。南京长江第二大桥引桥还设有4座互通立交桥、4座特大桥、6座大桥。大桥的设计标准：双向6车道高速公路，设计速度100km/h，设计荷载为汽超—20级，挂—120，路基宽33.5m，桥面宽32m（不含斜拉索锚固区）。

南京长江第二大桥配备了国内先进的现代化监控、通信、收费系统，密布光纤、通信电缆、计算机网络，设置了26台摄像机、20对紧急电话、8套车辆检测器、两套气象检测器和南北两套自动称重系统，构成了二桥敏感的“神经系统”。并设有南汊主桥景观照明，南、北汊桥公园和八卦洲服务区。南京长江第二大桥南北引桥两侧正密集植树，形成宽达50m的二桥绿化带。

南汊大桥工程主桥基础施工采用外径36m、内径33m、双壁间距1.5m的双壁钢围堰；南北钢围堰高度分别为53.23m和65.5m，钢围堰封底采用原25号水下混凝土，有效厚度为8m。南北塔桩基均采用21根3m大直径钻孔灌注桩，桩长分别为102m和83m，原30号混凝土灌注。承台为6m厚钢筋混凝土。主塔高 195.41m，建筑高度近 300m，主梁由 93 块钢箱梁现场悬吊、悬拼、焊接组成，钢箱梁节段间除上顶板 U 肋接口采用高强螺栓连接，其余采用全焊结构。

南汉大桥全桥有 160 根斜拉索，由高强度、低松弛的 ϕ7 镀锌平行钢丝组成，最长索达 330m，钢丝有 265 根，重 30t。桥面采用 5cm 的环氧沥青混凝土直接铺装在钢板上，沥青性能要求兼顾低温抗裂、高温抗变形及抗疲劳破坏，属世界级的工程难题。

图 7.3 南京长江二桥照片 1

图 7.4 南京长江二桥照片 2

南岸引线南起绕城公路一期东杨坊互通，穿国杨坊山，跨沪宁铁路和宁栖公路，再经尧化采石场，然后依次下穿尧燕公路、莞基苯专用铁路，在柳塘上跨纬一路和地方专用铁路，向北在下庙村接南京二桥南引道，全线长 5.1km。

北汊大桥为 5 跨连续的预应力连续梁桥，主跨为 90m+3×165m+90m 连续梁桥，桥长 2172m，在同类桥型中居亚洲第一。北汊主桥钻孔桩桩径为 2.5m；主墩承台为整体式高桩矩形承台，边墩承台为分离式高桩承台；墩身为分离薄壁墩；支座为盆式橡胶支座；上部预应力混凝土连续箱梁上下行分离、为三向预应力体系。引桥基础为 1.5m 或 1.8m 的钻孔桩；承台为分离式矩形承台；墩身为柱式墩或薄壁墩；支座为盆式橡胶支座；上部预应力混凝土连续箱梁上、下行分离，为两向预应力体系；桥台为肋式埋置式桥台。

南京长江第二大桥北岸引线作为南京二桥的重要组成部分，把雍六高速公路和经扩建的宁扬一级公路与南京长江第二大桥北汊主桥连成一体，且为 104 国道预留了接口。该工程北起雍六高速公路马汊河西岸，向南跨越南钢冶山铁矿专用铁路，经大厂区新华东路，跨南化公司催化剂厂人防工程及蒸汽、煤气管道及大纬路后，止于南京长江第二大桥北汊大桥北引桥桥台。

北岸引线经过长江北岸工业区和农渔业区，人口密集、地表水塘、水田、暗塘、暗河等不良软土地质较多，地上、地下管线密集。地层自上而下以软硬塑状亚黏土、黏土和泥岩为主。北岸引线路基宽度33.5m，中央分隔带宽度 2m，行车道为双向 6 车道 6×3.75m，硬路肩宽度 2×3m，土路肩宽度 2×0.75m，左侧路缘带宽度 2×0.75m；路基最大填土高度 10m，最大挖方 11m；填方边坡 1 : 1.5，高填方设反压护道；挖方边坡 1 : 1~1 : 2，设多级平台。全线以填方路堤为主。桥梁上部结构以预应力多跨连续箱梁为主，混凝土为 C50；下部结构为薄壁墩、钻孔灌注桩。全线设有雍庄互通立交桥 1 处，特大桥 2 座，大桥 3 座，中桥 2 座，板通 8 道，箱涵 4 道，圆管涵 5 道。

该工程于 1998 年 10 月开工建设，于 2000 年 12 月建成，工期 26 个月。2000 年 12 月 26 日经江苏省交通厅批准，完成该项工程的交工验收。

7.2.3 南京长江第三大桥

南京长江第三大桥是长江南京段继南京长江大桥、南京长江第二大桥之后建设的又一座跨江通道，位于江苏省南京市南京长江大桥上游约 19km 处的大胜关，于 2005 年 10 月建成通车，是上海至成都国道（GZ55）主干线的重要组成部分。大桥及连接线全长约 15.6km，总投资 30.9 亿元。南引桥长 680m，北引桥长 2780m；南岸接线长 3.083km，北岸接线长 7.773km。全线采用双向 6 车道高速公路标准建设，并设 4 座互通立交桥。南京长江第三大桥距长江入海口约 350km，项目南岸起点在绕城公路刘村互通，往东接南京正在建设的绕越高速公路；北岸终点为浦口境内的宁合高速公路张店互通，往北接宁淮高速公路。

大桥桥塔采用钢结构，为国内第一座钢塔斜拉桥，也是世界上第一座弧线形钢塔斜拉桥。南京三桥索塔高 215m，相当于两座金陵饭店的高度，设计为钢混塔身，下横梁以下部分为混凝土塔身，以上部分为钢塔身，这在全国尚属首创；钢塔柱设计成弧线形，这在世界上也是第一次采用，见图 7.5、图 7.6。

图 7.5　南京长江第三大桥照片 1

图 7.6　南京长江第三大桥照片 2

大桥的建成，对于完善大交通格局，带动江南、江北共同发展，呼应沿江开发战略，促进南京都市圈共同繁荣和长三角一体化都起到至关重要的作用。

南京长江第三大桥与南京长江第二大桥、绕城公路、浦珠及宁六公路形成南京内环快速通道与宁淮高速、绕越高速和南京长江第四大桥形成南京外环快速通道，把宁沪高速、宁合高速、宁杭高速、宁淮高速、宁蚌高速、宁马高速连成一体。2008 年 3 月 18 日，南京长江第三大桥获第七届中国土木工程詹天佑奖。

全线按双向 6 车道高速公路标准建设，设计行车速度 100km/h，桥梁标准宽度 32.0m，设计洪水频率 1/300，最高通航水位 8.71m；设计荷载汽车—超 20 级、挂车—120，设计风速 100 年一遇 10m 高处、10min 平均风速 31.7m/s，设计地震烈度Ⅶ度，索塔设计船舶撞击力顺桥向 13500kN，横桥向 27000kN。南京长江第三大桥不仅其建设经验为中国桥梁史写下了浓墨重彩的一笔，其设备的运用也提升了中国桥梁施工设备的新水平。为了保证南京长江第三大桥钢塔吊装，南京长江第三大桥建设指挥部专门从国外定做两台特大型塔式起重机，身高 252m，是世界第一高的塔吊，其结构总重 900t，最大起重能力 3600t·m。正是利用这两台塔吊，三桥的钢塔仅用 5 个月的时间就完成了全部吊装任务，比一般的混凝土桥塔施工提前一年时间。这个为南京长江第三大桥作出突出贡献的世界第一“吊”后来被苏通大桥使用，使苏通大桥那个 300 多米高塔的建设难度大大降低。

图 7.7　南京长江第四大桥照片 1

7.2.4　南京长江第四大桥

南京长江第四大桥是中国首座三跨吊悬索桥，位于南京长江第二大桥下游约 10km 处，被誉为“中国的金门大桥”，是江苏省境内开工建设的第八座长江大桥，是国内跨径最大的双塔三跨悬索桥，在同类桥型中居世界第三，见图 7.7～图 7.9。南京长江第四大桥是国务院批准的南京市城市总体规划中“五桥一隧”过江通道之一，是南京绕城高速公路的过江通道和重要组成部分。2012 年 12 月 24 日正式通车，对于进一步提升国家运输主通道的通行能力，完善全省主干线公路网布局，促进区域协调发展具有非常重要的意义。

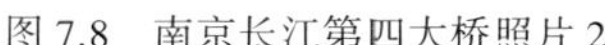

图 7.8　南京长江第四大桥照片 2

图 7.9　南京长江第四大桥照片 3

南京长江第四大桥起于六合区横梁镇以东与宁通高速公路相交处，经龙袍镇跨越长江，与对岸石埠桥连接，止于沪宁高速公路相交处的麒麟枢纽，接在建的南京绕越高速公路东南环段，全长 28.996km，其中跨江大桥长约 5.448km，主跨采用 1418m 三跨吊悬索桥方案，桥体净空高不小于 50m，主通航孔净宽 890m，5 万吨级巴拿马海轮可通过。南京长江第四大桥总投资 68.6 亿元，

全线按双向 6 车道高速公路标准设计，跨江大桥设计速度为 100km/h，两岸接线设计速度为 120km/h。全线设横梁、龙袍、栖霞、麒麟 4 处互通立交桥，预留红光、仙林 2 处互通立交桥，并建有滁河、七乡河 2 座特大桥。为保护环境及与周边景观相协调，路线在仙林地区的 8.8km 全部采用高架方案，在穿越北象山时采取隧道方案。

南京长江第四大桥选址在南京长江第二大桥下游约 10km 处，起点位于长江北岸宁通高速公路横梁镇东侧的横梁互通，向南经红光村东、红山窑东、龙袍镇西，于石埠桥附近跨越长江，在栖霞区跨越京沪铁路和九乡河，再向南沿九乡河以东，按南京市总体规划中的预留通道布线，经仙林大学城东，止于路线与沪宁高速公路相交处的麒麟枢纽（按规划的南京绕越高速公路东南环终点），线路全长 28.996km，项目建设工期 5 年。大桥于 2008 年 1 月 6 号奠基开工，核批建设二期 5 年。南京长江第四大桥于 2012 年 12 月 24 日正式通车。

7.2.5　南京长江第五大桥

南京长江第五大桥是南京市城市总体规划确定的“五桥一隧”跨江通道之一，规划图纸中叫梅子洲过江通道，已经列入十三五建设计划。长江五桥总长 8260m，采取了左汊和右汊两桥相连的设计，左汊从南京江北五里桥通过长江主汊横穿梅子洲，右汊通过双线隧道跨越夹江，到达江南后连接南京青奥轴线，见图 7.10。

南京长江第五大桥已经于 2013 年开展前期研究，完成工可编制，或于 2014～2016 年开建，2019 年建成，投资 60 亿元。梅子洲洲头过江通道位于南京长江第三大桥下游约 5km 处，南京长江大桥上游约 13km 处，全长 11.99km。该通道起点位于宁合高速五里桥互通，沿北岸规划预留通道方向由北向南依次与立新路、芝麻河、丰子河路、南航河、新民路、滨江大道相交，然后跨越长江主航道，于梅子洲岛登陆，并与规划葡园路形成互通。接着，路线下穿夹江，抵达长江南岸，并在江山大街地面以

图 7.10　南京长江第五大桥照片

下三层位置下穿滨江大道，经过青奥中心地下停车场，下穿经过燕山路、江东路、庐山路、黄山路，尔后与南京绕城公路油坊桥互通地面相接。南京青奥轴线地下立交桥 2014 年 6 月交付，系国内最大地下立交桥。

南京长江五桥位于长江三桥和长江隧道之间的引桥，也是青奥轴线地下交通工程，相当于在地下建设了一座 3 层立交桥，从最下一层到地面的距离有 27.5m，相当于 10 层楼高。整个工程耗时 19 个月，总开挖面积约 $15\times10^4m^2$。五桥将建成双层桥梁，上下两层都是双向 4 车道，共为双向 8 车道。双层桥梁这一设计，不仅可以在建设过程中减少征地拆迁，还可以通过双层桥梁与不同的路口相接，大大缓解车辆过江后的分流压力。

根据最新环评公示，这座过江通道目前推荐方案为“桥+隧”，即跨越长江主体工程采用大桥的方式，穿越夹江则采用隧道方式。

7.2.6　南京中央门立交桥

中央门立交桥位于原南京城北的中央门广场，东接龙蟠路，西通建宁路、南北连贯中央路，1986 年 4 月 30 日正式开工，同年 12 月 28 日通车。主体工程施工历时 7 个月。中央门立交桥是一座三层双环式立交桥，工程范围东西 660m，南北 420m，占地 5.7ha，高架桥与东西向直行车道净宽 14m，最大纵坡 3.6%，全长 512m，其中 362.74m 为高架桥，余为引道，见图 7.11、图 7.12。

图 7.11　南京中央门立交桥照片 1

图 7.12　南京中央门立交桥照片 2

7.2.7　南京新庄立交桥

新庄立交桥二期工程 2001 年 10 月 19 日竣工。该立交桥总投资 2.7 亿元，为 4 层互通式，高 18m，净宽 18m，全长 6.5km，双向 8 车道，总建筑面积 $12\times10^4m^2$，见图 7.13、图 7.14。

图 7.13　南京新庄立交桥照片 1

图 7.14　南京新庄立交桥照片 2

7.2.8　南京双桥门立交桥

南京内环的东南角，双桥门立交桥是连接机场高速、纬七路高架、龙蟠中路的枢纽工程，主线2.47km，匝道总长 0.68km。双桥门立交桥于 2003 年 4 月开工建设,2004 年 4 月底实现主桥通车,总投资约 14 亿元,见图 7.15、图 7.16。

图 7.15 南京双桥门立交桥照片 1

图 7.16 南京双桥门立交桥照片 2

7.2.9 南京赛虹立交桥

南京赛虹立交桥主线及匝道桥共 23 座,桥梁总长 9287m,为 2005 年南京举办第十届全运会主城区快速道路网布局中的重要组成部分。赛虹立交桥于 2002 年 11 月开工,2003 年 12 月底竣工通车,总投资约 13 亿元,见图 7.17、图 7.18。

图 7.17 南京赛虹立交桥照片 1

图 7.18 南京赛虹立交桥照片 2

7.2.10 南京火车站立交桥

南京火车站站前高架桥是站前广场重要子项工程之一,地处南京著名玄武湖风景区。南京火车站北站房和北广场建设工程即将开建,其中世纪东路高架桥工程将于 21 世纪中期完工。沪宁城际铁路的轨道位于南京站现有轨道场的北端,考虑到沪宁城际铁路通车需要,在南京火车站北侧新建一座总面积约 $3\times10^4 m^2$ 的北广场和北站房。其中北广场,将与现在玄武湖边的火车站站前广场南北呼应,见图 7.19、图 7.20。

火车站北广场地下分两层,其中地下一层设 $1.4\times10^4 m^2$ 的社会停车场,出租车上下客区面积约 $9000m^2$。在公交方面,公交车站总占地面积约 $9200m^2$,其中西公交车站占地约 $4700m^2$,设置 5 条公交线路,东公交车站占地约 $4500m^2$,设置 3 条公交线路。红山附近将建隧道穿越。南京火车站北站房和北广场建设工程包括红山南路、世纪东路、站前广场(含地下停车场)、公交车站等。目前在火车站后面有一条东西走向的曹后村路,但是,由于建设年代久远,该路路幅很窄,路况也不容乐观,两辆车会车都很难。此次新建的红山南路,基本就是对这条路进行拓宽。考虑到该路段靠近红山,部分路段将建一段隧道下穿,隧道长约数百米,地下部分为主线双向 4 车道,地面辅道为双向 6~8 车道。

另外一条新建道路名为世纪东路。该部分工程包括了世纪东路高架桥及地面道路。高架桥南侧以匝道形式与龙蟠路相接，主线上跨沪宁铁路、城际铁路，以定向匝道与红山南路和世纪东路北延线相衔接。南京在规划黑墨营单元控制性详细规划中，就已经给南京火车站北扩留足余地，在靠黄家圩路的东侧，将增加一个大型汽车站，驳载来来往往的客人。

图 7.19　南京火车站立交桥照片 1

图 7.20　南京火车站立交桥照片 2

7.2.11　南京青奥公园步行桥

南京青奥公园步行桥工程位于青奥轴线中轴南北向各 100m 的范围内，起点位于滨江青年公园内，终点在江心洲青年森林公园内，是由法国知名设计师设计的城市景观项目，见图 7.21。这座步行桥作为两岸旅游观光的纽带，以旅游电瓶车和行人为主，需考虑行人及旅游电瓶车通行的舒适度，不考虑机动车的通行要求。主桥为双钢塔双索面斜拉桥，主跨 240m，钢箱梁全长 541.5m，钢塔塔顶高程 85m，塔斜向高 102.464m，全桥总用钢量约 9400t。

图 7.21　南京青奥公园大桥

钢箱梁采用全焊接扁平流线型封闭钢箱梁，箱梁梁高为 2.5m。中、边跨标准梁段含风嘴全宽 15.2m，不含风嘴宽 12.8m。考虑景观需要，梁段由跨中标准梁段向塔区梁段线性加宽，索塔横梁支撑处梁段含风嘴全宽 25.2m，不含风嘴宽 22.8m。箱梁顶面设双向 1.5%横坡。河西侧边跨设置分岔段与桥头景观平台衔接，分岔梁段含风嘴全宽 8.1m，不含风嘴宽 6.9m，梁段设单向 1.5%横坡。

该大桥的钢箱梁共分为 37 个节段，25 种梁段类型。最大节段重量为 251.9t。大桥钢梁在施工中有以下 6 个特点：

(1)焊接反变形技术。在焊接胎架上横向设置反变形量，抵消焊缝焊接引起的焊接变形，确保板单元焊接后平面度达到规定要求。

(2)在钢箱梁总拼过程中采用“三纵一横”测量定位方法控制。在总拼过程中，采用三条平行的纵向测量基线和与一条与其垂直的横向测量基线控制单元件定位组拼，确保钢箱梁节段制造精度。

(3)总拼胎架横向预设反拱技术。在总拼胎架设计时，充分考虑箱梁结构特点及焊缝焊接收缩趋势，横向预设一定的反拱度，来抵消钢箱梁解马后因释放应力而引起的断面的变形，确保钢箱梁外形达到或接近设计要求。

(4)单面焊双面成型焊接工艺。广泛采用陶质衬垫单面焊双面成型工艺，降低焊接难度，确保焊缝质量。

(5)钢箱梁起拱预拼装技术。按设计拱度要求实行钢箱梁起拱预拼装，尽量拟合钢箱梁架设实际安装空间位置，确保钢箱梁架设质量。

(6)采用弹性变形技术,实现曲面板件的制作。利用隔板等刚性支撑,借助外加荷载使平面板件单元发生弹性变形成为曲面板件进行安装,以达到设计要求。

7.3 感悟与结语

通过上述对南京市各类城市桥梁进行综合介绍可得出如下印象:

(1)作为长江流域一座重要的城市,继武汉长江大桥之后,南京长江大桥的修建为南京树立了城市的地标式建筑而闻名于世,也为我国南北铁路交通开辟了新的天地。

(2)近些年来,南京在长江上相继修建了南京二桥,南京三桥,南京四桥,这些大型跨江桥梁不仅为南京市今后的腾飞和发展奠定坚实的基础,提供了极为有利的条件,而且这些新建的、不同桥型也为我国跨江桥梁的建设积累了丰富的经验和成熟的案例。

(3)南京市从中央门立交桥起步,30 多年来在城市立交桥梁和高架桥梁的建造上异军突起,成效十分显著。

(4)以南京青奥公园大桥为特征,在城市景观桥梁的探索上,也迈出了十分积极、可喜的一大步。

随着今后计划中的南京五桥、南京六桥、南京七桥的修建,南京这座六朝古都定会不断焕发出新的活力和魅力。

8 杭州城市桥梁建设

8.1 引言

杭州，简称杭，位于中国东南沿海、浙江省北部、钱塘江下游北岸、京杭大运河南端，是浙江省的政治、经济、文化、科教、交通、传媒、通信和金融中心。杭州是著名的旅游城市，以风景秀丽著称，与苏州并称“苏杭”，素有“上有天堂下有苏杭”的美誉。市内人文古迹众多，以西湖风景区最为著名，周边有大量的自然及人文景观遗迹。

杭州是吴越文化的发源地之一，历史文化积淀深厚。

8.2 杭州城市桥梁建设

8.2.1 拱宸桥

拱宸桥，位于杭州市区大关桥之北，始建于明崇祯四年(1631 年)，清光绪十一年(1885 年)重建，东连丽水路、台州路，西接桥弄街，连小河路，是杭城古桥中最高最长的石拱桥，见图 8.1、图 8.2。

图 8.1　拱宸桥照片 1

图 8.2　拱宸桥照片 2

拱宸桥采用木桩基础结构，拱券为纵联分节并列砌筑。桥形巍峨高大，气魄雄伟，是杭州拱墅区的标志性建筑物。

在古代，“宸”是指帝王住的地方，“拱”即拱手，两手相合表示敬意。每当帝王南巡，这座高高的拱形石桥，象征对帝王的相迎和敬意，拱宸桥之名由此而来。1895 年，丧权辱国的《中日马关条约》签订后，杭州列为通商口岸。1896 年在此地建立洋关，抗战胜利后，洋关废除。2005 年，拱宸桥进行大修，这也是拱宸桥 120 年来头一次大修。2006 年，杭州运河集团又将长 3m、重 2t 的护桥石更换。古老的拱宸桥，以更坚强的形象，横跨在运河上。

该桥所属的运河段为V级航道，过往船只较多，再加上拱宸桥方孔只允许单向通航，主墩上被过往船只碰撞较为明显。拱宸桥目前为浙江省重点文物保护单位，由于近百年风、雨水的侵蚀，砌体表面风化严重，桥面石阶和石栏板也有局部破损，鉴于该桥为文物，日常养护也仅局限于清理桥梁杂草上，并加强巡查，发现病害及时上报。

8.2.2 广济桥

广济桥是古代汉族桥梁建筑的杰作，又名通济桥、碧天桥，俗称长桥，系明弘治十一年(1498年)由鄞人陈守清募建。广济桥位于杭州市余杭区塘栖镇西北，南北向架于京杭大运河上，如长虹卧波，为古运河上仅存的一座七孔石拱桥，见图8.3、图8.4。此桥造型秀丽，拱券采用纵联并列分节砌置法，水平全长78.7m，宽6.12m，矢高7.75m。2014年6月，随着大运河申遗成功，广济桥作为遗产点正式成为了世界文化遗产的一部分。

图8.3 广济桥照片1

图8.4 广济桥照片2

8.2.3 复兴桥

复兴桥又名钱江四桥，位于钱江一桥下游4.3km处。桥型方案为双层双主拱的钢管混凝土组合系杆拱桥，见图8.5~图8.7。主桥跨径布置按计算跨径为1145m，其中85m为下承式系杆拱桥和上承式拱桥的组合，190m跨为下承式系杆拱桥和中承式拱桥的组合。

图8.5 复兴大桥照片1

图8.6 复兴桥照片2

钱江四桥在世界桥梁史上的创新意义，主要在于它是大小拱结合的钢管混凝土系杆拱新型拱桥，多跨连拱，双层路面，其中两座为190m跨径的主拱，9座为85m跨径的小拱。复兴桥具有如下特点：

(1)上部结构。拱桥的上下部结构连接方式为外部静定内部高次超静定的简支方式。190m跨拱脚处设置承载6500t盆式支座，并设置刚度很大的端横梁。85m跨拱脚处设置承载3000t盆式支座。为了使受力明确，便于施工，拱与拱之间的连接方式采用断开方式，即每跨均独立，彼此无联系，无论是大跨还是小跨均采用刚拱刚梁外部静定的结构体系。

(2)上部拱肋。190m跨拱肋拱轴线形为二次抛物线，矢跨比为1:4，拱肋断面形式为桁架式，拱肋高

图 8.7　复兴桥照片 3

度为 4.5m，宽 2.6m。上层桥面以上每一拱肋由 4 根 950mm 的钢管通过腹杆和上下平联组成，钢材采用 Q345C，纵向四根钢管的壁厚四分点以下为 24mm，以上为 22mm；腹杆采用 ϕ400mm×14mm 的钢管；上下平联采用 ϕ500mm×10mm 的钢管，上下平联水平向间距为 2m。上层桥面以下至拱脚，拱肋断面由横哑铃形的上下弦杆通过腹杆连接而成。纵向 4 根钢管和哑铃形断面内灌注 C50 混凝土，其余为空钢管。上层桥面以上设置 5 道桁架式风撑，风撑弦杆采用 ϕ900mm×16mm 的钢管，腹杆和平联采用 ϕ400mm×10mm 的钢管。在上层桥与拱肋相交处设置二道钢结构的拱肋横梁。85m 跨拱肋拱轴线形也为二次抛物线，矢跨比为 1∶7，采用单钢管，直径为 1700mm，壁厚为 22mm。为了增加拱肋的刚度，纵向设置 6 道厚 22mm 高 250mm 的钢板加劲肋，与钢管内壁焊接。为了保证拱肋的横向稳定性，拱肋之间设置 3 道风撑，风撑钢管直径为 ϕ900mm，厚 16mm。

（3）拱上建筑。拱上建筑包括拱上立柱和吊杆。拱上立柱均采用钢管混凝土结构。190m 跨钢管规格为 ϕ900mm×10mm；85m 跨钢管规格为 ϕ800mm×10mm，钢管内灌注 C50 混凝土。

吊杆为成品索，工厂生产，现场安装，由强度为 1670MPa 的高强度镀锌钢丝外包 PE 制成。锚具采用冷铸锚。190m 跨吊杆采用双吊杆，在拱肋锚箱处共有两对 4 根吊杆，每对吊杆分别吊一层桥面。吊杆纵桥向间距为 8m，横桥向吊杆中心距为 29.4m。上层吊杆规格为 2×55ϕ7，下层吊杆为 2×85ϕ7。85m 跨吊杆为单吊杆，吊杆纵向间距为 6.1m，横向中心距为 10.4m，规格为 109ϕ7。

（4）系梁结构。190m 跨系梁为 2500mm×2500mm 的钢箱断面。系梁在纵向分为标准段系梁及拱脚段系梁两部分，其中标准段顶、底板及腹板厚度均为 20mm，拱脚段顶底板及腹板厚度为 30mm。钢系梁设置横隔板和纵向加劲肋。系梁内设置平衡水平推力的预应力束。预应力束采用外包 PE 护套的环氧喷涂钢绞线成品索，标准为 ASTMA416-900a（270k），标准强度为 R_{by} = 1860MPa。预应力束在钢箱内采用圆钢滚轴定位，进入拱脚混凝土范围内采用预埋弯钢管作为预应力管道。预应力束数量为 16×37ϕ_j15.24。85m 跨系梁采用劲性骨架预应力混凝土结构，系梁断面尺寸为 2500mm×2000mm，壁厚为 400mm。每一系梁内设置 12 束 31ϕ_j15.24 的高强度低松弛钢绞线。

（5）桥面系。这里所说的桥面系包括横梁和桥面板及桥面铺装等。190m 横梁包括下层吊杆横梁、上层吊杆横梁、拱肋横梁、拱上立柱横梁、墩上立柱横梁和端横梁 6 种。除墩上立柱横梁采用预应力混凝土结构和端横梁采用劲性骨架预应力混凝土结构外，其余横梁均采用钢结构。85m 跨横梁包括下层吊杆横梁、拱上立柱横梁、墩上立柱横梁和端横梁 4 种。下层吊杆横梁由 C50 混凝土预制后通过现浇湿接头与系梁连成整体；拱上立柱横梁为预制构件，施工时直接安装于拱上立柱上；墩上立柱横梁为现浇预应力混凝土构件；端横梁为 3.9m×3.8m 的劲性骨架预应力混凝土现浇箱梁结构。无论是 190m 跨还是 85m 跨，钢管拱肋、端横梁和系梁在拱脚位置相互连成整体。同时端横梁预应力、系梁预应力和拱脚处的竖向预应力使拱脚节点处于三向预应力状态。

桥面板除轻轨位置采用空心板外，其余均采用预制Π形 C50 钢筋混凝土板。Π形预制板高为 0.5m（85m 跨为 0.4m），肋宽 0.2m，翼板厚 0.1m，边板宽 2m，中板宽 1.75m。预制板间纵向接缝宽 0.5m，横向接缝有 0.5m 和 0.15m 两种。接缝混凝土采用补偿收缩混凝土。桥面铺装厚 120mm，其中钢纤维混凝土厚 80mm，中粒式改性沥青混凝土厚 40mm，并将 80mm 厚的现浇钢纤维混凝土计入桥面板的受力中。钢横梁与桥面板用横向接缝连成整体，使横梁在承受二期恒载和活载时成为钢混叠合梁。

（6）防腐设计。钢结构的防腐包括钢结构的外壁、空钢管内壁和钢箱梁内壁三种情况。钢结构外壁防腐方案为：喷砂除锈 Sa3 级；电弧喷铝不小于 200μm；881-D 防锈底漆 2 道共计 40μm；涂 881-YM 面漆 2 道共计 50μm。空钢管内壁：喷砂除锈 Sa2 级，涂防锈漆 2 道共计 50μm。钢箱梁内壁防腐方案为：下料前对钢板进行预处理(喷砂 Sa2.5 级,硅酸锌车间底漆 1 道 25μm),钢梁加工完毕后对焊缝及损坏部分进行机械打磨达 St3 级后,再涂环氧耐磨漆 2 道,厚度 2×80μm。质量要求及施工工艺要求以《金属和其他无机覆盖层热喷涂锌、铝及其合金》(GB/T 9793—1997)标准为准。

(7)下部结构。主桥共有主孔大墩 4 个,每墩采用 212000mm 的钻孔灌注桩基础,承台厚度 4.5m;主桥小孔桥墩共有 8 个,上部结构计算跨径为 85m,每墩采用 132000mm 的钻孔灌注桩基础,承台厚度 3.5m。钻孔桩均为嵌岩桩。

8.2.4 杭州湾跨海大桥

杭州湾跨海大桥是一座横跨杭州湾海域的跨海大桥,北起浙江嘉兴海盐郑家埭,南至宁波慈溪水路湾,全长 36km,比连接巴林与沙特的法赫德国王大桥还长 11km,已经成为中国世界纪录协会世界最长的跨海大桥候选工程,成为继美国的庞恰特雷恩湖桥和青岛胶州湾大桥之后世界第三长的桥梁,见图 8.8~图 8.11。

图 8.8 杭州湾跨海大桥照片 1

图 8.9 杭州湾跨海大桥照片 2

图 8.10 杭州湾跨海大桥照片 3

图 8.11 杭州湾跨海大桥照片 4

1)设计理念

(1)长虹卧波。首先采用了浙江、上海、江苏的吴越文化观念。在桥型上,设计者采用了西湖苏堤的形态,集交通、观光于一体。为兼顾杭州湾水文环境特点,“长虹卧波”的设计将大桥平面勾勒成 S 形曲线,优美、活泼的桥型让司乘人员在行车、坐车时产生愉悦心理。

(2)桥下航道。杭州湾为世界三大强潮海湾之一,有台风、小气候形成的龙卷风,有混乱的流速、流向。“长虹卧波”的设计也是出于大桥安全性的考虑,设计方专门为钱塘奇潮及过往海轮留了通道。整座 36km 的长桥有两处宽 448m 及 318m 的桥下通道。桥下净空高、流速急,北通道为 35000t 海轮留下了航道,南通道为 3000t 以下海轮留出了航道。这两条航道上端将出现钻石形双塔及 A 形单塔两处造型不同的桥塔,成为“长虹卧波”桥型中两处跌宕起伏的高潮路段,钱塘潮也就自然通过了。

(3)海中平台。离南岸 14km 处的一个本来就有沉积的淤滩上建一个像东海石油平台一样的海中平台。在施工时作为南北接点，便于物流；施工结束时，平台将成为集救援、观光、休闲于一体的桥中转运站。这个平台有2个足球场这么大，平台上还拟建瞭望塔，风和日丽时，南可望慈溪庵东水路湾村，北眺海盐郑家埭。

(4)巨型工地。慈溪是个经800年围垦的大市，一平如镜的滩地将为几万甚至十几万建设者铺开场地，杭州湾跨海大桥的施工实现了预制化、工厂化、大型化，最后以搭积木的办法实施海上搭建。

2)工程难点

(1)工程规模大、海上工程量大。大桥工程全长36km，海上段长度达32km。全桥总计混凝土$245\times10^4m^3$，各类钢材82×10^4t，钢管桩5513根，钻孔桩3550根，承台1272个，墩身1428个，工程规模浩大。

(2)自然环境恶劣。潮差大、流速急、流向乱、波浪高、冲刷深、软弱地层厚，部分区段浅层气富集。其中，南岸10km滩涂区干湿交替，海上工程大部分为远岸作业，施工条件很差。受水文和气象影响，有效工作日少。据现场施工统计，海上施工作业年有效天数不足180天，滩涂区约250天。

(3)制订总体设计方案难度很大。

①设计方面，其中水中区引桥(18.27km)和南岸滩涂区引桥(10.1km)，是整个工程的关键，结构防腐问题十分突出，且无规范可遵循；大桥运行期间，桥面行车环境受大风、浓雾、暴雨及驾驶员视觉疲劳等不利因素的影响，采取合理有效的设计对策是保障桥面行车安全的关键。

②施工方面，面临着海上激流区、高墩区大吨位箱梁的整体预制、运输及架设，宽滩涂区大吨位箱梁的长距离运梁及架设，超长螺旋钢管桩的设计、防腐与沉桩施工等诸多施工关键技术的挑战。

③在测量控制方面，因桥梁长度超长，地球曲面效应引起的结构测量变形问题十分突出，受海洋环境制约，传统测量手段已无法满足施工精度和施工进度的要求，如何借助GPS技术实现快速、高效测量施工是一个制约全桥工期的核心技术问题。

(4)施工组织与运行管理难度大。面对复杂的建设环境，充满挑战的工程，组织和管理好大桥工程是摆在指挥部面前的巨大挑战。因工程施工作业点多、线长，存在同步作业、交叉作业工序，施工组织难度大，工程质量、进度、安全及资金控制难度大。台风、大风、大潮、巨浪、急流、暴雨、大雾及雷电等气象水文条件下，如何采取切实有效的工程控制与运行管理措施是工程管理上需要面对的新课题。

3)技术创新

(1)杭州湾跨海大桥总体设计。杭州湾跨海大桥全长36km，建设条件十分恶劣，为保证海上施工的安全和质量，必须将设计与施工综合考虑。经过国内外多次调研和专家咨询，制定了施工设计的总体原则，尽量减少海上作业时间，变海上施工为陆上施工，采用工厂化、大型化、机械化的设计和施工原则。

(2)大直径超长钢管桩设计、制造、防腐和施工成套技术。大桥钢管桩基础具有桩长、直径大、数量巨大的特点，桩长达89m，桩径为1.5m和1.6m，总计5474根。其创新点是：超长整桩预制、内外螺旋焊接、三层熔融环氧粉末涂装、埋弧自动焊工艺、大直径不等壁厚焊接、牺牲阳极阴极保护。

(3)大吨位70m预应力箱梁整体预制和强潮海域海上运输、架设技术。其创新点是：对海工耐久混凝土配合比进行研究；70m箱梁局部结构分析；真空辅助压浆技术；研制了大跨度、高平整度桥面施工振动设备；首次采用了早期张拉工艺并取得了良好的效果；自行设计制造了具有世界一流水平的2400t液压悬挂轮轨式70m箱梁纵移台车。

(4)大吨位50m预应力箱梁整体预制和梁上运输架设技术。其创新点是：结合施工方案对大吨位整孔箱梁的关键结构进行优化；海工耐久性混凝土性能研究与实践；预应力管道真空压浆试验与实践；箱梁梁上运梁和架桥机架设的综合技术。

(5)海洋环境下混凝土结构耐久性研究。其创新点是：建立可靠的钢筋腐蚀电学参数和输出功率变化判据；研制混凝土结构寿命的动态预报软件；制定大桥混凝土结构耐久性长期原体观测系统设计方案，并配合工程进度实施。

(6)跨海长桥全天候运行测量控制关键技术研究。其创新点是：连续运行GPS参考站，在杭州湾跨海大桥的成功应用及在实践中形成的规程和细则，弥补了中国跨海大桥这方面的空白；2012年的规范没有适应几十公里长度跨海大桥投影坐标系建立的相应标准，根据杭州湾跨海大桥的特殊性加以解决，为制定相应规范提供参考；创造性地提出过渡曲面拟合法，使海中GPS拟合高程的精度达到三等水准的精度；用测距三角高程法配合GPS拟合高程法进行连续多跨跨海高程贯通测量，

(7)杭州湾跨海大桥河工模型与桥墩局部冲刷研究。2002年8月，通过专家组鉴定，研究成果总体达到国际先进水平，其中实体模型中涌潮的模拟方法和试验技术以及分布式浑水生潮系统和沙量随潮变化的加沙系统方面达到国际领先水平。

(8)灾害天气对跨海长桥行车安全的影响研究及对策。主要创新点是：确定车辆安全行驶风速标准；面向所有灾害天气类型进行研究；提出杭州湾跨海大桥的行车安全保障措施；基于气象监测系统、预报系统与道路管理系统多方面系统研究；制定不同灾害天气条件下道路交通控制标准；开发低造价传感器等数据采集设备；开发集数据传输、数据处理、信息发布的计算机软件。

(9)跨海长桥建设信息化管理技术。其创新点是：对整体桥梁部位进行的结构分解，形成22949个结构构件，并将采集数据的625张表与其相关联，提供一个完整的数据结构化检索方式；集成统一工程通讯及网络的组建，极大降低了基础网络建设成本；实现长距离的多点无线视频图像传输及回送。

(10)新型桥梁伸缩装置技术。其创新特点是：LB单元式多向变位桥梁伸缩装置针对传统模数式及梳形伸缩装置存在的不足，特别是在悬索桥、斜拉桥桥梁的纵、横、扭转等多向变位功能上展开了广泛的研究与实践，本着“安全、舒适、经济、耐用、方便”的宗旨，成功研制的新一代桥梁伸缩装置，该技术处于国际领先水平。

8.3 感悟与结语

通过上述对杭州市各类城市桥梁进行综合介绍可得出如下印象：

(1)近些年新修建的跨海、跨江大桥不仅为杭州市今后的腾飞和发展奠定坚实的基础，而且为我国跨海、跨江桥梁的建设积累了丰富的经验和成熟的案例。

(2)以杭州湾跨海大桥为标志，由于其独特的设计和先进的理念，代表了杭州桥梁建设的现代化技术水平。

(3)杭州城市桥梁已经成为杭州市新的标志性建筑和城市新景观之一。

(4)杭州市各类跨海、跨江的成功修建，表明杭州在推动我国从桥梁建造大国向世界桥梁强国的进程中迈出了坚实的一步。

9 深圳城市桥梁建设

9.1 引言

深圳，别称鹏城，广东省辖市，中国国家区域（华南）中心城市，地处珠江三角洲前沿，是连接香港和中国内地的纽带和桥梁，是华南沿海重要的交通枢纽，在中国高新技术产业、金融服务、外贸出口、海洋运输、创意文化等多方面占有重要地位。深圳在中国的制度创新、扩大开放等方面承担着试验和示范的重要使命。

深圳是中国经济中心城市，中国对外交往的重要国际门户，已发展为有影响力的国际化城市，创造了“深圳速度”。深圳经济总量相当于中国一个中等省份，位居全国大中城市第四位，是中国大陆经济效益最好的城市之一。

9.2 深圳城市桥梁建设

9.2.1 永兴桥

永兴桥位于宝安区沙井镇新桥村，是一座典型的石拱桥，桥长50m，有三孔桥洞，桥孔最高5m。桥身全用花岗岩的条石砌成，在桥头的望柱上雕刻了小石狮，在桥面正中间的栏板上浅浅地刻有龙和凤的图案。永兴桥时逾三百载，是深圳市不可多得的古桥梁之一，也是古代深圳人 民智慧和技艺的结晶，见图9.1、图9.2。

图9.1 永兴桥照片1

图9.2 永兴桥照片2

9.2.2 深圳湾公路大桥

深圳湾公路大桥起于深圳东角头一线口岸填海区，连接深圳蛇口东角头和香港元朗鳌堪石，全长5545m，其中深圳侧桥长2040m，香港段3505m。全桥的桩柱共457只，共12对斜拉索，呈不对称布置。

这座独塔单索面钢箱梁斜拉桥为目前国内最宽、标准最高的公路大桥,设计行车时速 100km/h,桥面宽 33.1m,为双向 6 车道加两侧紧急停车带,见图 9.3~图 9.5。

图 9.3 深圳湾公路大桥照片 1

图 9.4 深圳湾公路大桥照片 2

(1)设计特色。通道上两座塔高近 140m 的斜拉桥的桥塔互相仰向对方,形态犹如两座桥塔互相牵引各自的高架引道至中间的深港分界线,象征着两地人民热切渴望能更加紧密地团结起来。大桥设南、北两个通航口,分别采用主跨为 210m 和 180m 独塔钢梁斜拉桥方案。非通航孔采用 75m 跨等截面箱梁。为改善行车条件,增加大桥景观效果,桥轴线平面采用 S 形。站在深圳一侧隔海望去,一座银色通道蜿蜒透迤飞架海上,阳光下耸立的斜拉桥熠熠生辉,象征着深港两地的紧密握手。这样不仅可让驾乘人员沿途欣赏斜拉桥的美态,还有助于大桥本身和驾乘人员行车的安全。

图 9.5 深圳湾公路大桥照片 3

深圳湾公路大桥虽然由深港两地政府共同投资,但在桥面宽度、行车道宽度、路面横坡等方面,深港双方均有严格统一的技术标准。

深圳湾大桥换道立交桥在海上作业,其显著特点是“急、难、险、重”。在无现成海上施工经验和施工设备的情况下,深圳湾大桥项目部全体参战员工科学组织、精心施工,先后攻克了钢护筒下沉,钢板桩围堰淤泥反涌,高性能混凝土(120 年寿命)远距离输送(距离 600m)、海上现浇梁支架施工,以及冲孔桩漏浆严重、成孔困难等技术难题,圆满完成主体工程任务。

(2)打造“环保通道”。深圳湾公路大桥地处深圳湾内海,在深港两侧各有红树林自然保护区和米埔自然保护区,以货柜车为主的车流势必影响各种生物及居民。技术人员在设计及施工时采取了有效措施,确保整个工程对环境的影响被控制在合理范围内,成为名副其实的“环保通道”。

桥面设计采用吸音、减振、吸尘、自动清污的设计,大桥上采用隔音板、隔音墙;在口岸四周,将种植高大的乔木,形成 50~100m 宽的绿化带;口岸西侧将建一条 50~100m 宽、近 2km 长的人工河,通过水体减振;大桥斜拉索为防止飞鸟误撞,选择银灰色;考虑到桥面水流冲下浅滩可能给浅滩生物带来影响,建设者采用排水管集中排入海面以下;深圳侧接线工程将采用全封闭下沉式道路,即在现有的东滨路地下挖开窗隧道,货柜车从深圳“沉地”、“擦边”直接进入 107 国道和广深高速公路;建设消防、通信、噪声控制、结构健康监测、路面防滑等系统。

(3)对香港经济的影响。深圳湾公路大桥的开通,标志着香港与内地在经济及社会迈进更紧密联系的新纪元,也可以适时舒缓日益频繁的过境交通。

预计新跨界通道在未来 20 年规划期内,可带来 1.75 亿港元净收益。深圳湾口岸将实施“一地两检”通关安排,为旅客和车辆在更佳的环境下,提供方便快捷和有效率的服务。

在通道开通初期，每天双向行车量和旅客流量分别约2.98万车次和308万人次，到2016年可望分别增至每天约6.03万车次和6.13万人次。

深圳湾公路大桥可以舒缓现时落马洲、文锦渡和沙头角三条容车量已接近饱和的跨界通道，有助推动经济发展，特别是在金融、物流和旅游业。

9.2.3　深圳芙蓉大桥

该桥位于市区洪湖公园内，跨越洪湖，桥位处湖面宽约300m，大桥全长340m。主桥长190m，采用55m+80m+55m三跨连续下承式钢管混凝土系杆拱桥，见图9.6、图9.7。中跨钢管拱的跨径为78m，矢跨比为1∶5；边跨钢管拱的跨径为53.3m，矢跨比为1∶4；每跨由两片拱肋组成，每片拱肋均由2根钢管焊接成"哑铃"形；中跨拱肋截面为$2\phi950mm\times14mm$，其高度为2.4m；边跨拱肋截面为$2\phi750mm\times14mm$，高度为1.8m；拱肋轴线均为抛物线，每片拱肋分为上管、下管和腹腔3个室，均需灌注C50微膨胀混凝土。

图9.6　深圳芙蓉大桥照片1

图9.7　深圳芙蓉大桥照片2

这种刚架系杆拱桥的设计关键是要处理好几个方面的问题：首先要处理好拱座位置的构造，因为该位置是拱肋、盖梁、墩柱三种构件的交汇处，同时水平系杆和竖向束又在该位置通过，局部受力非常复杂；其次要合理设计施工加载程序，保证施工阶段结构安全，运营阶段结构受力合理；此外，要非常重视拱桥的稳定分析，合理选择横撑形式以及布局。

9.2.4　深圳彩虹大桥

深圳彩虹大桥位于广东省深圳市，全长1.2km，宽23.5m。主跨为150m下承式钢管混凝土系杆拱桥，跨越火车北站29股道。

图9.8　深圳彩虹大桥

该工程的成功之处在于结构体系创新：主拱、桥墩、桥面均采用组合结构，是首座钢—混凝土全组合结构大跨桥梁，见图9.8；预应力钢—混凝土空心板桥面设计，具有独创性；实现了桥梁建设"轻型大跨、预制装配、施工快速、关注环境"的目标。它是大跨度桥梁和高层建筑中一种经济的结构形式，特别适合我国国民经济可持续发展的国情。

9.2.5　雅园立交桥

雅园立交桥位于深圳市区中心，是一个集桥梁、道路、挡墙和通讯、电力、煤气、给排水等管线工程为一体的系统工程，是目前深圳市最大的立交桥，也是国内最复杂的立交系统之一，见图9.9。该桥具有规模大、技术新、难度高、干扰多、工期紧等特点。

雅园立交桥的22座主桥全是现浇预应力连续箱梁，其中异形及曲线桥18座，最小半径为34.5m，盖梁和共用墩均设有预应力。全桥钻孔桩274根，1855.7延米，桥面面积21000m^2；通道桥5座，96.5延米；道路12条，2754延米，面积65289m^2。

9.2.6 恩上立交桥

恩上立交桥主线右幅桥跨越梧桐山国家森林公园内一处天然冲沟，桥宽 17m，最大纵坡 2.8%，横坡 2%，最大墩高 28m。由于沟深坡陡，而且森林公园内对施工期间的水土保持要求很严，经反复比选，本着技术先进、安全可靠、适用耐久、有利环保、经济合理的原则，最终选定 52.5m+85m+52.5m 预应力混凝土连续刚构方案。桥墩采用实体双壁墩，桥台采用 U 形桥台，基础为桩基础。本方案采用悬臂浇筑法施工，对施工场地的植被及现状地形地貌破坏较小。连续刚构桥结构整体性好、受力合理、造型简洁明快，与森林公园环境较为协调，见图 9.10。

图 9.9 雅园立交桥

图 9.10 恩上立交桥

深圳地区地表岩性较差，水土容易流失，该桥在设计施工过程中对取土、弃土进行统筹规划，及时恢复植被，最大限度地保护区域内原有林木，并辅以人工栽培，塑造森林式的绿化带，增添观赏性，使整体工程与周围自然景观融为一体，获得了“东部生态走廊”的美誉。

在废气、噪声与振动污染方面，利用交通规划、路网改善、流量分配等方法加以控制，对特殊敏感区域，通过移动线位、调整纵坡、增大半径、加强绿化，把交通影响降到最低程度。

恩上大桥因为跨越的是深谷，所以采用的工艺是无支架挂篮法悬臂浇筑，主跨为 85m，全长 275m，这种桥在深圳比较少。恩上大桥因采用双薄壁墩，所以看起来非常简洁，对周围景观没有造成影响，还是一种补充。几根高高的白色立桩撑起的一个圆弧形的匝道，远远看去，像一件艺术品摆放在青山峡谷之中。

9.3 感悟与结语

通过上述对深圳市各类城市桥梁的综合介绍，笔者最大的感悟是：

(1) 在今后的城市桥梁建设实践中，我们期盼着深圳这一全国改革开放走在最前沿的城市在城市桥梁上能不断创造出新的惊喜和奇迹。

(2) 深圳的城市桥梁建设对我国其他城市桥梁建设者和同行们提供了很多启示，有很多值得我们学习和借鉴的东西，我们要积极吸取深圳城市桥梁建设的丰富经验，进一步推动我国城市桥梁建设的健康发展。

(3) 桥梁造型艺术积聚着浓厚的文化内涵，蕴藏人对自然、对生态的认识，深圳的很多城市桥梁充分考虑了人与自然的和谐相处，桥梁设计融入自然之中，相映成趣，我们应从深圳精美的桥型设计和现代桥梁建设上汲取有益的营养成分，创造性地从事我们的桥梁设计。

(4) 艺术和技术是紧密相关的，科学技术本身也是美的因素之一。随着结构力学、钢材、混凝土的发展，各种现代化新型施工机械的应用，才能使各式轻巧、大跨度的桥梁得以孕育而生。

(5) 桥梁建筑不仅要表现出结构上的稳定连续、强劲稳固的力感和跨越能力，而且要有美的形态与内涵，内容和形式的高度统一，才能显示出不朽的生命力。

10 合肥城市桥梁建设

10.1 引言

合肥,安徽省省会,古称庐州、庐阳,安徽省的政治、经济、教育、金融、科技和交通中心,皖江城市带核心城市,合肥都市圈中心城市,长三角城市经济协调会城市,长江中下游城市群副中心城市,同时也是华东地区综合交通和通信枢纽之一。

合肥位于安徽省正中央,长江、淮河之间、巢湖之滨,近江拥湖,沿海腹地、内地前沿,具有承东启西、贯通南北的重要区位优势,曾为扬州、合州、南豫州、庐州、德胜军、淮南西路等治所,有“江南唇齿,淮右襟喉”、“江南之首,中原之喉”之称,历为江淮地区行政军事首府。合肥是全国首座国家科技创新型试点城市,同时也是世界科技城市联盟会员城市。首批三座中国国家园林城市之一,自然景色锦绣多姿,文化古迹甚多。

合肥是一座与桥梁水乳交融的城市,百年之前,水是这座城池柔软的血液,而桥梁则是它坚硬的骨架。南淝河是合肥市的母亲河,从东到西穿城而过,人们在这个古老而又现代的城市世代而居。无论是相思赤阑桥,还是拱辰桥,都在合肥道道年轮上画上了一笔。新中国建立之初,合肥只有几架破败的石桥,随着城市建设的发展,经过改建新建,现在已有了15座现代化的新桥。今天,大多数人都无法体会在20世纪50年代时水泥桥带给合肥市民的惊讶与震撼。合肥人对于桥梁的感情,也与悠悠历史一样,源远流长,无论是城内桥还是护城河桥,伴随着一代代人的成长,见证着城市的沧海桑田。

10.2 合肥城市桥梁建设

10.2.1 铜陵路大桥

铜陵路大桥号称“合肥第一桥”,大桥主体在河中心,整体立面造型像一只展翅欲飞的孔雀,因此被美名曰“孔雀东南飞”。这座造型像孔雀一样的独塔无背索双索面斜拉桥,在全世界只有5座。铜陵路大桥无论从造型上、科技含量上还是施工难度上,都堪称“合肥第一桥”,也是国内第三座独塔无背索双索面斜拉桥,见图10.1。红色斜塔高56.7m,相当于20层楼,倾斜度达到了60°,16根碗口粗的斜拉索,牢牢地拉起重达5000余吨的桥身,使这只“孔雀”稳稳地栖息在了南淝河上。它不仅缓解了合肥东区的交通压力,还为南淝河下游增添了新景观。

铜陵路大桥的显著特点是:

(1)长度创纪录。铜陵路高架北起北二环,南至望江路,与南北高架一号线中段相连,全长7.5km。西高架6.4km,东高架7km,南北高架6.5km,对比合肥所有在建的、已建成的高架桥,铜陵路高架的建设将刷新合肥“金高架”7.2km 的纪录,成为合肥最长的一座高架桥。

(2)牵手两高架。与合肥已建成、在建的高架桥“独来独往”不同,“铜陵路高架桥”显然非常“乐于交友”。这座高架桥不仅与南北高架一号线相连接,在中途还将下穿裕溪路高架桥,这样一来,从北城向东、向南都将很顺畅。

(3)沿途节点。在铜陵路高架的路线中,北二环、临泉路、长江东路、长江东大街、裕溪路、南淝河路都成了路线中的主要节点,这些节点的大部分可能都有上下匝道,直接驶入“铜高架”。

(4)铜陵路大桥“瓶颈”将除。铜陵路大桥的建设采用了平行邦宽,即原先的老桥继续存在,在老桥的两边新建高架桥,重新打桩、重新修建,高架桥与老铜陵路桥的车辆通行互不影响。因此,铜陵路高架桥(图 10.2)的建成极大地缓解了铜陵路桥段拥挤的交通压力。

图 10.1 铜陵路大桥

图 10.2 铜陵路高架桥

10.2.2 逍遥津公园渡津桥

逍遥津公园位于合肥市老城区东北隅,是一座有文化历史特色,设施比较完善,环境优美、景色宜人的综合性公园,同时又是三国时代著名的古战场,是合肥十景之一。公元 3 世纪时,魏、蜀、吴三国鼎立,合肥属于魏辖地,是江淮咽喉,军事重地。

渡津桥位于逍遥津公园逍遥湖上,是近年合肥打造汉文化,“三园改造”的成果。此桥为青石桥,栏杆护板雕有花草、吉鸟、神兽。桥身共有 9 孔,可行游船。渡津桥长 71m,宽 5m,东连原在湖心的逍遥墅,西接与它一同建起的汉代风格的逍遥阁,见图 10.3、图 10.4。

图 10.3 渡津桥照片 1

图 10.4 渡津桥照片 2

10.2.3 五里墩立交桥

五里墩立交桥位于合肥市区西部,长江西路和合作化路的会合处,距离市中心 2.6km,是安徽省第一座高标准公路立交桥,成为合肥市一环路上的壮丽景观,见图 10.5~图 10.8。它是合肥市乃至安徽省增光添彩的“树形象工程”,也是合肥市迈向现代化大城市的一个重要标志。

(1)五里墩立交桥。五里墩因距城 5 里而得名。到了现代社会,五里墩渐渐成了公共汽车站,但随之而来的交通堵塞和交通事故频发，却让五里墩成为西部交通的瓶颈。这样的情形，到 1995 年的夏天开始改变。当时，合肥市投资 2.6 亿元，兴建全长 1100 多米的五里墩立交桥。这是安徽省第一座高标准公路立交桥，其规模在当时是华东第一、中国第四。这座庞然大物一经投用，便极大地改善了当时的交通状况，它也成为第三次“大建设”的标志性建筑。

图 10.5　五里墩立交桥照片 1

图 10.6　五里墩立交桥照片 2

图 10.7　五里墩立交桥照片 3

图 10.8　五里墩立交桥照片 4

这座立交桥分地上三层、地下一层，桥梁面积 $4×10^4m^2$，占地 8.9ha。为双 Y 形定向式加环形匝道的 4 层互通式立交，分 5 个交叉道向四周辐射，解决了 17 个流向的交通。整座桥梁设计新颖高雅，造型美观流畅，功能合理完善，气势雄伟壮观。最高一层的高梁桥，长 1100 多米，距底层路面高达 21m。整个桥梁纵横交接、四通八达，如十几条巨龙翻江倒海，给人以美的动感。

(2) 五里墩立交桥的作用。五里墩立交桥作为合肥市第一座高架桥，不仅展现了合肥新形象，还标志着合肥的交通将由平面交通进入立体交通时代。当时也有人说，建这样的一座大型立交桥是小题大做了，不如修建 2、3 个简易的立交桥。不过，当时很多专家预言，这项工程将在 15 年以后才真正发挥其作用。

过去合肥城市发展的形态是一种扇页状，整个城市分为东部、东南和北部三片。当城市规模不大，对交通要求还不是很强烈时，这种城市形态对城市发展非常有利。然而当城市发展到一定的规模时，这种扇页状的城市形态就不能满足城市发展的需要，交通成为制约城市发展的瓶颈。

随着合肥西南地带经济的快速发展，合肥与西南方向肥西、桐城、安庆等县市的联系不断紧密，金寨路，合作化南路、长江中路承载的交通压力变得越来越大，路面损坏严重，存在巨大的交通事故隐患，城市发展的步伐也受到了很大程度的制约。一环、二环甚至是更多的环城公路也跟不上合肥发展的步伐，平面交通已经陷入了滞后状态。合肥一直采用的“二环九射”的交通网格局已经不能满足城市的扩张，尤其是肥西上派、合肥经济技术开发区、大学城等外部组团的扩张，将城市内外相连，直接打通一条路变得越来越迫切。

五里墩立交桥无疑是一个超前的创举。五里墩立交桥是合肥市城市建设史上第一条真正意义上的快速通道，大大压缩了合肥南向通道的车程时间，提高了南向通道的交通承载能力，在合肥的道路交通建筑历史上是一个里程碑式的跨越。

(3)五里墩立交桥的保养维修。五里墩立交桥是安徽省第一座城市公路立交桥，1996年建成投入使用，至今已有近19年时间。经过多年的使用，五里墩立交桥桥身破损情况严重。在长江西路立交桥路面段，路面上不时能见到坑洞、沥青脱层及龟裂等，有的地方连续损坏长达一二米。五里墩立交桥初步统计有6000多平方米的路面被损坏。除了2008年年初持续的低温冰雪天气影响外，这座立交桥建成至今路面沥青面层一直未进行过系统维修，导致路面沥青严重老化也是造成这种状况的重要原因。

通过近几年不间断的定期检测评估，大桥已发现不同程度的病害：桥面沥青铺装层厚度普遍偏薄，部分纵向裂缝间断性贯穿桥面，墩顶横向开裂；较多空心板底部有纵向裂缝，部分板梁底部有横向裂缝，底板厚度偏薄，达不到设计厚度；部分孔跨空心板梁间铰缝失效，有向单板受力发展的趋势；多处墩顶横向裂缝处对应整体化混凝土开裂和渗水；部分支座缺失、脱空；部分板底部有不同程度露筋、锈胀和保护层厚度不足；现浇连续梁裂缝较多，几乎所有箱梁的跨中部分都出现了裂缝，裂缝的发展从底板延伸到腹板，且裂缝超标，裂缝最大宽度达到0.5mm；部分箱梁底板两侧边缘范围内混凝土不同程度地夹杂泥沙，有混凝土表面剥落、松散及露筋等现象。

长时间以来，桥上景观灯饰由于使用寿命、桥体振动和自然因素侵蚀，部分灯具已显老化、破损。针对这一状况，合肥市市政管理处启动了对五里墩立交桥的“洗脸”和“美容”行动。工作人员集中清洗、打磨防撞墙内、外侧的桥体，并为这些防撞墙内外都喷涂了透明的有机硅防护剂，使其免于风雨和灰尘的侵蚀。此外，从桥体两侧的扶手到灯具都重新更换。

经过系列工艺处理的五里墩立交桥外立面，不仅将告别以往桥体上的蜂窝、麻面及灰尘、油污，还能避免酸、碱、油污侵蚀，防霉抗藻，防水、抗污，抗混凝土老化，桥体将更加洁净清爽。

10.2.4 范巷口人行天桥

范巷口天桥，也就是人们俗称的四牌楼天桥，是合肥改革开放后的第一座人行天桥，位于长江中路与徽州大道的交叉口，多年来一直是合肥市最繁华的地段之一。1985年，合肥市政府根据该路口机动车日均流量6000辆、非机动车流量5700辆、人流量达5万人次的观测记录，决定在此建造人行天桥。

范巷口天桥于1985年7月20日开工，当年10月1日竣工。该项工程耗用钢材230t，水泥180t，总造价117万元。建成后的范巷口人行天桥主桥采用焊接钢架结构，桥梁正面呈十字形交叉，并在中间有一个6m直径的圆孔。长江中路和徽州大道上主桥跨度分别为45.4m和43.7m。桥下最大净空高度为3m，桥底中部设有四盏吸顶灯。它也是合肥市第一座钢架弧形桥梁，见图10.9。

此后的20余年中，范巷口天桥发挥了无与伦比的交通疏导作用，与此同时，合肥各区域的天桥数量和规模也在不断上升。就在范巷口天桥西边不远处，三孝口天桥后来居上，成为长江中路上最大的人行天桥。

随着合肥城市规模的不断扩大，范巷口天桥不得不告别历史舞台。长江中路拉开了改造大幕，2008年，范巷口天桥被拆除。届时，见证了合肥主城区23年迅速发展的范巷口天桥，将正式完成从“上天”到“入地”的完美蜕变。

图10.9 范巷口人行天桥照片

按照长江中路改造工程的最初方案，在该天桥原址上兴建了一座全新的天桥，后经过调整，四牌楼新的人行过街天桥将会被地下通道取代。由于长江中路行人流量太大，四牌楼地下通道的设计宽度为8m，净高2.7m，行人通过时并不会感到压抑。四牌楼地下通道将设置五个出入口，并全部配套自动扶梯，全程布置盲道，预留轮椅升降台方便残障人过街。

10.2.5　寿春路桥

寿春路桥不仅是安徽省第一座中承式系杆拱桥，也是贯穿合肥市区东西向主干道路的重要桥梁之一，被称为合肥标志性建筑，见图 10.10、图 10.11。该桥始建于 20 世纪 80 年代末，2000 年寿春路桥由于拱桥吊杆年久老化而进行了加固，模样有了些变化。

图 10.10　寿春路桥照片 1

图 10.11　寿春路桥照片 2

10.3　感悟与结语

通过上述对合肥市各类城市桥梁进行综合介绍可得出如下印象：

（1）桥梁的最主要作用应该是疏导交通、顺畅车流、人流，合肥的五里墩立交桥充分展示了城市桥梁在顺畅交通方面的巨大作用，这也启示我们桥梁设计固然要追求桥梁的独特、美观，但更重要的是要保证桥梁疏导交通的作用。

（2）合肥的城市桥梁建设对我国其他城市桥梁建设者和同行们提供了很多启示，有很多值得我们学习和借鉴的东西，我们要积极吸取合肥城市桥梁建设的丰富经验，进一步推动我国城市桥梁建设的健康发展。

（3）合肥的五里墩立交桥在历经十多年的沧桑后，面临着桥面破损、维修等许多问题。合肥市在维护修理桥梁的过程中有很多新的探索和尝试，为我国其他城市面临的类似问题提供了有益的探索。

（4）桥梁造型艺术蕴含着人对自然、对生态的认识，积聚着浓厚的文化内涵，合肥的很多城市桥梁设计融入自然之中，创造性地从事桥梁设计，是新时代桥梁建设的有益探索。

11 大连城市桥梁建设

11.1 引言

大连，别称滨城，旧名达里尼、青泥洼，位于辽东半岛南端，地处黄渤海之滨，背依中国东北腹地，与山东半岛隔海相望；是中国15个副省级城市之一，5个计划单列市之一，中国14个沿海开放城市之一；是中国东部沿海重要的经济、贸易、港口、工业、旅游城市。

大连历史悠久，早在6000年前，祖先就开发了大连，1899年开始称大连。第一次鸦片战争、第二次鸦片战争期间，英军对大连地区进行了侵扰。作为甲午战争和日俄战争的主要战场，大连在近代史上曾遭受两次大的战争劫，沦为俄、日殖民地近半个世纪。

大连环境绝佳，气候冬无严寒、夏无酷暑，有“东北之窗”“北方明珠 ”“浪漫之都”之称，是中国东北对外开放的窗口和最大的港口城市。

11.2 大连城市桥梁建设

11.2.1 大连北大桥

北大桥位于大连海滨风景区中的老虎滩景区与燕窝岭景区之间，是一座近海临山横跨山谷的旱桥。它是贯穿整个大连海滨风景区东西滨海路的要冲，而且也是老虎滩景区西部和邻近的燕窝岭景区中一壮观秀丽的风景点，见图11.1、图11.2。

图11.1　北大桥照片1

图11.2　北大桥照片2

北大桥是大连市与日本国北九州市结为友好城市之后，作为增进两个城市友好往来的友谊象征而修建的。该桥为3跨简支加劲桁架悬索桥，全长230m，中跨跨径132m，桥宽12m，其中车行道宽为8m。主索矢高 13.2m，矢跨比 1∶10。

11.2.2　大连长山大桥

大连长山大桥位于大连长海县大长山岛，是当时国内最大跨径的预应力混凝土矮塔斜拉桥。作为长山群岛旅游避暑度假区建设的重大功能性基础设施项目，大连长山大桥横跨长山东水道，连接大、小长山岛，全长 3.38km，采用双向 4 车道一级公路标准，设计时速 60km/h。

长山大桥主桥为双塔双索面 3 跨预应力混凝土矮塔斜拉桥，主桥主跨 260m，为国内同类型桥梁最大跨径，见图 11.3~图 11.5。大桥起点位于大长山岛峙莲线，横跨长海东山水道，终点位于小长山岛蛎荞线。桥梁结构设计基准期 100 年，结构设计安全等级一级，主通航孔净宽 230m，主桥桥墩设计抗船撞力 9000kN，航空限高 75m。长山大桥的主要工程特点是：

图 11.3　大连长山大桥照片 1

图 11.4　大连长山大桥照片 2

（1）长山大桥桥位处，水文气象条件差，水深流急，最大潮差 6.71m，最大水深约 23m，有效作业时间短，每年冬季有近 4 个月无法进行混凝土施工。工程地质条件差，河床下地层覆盖层非常浅，对栈桥及桩基施工极为不利。

（2）桥梁受附近长山机场通航限制，要求最大高度不得高于 75.0m。

图 11.5　大连长山大桥照片 3

（3）本桥桥下需要满足 1000t 海轮的通航要求，通航净空尺度为单孔双向通航净宽 230m，净高 27.43m。

（4）桥位地处严寒地区，并且为跨海桥梁，属Ⅲ类环境，海水侵蚀、反复冻融、桥梁冬季融雪剂的使用等不利因素，导致混凝土结构的耐久性要求非常高。

（5）大桥位于海岛之间，距离最近的皮口港尚有 33.34km（18n mile），大桥施工组织及概算均需考虑远离陆路这一因素。

（6）从全桥经济性及桥梁景观考虑，本桥采用双索面的布置方式，为了使箱梁截面受力更加合理，经过有限元分析，截面创新性地采用了索力传递轴力更直接的倒梯形单箱三室截面形式。

长山大桥的建设是长海县历史上投资规模最大的一个基础设施建设项目，是长海县父老乡亲期盼已久的大喜事。长山大桥建成之后，成为长山群岛旅游的一道重要景观，并可有效整合长海 50%的陆域，盘活旅游资产，做大旅游市场，构建出长山群岛新的区域发展格局。同时，也可使全县 70%的人口共享县镇区域的商业、教育、医疗资源以及港口、道路、机场、水利、环保等功能性基础设施建设成果，对于推进现代旅游业发展、提升长山群岛的城市化水平以及巩固和加强国防建设都具有十分重要的意义。

11.2.3 普湾新区跨海大桥

普湾新区跨海大桥位于普湾新区海湾中部，北起普湾新区炮台镇的鲍鱼村，依次跨过七号路、滨海路后入海，南侧于普湾新区的石河镇北海村处上岸，跨过滨海路后落地。该桥全长2881.82m，由南、北引道，南、北引桥，主桥等多个单位工程组成，各段桥宽全部为30.5m，桥面设计为双向6车道，两侧各3.25m的人行、非机动车混行道，总投资约6.72亿元。该桥的设计时速为60km/h，是按照城市主干道的时速标准设计的。建成后将成为普湾新区未来交通网的重要组成部分。

作为东北地区最长的混凝土连续梁桥，该工程不仅是大连市重点建设项目，同时也是普湾新区建区以来规划建设的第一个大型公共交通基础设施。另外，按照规划，距离该14号路向东3km，还将建造一条平行的16号路，主体构造与该桥基本一致。两座跨海大桥将形成“左膀右臂”，使普湾新区的对外通行形成环路。桥梁主体工程完工后，将进行桥面摊铺、人行道铺设及防护栏杆和灯具的安装，见图11.6。

图11.6 普湾新区跨海大桥

11.2.4 金州湾大桥

大连金州湾大桥位于大连市金州滨海路中段的后石村西海岸，全桥长900m，桥宽15.5m至18.4m，为双向2车道。大桥主体设计为独塔双索面混凝土斜拉桥，共有13组斜拉索，主塔高度72.3m，是当时大连最大的斜拉索桥梁。其结构为H形混凝土独塔，采用扇形双索面，为塔梁墩固结体系，见图11.7、图11.8。引桥采用跨度为30m的等高预应力混凝土连续箱梁。

图11.7 金州湾大桥照片1

图11.8 金州湾大桥照片2

该桥为旱地桥，受地形限制，桥轴线呈S形曲线布置，反向曲线间直线长度为250m。为减小主桥设计施工难度，主桥长度应控制在直线区段内。对于跨度250m左右的斜拉桥，从经济角度出发，首选独塔混凝土斜拉桥方案。由于跨度不大，采用对称性布置，且不设置边跨辅助墩，在满足结构刚度的同时，经济合理，景观效果更佳。主斜拉索采用镀锌高强平行钢丝束，索面呈扇形布置，梁上标准索距8m，塔上标准索距2.0m，全桥共布置13对斜拉索。

由于该桥为旱地桥，桥梁施工期间桥下无通行要求，加之桥下净空较小，地质条件良好，故主梁采用满布支架逐段现浇施工。施工顺序由主塔墩处向两侧边墩方向。主塔采用常规方法现浇，待主梁全部浇筑完成并张拉部分预应力后再进行挂索施工。

金州湾大桥跨度虽然不大，但设计者潜心研究，精心设计，在结构构造细节设计方面有所突破。如主梁仅在斜拉索位置处设置横梁，取消了常规的副横梁；在主梁横梁中采用单根无黏结钢绞线；主塔在斜拉索锚固区设置开口板式横梁等。在技术上寻求突破的同时，整个桥梁外形美观，和周围环境协调性好，取得了良好的经济和社会效益，已经成为大连滨海路上的一道靓丽风景线，对进一步开发金渤海岸旅游度假区，拉动环渤海湾经济起重要作用。

图 11.9　东北路立交桥照片

11.2.5　东北路立交桥

东北路是大连市南北走向进出市区的重要交通动脉。以广电中心为界，由东北路立交桥和香炉礁立交桥形成了市中心城区的重要交通结点，见图 11.9。

由于桥梁的拓宽程度不同，东北路立交桥扩建按工艺分为两部分。其中高尔基路至中山路路段，原桥上部结构全部拆除，由混凝土箱梁更换成钢箱梁，原桥桥墩做加固加粗，原中山路上 4 根影响行驶视线的桥墩拆除。中山路至广电中心门前的近 500m 路段，施工工艺最为复杂，在保留原桥的基础上，割除桥面防撞墙后，在全国首次采用正交异形钢悬臂加宽工艺，由于没有增加桥墩柱，桥下的通行空间没有受到任何影响。

针对“城市桥梁扩建工程不增设新的桥墩柱、不影响桥下通行能力”这一世界性的难题，市政府拨出专项科研经费进行科技攻关。大连理工大学先后现场踏勘测试上百次、计算数据上千个、绘制图纸数十套，在此基础上，最终确定采用了正交异形钢悬臂加宽的全新工艺。为确保万无一失，工程技术人员还做了 1∶1 的模型试验，最终一致认可了这一科技攻关、自主创新、攻坚克难的成果。

11.3　感悟与结语

通过上述对大连市各类城市桥梁进行综合介绍，笔者最大的感悟是：

（1）以普湾新区跨海大桥为标志，其独特的设计和先进的理念，展现了大连先进的桥梁建设技术和新时代的创新精神。

（2）大连近些年新修建的跨海大桥不仅为大连市今后的腾飞和发展奠定坚实的基础，而且也为我国跨海桥梁的建设积累了丰富的经验和成熟的案例。

（3）大连市城市桥梁已经成为大连市新的标志性建筑和城市新景观，在推动我国从桥梁建造大国向世界桥梁强国的进程中迈出了坚实的一步。

（4）大连的很多城市桥梁充分考虑了人与自然的和谐相处，桥梁融入自然之中，与周围环境相映成趣，我们应从大连城市桥梁建设中汲取有益的营养成分，创造性地从事我们的桥梁设计。

12 哈尔滨城市桥梁建设

12.1 引言

哈尔滨是黑龙江省省会，副省级城市，是中国东北地区的政治、经济、文化中心。全市总面积约5.384万km^2，辖9区7县，代管2个县级市，市辖区面积10198km^2，2014年户籍总人口达994万人。

哈尔滨地处东北亚中心地带，被誉为欧亚大陆桥的明珠，是第一条欧亚大陆桥和空中走廊的重要枢纽，也是中国著名的历史文化名城、热点旅游城市和国际冰雪文化名城，是国家战略定位的"沿边开发开放中心城市"及"东北亚区域中心城市"，有"冰城"、"天鹅项下的珍珠城"、"丁香城"以及"东方莫斯科"、"东方小巴黎"之美称，还有"文化之都"、"音乐之都"、"冰城夏都"的美誉。

12.2 哈尔滨城市桥梁建设

12.2.1 霁虹桥

霁虹桥（图12.1）桥长51m、宽27.6m、车行道宽21.4m、两侧人行道宽各3.1m。桥面呈弓形，中间高而两端低。正桥的两端，有对称的塔式建筑，塔座为长方形，四周各有24个花环状装饰浮雕，其上各筑有两个较小的桥灯塔，桥头间有带图案的铁栏相联结。

（1）霁虹桥的历史。19世纪末，沙俄对中国东北地区进行野蛮侵略，并开始修建中东铁路。在修筑滨洲干线工程中，临到交通枢纽地时，发现这里是一片杂草丛生的原野和低洼地形成的水沟。由于修建铁路，迫切需要将松花江上运来的器材物资转运到香坊地区去，于是就地建了个大型木桥，当时起名为秦家岗大桥。自1901年10月2日大桥通车起，这座木桥就承担起桥下通火车、桥上行车行人的功能。后来木桥迫切需要维修和大修，根据铁路发展和市政交通的需要，政府决定在原址上修建个永久性桥梁。

图12.1　霁虹桥

霁虹桥是一座典型的欧式桥梁建筑，呈弓形，设计师为符拉基米尔·安德列耶维奇·巴利，施工工程师彼得·谢尔盖耶维奇·斯维利多夫，原为钢结构，后改建为钢筋混凝土结构。建设霁虹桥的建筑费用约30万元大洋。

（2）霁虹桥的设计特色。霁虹桥（见图12.2、图12.3）造型以古埃及式方尖碑桥头堡为参考，塔座为长方形，四周各有24个花环状装饰浮雕，其上各筑有两个较小的桥灯塔。桥下面的柱子上还刻有狮子头像。在坚固有力的钢栏杆上镶嵌了标志中东铁路的“飞轮”路徽。桥面宽可并行4辆大货车，分车行道、人行道，桥下则为列车铁道。该桥没有一个铆钉，没有一个螺栓，上走车辆行人，下走火车。桥上设有4座方尖碑为桥头堡，方尖碑是古埃及新王朝时期的建筑技术，巨大的方形石柱收缩到顶端为尖尖的一点，桥下面的柱子上刻有狮子头像，其建筑形式和建筑风格独树一帜。

图12.2　雾虹桥照片1

图12.3　雾虹桥照片2

桥梁设计充分考虑了地势、交通、外观等各方面因素，尤其考虑到行人通行的需求，非常具有人性化功能。而且，桥梁设计时充分考虑到城市发展的需求，预留了火车道线空间，在国内都是非常罕见的。

雾虹桥是哈尔滨市一类保护建筑，2013年6月，雾虹桥作为中东铁路建筑群的一部分被国务院公布为全国重点文物保护单位，成为一座既受法律保护，又承担着哈尔滨市主要交通职能的文物桥梁。

12.2.2　松花江公路大桥

松花江公路大桥于1983年5月10日动工修建，1986年8月30日竣工，全长1565m，总投资6.66亿元，历时三年零四个月。大桥规模巨大，项目繁多，设计标准高，施工技术先进，结构新颖，是当时全国公路桥之最，也是新中国成立后50年来黑龙江省松花江流域上建设的第一座特大型永久性公路桥梁，见图12.4~图12.6。

图12.4　松花江公路大桥照片1

图12.5　松花江公路大桥照片2

松花江公路大桥已经成为哈尔滨的一个著名旅游胜地，伫立桥头，极目远眺，太阳岛风景区尽收眼底，滔滔东去的松花江水在脚下奔腾，好一派壮美风光。

2011年7月21日，松花江公路大桥新桥进行最后一段合龙，实现主桥和东引桥、河鼓街接线桥、友谊西路接线桥全桥贯通。由于合龙时所用的混凝土温度要在15℃到17℃之间，又时值暑伏天气，设计者根据冰城独特的气候特点，经试验使用了“哈尔滨特色”的合龙方式。

哈尔滨松花江公路大桥的建成，结束了江南江北“鸡犬之声相闻，老死不相往来”的历史，它贯通了哈尔滨至黑河、萝北、满洲里等国道干线，成为全省公路交通的枢纽。

12.2.3 松浦大桥

松浦大桥于2008年5月25日开工建设,2010年10月13日建成通车,是哈尔滨市规划的城市中心区重要越江通道之一,是省、市城建重点大项目,也是哈尔滨市自行组织建设的第一座大型跨江桥梁工程,见图12.7~图12.9。

图12.6 松花江公路大桥照片3

图12.7 松浦大桥照片1

图12.8 松浦大桥照片2

图12.9 松浦大桥照片3

(1)松浦大桥的桥梁结构分析。松浦大桥南起松花江南岸道外区南勋街,北至松花江北岸永胜路,毗邻黑龙江科技大学,路线全长4.027km,由南引桥工程、跨江大桥工程和北引桥工程三部分组成。

①主桥。主桥采用钻石形独塔双索面斜拉桥,结构为半飘浮结构体系,主塔高160m,主桥长476m,采用钢—钢筋混凝土叠合梁结构,其中主跨268m,边跨208m,跨度位列我国大跨度独塔斜拉桥第八位;引桥长度3450m,采用钢筋混凝土连续梁结构。主桥桥宽39.5m,双向8车道,设计车速80km/h,可满足最大高峰每小时9800辆通行能力,跨江大桥两侧各设2m宽的人行道。桥梁设计荷载采用城市A级,桥下净空不小于10m,可满足松花江三级航道通行需要。

②主塔。松浦大桥的主塔塔高为160m,按每层3m计算,有50多层楼高,超过哈尔滨市除龙塔之外的其他建筑。主塔分3大段,下塔段长18m,是支撑大桥的主要结构;中塔段长87m,向内收缩;上塔段55m,是固定钢缆索之处。斜拉桥的特有结构,决定了塔身建设的精度要求近乎苛刻,如何保证主塔垂直树立不发生倾斜是大桥稳定的关键环节。按有关规定,主塔倾斜允许的误差不能超过塔高的1/3000或3cm。

③浇筑桩。松浦大桥是由25根深入地下95m的浇筑桩支撑承台,承台上建设主塔。因此,整个大桥的重量全靠25根浇筑桩来支撑。这25根水中大口径变截面超长型浇筑桩为上粗下细形状,下端的直径为2m,上端直径为2.5m,每根浇筑桩大约要用400m^{3}的混凝土,一根的重量就达960t。而每根浇筑桩可以支撑3750t的重量,25根则可以支撑近10万吨的总重量。水下基础施工看不见摸不着,规定允许的误差仅为1%,打下25根浇筑桩的难度很大。

大顶子山水库蓄水后，松花江的江面将达到116m高程，江底高程为110m，25根浇筑桩几乎全部打进江底以下。25根桩上是一个长60.218m（精确到了毫米，可见其施工精度）、宽19m、高7m的椭圆形承台，这大约比两个篮球场还要大一些的巨大承台的实心混凝土有6000m^3，重量近1.5万吨。大桥的主塔就建在这个承台之上。

（2）新技术的应用与研究。松浦大桥是由江中主塔、斜拉叠合梁、滩岛移动模架连续梁和北汉悬浇变截面连续梁等多种结构形式组成的超大型跨江大桥，也是位于严寒地区的哈尔滨市首次自行组织建设的大桥。为搞好大桥建设，工程技术人员在工程建设中采用和开展了多项新技术和课题研究。

①自平衡法工程桩承载力检测技术。在松浦大桥浇筑桩中首次采用自平衡法进行大孔径工程单桩承载力试验，该方法既节省试验费用，又不占用场地，试验桩可做工程桩使用。该项试验对指导哈尔滨市今后大孔径灌注桩工程桩基检测具有突出的作用。

②大口径大承载力桩基极限承载力静载试验技术。松浦大桥南引桥采用静载法对大口径、大承载力桩基进行极限承载力试验，这是哈尔滨市工程界首次进行的试验项目，其试验结果对指导哈尔滨市沿江地区工程建设采用大口径大承载力桩基具有较普遍的指导意义。

③大孔径变截面超长桩技术。大桥的主塔基础采用了大孔径变截面超长桩，桩长95m，上桩径2.5m，下桩径2m，既满足冰体撞力、水流推力和桩身强度要求，又可节约工程造价，提高基础承载力。

④大体积混凝土施工水化热的控制技术。在主塔承台施工中，混凝土达6000m^3，通过合理调整混凝土配合比、掺外加剂和冷却管等方法进行大体积混凝土水化热的控制，确保混凝土的浇筑质量。

⑤160m高钻石形主塔柱的爬模施工技术。该技术的难点在于东北地区首次采用变截面空箱斜向爬模连续节段施工技术。

⑥高寒地区大跨度钢混凝土叠合梁技术。在我国高寒地区钢混凝土叠合梁的制造、安装和使用中，两种材料能否共同工作是一难题，采用高等级混凝土、合理的钢梁焊接技术和构造措施，确保混凝土板与钢梁的可靠连接，使其具有能够适应哈尔滨市高寒期的工作机理要求。

⑦移动模架施工技术。松浦大桥是东北地区首次使用移动模架造桥施工技术，采用该技术可解决江中滩岛软弱地基易沉陷对上部连续梁施工的不利影响和避免汛期对工程施工的影响问题。

⑧斜拉桥抗风性能的研究。为保证斜拉桥颤振稳定，防止发生涡激共振，对课题进行试验研究，确保大桥在施工过程中和建成运营后抗风的稳定性、安全性和适用性。

⑨结构抗震性能分析。鉴于近年来地震灾害对桥梁的影响，对该桥进行结构抗震设防标准、结构地震反应分析、减隔振优化设计及合理的抗震构造措施等方面进行系统的研究，为结构设计提供安全性、经济性、合理性的科研参数支持。

⑩施工监控研究。通过分析和计算主桥大跨度系统在施工安装的不同阶段各部位的受力状态和变形情况，提出梁和拉索之间的对应关系，以指导设计与施工安装控制。

12.2.4　四方台公路大桥

松花江四方台公路大桥位于哈尔滨市西郊四方台高地以西1.2km处的松花江江段上，全长1268.86m，设计行车速度为120km/h，双向4车道，设计洪水频率为300年一遇，通航标准为Ⅲ级航道，是哈尔滨环城过境公路西段上一座重要的大桥，见图12.10、图12.11。

四方台公路大桥采用双塔双索面钢—混凝土结合梁斜拉桥，塔墩固结一体，塔与主梁纵向由活动支座支承，与塔墩固接、塔梁支承式半悬浮体系。大桥由一个长336m的主跨、两个长136m的边跨和两个长44m的过渡跨组合而成，全长696m。主桥桥面横向宽度为33.2m。引桥采用预应力混凝土连续箱梁结构，跨径为40m。南、北引桥共14跨，全长572.86m，引桥桥面横向宽度为28m。

大桥基础由140根钻孔灌注桩组成。主桥钻孔桩直径2.0m，桩长70.0m，承台长54.5m、高5.0m、宽15.0m。大桥索塔为门式塔，塔高110.80m，桥面以上设一道上横梁，桥面以上高度为88.56m。索塔横截面采用带曲线五边形的单箱单室截面。大桥主梁截面以两工字钢为边梁肋，中心为小纵梁，与混凝土桥面板结合形成组合截面。斜拉索采用空间扇形布置，自下而上向桥外侧倾斜。全桥共设4×13对、合计

104 根斜拉索。大桥桥面铺装采用 8cm 防水混凝土、6cm 沥青混凝土。全桥主要工程量为混凝土 68502m^3,钢筋 7127t,钢材 8088t,预应力钢筋 559t,斜拉索 842t(104 根)。

图 12.10 松花江四方台公路大桥照片 1

图 12.11 松花江四方台公路大桥照片 2

12.3 感悟与结语

通过上述对哈尔滨市各类城市桥梁进行综合介绍,得到以下结论:

(1)在桥梁建设上,哈尔滨十分重视结构的耐久性和安全储备,充分考虑了冰城的气候及地理环境等特点,在桥梁的结构与设计上,桥梁形式多种多样,且充分发挥不同体系的优势。

(2)由于地处祖国北方边陲,冬季气候寒冷,冰雪灾害时有发生,哈尔滨在城市桥梁建设中不断发展出了适应此种天气气候的城市桥梁建设技术,为我国类似地区的桥梁建设提供了丰富的经验和技术。

(3)哈尔滨的城市桥梁非但不缺乏艺术美感,而且还表现出结构上的稳定连续和跨越能力,造型有美的形态与内涵,内容和形式的高度统一,显示出不朽的生命力。

(4)哈尔滨的很多城市桥梁充分考虑了人与自然和谐相处的关系,桥梁设计融入自然之中,相映成趣,我们应从哈尔滨城市桥梁建设中汲取有益的营养成分,创造性地从事我们的桥梁设计。

13 沈阳城市桥梁建设

13.1 引言

沈阳,辽宁省省会,别称盛京、奉天,国家副省级城市,东北地区的政治、经济、文化、金融、科教、军事和商贸中心。沈阳位于中国东北地区南部,地处东北亚经济圈和环渤海经济圈的中心,是长三角、珠三角、京津冀地区通往关东地区的综合枢纽城市。

沈阳是国家历史文化名城,有2300年建城史,素有"一朝发祥地,两代帝王都"之称,是中国最重要的以装备制造业为主的重工业基地,有着"共和国长子"和"东方鲁尔"的美誉,连续两年进入全国百强城市前十名,并跻身国内十大最具竞争力城市行列,成为东北地区最具吸引力的投资地区之一。

13.2 沈阳城市桥梁建设

13.2.1 富民桥

富民桥位于沈阳城南浑河长青桥下游约2km处,南岸自滨河路起,北岸至富民街二环地道桥,全部工程由主桥、两岸引桥、两岸引道及附属工程组成。桥长602m,桥面宽32.5m,主跨242m,边跨各89m。主桥为折线形双塔独柱式单索面预应力混凝土斜拉桥,共有120根斜拉索,远观桥体犹如飞雁凌空。该桥是采用双塔独柱式单索面结构技术,创造了世界第一,见图13.1~图13.3。

图13.1 富民桥

富民桥向北穿过五里河公园与沈阳市内相连,南边到达三环线,穿过浑南大学城,是沟通浑南新区与沈阳市内的主要交通要道。它的建成将极大地方便了交通,从浑南大学城通过该桥进入沈阳市内只需10min。

整座桥的横断面上边宽32.5m,底宽4m,看上去就像是一个倒立的三角形,这种横断面结构较普通长方形结构节省材料,且桥身轻盈。在采用这种结构前,每一个部位都经过精密的计算,桥墩能稳固支撑桥梁,不必担心由于横断面是倒三角形而造成整座桥体的不稳定。

该主桥桥体上的两座斜塔与斜拉索构成不平衡的结构力,为了使整座桥恢复平衡,通过改变桥梁的厚度来达到桥体的整体平衡,桥体受力较小的一面桥梁厚度相应增加,桥体受力较大的一面桥梁厚度则相应减小。

富民桥只有4号、5号两个主墩。4号桥墩、桥梁和桥上的塔都完全连在一起;5号墩采取墩、梁分开,桥墩与桥梁间留有1m距离,在这1m的距离里设置3个可滑动的球形支座,而桥梁与塔相连。这种结构及其中最大球形支座创造了另一个世界第一:承载重量可达 1.3 万吨。之所以如此设计,是因为主梁上南、北各有一个塔柱,如果两主墩的墩、梁都完全固接,中间的梁体就不能前后左右自由伸缩,当风力、温差、共振等附加应力产生时,很容易对梁体造成损害。而 5 号墩采取墩、梁分开的形式,中间用 3 个可滑动的球形支座相连,可以在桥体随着温度的变化产生热胀冷缩和接受车辆碾轧产生重力时起到缓解作用,保证桥体不会发生太大的变形。

图 13.2　富民桥照片 1

图 13.3　富民桥照片 2

13.2.2　三好桥

三好桥位于和平区,大桥南端与长白东路相接,北连三好街。三好桥全长 1342m,其中桥梁总长 942m,主桥宽 34m,引桥及引道宽 32m,为双向 6 车道。主跨为 2×100m 单墩双拱塔组合式空间索面斜拉桥。该桥机动车道宽 23m,单侧人行道和非机动车道宽共 4.5m。主桥上共设置 10 对吊索,吊索纵桥向间距 8m,引桥桥宽 32m,梁高为 2.6m,主桥与引桥浑然一体,交相辉映。

(1)浑河上的"蝴蝶翅膀"。三好桥是一座世界首创的钢拱塔斜拉桥,荣获全球桥梁设计最高奖项"尤金·菲戈奖"和 2009 年度全球道路成就奖。该桥总设计师美国国家工程院院士、中国工程院外籍院士邓文中博士,是位设计过 100 余座桥梁的世界著名的桥梁专家。该桥的最大特点是桥中央两个巨大的斜拱,从远处看去犹如百合的两个花瓣,又被称为在浑河上展翼的"蝴蝶翅膀",见图 13.4~图 13.6。

图 13.4　三好桥照片 1

图 13.5　三好桥照片 2

三好桥主桥为"钢拱塔斜拉桥",这种组合结构体系的桥型目前在国际上尚属首例,通过吊索、主拱、主梁的空间几何构图使大桥的立体感更加突出,与周边环境互相辉映,达到良好的功能和景观效果。

(2)主要特色

①采用创新的"钢拱塔斜拉桥"结构体系。

②主塔采用钢—混凝土的组合结构。

③主桥采用单幅混凝土箱梁,结构整体性强,降低工程造价。

④跨度适中,景观效果好,城市地标性强。

图 13.6　三好桥照片 3

⑤采用竖转施工技术，节省了支架，工程造价低。

三好桥是连通城市中部地区和长白新城及浑南新区西部的重要通道，也是该地区通往桃仙机场的又一条跨浑河的重要通道，这将极大地缓解青年大街和南京街的交通压力。按照规划，该桥设计时速为 50km。据预测，到 2020 年该区域过往车辆高峰每小时将达到 4710 辆，该桥的建设能基本满足交通需求。

13.2.3　汽博大桥

汽博大桥是跨浑河一座特大桥，全长 1113.846m，北连沈棋路，南接沈抚二号线，是沈抚新城核心区重要的南北跨河桥梁。其中桥梁总长 885m，主桥长 430m，北引桥长 175m，南引桥长 280m，桥宽 32m（23m 行车道，两侧为 4.5m 人行道），设计车速 60km/h。汽博大桥是高力东北亚汽车博览城项目连接市区的重要通道，项目的开工建设填补了城市东部跨河桥的空白，见图 13.7、图 13.8。

图 13.7　汽博大桥照片 1

图 13.8　汽博大桥照片 2

汽博大桥桥梁结构为主桥 6 跨中承式飘带形提篮拱桥，北引桥为 5 跨等截面连续箱梁，南引桥为 8 跨等截面连续箱梁。大桥共有 6 个跨度，设计施工非常难，是沈阳所有大桥中建设难度及施工量最大的一座大桥。

汽博大桥作为连接沈抚新城的重要通道，由于紧临规划中的沈阳四环，汽博大桥将是未来沈阳的一级主干道，成为继西三环桥、长大铁路桥、胜利桥、工农桥、三好桥、浑河桥、富民桥、长青桥、东陵大桥后，沈阳境内又一横跨浑河、起到重要交通枢纽作用的主要桥梁。为提升浑南新区乃至全市的影响力，为浑南新区的经济发展，特别是东部山区和沈抚新城的更好更快的发展提供了良好的交通保障。

13.2.4　南阳湖大桥

南阳湖大桥北起洪区于洪新城，南至和平区满融经济区，全长 1378m，由主桥、引桥、引道三部分组成，见图 13.9、图 13.10。主桥为矮塔斜拉桥，三塔四跨，水上两个主跨跨径各 120m，两侧边跨跨径各 72m，主桥长 384m，宽 43m。北引桥长 495m，南引桥长 66m，北引道长 139m，南引道长 294m，机动车道为双向 8 车道。

该桥矮塔部分斜拉设计是一种较新的城市桥梁结构形式，而 43m 的桥梁宽度已经超过目前世界上已建成的同类斜拉桥最大桥宽。桥位处浑河主河道宽度 380m。南阳湖桥为矮塔斜拉桥，外观造型非常漂亮。而要完成“斜拉”也具有很大困难，设计采用钢绞线拉索。大桥的核心部分为三座塔，塔的两侧分别穿过 10 根钢索，这样下来，施工中共拉 60 根钢索。钢索采用的是环氧喷涂，这是一种新型材料，防水防锈性能都非常强。

南阳湖大桥建成后,从于洪区到浑南新区不用再绕行胜利大桥,可节省半个多小时的时间。同时,南阳湖桥又是通往桃仙机场的通道,这些便利的交通条件将推进沈阳西部交通的扩容,促进西部地区物流、人流的整合,对拉动于洪、东陵、新民、辽中等地的经济发展起到重要的作用。

图 13.9 南阳湖大桥照片 1

图 13.10 南阳湖大桥照片 2

13.2.5 浑河桥

现役浑河桥(图 13.11、图 13.12)桥宽 49.5m,双向 10 车道,其中机动车道宽 36.5m,两侧非机动车道各 6.5m,极大地改善了浑河桥通行和负载能力,日车流量将达 5 万辆。两侧路灯采用可定时的光控路灯,车行道边缘设置每组 6~8 个直径为 10cm 的泄水孔。浑河桥地处沈阳南大门,是连接沈阳市区与浑南新区的交通动脉。

图 13.11 浑河桥照片 1

图 13.12 浑河桥照片 2

由于浑河是沈阳市的主要河流,因此在设计时特意为防洪作了准备。整座桥的高度比 300 年一遇洪水水位高度还多出大约 1m 的距离。桥体两侧分别设置两个 22.5m 宽的桥拱,中间设置 14 个 33m 宽的桥拱,这样可以减少洪水对桥体的冲刷,提高桥体稳固性。

13.2.6 老道口斜拉桥

老道口斜拉桥(图 13.13)是沈阳第一座双层独塔单索面混凝土斜拉桥,采用塔、梁、墩固结体系。该桥横跨沈阳站货场编组站,桥下两侧有 10 余条铁路线,塔西侧有 4 条南北大动脉干线,各种地下管道如蛛丝,东侧有高达 2 万 7 千伏电压的哈大电气化高压线路从桥底 0.3~0.9m 处通过,地下管线施工有“外科手术”之称。

图 13.13 老道口斜拉桥

为确保工期和铁路行车安全,老道口桥(斜拉桥)在国内同类型桥梁建设中首次采用了滑动模架施工方案和独特的高压安全防护措施。“老道口”桥的施工，创下4个“全国之最”：

(1)36m长、32m宽的跨宽比为全国之最；

(2)在斜拉桥中，“老道口”桥的双层结构为全国之最；

(3)建设时采用的“滑动模架”施工办法为全国之最；

(4)“老道口”桥下仅30cm处，就是6条哈大电气化铁路27500V的高压电缆，施工所采取的安全防护措施为全国之最。

13.3　感悟与结语

通过上述对沈阳市各类城市桥梁进行综合介绍可得出如下结论：

(1)近些年沈阳在浑河上修建了许多跨河大桥，不仅将沈阳的周边地区更为紧密地纳入到了沈阳发展的经济圈内，也为沈阳市今后的腾飞和发展奠定了坚实的基础。

(2)沈阳市的城市桥梁设计和建设不仅取得了的巨大成就，而且很多城市桥梁已经成为城市新的标志性建筑和城市新景观。

(3)沈阳的城市桥梁建设对我国其他城市桥梁建设者和同行们提供很多启示，有很多值得我们学习和借鉴的东西。我们要积极吸取沈阳城市桥梁建设的丰富经验，进一步推动我国城市桥梁建设的健康发展。

(4)在桥梁建设上，沈阳十分重视结构的耐久性和安全储备，充分考虑了北方的气候特点及地理环境特点，在桥梁的结构与设计上，桥梁形式多种多样，且充分发挥不同体系的优势。

14 西安城市桥梁建设

14.1 引言

西安,古称长安,是中华民族和东方文明的发祥地,是闻名世界的四大古都之一。在 110 万年前,我们的祖先就在这里生活、扎根。"长安自古帝王都"。西安是中国历史上建都朝代最多、历史最长的城市,先后有周、秦、汉、隋、唐等 12 个王朝在这里建都,很长一个时期,曾是我国政治、经济和文化的中心。明洪武二年即公元 1369 年朱元璋将元代设的奉元路改为西安府,西安的名称就一直沿用至今。

2004 年以前,西安的桥大都还建在护城河、沣河、灞河、浐河、渭河上,简单朴素;地上的桥只有零星几座。而如今西安立交桥数量已突破 60 座,单是二环路上就有 22 座立交桥,它们不仅能强有力地组织市区内外的车流,还成为西安这座城市向外扩展的主要交通枢纽,和现代桥梁一起重新焕发出青春和活力。

14.2 西安城市桥梁建设

14.2.1 渭河特大桥

郑西铁路专线渭河特大桥(图 14.1)东起华阴新华山车站,西至临潼新站,全长 79.6km,于 2006 年 6 月开工建设,为目前世界上已建成及在建中长度最长的桥梁,号称"世界第一桥"。大桥横跨渭河,经渭南新站,跨零河、戏河等,穿越侯马—西安铁路,沿线人口稠密,地下全部为湿陷性黄土。

14.2.2 西安市长乐坡浐河桥

长乐坡浐河桥(图 14.2),位于长乐东路跨越浐河处,分新老两座桥,中间老桥 1956 年 3 月建成,为 13 孔单孔跨径 13.3m 简支 T 梁桥,宽 15.8m,总长 172.9m,面积 2740m^2;两侧新桥建于 2000 年 8 月,为预应力空心板简支梁桥,桥面连续,总长 177.44m,跨径组合同老桥,单幅桥宽 10m,面积 3548m^2。新老两座桥总面积 6288m^2。

14.2.3 未央路立交桥

未央路立交桥(图 14.3)位于北二环与未央路交汇处,1999 年 11 月建成通车,为半苜蓿叶半圆形 4 层互通式立交桥。共有 10 个匝道桥,东西主线长 1120m,其中桥梁部分长 360m,分南北双幅,17 孔,跨越未央路主桥段为 3 孔现浇变截面连续梁,主跨 30m,其余桥段均为 20m 跨径。南北主线长 771.148m,悬空部分为桥下南北两座桥洞,跨径 20m,其余部分均为填土路面。匝道桥结构多数采用 20m 跨径连续箱梁形式,整体一联,匝道两端口设置伸缩缝,10 条匝道总长 1946m,桥梁总面积 33304m^2。

远远望去,未央路立交犹如一把典雅庄重的大提琴,演奏着现代西安的主旋律;在草地、乔木、灌木组成的10万平方米绿地衬托下,立交桥显得更加巍峨。夜幕降临,千余盏景观美化泛光灯和地面数十盏高低错落的杆灯同时点亮,层次分明的桥体在各色灯光的映衬下,如道道彩虹,更加迷人。这座获得了鲁班奖的桥梁不仅是西安重要的交通枢纽,也是众多摄影爱好者追逐的对象。

图14.1　渭河特大桥

图14.2　长乐坡浐河桥

14.2.4　石桥立交桥

石桥立交桥(图14.4)位于西安市西郊石桥寨村,是西三环与昆明路相交处的全互通式立交桥,南至西户路立交,北接三桥立交,东达昆明路,西至长安区。该立交设计方案为全苜蓿叶形,三层立交,桥下辅道和人行道位于最底层,环形互通,方便行人与机动车通行;西三环位于第二层,上跨辅道与人行道;昆明路位于最上层,上跨西三环和辅道及人行道。石桥立交在三环路路网中担负着重要的交通集散作用。

图14.3　未央路立交桥

图14.4　石桥立交桥

相传,唐代有村,这里为长安城西去大路,在古漕河上有两座石桥,北桥西的村落得名北石桥村,故以此地名命名为石桥立交。从东、西、南、北任一方向看去,石桥立交就像一只美丽的蝴蝶静静的落在花丛中。桥下鲜花、绿草层次分明的景致把这座蝴蝶立交桥装扮得栩栩如生。

14.2.5　月登阁桥

月登阁桥(图14.5)位于东南三环路连接线,东西横卧浐河,是南三环向东三环跨越的联结纽带,桥高20余米,桥长达744m。映入眼帘的是桥梁人行道两侧的汉白玉护栏,古朴优美,高贵典雅,整座桥就像一个工艺品,带给人静态美的享受。该跨河桥向南紧临唐代建筑月登阁遗址,《中华全国风俗志》:“唐武德年间为月灯阁,建有楼阁供贵族登临观灯赏月”;《南部新书》记载:“至清明尚食,都人并在延兴门看人出城洒扫,新进士则于月灯阁置打毬之宴”。清嘉庆《咸宁县志》村名称为月登阁,故以此古迹遗址命名为月登阁桥。

14.2.6　新筑灞河桥

新筑灞河桥(图14.6)位于华清路跨越浐河处,原桥址为十里铺浐河老桥,2004年防汛期间,桥梁护底被洪水冲毁,遂将老桥拆除修建新桥。新桥于2005年6月建成,为5孔连续梁拱组合结构,总长

135.12m，主跨 32m，宽 44m，行车道宽 24m，双向 6 车道，两侧设非机动车道和人行道，人行道总宽 5.5m，桥梁面积 5675m^2。

图 14.5　月登阁桥

图 14.6　新筑灞河桥

14.2.7　穆将王立交桥

穆将王立交桥（图 14.7）是由两个环形匝道和两个迂回式定向匝道组合而成的完全互通式立交，立交建筑高度二层半。三环路主线设跨线桥上跨咸宁路，咸宁路充分利用既有路面和市政设施及管线现状。立交底层为人行和非机动车通道。在立交区内设人行天桥一座，以便人行穿越咸宁路。立交占地 303 亩，工程投资 12518 万元。穆将王立交为三环路最具典故意义的桥。该立交位于穆将王村西北处，相传在北宋时期契丹族入侵，朝廷旨派杨家将穆桂英挂帅讨伐驱虏，在穆将王村北梯耕地上调兵遣将，一举在穆将王村西北角处击退契丹军。为纪念穆桂英保国为民的丰功伟绩，从此该村得名为穆将王村，一直沿用至今，故该立交以此村名命名为穆将王立交。穆将王立交位于纺织城、咸宁路浐河桥的东岸，半引路西侧，是东三环与咸宁路两条道路构成的交叉节点，东三环交通通过该立交实现与二环、南绕城的交通转换，是东三环路网中的重要组成部分。

14.2.8　广运大桥

广运大桥（图 14.8）位于东三环北段，跨越灞河，全长 1061m，主要由主道桥和辅道桥组成。5 跨钢管拱主桥跨越灞河，最大跨度达 80m。主道桥桥梁全长 837m，分左右幅，每幅宽 16.5m，共双向 8 车道，工程投资 2.2 亿元，总工期 18 个月，是三环路工程中具代表性的跨河桥梁。

图 14.7　穆将王立交桥

图 14.8　广运大桥

广运大桥设计结构新颖，层次感强，造型美观，气势宏伟，远看如长虹卧波，近看似银色巨龙，是目前西安市唯一的跨河景观大桥。桥下是碧波荡漾的灞河水，桥两侧是 2011 年世界园艺博览会的广运潭，整个桥梁就是一种如诗如画、美不胜收的风景。由于大桥位于西安市城区东北部浐灞广运潭风景区，故以此地名命名为广运大桥。

14.2.9　泾河大桥

泾河大桥（图 14.9）历时 10 个月于 2002 年 10 月正式建成通车，总投资 2120.26 万元，全长 468.36m，其设计时速为 80km/h，桥宽 16m，采用二级公路标准设计，可抗地震烈度为 8 度，而且可以抵抗百年一遇的特大洪水。该大桥将泾河工业园区南北二区连为一体，成为连接泾河以北地区与泾渭三角洲及泾河工业园区的纽带，对改善园区投资环境，扩大园区规模以及改善高陵县西部交通条件、促进两岸经济发展等都将产生深远的影响。

14.2.10　六村堡互通立交桥

西安机场高速公路六村堡互通式立交桥（图 14.10）位于西安市六村堡，是全线的主要控制工程，是西部大开发银武通道的重要路段。该立交桥为全互通一级枢纽立交，4 层定向加苜蓿叶形式，线路 4 次跨越西安绕城高速公路、6 次跨越皂河，与已建成的西安绕城高速北段交叉，主线桥 816.08m，匝道桥 8 座长 4140m，总占地 621.79 亩。该桥是陕西省唯一的双向 6 车道交汇的高速路立交，也是西北地区最大的互通式立交桥。

图 14.9　泾河大桥

图 14.10　六村堡互通立交桥

14.2.11　三桥立交桥

三桥立交桥（图 14.11）位于西三环与枣园路交叉处，是西三环与枣园路、高架快速干道交叉的大型交通转换点，占地 723 亩，桥梁总面积 7.8 万 m^2，道路面积 13.2 万 m^2，项目总投资约 4.2 亿元。这座互通式 4 层立交桥最高处可达 19.6m，是目前西安市已建、在建工程中规模最大、功能最复杂的城市立交桥，被誉为“西北最大、亚洲第三”。该立交 4 层完全互通式组合如一把琴柄，主线桥将枣园路、陇海铁路、高架路一跨而过，琴弦在琴柄处系起各样美丽的扣结，苜蓿叶状的匝道转向自如，定向匝道让行车更加便捷。

14.2.12　小寨过街天桥

西安小寨十字过街天桥为大型环形过街天桥（图 14.12），周长约 300m；主体为钢结构，使用了 1000 多吨钢材。4 个角设计为弧线，给施工增加了不少难度，却合理有效地利用了小寨十分紧张的空间。该过街天桥的建设有效地缓解了小寨拥挤的交通现状。该桥还被称为“六大情侣分手圣地”之一。

图 14.11　三桥立交桥

图 14.12　小寨过街天桥

14.3 感悟与结语

综上所述,西安的城市桥梁建设取得了长足的发展,一座座的地上彩虹,汇聚成绚烂的风景,见证着西安的改变。

西安不仅仅在形象上向一个国际化大都市迈进,而且在内心也变得更加细致、体贴。桥梁建设的数量呈几何倍数递增,但所需的时间却不断缩短,且在建设过程中,无论是工程的安排,还是施工的细节,都越来越文明、科学;除了拉伸城市骨架的大型立交,马路上方便行人过街的小小"虹霓"也有60座了。

15 福州城市桥梁建设

15.1 引言

福州，简称"榕"，位于福建东部、闽江下游，是福建省会、中国历史文化名城、东南沿海重要都市、海峡西岸现代金融服务业中心。福州是近代中国最早开放的5个通商口岸之一，福州马尾是中国近代海军的摇篮。福州不仅是中国东南沿海重要的贸易港口和海上丝绸之路的门户，而且是重要的文化中心。

福州地区自古以来水网稠密，河道纵横，沟壑如织，悬崖壁立，桥梁众多。清朝以前，福州地区有古桥797座。由于历史变迁，到1994年底仅存398座，其中名古桥39座。仪态万千的福州古代桥梁，显示出深厚的历史底蕴和巨大的文化创造力，也体现出闽中文化独特的地域特征。传承着福州古桥文化精髓的现代桥梁建设也展现出巨大的创造力，极大地提升着福州城市的品质。下面就几座重点桥梁进行简要介绍。

15.2 福州城市桥梁建设

15.2.1 福州解放大桥

解放大桥(图15.1)，旧称万寿桥，是闽江最早的跨江大石桥。据明代王应山《闽都记》载："万寿桥，横跨台江，旧为浮桥，屡修屡坏。宋元佑间，郡守王祖道置田一十一顷七十二亩备修桥费，元时田入头陀万岁寺。大德七年(1303年)，头陀王法助奉旨募造石桥，酾水为二十九道，上翼以石栏，长一百七十丈有奇，南北构亭二，至治二年(1322年)落成。学士马祖常为记，刻'万寿桥'三字于右"。它与后建的江南桥合称为大桥。全长570多米，29孔，立28个舟状石墩，承托石梁。桥上铺石板，砌以石栏。桥栏石柱雕有形状各异的石狮，桥南北各建有风雨亭。

"万寿桥"建成后，历代都曾对大桥进行过修葺。1930年为适应汽车行驶，由日本大和工业合资会社承包改建成水泥路面。1971年对"万寿桥"进行全面增高拓宽，改称"解放大桥"。1995年至1996年拆除重建为现代化大桥。

重建后，新桥为现代双曲线预应力钢筋混凝土拱桥，总长565m，宽12m，由万寿桥、中洲岛和江南桥三部分组成，设置4组桔红色钢管弧形空中吊桥，分承桥身的负荷。中洲岛以南部分长100m，中洲岛旱桥141m，中洲岛以北长324m。

15.2.2 闽江大桥

闽江大桥(图15.2)始建于1970年，该桥建成至1993年福州鳌峰大桥建成之前的23年间，一直是福州市区唯一能通行重载的跨闽江桥梁。桥梁全长500m，最长跨径80m，其中主桥长322m，标准段桥面宽

31m，加宽段宽 36m，车道远期按 6 车道布设；建设总投资达 5000 多万元，设计荷载为城-A 级，设计行车速度：50km/h；设计洪水频率：百年一遇；通航标准：通航净高 7m，净宽 60m，最高通航水位为±0.52m（罗零高程）；地震烈度：桥位区基本烈度为 7 度，按 8 度设防。

图 15.1 解放大桥

图 15.2 闽江大桥

15.2.3 青州大桥

青州大桥（图 15.3）所处河段在闽江与乌龙江汇合处下游 2km 处，北接福州市马尾经济开发区，南接长乐市营前镇，是国道“同三线”上跨越闽江出海口、通往福州长乐国际机场的一座特大型桥梁，也是罗长高速公路通过闽江的通道。

大桥主桥长 1185m，桥面宽 29m，6 车道，主跨为 605m 双塔双索面的叠合梁斜拉桥。主塔采用菱形混凝土结构，钢绞线斜拉索，在国内首次采用板式斜索锚固结构。主墩基础分别采用大直径钢管桩和钻孔桩，以及国内最大的吊箱围堰。经济合理地采用气动措施，解决了抗风能力较弱的结合梁在强风地区大伸臂施工及成桥的抗风稳定问题。目前，该桥在同类型桥梁中位居世界第一。

15.2.4 尤溪洲大桥

尤溪洲闽江大桥（图 15.4）由北引桥、主桥、南引桥 3 部分组成，全长 1240m，设计桥面宽 305m，双向 6 车道，总投资 1.5 亿元，在国内首次采用梁拱组合体系新型结构设计。闽江大道互通立交桥是目前福建省最大规模的互通式立交桥，占地 15ha，北接尤溪洲闽江大桥，南接浦上路，东连二环路三期主线，总投资 1.89 亿元，桥梁面积 5.02 万 m^2，设计时速 80km/h。

图 15.3 青州大桥

图 15.4 尤溪洲大桥

15.2.5 洪山桥

洪山桥（图 15.5）位于福建省福州市西郊，跨越闽江北港，是目前国内跨度最大的预应力混凝土桁架式 T 形刚构桥，总长 363.36m，分跨为 2×20m+67.5m+110m+67.5m+2×30m；桥宽 2×1.5m+12.2m。主桥采用三向预应力上承式桁架 T 形刚构，刚构之间和刚构与边墩之间用 25m 长的挂梁连接。桥址处地质复杂，下部结构经常受潮水顶托，分别采用 3 种基础：江中主墩采用钢筋混凝土空心墩，底节为钢壳浮运沉井基础，其余分别为筑岛沉井基础和扩大基础。大桥于 1985 年 12 月竣工。

15.2.6　乌龙江大桥

乌龙江大桥（图 15.6）位于福州市东南 17km，在乌龙江渡口下游清凉、金牛两山的峡口处横跨闽江南港，是福建最主要干线福（州）厦（门）公路必经之地，南北交通的咽喉。这里江水因受清凉、金牛两山截阻，形成峡口，江面收缩，水深流急，又加濒临海口，风大浪高，潮差很大，向来被视为“天堑”。该桥采用主跨 3 孔各长 144m，两边孔各长 68m 的预应力混凝土 T 形刚构附挂梁的静定结构，全长 522.22m。桥面行车道宽 9m，两侧人行道各宽 1.25m。桥下通航净空，按一般高潮位时保持 123m，桥面中心高程为 19.45m，全桥平坡，桥梁汽车荷载 26kN，拖车荷载 100kN。中间 3 跨为两边悬臂各长 55.5m，中间 33m 长的挂梁；靠岸两跨为 52m 长的悬臂梁，各加 6m 长的搭板与桥台连接。悬臂梁为双箱并联式断面。

图 15.5　洪山桥

图 15.6　乌龙江大桥

大桥于 1970 年开始修建，1971 年 9 月建成通车，是当时全国最大跨径的预应力混凝土特大型公路桥，荣获全国科学大会奖。它的建成，提高了福厦公路的通行能力，密切联系了沿线城乡经济体，而且对加强战备、巩固海防都起着重大意义。

15.2.7　洪塘大桥

图 15.7　洪塘大桥

洪塘大桥（图 15.7）位于福建省福州市西郊的风景点金山寺闽江上游，跨越闽江南港，是闽江上最大的一座公路桥。大桥全长 1849.47m，其分跨为 16.0m+27.0m+4×30m+60m+120m+60m+31m×40m+8×25m。桥宽 9m+2×1.5m。主孔由 3 个下承式预应力钢筋混凝土斜拉式桁架 T 构组成，T 构之间以剪力铰相连，中跨为 120m，边跨为 60m，建筑高度 1.2m。这种结构综合了斜拉、桁架和 T 形刚构桥的优点，建筑高度低，在平原地区是大跨径桥梁的优选形式。采用缆索起吊，悬臂拼装，进度快，精度高。滩孔为 31 孔 40m 预应力混凝土连续梁，采用逐孔节段无黏结拼装，这是中国桥梁史上首次采用该项新技术。岸孔为预应力简支梁。主孔下部结构为预应力混凝土 V 形空心墩；钻孔桩承台基础；滩孔为双柱钻孔桩基础。大桥于 1990 年 12 月建成，2009 年完成加固。

15.2.8　浦上大桥

浦上大桥（图 15.8）作为福州城区连接大学城的重要通道，是全国首座三塔单索斜拉桥，起于金山新区洪湾路，沿浦上路往西，交三环路，跨越乌龙江，至上街（大学城）接乌龙江大道，全长 3083m，其中浦上大桥主桥长 1464m，东岸引桥引道长 670.7m，西岸引桥接线长 948.706m。浦上大桥桥梁全长 2271.9m，设计路幅宽度 50m、桥梁宽度 33.5m。道路按城市一级主干道设计，行车速度 60km/h，车道及桥宽按 6 车道设计，两侧设非机动车道、人行道，成为预留远期改非机动车道后成为 8 车道（机动车）的条件。

15.2.9 乌龙江特大桥

乌龙江特大桥(图 15.9)位于福州仓山区和闽侯县境内,是福厦铁路全线控制性工程,其下游约 220m 处是 324 国道乌龙江公路桥,全长 868.188m,跨 324 国道和乌龙江。大桥为双线铁路大桥,总投资 1.33 亿元,采用双线矩形空心桥台,主跨为 144m+288m+144m 预应力混凝土连续梁,居全国客运专线桥梁混凝土连续梁类第一。大桥共设置 14 座桥墩,其中主桥墩 4 座,每座共有 16 根钻孔桩,直径 2.5m,最深要打入水下 65m,相当于 22 层楼高。大桥的主桥 1 孔主跨和 2 孔次主跨长度均为 144m,另 2 孔边跨长度各 80m,5 孔桥梁长度和跨度均位居我国同类桥梁之首。

图 15.8 浦上大桥

图 15.9 乌龙江特大桥

15.2.10 新店互通立交桥

新店互通主线长达 1348.58m,大桥(图 15.10)主线上跨现有的琴亭高架桥,城区与高速公路通过布设 4 条匝道连接,两条右转匝道 A、D 匝道按单线单车道布设,两条左转匝道 B、C 匝道按单向双车道布设,新店方向车流通过三环辅路进出主线。琴亭高架桥加宽两处,宽度 3.5~12.5m,总长 160m。新店互通立交桥的通车,极大改善了福州北大门的交通状况。

15.2.11 平潭海峡大桥

平潭海峡大桥(图 15.11)起自福清小山东,接省道 305 线,跨越海坛海峡,止于平潭娘宫,复接省道 305 线,全长约 4.8km。其中跨海大桥长约 3.5km,接线长约 1.3km。全线采用二级公路标准建设,采用双向 4 车道,桥面宽度 17m,设计行车速度 80km/h,通航标准按 5000t 级海轮,通航孔净高 36m,净宽不小于 117m。

图 15.10 新店互通立交桥

图 15.11 平潭海峡大桥

15.2.12 厦漳跨海大桥

厦漳跨海大桥(图 15.12),又名漳州湾跨海大桥,于 2013 年 5 月正式投入运营。大桥起于在建的厦门至成都国家高速公路(漳州台商投资区海沧交界处)枢纽互通,经漳州台商投资区白礁跨九龙江,经漳州海门岛,止于漳州龙海后宅,与招商局漳州开发区疏港一级公路和在建的招银疏港高速公路相连接,跨海部分全部位于漳州境内,故又名环漳州湾跨海大桥。大桥为6车道,路线全长9.33km,其中桥长约8.555km,路基宽度33.5m,跨海桥梁宽度采用33m(不含布索区),设计速度100km/h。大桥从南到北由海平立交、南汊主桥、海门岛立交和北汊主桥等4个主要工程构成。

其中,北汊主桥为该项目的主体工程,桥长1290m,主跨780m,可满足三万吨级船舶的安全通航,采用双塔双索面5跨连续半飘浮斜拉桥形式,在同类型桥梁中其主跨跨度位居全国第六、世界第九。

2012年,227m高的钻石形索塔矗立在海中,成为厦漳海域上的又一标志性建筑。全桥总计打下桩基1441根、墩身322座、主塔4座、296根斜拉索。大桥的建成,串联起招商局漳州港区和海沧港区,实现了货运的快速到达。

15.2.13 湾边大桥

湾边大桥(图15.13)及接线公路建于福建省福州市仓山区建新镇湾边,跨过规划福州三环路和闽江南港(乌龙江),下穿京福国道主干线,终于324国道与316国道连接线南港大桥桥头附近,全长约5.34km,其中桥梁长2.02km,互通立交一座。大桥主桥桥面设置了一大两小单肋拱,拱桥全部采用钢管材质,三个拱的跨度分别为90m、106m、90m,象征福州的"三山",2008年12月1日正式通车。

图15.12 厦漳跨海大桥

图15.13 湾边大桥

该项目从湾边起点至南屿互通立交段,按6车道一级公路标准建设,设计行车时速100km/h,路基宽32.5m;南屿互通收费站至终点段,按4车道一级公路标准建设,计算行车时速60km/h,路基宽22.5m。

湾边大桥是打通福州市西南通道、改善南出口交通状况的一项重要工程,它大大加快了福州城区的跨江发展,加快了西南片区的城市开发。湾边特大桥的建成,缩短了乐福州永泰和闽侯南屿以及德化等地与福州城区的行程,同时,也促进了旗山、十八重溪、青云山等福州周边景区的开发。

15.3 感悟与结语

综上,福州的现代城市桥梁建设极大地传承了福州古桥文化的精神,极富创造力。城市桥梁的建设,在很大程度上改善了人们的交通出行条件,使区域交流日趋便利,亦在很大程度上刺激了区域经济的发展,提高了人们的生活水平。总之,其现代城市桥梁的发展,为其整个城市的发展注入了新的活力。

16 厦门城市桥梁建设

16.1 引言

厦门,面积 1699.39km^2,是中国 15 个副省级城市之一,5 个计划单列市之一,享有省级经济管理权限并拥有地方立法权;既是中国最早实行对外开放政策的 4 个经济特区之一,又是 10 个国家综合配套改革试验区之一(即“新特区”)。市内有鼓浪屿、集美学村、万石植物园等景点。厦门与金门对望,曾是国共双方距离最短的前沿阵地,在两岸敌对期间曾经炮火连天。

20 世纪 90 年代,厦门大桥建设之前,厦门出岛唯一的通道是高集海堤。海堤只有 2 个车道,而厦门岛内的机动车在 20 世纪 80 年代已经有近 1 万部,海堤已经不堪重负,而且经过几十年的使用,路面坑洼不平,车速也比较低,一旦发生事故,施救车都难以进去,堵车更是常事。为使岛内外交通畅通,厦门加大了桥梁、道路的建设。于 1991 年,厦门大桥通车后,短短数年间,又带动了其他桥梁建设以及岛内嘉禾路建设和改造,加上岛外同集路的建设,使岛内外交通网络迅速得到改善。

16.2 厦门城市桥梁建设

16.2.1 厦门大桥

厦门大桥(图 16.1)是我国第一座跨越海峡的公路大桥,由高崎引道、跨海主桥和集美立交三部分组成。厦门大桥始建于 1987 年 10 月 1 日,1991 年 5 月试通车。中共中央总书记、中华人民共和国主席江泽民亲笔题写“厦门大桥”四个大字,并于 1991 年 12 月 19 日亲自为厦门大桥正式通车剪彩。厦门大桥主桥长 2070m,桥面宽 23.5m。直通式集美立交桥由 7 座匝道桥组成。高崎引道长 855m,路面宽 23.5m,为一级公路标准。厦门大桥南侧,建有桥头公园。大桥设计汽车日流量 2.5 万辆。大桥建成,改善了厦门陆路运输条件,每当夜幕来临,大桥上灯火辉煌,与来往车辆灯光相辉映,形成一道绚丽耀眼的彩虹,景色十分迷人。

16.2.2 厦门海沧大桥

厦门海沧大桥(图 16.2)工程包括东航道桥(主桥)、西航道桥、引桥、引道、互通立交等分项工程,工程主线全长 5926.527m,其中桥梁工程长 2626.4m(不含东渡互通立交桥和引道桥),引道工程长 2525.227m。大桥按双向 6 车道设计,设计宽度 32m,设计行车速度为 80km/h。

东航道桥是厦门海沧大桥工程最重要的部分,采用结构先进的 3 跨连续钢箱梁悬索桥,其布跨为 230m+648m+230m,该桥型结构布置形式第一次在亚洲、第二次在世界上采用。

厦门海沧大桥东航道悬索桥设计采用了许多新构思、新结构、新工艺、新材料,如采用 3 跨连续钢箱梁悬索桥,锚碇采用框架式结构及倒坡浅埋箱形扩大基础、预应力钢绞线锚固系统及本桥在国内首次全面引入景观设计等。

图 16.1　厦门大桥

图 16.2　厦门海沧大桥

厦门海沧大桥加劲梁采用扁平闭口流线型单箱单室加劲梁,总长为 1104m。加劲梁截面主要尺寸为:桥轴线处箱内净高 3.0m,桥面板做成 2‰的双向横坡,吊索中心间距 34m,梁全宽 36.6m,加劲梁高跨比为 1:216,高宽比为 1:12.2。加劲梁桥面采用正交异性板,桥面板厚 12mm,底板与斜腹板的厚度为 10mm。正交异性钢桥面板上铺装 6.5cm 厚的沥青混凝土。全桥加劲梁共划分为 94 节梁段制造,其中 69 节标准段,1 节跨中段,14 节塔区梁段、4 节短吊索梁段和 6 节锚碇区梁段。标准梁段长 12m,起吊重量约为 157.5t,梁段最大吊装重量约 210t。梁段划分主要依据吊索间距、横隔板布置和吊装能力等划分。

16.2.3　集美大桥

集美大桥(图 16.3)位于厦门岛东北部、厦门大桥东侧,北接集美区同集路、滨海西大道、集美大道、高速公路厦门出口,南接厦门岛东北部的枋钟路、鹭岛大道。大桥于 2006 年 12 开工,2008 年 7 正式通车,全长 8.438km,其中跨海主桥长 3.82km,下穿机场跑道隧道 1.4km,集美端引桥 1km,岛内引桥 3km 左右。

大桥分左、中、右三幅建设,也就是在海上单独建设左右两座单幅桥与中间一座快速公交桥。左右幅桥为 3 车道,快速公交桥为 2 车道。大桥主线时速为 80km,BRT 时速为 60km。

16.2.4　杏林大桥

杏林(公铁)大桥(图 16.4)位于厦门市北部西海域,与厦门大桥相邻,是厦门最长的跨海大桥,是福厦铁路的控制性工程,于 2008 年 9 月建成通车。铁路部分北起福厦铁路,南至厦门北站,长 5.22km。大桥起点接杏林侧杏前路至沈海高速,终点接厦门岛高崎侧高殿二号路及成功大道,全长 8.53km,主线桥长 7.48km,海上桥长 5.034km,引道路基 1.050km,采用双向 6 车道一级公路标准,全桥宽 32m,设计行车速度为 80km/h。

图 16.3　集美大桥

图 16.4　杏林大桥

杏林大桥公路桥和铁路桥平层合建。公路桥桥型采用双驼峰设计，站在高崎端桥头远望桥的另一端，看到桥面呈波浪式起伏。主桥两端竖曲线抬高，整座桥纵向形成 M 形，从侧面眺望，就像两座“驼峰”，因此又被称为驼峰桥。驼峰处两侧设立的观景台，市民可在桥上看风景，这种设计属于全国首创。在观景平台登高望远，远处的同安湾、近处的杏林湾尽收眼底，海沧大桥、海堤、厦门大桥、集美大桥次第延伸，一览无余。

16.2.5 菽庄花园四十四桥

四十四桥（图 16.5）是菽庄花园的十景之一。依山傍水，建于园主林尔嘉 44 岁生辰，以岁数而得名。林氏为此桥题词，中有“己未（1919 年）5 月垒石支桥，以 9 月 9 日讫功”。大桥施工仅用 4 个月，赶在重阳节之时落成，寓有久久长寿之意。

白色花岗石砌筑的四十四桥，蜿蜒起伏，犹如龙蛇，使人工和自然混为一体，甚为奇妙。依桥凭栏，极目园外，秋水长天一色；回望园内，红花绿叶扶持，景色绝佳。

四十四桥中部有两个巨石相叠，卓然耸立，傲睨海天，不愧所刻“海阔天空”、“枕流”之称。巨石犹如分水岭，把四十四桥分为两道。桥上点缀不少亭台，造型各有千秋。

拱起的、俗称“佝偻桥”与八角形的“钓鱼台”相对，“钓鱼台”鱼池一面的墙上，题有“羡鱼”二字，垂钓乐趣可见。桥、台之间，有个玲珑的“率真亭”，亭的前方有座半月形的“渡月亭”，上刻有“长桥支海三千丈，明月浮空十二栏”，为其写照。渡月亭左方的“千波亭”亭下，粼粼千层碧波，亭右前方的后山坡石上刻有“印心”，水清可洗印心灵。拐弯再上，就是桥的尽处，有状如折扇、引来凉风的亭子，名叫“招凉”。亭后 15°俯斜的石上，刻有“石屏”。石屏把风回旋更如招凉。退潮时能够到达田尾的“观海别墅”（今观海园）。

四十四桥犹如诗人贺仲禹应园主征文，获得首奖的长诗之句：“有时涛头万顷拍桥来，浪花飞雨作晴阴；有时一镜波平万籁集，游鳞澄刺载浮沉……四时朝暮景光异，色色形形万状临”那样诱人、秀美。

今日，四十四桥旧貌换新颜，曲栏低垣齐备，游人扶栏抚垣，漫步其上，观海看山，真是“风景这边独好”，桥占名园鳌头。

16.2.6 樵溪桥

樵溪桥（图 16.6），以花岗岩石砌造，呈西南—东北走向，长 14m，宽 1.5m，为单墩双孔石梁桥，位于万石植物园内紫云岩源现狮山，樵溪由东北向西南汇入万石岩水库内，樵溪桥即横跨于紫云岩前樵溪上。桥东北端架置于岸边巨石上，西南岸以石砌墩台为支体，桥中部以天然巨石为桥墩。桥面以 7 块长条石板并列铺成，桥两端各有 3~5 级石阶，东南岸桥边岩石上有南明永历七年（1653 年）岱州余宏所题“樵溪桥”石刻。

图 16.5　四十四桥

图 16.6　樵溪桥

16.2.7 疏港路高架桥

疏港路高架桥（图 16.7）拥有多个第一：福建省历史上第一座分解城市交通压力的高架公路交通道路；也是福建省第一次提出创立海港生态、有花园环境式的人居道路景观带；同时还是福建省第一次大规模采用透水降噪的沥青路面摊铺技术的高架桥。无论从设计风格、施工工艺，还是建设所使用的材料，都被以后的一座座高架桥所仿效和借鉴，可以说影响了厦门高架桥建设的样式和风格，它的线条婉转优美，除了线形外，还包括它的箱梁底部和桥墩，都给人以柔美的感觉，其中的奥妙在于设计人员把箱梁处理成了鱼腹式的造型，而桥墩更像是个镂空的花瓶。

16.2.8　华荣路立交桥

华荣路立交桥（图 16.8）起于华荣路，上跨疏港路，终于高殿三号路，其中桥梁长 244m，主桥长 116m。建成后，这里的通行效率得到了极大的提高。市区出岛方向，从仙岳隧道往康乐路口第一个红绿灯处，左拐进入华荣路，然后上桥直驱翔鹭国际大酒店，由高殿 3 路出岛；进岛的车辆，下石鼓立交后，通过立交桥下直行至湖里保税区疏港路立交桥下掉头，然后可以右拐至湖里大道，或者直行几百米右拐至华荣路进入市区。

图 16.7　疏港路高架桥

图 16.8　华荣路立交桥

16.2.9　沈井特大桥

沈井特大桥（图 16.9）位于翔安区马巷镇沈井村，是福厦铁路厦门段五大重点控制工程之一，全长 1913.94m，由 56 片长 32m 的箱梁和一座 64m 钢桁梁及相关附属构件组成。特大桥的箱梁单片长 32m，重达 830t，架设这样的梁所使用的设备也是“重量级”的。比如有 56 个轮子的运梁车，载重 900t，由德国制造，一辆价值 2300 多万元，14m 高的“铁家伙”是 900t 架桥机，能把 830t 的梁安全地“架”在桥墩上。

16.2.10　宁海桥

宁海桥（图 16.10）为石梁式，仿洛阳桥构造，是一座势如长虹、凌空飞架的大石桥，位于涵江与黄石两地交界处，木兰溪下游的入海口，初建于元代元统二年（1334 年）。由于溪海在此处汇流，工程十分艰巨，自元至清，300 多年间 6 建 6 废。到清雍正十年（1732 年）第 7 次修建，历时 15 年才建成功。该桥全长 225m，宽 5.8m，高 10m，石梁式结构，由 75 块长 13m、厚 1.2m 的巨大石梁架在 14 座船形桥墩上，两墩间净跨 8.8~11.8m。1961 年，该桥被福建省政府列为第一批文物保护单位。从 20 世纪 80 年代起，由于交通的需要，古桥设计成公路桥，成为涵黄交通要道。

图 16.9　沈井特大桥

图 16.10　宁海桥

每年端午节，拂晓站在桥上观日出，蔚为奇观。旭日初升，极似一面大圆镜，放射出万道金光；桥下波光粼粼，犹如金龙逐波，十分壮观，故有“宁海初日”之雅称，为“莆田二十四景”之一。

16.3 感悟与结语

综上所述，厦门城市桥梁建设中，不断优化施工组织、创新施工工艺等方式，克服重重困难，完成了一项项建设任务。桥梁的建设，极大地解决了全市十分关注的厦门进出岛交通瓶颈问题，从而把厦门岛交通快速路网与岛外的国道和高速公路便捷地连接起来，形成了厦门一条条完整的交通主动脉。

17 石家庄城市桥梁建设

17.1 引言

石家庄市是河北省省会，地处河北省中南部，西依巍巍太行山脉并与全国煤炭基地山西省毗邻，古称“京畿之地”，素有“南北通衢、燕晋咽喉”之称，地理位置十分优越。气候属于暖温带大陆性季风气候。太阳辐射季节性变化显著，四季分明。旅游资源十分丰富，有秀美的自然风光和珍贵的文物古迹。石家庄市各种体系完备，实力雄厚。

石家庄的城市桥梁，早期主要是城市道路与铁路相交的公路立交桥(主要是框架结构的地道桥)，如中山路、裕华路和京广铁路相交的3孔式地道桥。随着城市规模的扩大，汽车流量的增加，交通拥堵也越来越严重，高架桥、互通式立交桥的建设如火如荼。

17.2 石家庄城市桥梁建设

17.2.1 龙泉大桥

龙泉大桥(图17.1)位于石环西路与槐安西路交叉口附近，上跨南水北调和环城水系工程，因附近有知名的龙泉寺而得名。龙泉大桥为变形苜蓿叶式全互通桥，主桥为钢管拱结构，这是省会石家庄市第一座钢管拱结构的桥梁，东接省会，西连鹿泉、龙泉寺和秦皇古道。此桥于2009年4月主体完工，10月1日前又完成夜景照明工程。

17.2.2 北二环立交桥

原名叫赵陵铺桥(图17.2)，位于中华北大街与北二环的5层互通式立交。该立交桥高17m，其中最高点是21m，相当于7层楼高；主桥宽24m，双向6车道，匝道宽7m；桥下双向4车道，非机动车道宽6m，便道宽4.5m，中央隔离带宽7m。地面一层、二环路跨线桥一层、南北高架桥一层、中间两层为匝道，从上往下俯瞰，整座立交桥如同一个巨大的涡轮，四个方向都有放射性的道路向外延伸。

北二环立交桥于2011年4月正式通车，实现了中华北大街全线贯通，向北可抵达北绕城高速，并直通京昆高速和京珠高速，可直达正定国际机场；向南可达铁路新客站，整条中华大街真正成为连接南部铁路新客站和北部正定国际机场的交通走廊。

17.2.3 槐安大桥

槐安路东起东二环，西至西二环，是省会“四横六纵”路网中贯穿南部市区的主要交通要道，全长12.46km，是石家庄市首条设计时速高达60km的城市主干路，也是第一条无灯控、全立交、全封闭的快速路。槐安路斜拉桥(图17.3)是槐安路高架桥的控制性主体工程，也是华北地区首座跨铁路线(京广铁路)斜拉桥,该桥采用双塔双索斜拉设计,主塔为 H 形,塔高 55m,桥长 235m,桥宽 28.5m。

图 17.1 龙泉大桥

图 17.2 北二环立交桥

17.2.4 南环大桥

南环大桥(图 17.4)位于南二环中部偏西地段,采用上跨铁路及相交道路方案,为高架道路。高架桥自中华南大街至货场街,全长 3020m。大桥两端架两座立交桥,西端为中华南大街立交桥,它是一座部分互通的立交桥,东端为货场大街立交桥,是一座完全互通的苜蓿叶形立交桥。南环大桥桥面为双向 6 车道,宽 27m,设计行车速度为 60~80km/h,1998 年 9 月开工建设,1999 年 10 月建成,总投资 4.53 亿元。它的建成,对改善南二环交通不畅起到了至关重要的作用,通行能力大大提高,也进一步缓解了市区交通堵塞的局面。

图 17.3 槐安大桥

图 17.4 南环大桥

17.2.5 三亭桥

三亭桥(图 17.5)在长安公园正中,灰顶红柱,三亭相连,格外引人注目,因三连亭而得名。据说此亭全国独有。中岛南行,可上三亭桥。三亭桥长约 30m,南中北各 10m。中间三亭桥面高出南北桥面 5 个台阶。亭高五六米,亭柱高约 3m。

17.2.6 大石桥

大石桥(图 17.6)位于石家庄市区中心、大桥路与公里街交叉口东北侧、“石家庄解放纪念碑”之北。大石桥建于 1907 年,全长 150m,高 7m,宽 10m,共 23 孔;桥身全系石灰岩砌成,坡面平缓;桥头两侧各有石狮雕塑二尊。

1903 年比利时承包的京汉铁路(现京广铁路)通过石家庄。1907 年 9 月由清政府“借款官办”、由法国“铁路建设和运输公司”设计修筑的正太铁路(现石太铁路)建成通车后,正太、京汉铁路并行,又有振头、石家庄两个火车站并存,很自然地把市区分成东西两部分。而过往的车辆、行人甚多,必须穿过铁路,给东西方向的交通带来极大的不便,特别是经常发生火车轧死或撞伤人、畜的事故。铁路员工和各界代表联名上书正太铁路局的法国总办,要求拨款建桥,法国总办却一直置之不理,正太铁路工人对此非常气愤，经部分工人倡议，全线华、法（国）员工 2500 人，每人捐献一日工资，筹齐了建桥经费。

图 17.5　三亭桥

图 17.6　大石桥

1907 年春季开始施工，当年秋季便建成了跨越正太铁路的大桥。从此，火车从桥下畅通，行人从桥上跨越，方便了过往行人和车辆。当时的市民为铁路工人慷慨无私精神所感动，编歌谣夸赞道："大石桥，大石桥，工人血汗来建造，一块青石一份情，青石哪有情义高"。

该桥因采用大块方石砌成，故名大石桥。石家庄俗称的桥东、桥西即以此桥为界。1987 年（石家庄解放 40 周年）又将此桥重新修建，作为重点文物保护起来。大石桥是石家庄历史的见证，也是石家庄早期工人阶级第一次向世人展示自己团结奋斗的力量之见证，当时对石家庄的交通和繁荣发挥过重要作用。大石桥的经历见证了许多重大历史事件，是石家庄市一座重要的历史纪念性建筑，现已被列为省、市重点文物保护单位。

17.2.7　子龙大桥

子龙大桥（图 17.7）是石家庄市体育大街北延工程的重要组成部分，是省会向国庆 60 周年献礼工程之一。它的建成对缓解 107 国道的交通拥堵、促进正定经济发展、加快正定融入石家庄主城区具有重要的意义。大桥全长 1970m，主桥长 1200m，宽 37m，双向 6 车道，总投资 2.38 亿元。该工程 2009 年 12 月开工，2010 年 3 月正式进场施工，投资规模大、技术要求高、工期紧、任务重，经过广大建设者 202 天的艰苦奋战，比设计施工时间提前了 164 天通车，再次丰富了"石家庄速度"的精神内涵。

17.2.8　启明大桥

"一桥飞架南北，天堑变通途"。石家庄市行唐县团贾公路启明大桥（图 17.8）的修建，打开了行唐县通往省会石家庄的南大门，缩短里程 5km，促进郜河两岸经济区的开发。该大桥于 2008 年 9 月底竣工通车，它的建成将成为行唐县城又一道亮丽的风景，为"国庆"献上了一份厚礼。

图 17.7　子龙大桥

图 17.8　启明大桥

17.2.9　赵州桥

赵州桥（图 17.9），又名安济桥（宋哲宗赐名，意为"安渡济民"），位于河北赵县洨河上，建于隋代（公元 581~618 年)大业年间(公元 605~618 年),由著名匠师李春设计和建造,距今已有 1400 年的历史,是当今世界上现存最早、保存最完善的古代敞肩石拱桥,被誉为“华北四宝之一”。赵州桥 1961 年被国务院列为第一批全国重点文物保护单位。1991 年,美国土木工程师学会将安济桥选定为第 12 个“国际历史土木工程的里程碑”,并在桥北端东侧建造了“国际历史土木工程古迹”铜牌纪念碑,并于翌年被列为世界文化遗产。赵州桥桥长 64.40m,跨径 37.02m,券高 7.23m,因桥两端肩部各有二个小孔,不是实的,故称敞肩型,这是世界造桥史上的一个创造(没有小拱的称为满肩或实肩型)。

图 17.9 赵州桥

赵州桥建成至今经历了 10 次水灾,8 次战乱和多次地震。特别是 1966 年邢台发生的 7.6 级地震,邢台距这里有 40 多公里,这里也有四点几级地震,赵州桥都没有被破坏。著名桥梁专家茅以升说,先不管桥的内部结构,仅就它能够存在 1300 多年就说明了一切。1963 年的水灾大水淹到桥拱的龙嘴处,据当地的老人说,站在桥上都能感觉桥身有很大的晃动。据记载,赵州桥自建成至今共修缮 9 次。

17.3 感悟与结语

石家庄的城市桥梁不仅建设快,而且造型美观、功能优越,极大地改善了石家庄市的交通状况,在一定程度上提升了石家庄市的城市品位。在下一步桥梁建设发展中,我们应坚持科学发展观,把当地的经济与环境因素综合考虑进去,认真对待其不足并加以改正,推进石家庄城市桥梁建设更上一层楼。

18 武汉城市桥梁建设

18.1 引言

武汉,简称"汉",位于中国腹地中心,长江与汉江交汇处,江汉平原东部,因武昌、汉口、汉阳三地合称而得名,是湖北省省会,中国中部6省唯一的副省级市,也是中国国务院批准的中部地区中心城市,以城市常住人口、GDP总量、建成区面积等指标排名,武汉均为中部第一。

世界第三大河长江及其最大支流汉江横贯市区,将武汉一分为三,形成武昌、汉口、汉阳三镇隔江鼎立的格局。武汉也是世界各大城市中人均拥有淡水量最多的城市。唐朝诗人李白曾在此写下"黄鹤楼中吹玉笛,江城五月落梅花",因此武汉自古又称"江城"。

武汉是中国重要的科研教育基地,是中国高等教育最发达的城市之一。作为中国重要的科教中心城市,武汉高校众多,在校大学生118.33万人,居全球城市第一。2014年仲量联行发布的全球城市活力榜,全球前十名城市中,上海和武汉分列第四和第五位。

"百湖之市"的武汉,因江湖阻隔,因此桥梁众多。武汉已建成的1300余座桥梁中,包括人行天桥、立交桥、过江公路桥、公铁两用桥等,涵盖三塔斜拉桥、双塔斜拉桥、双塔悬索桥、拱桥、连续结构桥、双曲桥等各种桥型,是名副其实的"桥都",也被誉为"桥梁博物馆"。横卧于中国武汉市武昌蛇山和汉阳龟山之间的江面上的武汉长江大桥,被誉为"万里长江第一桥",是中国在万里长江上修建的第一座桥梁

18.2 武汉城市桥梁建设

18.2.1 武汉长江大桥

武汉长江大桥,是中国第一座横跨长江的桥梁,大桥为公路铁路两用桥,上层为公路,双向4车道,两侧有人行道;下层为复线铁路,见图18.1、图18.2。

全桥总长1670m,其中正桥1156m,西北岸引桥303m,东南岸引桥211m。从基底至公路桥面高80m,下层为双线铁路桥,宽14.5m,两列火车可同时对开。上层为公路桥,宽22.5m,其中:车行道18m,设4车道;车行道两边的人行道各2.25m。桥身为3联连续桥梁,每联3孔,共8墩9孔。每孔跨度为128m,为终年巨轮航行无阻起了很大的作用。

正桥的两端建有具有民族风格的桥头堡,各高35m,从底层大厅至顶亭,共7层,有电动升降梯供人上下。附属建筑和各种装饰,均极协调精美,整座大桥异常雄伟。若从底层坐电动升降梯可直接上大桥公路桥面参观,眺望四周,望大江东去,整个武汉三镇连成一体尽收眼底。大桥打通了被长江隔断的京汉、粤汉两铁路,形成完整的京广线,使人心旷神怡,浮想联翩,真是"一桥飞架南北,天堑变通途"。由国

务院印发的《第七批全国重点文物保护单位》名录在国家文物局官网公布，56岁的武汉长江大桥入选国家重点保护文物，成为武汉市目前29处国保文物中最年轻的国保文物。

图18.1 武汉长江大桥照片1

图18.2 武汉长江大桥照片2

武汉长江大桥于1955年9月1日正式动工，大桥西北始于汉阳龟山南坡，东南止于武昌蛇山入江的山头。武汉长江大桥的建筑设计，极富中国民族建筑的特征。在大桥两端是高约35m的桥头堡，从底层大厅至顶亭，共7层，桥头堡的堡亭为四方八角，上有重檐和红珠圆顶。与大桥同时落成的有武汉长江大桥纪念碑和观景平台，纪念碑南面镌有毛泽东同志“一桥飞架南北，天堑变通途”的诗句，观景平台则为游人观赏长江最佳位置之一。

正桥8墩9孔，每孔桥跨128m。桥墩基础施工采用“管柱钻孔法”，正桥钢梁由平弦菱形连续梁组成，钢梁设计三联，每联三孔。钢梁制作精确，由两岸平衡悬臂向江心拼接合龙。连续梁由一组铰式固定支座和三组辊轴式支座所支承。汉阳岸引桥长303m，有17孔；武昌岸引桥长211m，12孔，每孔跨度不超过17.2m，均为钢筋混凝土门式拱桥。

大桥通车后5年，铁路通过货运量800多万吨，缩短运输时间约2400万车小时。公路桥部分，30多年中过桥车流量逐年增长，1988年昼夜行车在3万辆次以上。

半世纪来，武汉长江大桥还历经76次撞击，最重的一次是2011年6月6日，一艘万吨级油轮撞上长江大桥的7号桥墩，此次是10余年来，长江大桥发生的最大一起桥墩遭撞击事件。50年来经多次检测表明：全桥无变位下沉，桥墩可承受60万kN(6万吨)压力，可抵御10万m^3/s流量、5m/s的洪水，可抗8级以下地震和强力冲撞。

18.2.2 白沙洲大桥

武汉白沙洲长江大桥是长江武汉段的第三座长江公路大桥，也被称为武汉长江三桥，位于武汉长江大桥上游8.6km处，见图18.3、图18.4，1997年3月28日正式开工建设，2000年9月8日正式通车。

图18.3 白沙洲大桥照片1

图18.4 白沙洲大桥照片2

长江白沙洲大桥全长3586.38m，其中正桥长2458m，引桥长1128.38m。桥面净宽26.5m，设6车道，设计时速为80km，是一座双塔双索面钢悬箱梁和预应力混凝土箱梁组合型斜拉桥。主桥为双塔双索面栓焊结构钢箱梁与预应力混凝土箱梁组合的斜拉桥，A形主塔高175m，高强平行钢丝斜拉索，设计时速为80km，日通车能力为5万辆次，分流过江车辆29%，主要分流外地过流车辆。主塔采用钻石形结构，承台以上全高178.75m，斜拉索96对，塔高174.75m，主跨618m，为国内已建斜拉桥之最，世界第三大桥。建成后与龟山电视塔、蛇山黄鹤楼以及武汉长江大桥、长江二桥遥相呼应。

大桥施工的关键是斜拉索的挂设与张拉，施工中直接利用单点起吊与塔内卷扬机牵引，即先塔上挂索而后梁端软牵引。这种工艺不仅提高了斜拉索的牵引效率，还变高空作业为桥面上的平面作业，大大增强了操作的安全性，该工艺成功的对国内最长的斜拉索进行挂设、张拉，使主桥工期大为缩短，为大跨斜拉桥积累了施工经验。

白沙洲大桥是武汉城区第三座跨长江的大桥，它的建成通车具有难以估量的巨大经济效益和社会效益，它是武汉经济技术开发区和武汉东湖心技术开发区两大国家级开发区一线贯通，使107、316、318等国道武汉段由“瓶颈”变通途，对带动武汉新一轮经济高速增长具有重要的作用。

武汉白沙洲大桥不仅在建设中大胆采用高新技术，使工程造价降低20%，而且也是武汉市第一个在大型城市基础设施建设中实行资本企业主制、项目法人制的项目。

18.2.3　武汉天兴洲大桥

武汉天兴洲大桥全称为“武汉天兴洲公铁两用长江大桥”，2008年9月完成江中合龙。天兴洲公铁两用长江大桥合龙后，转入桥面工程施工阶段，2009年上半年建成通车，见图18.5、图18.6。

图18.5　武汉天兴洲大桥照片1

图18.6　武汉天兴洲大桥照片2

武汉天兴洲大桥是湖北省暨武汉市与铁道部合作建设的公铁两用长江大桥，为国家“十五”重点建设项目，工程总投资约110.6亿元。该桥位于武汉长江二桥下游9.5km处的天兴洲分汊河段上，正桥全长4657m。南汊正桥为双塔三索面斜拉桥，上层为公路，下层为铁路；北汊正桥采用预应力混凝土连续梁桥，公铁并排布置，公路在上游，铁路在下游。根据全面建设小康社会和铁路跨越式发展要求，桥上正线数目按4线配置；公路设6车道，是城市中环线的过江通道。公路引线北起江岸区平安铺，南至洪山区中北路延长线，由平安铺立交、和平大道立交、友谊大道立交、青化路立交组成，全长8043m，营运时速80km。铁路引线自滠口站，经天兴洲大桥、武汉站至乌龙泉修建双线铁路，全长60.3km；谌家矶经天兴洲大桥至武昌东编组站修双线铁路，全长20.7km。大桥有如下特点：

（1）正桥跨度大。武汉天兴洲大桥在当今世界公铁两用斜拉桥中跨度第一，主跨达504m，在我国实现了公铁两用大桥主跨从300m到500m级的飞跃。

（2）结构荷载重。武汉天兴洲大桥是世界上第一座按4线铁路修建的大跨度客货公铁两用斜拉桥，可以同时承载2万吨的荷载，是目前世界上荷载量最大的公铁两用桥。

（3）运营时速高。车速的高低直接反映了建桥技术的高低，武汉天兴洲大桥是我国第一座能够满足高速铁路运营的大跨度斜拉桥。开通后，火车速度目标值可达200km/h，汽车可达80km/h。

（4）环保措施强。武汉天兴洲大桥铁路采用了全部铺设无缝线路、噪声敏感点附近设置声屏障、实行桥梁减振、特殊地段考虑景观设计等综合环境保护措施。

武汉天兴洲大桥的建成大大提高了城市过江交通设施的通行能力，改善了城市交通状况，缓解了铁路过江能力紧张状况，进一步完善了武汉铁路枢纽的布局。

18.2.4 武汉二七长江大桥

武汉二七长江大桥位于湖北省武汉市，北起江岸区武铁新江岸小区处，南至青山区钢都花园罗家港。作为城市二环线的节点工程，大桥于 2008 年 7 月 31 日动工建设，2011 年 12 月 31 日通车，见图 18.7、图 18.8。

图 18.7 二七长江大桥照片 1

图 18.8 二七长江大桥照片 2

武汉二七长江大桥是湖北省武汉市的第 7 座长江大桥，位于武汉长江二桥下游 3.2km、天兴洲长江大桥上游约 7km 处，是武汉城市二环线上跨越长江的特大型桥梁。

武汉二七长江大桥由中铁大桥勘测设计院设计，为 3 塔斜拉桥，两个主跨均为 616m，是世界上最大跨度的 3 塔斜拉桥和世界上最大跨度的结合梁斜拉桥，总长度约 6.5km，包括二七长江大桥主体工程 2922m 及两岸疏解配套工程 3585m。

根据核准的方案，该桥设计长度 6507m，其中主桥全长 2922m，主桥通航孔（主跨）采用 3 塔斜拉桥方案，双主孔跨度为 2×616m；引桥采用高架桥方案，全长 3585m，其中汉口段 2775m，武昌段 810m。二七长江大桥与解放大道、和平大道相交处，各设互通立交一座。按规划，大桥工程北接汉口发展大道、南接武昌和平大道。江北路线沿京广铁路下行线，穿过解放大道及江岸货场铁路疏解区，过长江后经武昌罗家港泵站，沿罗家港排水明渠至和平大道。

武汉市二环线竹叶山立交至和平大道立交将连成一条城市快速路，青山、武昌和汉口地区将增加一条快速过江通道，是适应城市过江交通快速增长需求，缓解中心城区过江交通压力，旨在尽快打通武汉市二环路，进一步提高过江通道能力。

18.2.5 武汉长江二桥

武汉长江二桥也称为武汉长江公路桥，是国家“八五”期间重点建设项目。大桥位于武汉长江大桥下游 6.8km 处，大桥北起汉口黄浦路三层立交桥，跨越长江至武昌徐东路。大桥全长 4407.6m，主桥为双塔双索面钢筋混凝土斜拉桥，跨径为 180m+400m+180m，宽 26.5m，设 6 车道，H 形主塔高 153.6m，高强平行钢丝斜拉索。武汉长江二桥日通车能力 5 万辆。武汉长江二桥于 1991 年开始兴建，1995 年 6 月通车，见图 18.9、图 18.10。其中正桥 1877m，桥面宽度 26.5～33.5m，设 6 车道；通航净空为 24m，比武汉长江大桥和南京长江大桥的设计标准高出 6m，是世界上第一座主塔敦立在深水区的双塔双索面预应力混凝土斜拉桥。

长江二桥主跨 400m，在世界上已建成的同类型桥梁中名列前茅，浩大的深水基础以及施工所采用的大型钢围堰，基础钻孔桩直径，钻入砾岩层深度，均创下全国之最。斜拉桥面宽度 29.4m，建设者们研制出世界斜拉桥建设中跨度最大的 8m 牵索挂篮梁体悬浇施工平台，两次刷新悬浇梁体施工世界纪录，并创下多项“世界第一”，有 20 多个主要技术指标达到国际 20 世纪 90 年代先进水平。

主塔基础施工使用大直径双壁钢围堰，在软硬不均的胶结砾石地基中成功地采用了直径 2.5m 深水钻孔桩（嵌入岩层深达 27m）的施工技术。

图 18.9　武汉长江二桥照片 1

图 18.10　武汉长江二桥照片 2

大桥主跨采用双塔、双索面、自锚式悬浮体系的预应力混凝土斜拉桥，全桥缆索共 392 根，为自行设计、自行制造，质量全部达到优良。该工程荣获 1997 年度中国建筑工程鲁班奖。

主梁按部分预应力设计，并开发了无应力索长控制软件系统，开展了抖振研究和抗振实践，这些均在国内开了先河；研制并于国内首次采用了抗高温平行钢丝冷铸锚斜拉索系统；主梁安装采用 500t 级牵索挂篮，一次浇 8m，并采用适时跟踪监控系统实现斜拉桥安装、线形、索力高精度。

其中大跨度斜拉桥 500t 级复合型牵索式挂篮施工技术获 1996 年度铁道部科技进步二等奖，"武汉长江二桥大跨度预应力混凝土斜拉桥建造技术"获 1996 年度铁道部科技进步特等奖、1997 年度国家科技进步一等奖，武汉长江二桥设计获 1997 年度湖北省优质工程设计一等奖。

18.2.6　武汉军山长江大桥

武汉军山长江大桥位于湖北省武汉市，是特大型公铁两用斜拉桥。武汉军山长江大桥是武汉第四座长江大桥，于 1998 年 12 月 30 日开工建设，2001 年 12 月 15 日建成通车。武汉军山长江大桥工程获交通部优秀设计一等奖、优秀工程一等奖，见图 18.11、见图 18.12。

图 18.11　武汉军山长江大桥照片 1

图 18.12　武汉军山长江大桥照片 2

武汉军山长江大桥全长 4881.178m（桥长 2847m，引道长 2034.178m），主桥为半飘浮 5 跨连续双塔双索面钢箱梁斜拉桥，长 964m；桥面净宽 33.5m，引道宽 35m，双向 6 车道。

桥梁分为主桥、南北过渡孔桥、南北引桥等 5 部分。主桥长 964m，分为 5 跨，主跨 460m，主桥桥面宽 33.5m，为中国同类桥梁宽度第一。主桥索塔采用分离式倒"Y"形，高 163.5m。索塔基础为钻孔灌注桩群桩结构（桩径 2.5m，桩长 40～42m 不等，共 19 根）。承台为圆形，直径 30m，高 6m。主塔塔身为花瓶形薄壁墩，线形简洁流畅。南过渡孔桥采用 4 跨预应力混凝土连续箱梁，北过渡孔桥为 3 孔预应力混凝土连续箱梁，南北引桥为 7 跨一联的预应力混凝土箱梁，全长 1883m。

武汉军山长江公路大桥钢箱梁宽度38.8m,居国内同类桥梁之首;钢箱梁高3.0m,其宽高比为12.93,比值之大属世界之最。在大桥的设计与施工中,根据斜拉桥的总体、局部受力特点,板件厚度作了较细的划分,大大节省了用钢量;钢箱梁横隔板首次采用了上、中、下三块对接的整体横隔板,既方便了施工,又满足了受力的要求;索塔采用了小半径的预应力体系及深埋工艺,并进行了预应力管道真空吸浆的试验研究。在基础施工中,国内首次采用异形双壁钢围堰,直接吊装下沉就位,然后浇注混凝土封底,进行钻孔桩施工。斜拉桥主塔采用了大块整体钢模爬模施工技术,保证了混凝土的质量和外观。

18.2.7 武汉阳逻长江大桥

武汉阳逻长江大桥位于湖北省武汉市,也称为武汉长江五桥,北岸为新洲区阳逻镇,南岸为洪山区向家尾村。阳逻长江大桥是"十一五"期间国家和湖北省、武汉市重点工程建设的项目,是京珠、沪蓉等国道主干线武汉绕城公路的重要组成部分和控制性工程。阳逻长江大桥是武汉市第5座长江大桥,于2007年12月26日正式建成通车,至此,国家"五纵七横"国道主干线在武汉全面实现互通,见图18.13、见图18.14。

图18.13 武汉阳逻长江大桥照片1

图18.14 武汉阳逻长江大桥照片2

大桥设计全长10km,由2.7km主桥、7.3km接线及一处互通式立交桥构成。大桥桥面宽33m,双向6车道、沥青混凝土路面,为全封闭、全立交高速公路特大桥,设计行车速度120km/h。

大桥总投资约20亿元,为一跨江双塔单跨悬索桥型,主跨1280m,是世界第八大悬索桥,国内排名第三。

该桥于2003年11月开始施工拆迁,2005年4月索塔顺利封顶,开始上部结构安装施工,10月完成"猫道"并开始架设主缆索股,2006年4月开始吊装钢箱梁,2007年12月16日竣工,2007年12月26日正式通车。

在锚碇基础施工中,攻克了长65m、宽60m,深度超过50m,被称为"神州第一锚"的超大体积基坑开挖、内衬、防渗围护以及立体交叉施工等四大难点,解决了超大体混凝土的灌注面临着水化热而产生裂缝的这一世界性难题。

首创了主跨、两侧边跨"三合为一"的全贯通式"猫道"施工以及拖拉索循环系统,为大桥提供了安全、可靠、快速施工保障;采取了领先世界的GPS卫星监测系统,建立了GPS卫星定位、封闭式连通管液位挠度测试和动静态测试等多个子系统,对大桥进行长期健康监测系统。

武汉阳逻长江大桥是继国内已建成的江苏润扬长江大桥、香港青马大桥、江阴长江大桥之后,国内跨度第四大的悬索桥。

阳逻长江大桥的混凝土主塔结构采用了别致的"剪刀撑"形式,较传统的H形、门形主塔显得更为新颖、美观。主塔钢斜撑的首次采用,一改国内桥塔的横梁模式,丰富了桥梁景观的内涵。大桥在武汉桥梁中首次采用中压电能传输系统。

针对悬索桥锚碇预应力锚固系统存在的不可更换和耐久性能方面的问题,工程技术人员开发研制出耐久性能好、可检测、可更换、更加安全可靠的新型油脂防腐预应力锚固系统,并获得国家专利。阳逻长江大桥采用国内最大吨位复合型阻尼装置，提高结构寿命，进而延长桥梁使用年限。

为应对大气污染及越来越复杂的外界环境，阳逻长江大桥主塔、锚碇等关键混凝土结构采用硅烷防腐涂装，使其表面拥有优异憎水性的同时，又能保持混凝土良好的透气性。防腐新装提高了大桥的结构质量安全系数，确保了其百年以上的使用寿命。

18.3　感悟与结语

通过上述对武汉市各类城市桥梁进行综合介绍可得出如下结论：改革开放以来，武汉市通过多种手段筹款，融资，平均不到三年建一座大型桥梁，建桥速度和投资规模均为全国之首，武汉面貌也因此焕然一新。武汉1300余座桥梁，包括人行天桥、立交桥、过江公路桥、公铁两用桥、农用桥等；涵盖斜拉桥、系杆桥、双曲桥、钢结构、预应力钢筋混凝土、钢筋混凝土等多种结构形式。武汉三镇，依水而成，因水而隔，作为江城纽带的桥梁，对于武汉城市地位、格局的形成以及经济发展起着举足轻重的作用。在公路上迂回交错的立交桥、高架桥和在长江上架起的一道道“人间彩虹”，像一种空间构造的艺术。武汉如果没有桥梁，也就没有完善的交通骨架。桥梁始终是影响武汉城市发展和城市空间形态的核心要素之一。

19 青岛城市桥梁建设

19.1 引言

青岛市,简称青,别称胶,被誉为琴岛和岛城。青岛拥有国际性海港和区域性枢纽空港,是21个全国性物流节点城市和42个全国性综合交通枢纽之一。青岛市是山东省省辖市,计划单列市、副省级城市、山东省经济中心城市、全国首批沿海开放城市、国家级历史文化名城、全国文明城市、国家卫生城市。青岛位于中国北方海岸线的中部,西接广阔腹地,近代因该优越的地理位置而受到重视。伴随着城市发展兴起的交通、建筑、通信、教育和科研等方面均在中国占据着重要的地位。青岛市面积 $11282km^2$,截止到2013年青岛市常住人口达896.41万人。截至2013年,青岛全市公路通车里程超过16000km,其中一级公路超过1100km,高速公路达到728km,保持在全国同类城市首位,全市公路密度达到 $146km/km^2$。

青岛市内主要的城市桥梁有胶州湾大桥、流亭立交桥、胶宁高架路、杭鞍高架路的海信立交桥、澳柯玛立交桥、镇宁立交桥等34座桥。

19.2 青岛城市桥梁建设

19.2.1 胶州湾跨海大桥

胶州湾跨海大桥又称青岛海湾大桥,是我国自行设计、施工、建造的特大跨海大桥。它是国家高速公路网G22青兰高速公路的起点段,是山东省"五纵四横一环"公路网框架的组成部分,是青岛市规划的胶州湾东西两岸跨海通道"一路一桥一隧"中的"一桥"。

整个海湾大桥工程包括沧口、红岛和大沽河航道桥、海上非通航孔桥和路上引桥、黄岛两岸接线工程和红岛连接线工程,李村河互道、红岛互通以及青岛、红岛和黄岛三个主线收费站及管理设施。

青岛和黄岛之间,胶州湾海底隧道和胶州湾跨海大桥建成通车之前一直靠轮渡和环胶州湾高速公路相连。大桥起自青岛主城区海尔路,经红岛到黄岛,全长36.48km,投资额近100亿,历时4年完工。2010年12月22日胶州湾跨海大桥主桥贯通,2011年6月30号下午14点正式通车。胶州湾跨海大桥全线通车后,青岛至黄岛的路程可以缩短近30km,比通过胶州湾高速节省20min。大桥全长超过我国杭州湾跨海大桥和美国切萨皮克跨海大桥,是当今世界上最长的跨海大桥,也是世界第二长桥,2011年上榜吉尼斯世界纪录和美国"福布斯"杂志,荣膺"全球最棒桥梁"荣誉称号。第30届国际桥梁大会(IBC)向山东高速胶州湾大桥颁发乔治·理查德森奖,这是迄今为止我国桥梁工程获得的最高国际奖项。

胶州湾跨海大桥建成后,能够有效地增加前湾港、黄岛油港和薛家岛港的业务量,使青岛老港、油港、前湾港连为一个整体,加强三港间的协作,尤其是解决了青岛港陆路集疏运能力的问题,更好地发挥港口整体效益。

胶州湾跨海大桥自 2011 年 6 月 30 日通车至 2012 年 6 月 30 日，通车一年来，车辆通行量稳步增长，共计通行机动车 510.2 万辆次，日均车流量为 1.39 万辆次，日最高通行量为 3.1 万辆次，计重车辆 93.11 万辆次，占整个通行量的 18.25%。

(1)大沽河航道桥。大沽河航道桥(图 19.1)是海湾大桥，三座主通航孔桥之一，也是整个大桥的重点和关键控制性工程。航道桥采用"双边钢箱梁+横向连接箱"结构，由 22 种 55 个钢箱梁装焊组成，每个标准梁段长 12m、宽 47m、高 3.6m，其中最大梁段重达 1000 余吨，这在国内跨海大桥上是首次采用。

大沽河航道桥的主塔为独塔，高达 149m，是海湾大桥上的最高塔。主塔塔柱采用国内先进的液压自爬模施工工艺，选用高压一级混凝土泵送方案进行塔柱混凝土浇筑。航道桥建成后，主塔将成为大沽河航道桥上的主要标志物，而大沽河航道桥也会因此成为海湾大桥的标志性建筑物。

(2)红岛海上互通立交桥。红岛海上互通立交桥(图 19.2)是国内首座海上互通立交，跨主线 60m 滑移模架箱梁位于 B 匝道，采用的 350m 小半径、60m 大跨径曲线滑移模架施工，设计工艺属国内之最，浇筑工作历时 15 个小时，共浇筑混凝土 520.54m^3。

图 19.1　大沽河航道桥

图 19.2　红岛海上互通立交桥

桥面是这座海上立交桥里距离水面最高、弯度最大、施工最难的一项，代表了中国海上桥梁建设最先进的水平。因为海上施工难度大，海湾大桥建设指挥部特地设计了移动滑移模架，在世界上也属于首创，并获得了多项专利。

(3)胶州连接线桥。胶州湾跨海大桥最初设计有黄岛、李沧、红岛三个端口，胶州连接线采用红岛互通立交桥样式，在海湾大桥大沽河航道桥西侧建设 Y 形互通立交，向西与胶州湾产业新区连接，长约 2630m，其中桥梁长 2600m，路基长 300m，宽 23.5m。连接线双向 4 车道，按城市Ⅰ级路设计，地震基本烈度和设防标准Ⅵ度，设计洪水频率 300 年一遇。匝道长 5.3km，采用单向双车道断面，宽度为 10m，全部为桥梁结构。胶州接线项目完成后，位于"环湾保护、拥湾发展"内圈层的胶州与青岛主城区的距离将缩短至 23km、15min 车程，完全融入青岛"半小时经济圈"。

(4)市区接线立交桥(图 19.3)。在大桥接线工程中，规划设计了 4 座立交桥，分别是四流路立交桥、重庆路立交桥、黑龙江路立交桥和海尔路立交桥。立交桥在选型上充分考虑了相交道路的功能定位，在交通分析的基础上，针对不同的交通节点采用不同的立交形式。

四流路立交桥设计采用两层半菱形立交形式，在充分利用胜利桥现状的基础上，跨郑州路及四流中支路，保证了两条主线直行方向的行车顺畅。

重庆路立交桥位于两条快速路的交叉枢纽，设计采用 5 层全定向互通枢纽立交，两条主线之间均采用定向匝道相接，充分保证立交整体交通功能。

黑龙江路及海尔路立交桥间距约 1.7km，立交节点与北侧现状海尔路至万年泉路立交的结合，实现了功能互补，降低了立交的高度。

环胶州湾高速公路长约 70km，大桥项目的建设将青、红、黄三岛便捷地联系在一起，使青岛至黄岛陆路距离缩短近 30km。大桥双向 6 车道，设计行驶时速为 80km。

19.2.2 青岛流亭立交桥

青岛流亭立交桥（图 19.4），又名银盛泰立交桥，位于城阳区流亭街道北，毗邻民航青岛流亭国际机场，是青岛市陆路交通咽喉，在济青、烟青公路的交汇点，于 1989 年 4 月 28 日开工，1991 年 6 月 22 日通车。

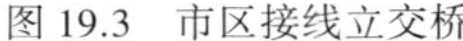
图 19.3 市区接线立交桥

图 19.4 青岛流亭立交桥

流亭立交桥占地 173160m²，桥面建筑总面积 44500m²。桥的造型为全苜蓿叶三层互通式立交桥，主桥及匝道为架空桥，最高点距地面 13.5m，顶层为烟青线，中层为济青线，桥面净宽 31.5m，底层为非机动车道和人行道。设计荷载为汽车荷载 120kN，挂车荷载 120kN。设计车速每小时 100km，日通车能力 3 万辆次，为国内最大的公路立交桥。

19.2.3 丹山大桥

青岛丹山大桥地处秀美的水库区，桥梁设计结合自然环境，选择新颖、美观、与整体景观协调的斜拉桥结构，是青银高速一道优美的景观，见图 19.5、图 19.6。

图 19.5 丹山大桥照片 1

图 19.6 丹山大桥照片 2

丹山大桥位于青银高速公路青岛至即墨段第四合同段，该合同段起点位于青岛市城阳区夏庄镇丹山水库南，路线跨越丹山水库后向北，终点位于夏庄镇马家台南，起讫桩号为 K13+060～K14+391，全长 1331m，共设特大桥 1 座，长 1297.66m，两头接线长 33.3m。该工程由南接线填土段、南引桥、主桥、北引桥、北接线填土段 5 部分组成。南接线填土段长 24.17m，北接线填土段长 8.13m，南引桥为 6 孔 35m 的 T 梁，北引桥为 23 孔 35m 的 T 梁。

主桥为双塔连体 4 索面预应力混凝土斜拉桥，半悬浮体系，跨径组合为 43m+96m+136m，索塔立面呈宝石形，在下横梁固结形成双塔连体 4 索面结构，塔柱由承台顶面算起高度为 85.252m；塔肢断面为 H 形，墩塔固结。桥塔下横梁上设滑动支座支承主梁，辅助墩与共用墩顶均设滑动支座。塔柱内设型钢焊成的劲性骨架，斜拉索在塔上交叉锚固，中下横梁内部设置预应力钢束。主梁为肋板梁式结构，梁高

2.0m，靠近引桥处梁高渐变为2.25m。梁内设纵横向预应力。全桥4个索面共有斜拉索120根，塔上索距不等，由1.8m过渡至4.5m，梁上索距8m，索面为扇形。

主塔基础为16根ϕ200cm长20m的钻孔灌注嵌岩桩，上接承台。承台为工字形结构，左右幅承台设系梁连接。

19.2.4　女姑山跨海大桥

女姑山跨海大桥位于青岛胶州湾高速公路的女姑山脚下，见图19.7、图19.8。该桥总长3060m，桥面总宽26.5m，双向4车道，设计荷载为汽—20级，挂—120级。基础全部为钻孔桩，下部为双桩式矩形墩，上部为预应力混凝土等截面连续箱梁，路面为沥青混凝土结构，建成时是我国最长的连续箱形梁公路跨海大桥。

图19.7　女姑山跨海大桥照片1

图19.8　女姑山跨海大桥照片2

19.2.5　陈家贡湾特大桥

山东青岛陈家贡湾特大桥全长为1811.50m，桥梁起点桩号为K25+313.50，终点桩号为K27+125.00，中心桩号为K26+217.00，交角为90°，见图19.9、图19.10。

图19.9　陈家贡湾特大桥照片1

图19.10　陈家贡湾特大桥照片2

本特大桥上部结构设计为60孔30m预应力混凝土装配式连续T梁，6孔一联，全桥共10联，结构连续；下部结构采用双悬臂预应力盖梁及薄壁墩。基础为直径1.6m钻孔灌注桩，0号桥台为柱式台，桩基础，60号桥台为重力式台，扩大基础。

19.2.6　杭州路立交桥

杭州路立交桥南北跨越温州路和海泊河，位于温州路和杭州路交汇处，桥中线与温州路中心线斜交成57°23′24″角。桥梁跨径为130.86m，全桥总长132.32m，桥宽31m，桥面最大纵坡3.54%，曲线半径1500m，桥下最大净高4.5m，车行道设计荷载为汽—20级、拖—100，按7度抗震设防设计，见图19.11、图19.12。

该桥为梁柱系结构，以隔离带为界划分为两组梁系，每组梁系由间距5.4m、直径1m的两根圆柱支撑。下部结构为灌注桩。桥中间有 2.5m 宽的隔离带，布置为透空的，改善了桥下光线条件，桥梁立面简洁舒展。桥下铺设面积 5.96 万 m^2。

图 19.11 杭州路立交桥照片 1

图 19.12 杭州路立交桥照片 2

杭州路立交桥是一个跨越 7 条路、2 条河和胶济铁路的立体交叉枢纽，提高了青岛港的疏港能力，改善了城市交通，获国家建设部科技进步三等奖；施工质量优良，1988 年获中国建筑业联合会颁发的"建筑工程鲁班奖"，1989 年获国家质量奖审定委员会颁发的银质奖章。

19.3 感悟与结语

通过上述对青岛市各类城市桥梁进行综合介绍可得出如下结论：青岛市桥梁结构涵盖斜拉桥、钢结构、预应力钢筋混凝土、钢筋混凝土等多种结构形式。青岛市东西南三面环海，由于其特有的地理环境，青岛市建设了胶州湾跨海大桥，大桥建成后对进一步加快山东半岛城市群的建设，促进胶东半岛旅游业发展具有重要意义。它将大大缓解青岛胶州湾高速公路的交通压力，完善青岛市东西跨海交通联系，扩大青岛市城市骨架，缩小青岛、红岛、黄岛的时空距离，为青岛城市的深度发展拓展出崭新的空间。作为青岛纽带的桥梁，对于山东城市地位和格局的形成以及经济发展起着举足轻重的作用。

20 兰州城市桥梁建设

20.1 引言

兰州,甘肃省省会,中国西北地区的中心城市和交通枢纽。兰州是唯一黄河穿越市区中心而过的省会城市,市区南北群山环抱。改革开放之前,黄河兰州段只有新城黄河大桥、西沙黄河大桥、七里河黄河大桥、中山桥等几座桥梁。20 世纪 70 年代国家批准修建兰州黄河大桥,它的通车把兰州市中心和黄河北岸的盐场堡紧紧连接在一起。兰州黄河大桥于 1981 年被国家城市建设总局评为城市建设优秀项目二等奖。80 年代连创兰州几个第一,建造了兰州第一座大型公铁立体交叉桥——东岗立交桥;修建了第一座过街天桥——三爱堂人行天桥;修建了第一个过街地道——西关十字地下通道。90 年代,桥梁建设有了新的发展,1991 年到 1998 年,市区新建、改建和扩建桥梁 21 座,其中新建 14 座,扩建 7 座。银滩黄河大桥、中立黄河大桥和北滨河路中段徐家湾 9 座跨沟桥于 1999 年竣工。跨进 21 世纪后,兰州再次迎来难得机遇,小西湖、雁滩、新城三座跨黄河大桥同日通车创纪录,这在兰州城建史上是前所未有的,可能在全国也属少见。由于 3 桥设计新颖、造型独特,在兰州市桥梁史上创造了多个第一,并且三桥体现了兰州"一桥一景"的构想。未来,将有更多城市桥梁展现。

20.2 兰州城市桥梁建设

20.2.1 中山桥

兰州中山桥俗称"中山铁桥"、"黄河铁桥",位于滨河路中段北侧,白塔山下,金城关前,建于公元 1907 年(清光绪三十三年),是兰州历史最悠久的古桥,也是 5464km 黄河上第一座真正意义上的桥梁,因而有"天下黄河第一桥"之称。1942 年,为纪念孙中山先生而改名为"中山桥"(图 20.1)。

中山桥不但经受了 3 次黄河特大流量的考验,而且在 1949 年 8 月 26 日解放兰州战役中,炮弹击中了过桥的两辆国民党军车,车上弹药爆炸,大火烧毁了桥南端 18 节木桥面和部分纵梁。1954 年,兰州市人民政府对铁桥进行了整修,将原有的梯形拱架换成了 5 座弧形钢架拱梁,将原来的木板桥面全部换成现在的铁板桥面。

今天,中山桥的观赏价值、历史和文物价值,已远远大于它的交通价值,成为百里黄河风景线上最引人注目的金城一景。

20.2.2 雁盐黄河大桥

兰州雁盐黄河大桥(图 20.2)享有兰州黄河"第一彩虹桥"的美誉,西起盐场路与北滨河路交叉口,东接雁滩 605 号路与 602 号路的交叉口,全长 816m。桥型为 3 跨连续钢管混凝土刚架系杆拱桥,桥面宽

31m，西引桥长75m，东引桥长440m，为钢筋混凝土连续梁桥，由主桥、引桥、引道、辅道、雨水、照明等组成。在绵延700多米的桥基上，粗细不一的墩柱林立其上，大的直径达3.5m，5人难以合抱，小的直径也有1.5m。

图 20.1 中山桥

图 20.2 雁盐黄河大桥

据介绍，该桥大小墩柱有180多个。该工程结构新颖，技术含量高，是目前国内同类型跨度最大的连续钢管混凝土刚架系杆拱桥，已被列入兰州市“十大标志性建筑”之一。它的建成对完善兰州市路网结构、改善交通拥挤以及发展沿黄河两岸经济、方便市民生活起到重要的作用。

20.2.3 银滩黄河大桥

兰州银滩黄河大桥(图20.3)北起安宁营门滩，南至七里河马滩，是黄河上游的第一座大型现代化斜拉式大桥。兰州银滩黄河大桥全长1391.41m，桥面宽25.5m，由主桥、引桥、引道三部分构成，于1997年3月开始修建，2001年8月正式通车。

银滩大桥正好处在黄河S形大转弯处，地势平坦，周围是大片的滩涂和荒地。由于周围目前基本上还是一片荒滩，在空旷的原野衬托下，银滩黄河大桥像一条银色的巨龙俯伏在大地上。夜晚，桥上斜拉杆上连缀的彩灯齐放，银滩黄河大桥像一把悬在夜空中的彩扇，分外美丽。

20.2.4 小西湖立交桥

小西湖立交桥(图20.4)位于西津东路小西湖十字口，东起义乌商贸城人行天桥，向西至兰州汽车西站；南起兰新铁路立交桥，向北通过硷沟与西津东路相交后，通过小西湖东街再与滨河中路立交相接。

图 20.3 银滩黄河大桥

图 20.4 小西湖立交桥

本工程由桥梁工程、道路工程、雨水工程及照明工程组成。其中桥梁为3层互通式立交桥，由2条主线和8条匝道组成。最上层为南北向直行跨线桥；第二层为东西向跨线桥；两个右转苜蓿叶匝道由第三层向第二层过渡；东南象限和西北象限的两条右转匝道基本为第二层，EN匝道由第一层过渡到第二层，三条左转匝道(ES匝道和WN匝道和WS匝道)都设在地面层局部抬高。本立交桥采用桩基承台基础，下构为柱式墩，盖梁为预应力钢筋混凝土大悬臂结构，支座主要采用TCYB，GYZ，GYZF4支座。上部结构除几条定向匝道采用现浇C40钢筋混凝土连续箱梁外，其余均为C50预应力混凝土空心板梁。

20.2.5　深安黄河大桥

深安黄河大桥(图20.5),南接57号路,北连520号路,上跨南北滨河路,主桥结构形式为“飞燕式”自锚中承式系杆拱桥。主跨为150m的钢管混凝土拱,两边跨为80m的钢筋混凝土半肋拱。两侧引桥均采用4×30m部分预应力混凝土组合箱梁。大桥全长970m,其中桥长550m,南北两侧引道长420m。主桥、引道宽度29m。在黄河南、北两岸均设置一座半苜蓿叶式立交,匝道宽15m,其中3m宽人行道,9m宽车行道,3m宽非机动车道。深安黄河大桥工程投资18871万元。

20.2.6　城东黄河桥

城东黄河桥位于桑园峡口青白石杨家弯村,由城关区青白石乡筹建。桥梁总长294.5m,主跨186.3m,桥面宽6.7m,车行道宽4.4m,人行道各为0.9m,单向行驶。该桥按桥梁结构来说是属于悬索桥形式,桥体悬挂于直径45mm、长294.5m的28根钢索上,钢索南北两端分别采用山洞式和重力式地锚,两岸索塔高16.84m,吊杆88根,悬吊44根钢横梁,桥面采用钢板铺装。

尽管该桥(图20.6)没有宏伟的气势,也没有美丽的或独特的造型,在中国桥梁群里显得微不足道。然而它是中国农民自筹资金而建,承载着几万农民对生活的希望。

图20.5　深安黄河大桥

图20.6　城东黄河桥

20.2.7　新城黄河桥

新城黄河桥(图20.7)位于甘肃省兰州市兰新公路上,跨越黄河,于1959年建成。该桥全长246.27m,主跨采用62.4m拼装预应力混凝土系杆拱。系杆拱梁高1.8m,矢度1/4.5,拱肋与主梁的刚度比为1/78,属刚性梁柔性拱组合体系。该桥结构轻盈,受力明确,造型美观,是中国最早使用弗式预应力锚具体系的桥梁,拼装接点构造简单,连接性能可靠,特别是吊杆下端夹在主梁节段之间,借主梁预应力挤压产生的摩阻力承受吊杆的拉力,设计颇具匠心。

20.2.8　东岗黄河大桥

东岗黄河大桥(图20.8)南起雁儿湾,北到青白石杨家湾,全长450.131m,总宽21.5m,主桥跨径为52m+3×80m+52m。引桥为4×25m。桥梁由左右两幅组成,位于半径420m的平曲线上,总投资2070万元。上部结构为变截面单箱单室预应力钢筋混凝土连续箱梁,采用挂篮悬臂浇筑法施工。下部结构为独立的钢筋混凝土圆形柱式墩,基础为承台桩基。自1999年3月9开工,2002年10月建成投入使用。它的建成将使自兰州过境的大部分车辆在这里分流,从而有效缓解兰州市区的交通紧张状况,减轻市区空气污染。

该桥4个主墩位于河流深水之中,基础施工特别是承台施工遇到了前所未有的新问题,为了确保河水中承台的施工质量和安全,采用沉入式混凝土套箱围堰技术;桥梁上部结构施工采用挂篮悬臂浇筑,每个墩柱先形成T构,再进行体系转化,形成连续梁。上部结构施工的关键是施工设备——挂篮的制作,还有悬臂浇筑和合龙问题,对于这些全新的课题,年轻的技术人员独立完成了设计任务。

20.2.9　兰新铁路黄河大桥

兰新铁路兰州至乌鲁木齐段全长1903km,于1952年10月开工,1962年底铺轨完成,1966年全线交付运营,是中华人民共和国成立后建成的最长的铁路干线。它东接陇海铁路,横贯中国东西,是一条著名的交通大动脉。几十年来为促进西北地区的经济发展、加强民族团结和巩固国防发挥了极为重要的作用。兰新铁路乌阿段于1990年9月竣工，起自新疆乌鲁木齐，经天山北坡经济带，至边境阿拉山口与哈萨克斯坦铁路接轨，全长460km。因此，兰新铁路被称为“新亚欧大陆桥”。

图20.7 新城黄河桥

图20.8 东岗黄河大桥

兰新铁路黄河大桥（图20.9）位于甘肃省兰州市西固区河口南，是新中国成立后在黄河上建造的第一座铁路桥，是陇海铁路线上的重要桥梁工程。该桥于1954年4月开工修建，1955年7月建成通车。大桥设计荷载等级中—22，桥长293m，桥面宽5m，主跨7孔、跨径32m，副跨2孔、跨径24m。孔跨布置为24m+7×32m+24m，上部结构为连续T形钢梁板结构，钢筋混凝土桥墩。

20.2.10 天水路黄河大桥

桥梁位于兰州火车站前的天水北路，是连接兰州市区与国道312线的重要桥梁，也是通向兰州机场的主要出口。桥梁（图20.10）于1999年3月开工建设，2002年通车使用，桥梁结构形式为预应力钢筋混凝土连续刚构，上部结构为连续箱梁，下部为钢筋混凝土矩形柔性墩，钻孔灌注桩承台基础。桥梁施工时在墩顶浇筑箱梁0号、1号节段，再利用挂篮悬臂浇筑，形成T构，最后两个T构合龙，通过张拉预应力钢筋形成连续刚构。

图20.9 兰新铁路黄河大桥

图20.10 天水路黄河大桥

20.3 感悟与结语

多年来，兰州的桥梁建设取得了很大的进展。可以说，目前国内桥梁的发展已达到世界先进水平，而兰州市、甘肃省桥梁技术的发展也达到了国内先进水平。桥梁的建设速度，真实地反映了兰州经济的发展速度：从中华人民共和国成立到20世纪90年代的50多年间，建起了新城黄河大桥、西沙黄河大桥、七里河黄河大桥、城关黄河大桥等为数不多的桥梁，与全市经济发展水平基本吻合。而从90年代中后期开始的短短几年间，银滩黄河大桥、东岗大桥等桥梁飞架黄河，从另一方面证实了兰州的发展速度。未来的经济发展中，我们仍将注重城市桥梁带来的巨大作用。

21 海口城市桥梁建设

21.1 引言

海口市,海南省省会,于1926年12月9日建市,1950年4月23日解放。1988年,海南建省办经济特区,海口市成为海南省省会,是全省政治、经济、科技、文化中心,交通邮电枢纽。海口市位于北纬19°32′~20°05′,东经110°10′~110°41′,地处海南岛北部,土地面积2304.84km^2。

海口市拥有"国家环境保护模范城市"、"中国优秀旅游城市"、"国家园林城市"、"国家历史文化名城"、"全国创建文明城市工作先进市"、"全国城市环境综合整治优秀城市"等称号,曾获2004年度"中国人居环境奖",2012年入选中国特色魅力城市200强名单。海口市地处海南岛北部,北濒琼州海峡,隔约33km与广东省海安镇相望;东面与文昌市相邻;南面与文昌市、定安县接壤,西面邻接澄迈县。海口市东起大致坡镇老村,西至西秀镇拨南村,两端相距60.6km;南起大坡镇五车上村,北至大海,两端相距62.5km。2012年末海口市常住人口达214.13万人。

21.2 海口城市桥梁建设

21.2.1 世纪大桥

世纪大桥(图21.1)位于海口市龙昆北路向北延长线上,主桥跨越海甸河,南端和滨海立交桥相接,北引桥与海甸岛海甸五西路平接。世纪大桥是海南目前规模最大、技术含量最高、施工难度最大的桥梁工程,其中技术含量和施工难度在国内同类型桥梁中也名列前茅。大桥于1998年5月29日开工,历时5年建成,总投资6.67亿元。

世纪大桥为斜拉桥,全长2663.606m,其中主桥长636.60m,桥面宽29.8m,两侧设人行道。主塔呈钻石形,塔高106.9m,主塔基础为圆端形沉井,上口面积29.8m×18.6m,下口面积30.4m×19.2m,深40.1m,斜拉索每一单面22根,共176根。引桥为预应力混凝土连续箱梁,基础采用预应力高强度混凝土管桩。南引桥长1101.094m,连接段233.867m;北引桥长524.45m,北引道167.595m,引桥宽24.3m,两侧不设人行道。桥面为双向6车道,设计行车速度为60km/h。主跨下最高水位4m时通航净高为24m。主桥两端共设4座塔楼,南北岸设桥头广场。

海口处于海洋大气环境,又是台风和地震多发地区,桥体的抗风与抗震是两大难题。主桥为双塔双索面3跨连续预应力混凝土梁斜拉桥,为了抗震,采用大面积沉井施工作业。主塔沉井总高为40.1m。沉井的最深处在水下40余米处,在建设沉井时,每个双壁钢壳重386t,采用500t浮吊一次起吊、浮运、就位下沉,在国内桥梁基础施工中尚属首次。

大桥(图 21.2)主梁设计有抗扭刚度较大的混凝土边主梁,并配以空间索以增强抗风性能。桥体采用混凝土边主梁,结构简单,受力合理,外形线形流畅,轻巧新颖,在国内尚属少见。

图 21.1 世纪大桥照片 1

图 21.2 世纪大桥照片 2

世纪大桥合龙时,主梁左、右悬臂端的高程误差不超过 1cm,同时斜拉索索力误差在 5%之内,完全可以达到同类桥梁监控和施工的先进水平。

21.2.2 海瑞大桥

海瑞大桥(图 21.3)东边起点为灵山镇新岛管区的迈雅村,西边为府城管区赵村,桥全长 1232m,宽 29m,共 52 孔。其中分主桥及东西引桥,桥身设计简洁大方,双向 6 车道,两侧设有人行道,可抗 8 级地震。大桥始建于 1995 年,于 2005 年 11 月 24 日大桥合龙。海瑞大桥成为南渡江海口段继南渡江大桥、琼州大桥、新埠桥之后的第 4 座大桥。

海瑞大桥(图 21.4)通车后,向东可以连接琼山大道、大学城、桂林洋开发区、美兰国际机场、海文高速公路、东海岸片区等;向西可以连接建设中的货运大道、新大洲大道、凤翔路、龙昆南路、南海大道等,对完善海府地区的交通网络、开发建设东海岸及南渡江两岸有重要的意义。

图 21.3 海瑞大桥照片 1

图 21.4 海瑞大桥照片 2

海瑞大桥是第三座跨越南渡江的大桥,与龙昆南路、货运大道、美兰国际机场相连,与全长 22.48km 的货运大道形成一条新的城市外环干线。从美兰机场、海文高速等方向来的车辆,可经海瑞大桥,沿货运大道可直达海口火车站、货运码头,而不再需要经过海口市中心。海瑞大桥作为海口市的景观大道和城市名片,也是南渡江新区的标志性市政项目。

21.2.3 海新大桥

海口市海新大桥是外环主干道上的重要桥梁,为海甸岛连接新埠岛的重要通道。大桥东起五东路的福安路口,经规划一路口、燕泰酒店北侧;上跨环岛路、横沟河到新埠岛,上跨一号路、内横沟河,平交二号路与四号路口,见图 21.5、图 21.6。

海新大桥总长 714.92m,主桥面宽度按双向 6 车道布置,并设非机动车道和人行道。主桥主跨采用跨度 40m+70m+40m 的预应力连续梁结构；西引桥跨第一联为现浇钢筋混凝土连续梁；西引桥第二联、东引桥第一、二联采用跨度为 30m、25m 预制小箱梁先简支后连续结构；东引桥第三联为 20m 空心板梁结构。海新大桥所处区域现正逐步开发，该桥的建成将有助于带动两岸的经济发展。

图 21.5　海新大桥照片 1

图 21.6　海新大桥照片 2

21.2.4　新东大桥

新东大桥（图 21.7）位于海口市南渡江出海口，西起新埠岛土尾村，东接江东片区东营镇外堆村，全长 908m，其中主桥长 300m，两侧引桥长 608m，双向 6 车道，设计行车速度 60km/h，是连接主城区与周边卫星城区的主干道和海口市实施“东进”发展战略的重点项目。海南省海口市新东大桥项目于 2012 年 7 月 3 日正式动工，2013 年 3 月 31 日通车。这是海口市沿海海湾外环线中继世纪大桥、海新大桥后的又一座规划建设的桥梁。

海口新东大桥（图 21.8）是海口市第一个市政基础设施 BT 建设项目，大桥建成后，将新埠岛与江东组团连成一体，与海新大桥、世纪大桥及规划中的江东大道一起组成城市沿海新外环线，改变了新埠岛和江东片区的交通条件，营造出良好的投资环境，对促进当地经济发展，加快整个新埠岛和江东组团的开发建设具有重要意义。

图 21.7　新东大桥照片 1

图 21.8　新东大桥照片 2

21.2.5　琼州大桥

琼州大桥（图 21.9）是海南省委、省政府利用国债建设的国家重点项目，也是省委、省政府为发展琼北地区经济而采取的重大措施之一，大桥计划总投资近 2 亿元。该桥位于海口市国兴大道东延线上，全长 1396.98m。

琼州大桥（图 21.10）横跨南渡江，桥梁主跨采用 5 孔钢管混凝土拱结构，桥梁宽 23m。琼州大桥按城市桥梁标准建设，双向 4 车道 15m，两侧非机动车道各 1.5m、人行道各 1m、绿化带各 1m。琼州大桥是连接海口市中心和新市区的重要枢纽，是海口至文昌高速公路海口连接的关键工程。

21.2.6　海南南大立交桥

海南南大立交桥（图 21.11）位于海口市市中心龙昆路与海秀大道交叉路口，向南跨越南航路，向北跨越龙华路，是缓解市中心车流量的重要桥梁。该桥由海口市城建局发包，铁道部第四勘测设计院海南分院设计。

图 21.9　琼州大桥照片 1

图 21.10　琼州大桥照片 2

南大立交桥工程规模宏大，立交全线设计长度为 7200m（含行道），其中东西方向长度为 1100m，南北方向长度为 1450m，桥梁建筑面积 59000m^2，钻孔桩 719 根，墩台 374 个，于 1993 年 8 月 5 日开工，1994 年 8 月 28 日竣工。

海南南大立交桥（图 21.12）分 3 层，第一层为底层交通，净高 4.5m，维持原有路面的交通运行功能；第二层为海秀大道直通道路，分左右两幅桥面供东西方向车辆直行通过；第三层为龙昆路直通道桥，沿龙昆河两侧分左右两侧桥面，供南北车辆直行通过。第二层与第三层之间、第一层与第三层之间利用匝道相连接，经过不同的匝道，可以不经交叉会车而驶往东西南北任何方向，是一座全功能 3 层互通式立交桥。

图 21.11　海南南大立交桥照片 1

图 21.12　海南南大立交桥照片 2

21.2.7　滨海立交桥

滨海立交桥（图 21.13、图 21.14）位于海口龙昆沟北路与滨海大道交汇处，是海口市总体规划城市道路网系统中的重要枢纽；为两层半互通式蝶形立交，东西长为 869.729m，南北长为 383.245m，桥梁总面积为 14818m^2，总投资为人民币 9956 万元。该立交还是海口世纪大桥的配套工程之一。

21.2.8　海口海府立交桥

国兴大道与海府路将修建下穿式迂回型立交，打通国兴大道下穿海府路。国兴大道海府立交桥项目包括 789m 长海府路拓宽工程，902m 国兴大道施工工程，总长为 1057m 的四匝道工程和长 45m、宽 54m 的桥梁工程。

国兴大道海府立交桥（图 21.15）为下穿连接立交桥，桥下净高 5m，下穿主干道海府路，但路面基本保持目前的路况。该桥在国兴大道上共设有 4 个匝道，其中国兴大道东段和西段各设 2 个匝道。2007 年 3 月 1 日，立交桥开始动工建设，6 月 1 日开始封闭施工，8 月 31 日桥梁部分主体工程顺利实现合龙。

图 21.13　滨海立交桥照片 1

图 21.14　滨海立交桥照片 2

图 21.15　海口海府立交桥

21.3　感悟与结语

通过上述对海口市各类城市桥梁进行综合介绍可得出如下结论：迄今为止海口市共建设 76 座桥梁，包括人行天桥、立交桥、跨河桥等；涵盖斜拉桥、拱桥、钢结构、预应力钢筋混凝土、钢筋混凝土等多种结构形式。海口市桥梁在城市格局的形成及经济发展中起着举足轻重的作用。其中海口世纪大桥宛如一条卧龙横亘于海甸河上，因其功能齐全、造型新奇而成为海口一个重要的旅游景观和城市标志性建筑。

22 宁波城市桥梁建设

22.1 引言

宁波，简称甬，副省级市、计划单列市，有制定地方性法规权限较大的市，中国大陆综合竞争力前15强城市，长三角五大区域中心之一，长三角南翼经济中心，浙江省经济中心，现代化国际港口城市，国家历史文化名城，连续三次蝉联全国文明城市。

宁波地处东南沿海，位于中国大陆海岸线中段，长江三角洲南翼，东有舟山群岛作为天然屏障，北濒杭州湾，西接绍兴市的嵊州、新昌、上虞，南临三门湾，并与台州的三门、天台相连。

宁波人文积淀丰厚，历史文化悠久，属于典型的江南水乡兼海港城市，是中国大运河南端出海口、"海上丝绸之路"东方始发港。其中最具宁波代表性的宁波港被国际港航界权威杂志——英国《集装箱国际》评为"世界五佳港口"。

2013年末全市公路总里程达到1.09万km，公路网密度111km/100km^2，达到中等发达国家水平。其中高速公路495.8km，一级公路1058.9km，二级公路775.3km，三级公路1533.1km，四级公路6354.9km。

22.2 宁波城市桥梁建设

22.2.1 灵桥

灵桥（图22.1）横跨于宁波市海曙区与江东区分界的奉化江上，俗称老江桥，原为船排连锁而成的浮桥，是宁波最古老的大跨度浮桥。由于灵桥地处闹市，虽屡修屡坏，屡坏屡建，历代盛况不衰。灵桥（图22.2）始建于唐朝，原为木造浮桥，曾名东津浮桥。1931年，由旅沪甬商发起改建，上海工部局英籍工程师詹姆森、新仁记营造厂工程师竺泉通勘察设计，德国西门子公司总承包，于1934年开工建设，1936年完工，设计使用期限70年，成为宁波最有代表性的近现代建筑之一。2007年，宁波市政府委托同济大学对灵桥进行了彻底检查，认为大桥主体结构依然安全。在对其进行必要整修后，现今灵桥依然作为市内主要桥梁为宁波市内交通服务。

灵桥是中国第一座有中国工程师参与设计的单孔钢梁环形桥，全长132m，跨度97.5m，是现存浙江省内较早的少数现代工程技术桥梁，具有划时代的意义。

22.2.2 长丰桥

宁波长丰桥（图22.3、图22.4）南起鄞奉路，跨奉化江衔接新典路，北至海曙区灵桥路，连接海曙和鄞州两区。长丰桥于2007年6月开工，2008年12月完工，2009年3月通车，由同济大学建筑设计研究院桥梁分院设计。

长丰桥分主桥和引桥两部分,主桥长 226m,宽 41.2m,三跨跨径分别为 47m、132m 和 47m。主桥为下承式连续梁系杆拱桥,是中国大陆首座倒三角式系杆拱桥,是第三座跨越南渡江的大桥,与龙昆南路、货运大道、美兰国际机场相连,是宁波市的景观大道和城市名片,也是南渡江新区的标志性市政项目。

长丰桥的建成大大缩短天一商圈和万达商圈之间的距离,并成为"中提升"十大功能区块中的鄞奉路滨江商务居住区和长丰滨江休闲商务区这两大区块的一条纽带,促进了桥头两侧区域的经济发展。它不仅是宁波市规划"两轴、三环、五桥、十二路"工程的重要组成部分,也是连接市中心与鄞州新城区的"五路一卡口"工程之一。它是一座集合交通、休闲功能为一体的景观桥梁,是国内首座倒三角结构式系杆拱桥,造型独特,拱肋结构新颖美观,犹如一轮新月升起在奉化江畔。整座桥梁建筑美学创意为"新月临江"。

图 22.1　灵桥照片 1

图 22.2　灵桥照片 2

图 22.3　长丰桥照片 1

图 22.4　长丰桥照片 2

22.2.3　琴桥

琴桥是同济大学设计院设计、宁波人自己建造的,1997 年 12 月 26 日动工兴建,历时两年左右,1999 年 9 月 2 日完工,正式通车,见图 22.5、见图 22.6。

琴桥桥长 120m,桥面宽 33m,拱高 25m。琴桥的主桥采用通透简洁的下承式单承载面系杆拱结构,江中不设支墩,规模为国内同类桥梁之最。

琴桥是连接宁波海曙区和江东区的交通枢纽,是通往宁波商业中心——天一广场以及城隍庙商圈的主要道路之一,车流量为日均 5 万辆左右。

22.2.4　甬江特大桥

甬江特大桥(图 22.7)是宁波市绕城高速公路东段的控制性和标志性工程,位于宁波市镇海区和北仑区，为主跨468m的联塔分幅双塔四索面斜拉桥，宽56.7m，双向8车道，半飘浮体系，由中交一公局承建。独特的联体索塔、全焊钢—混凝土组合主梁，使其在同类型斜拉桥结构中跨径居世界前列。

图22.5 琴桥照片1

图22.6 琴桥照片2

甬江特大桥（图22.8）索塔为双菱形联体四索面桥塔，主跨468m，塔高141.5m，浇筑C50混凝土量达31346m^3，绑扎钢筋达8169t。索塔设计为紧密双菱形，每个索塔采用66根直径220cm，深130m的（深厚软土地层中）嵌岩摩擦桩，其施工技术含量居国内领先水平。索塔承台体积庞大，桩基开钻至索塔封顶突破了国内桥梁建设的多项技术难题。索塔基础为直径220cm、钻孔深130m的嵌岩摩擦桩。大径嵌岩桩施工居国内桩基施工的先进水平。索塔承台首层施工连续作业50h、一次性成功浇筑6000m^{3}混凝土在国内桥梁施工中也是一个突破。索塔塔柱采用全自动液压爬模施工，期间顺利地完成了索塔锚固区索导管的定位加固、环向U形预应力张拉、环向井字形预应力张拉及压浆等关键环节。

甬江特大桥成为世界跨度最大的联塔分幅斜拉桥。它作为宁波绕城高速公路东段的控制性工程，将连通甬江南、北两岸，对于完善国道主干线、浙江省和宁波市高速公路网，促进宁波、舟山港口一体化发展，充分发挥宁波港作为国家主要港口的作用，对构筑现代综合交通体系，拓展宁波都市区发展空间，完善城市空间结构，减轻市区交通压力，促进长江三角洲经济一体化和现代化进程具有重要的作用。

图22.7 甬江特大桥照片1

图22.8 甬江特大桥照片2

22.2.5 宁波外滩大桥

外滩大桥（图22.9）位于宁波市甬江大桥下游，连接西岸位于江北区的原轮船码头和东岸位于江东区的宁波渔轮厂。它西起大庆南路，向东上跨开明桥北延支路地道、人民路、中马路，再跨越甬江，过江后上跨滨江大道、江东北路，向东与曙光路平交。外滩大桥地处宁波核心滨水区，沟通曙光路和大庆南路，东岸为宁波书城，西岸为高档滨江住宅区，是宁波城区内又一座跨越甬江的特大型桥梁。

外滩大桥(图 22.10)全长 1393m,道路为城市主干路,设计时速为 50km/h。大桥主桥采用独塔四索面异形斜拉桥结构,主跨 225m,采用分离式断面。其中索塔采用三角形斜塔结构,稳定而醒目,通过斜拉索悬吊起整个桥体。扁平钢箱梁采用分离式双箱断面,单幅标准桥宽 21.4m,按双向 6 车道加非机动车道和人行道设置。引桥宽度为 33m,采用预应力混凝土箱梁结构。分离式桥面单幅标准桥宽 16m。在主桥两侧还通过挑臂设置了 3m 宽人行道,桥梁最大纵坡≤3.5%;抗震要求:地震基本烈度 6 度,采用两水准设防、两阶段设计方法。航道等级为内河 1000 吨级,通航孔净空高 10m,宽 90m,设计最高通航水位 1.83m(黄海高程)。防洪标准按 300 年一遇洪水位设计。

图 22.9　宁波外滩大桥照片 1

图 22.10　宁波外滩大桥照片 2

主跨的钢箱梁由内侧斜拉索和外侧斜拉索连接到主塔顶端,斜拉索采用高强镀锌平行钢丝索。主墩为椭圆台形,采用钻孔灌注桩基础。

人行桥可以作为行人在江面上观光旅游的亲水平台,下端直接延伸到江边的休闲公园里,充分体现了以人为本、构建和谐社会的理念,也使桥梁与两岸景观的衔接恰到好处,为大桥的人性化设计增添了靓丽的一笔。

22.2.6　宁波明州大桥

宁波明州大桥(图 22.11)位于宁波市东部规划中的高教园区及科技园区,是跨甬江的重要过江桥梁工程。2008 年 2 月 13 日,大桥举行开工典礼,2010 年 10 月 19 日大桥全线贯通,2011 年 5 月 5 日正式通车。

明州大桥为东外环路跨甬江大桥,是目前世界上最大跨度中承式双肢钢箱系杆提篮拱桥,桥梁总长 1075m,主桥桥面总宽 45.8m,按机动车双向 8 车道加非机动车道和人行道混行标准建设。

主桥(图 22.12)为中承式拱梁组合体系的双肢钢箱系杆拱桥,在特大型桥梁中首次采用。大桥全长约 1.3km,其中主桥长 650m,下部结构为 16 根 24m 长 ϕ230cm 的群桩基础,上接大体积分离式承台。

箱形拱肋采用钢箱结构,加劲梁采用正交异性桥面板钢箱梁,加劲梁通过吊杆及立柱支承于拱肋之上,中跨加劲梁的两端支承于中跨拱梁交汇处的横梁上,边跨加劲梁分别在中跨和边跨的拱梁交汇处与拱肋同结。主桥两边跨端横梁之间布置水平拉索,以平衡中跨拱肋的水平推力。两侧桥面下拱肋之间各设置 2 组 K 形横撑、1 组“人”字撑,桥面以上钢箱拱肋间设置箱形“一”字横撑,使其连成整体,形成稳定的结构体系,并提供强大的侧向抗弯刚度以抵抗横桥向的风荷载。

拱肋分为上、下两肢,选用全焊钢箱形截面,上肢拱采用矩形截面,下肢拱采用矩形截面,上下肢结合段采用凸形断面。两片拱肋之间设置风撑使其连成整体,拱肋节段起吊重量控制在 250t 以内。风撑和立柱桥面以上钢箱拱肋间设置箱形“一”字形横撑,桥面下设置 6 组 K 形横撑,横撑与钢箱拱肋间采用焊接连接。

拱座采用钢—混凝土结构混合拱座。拱座分为上部的钢拱座和下部的混凝土拱座。承台之间通过系梁连接,横桥向水平分力通过系梁中的水平预应力束平衡锚固在混凝土拱座上。加劲梁通过吊索或立柱支承于拱肋上，中跨加劲梁的两端支承于中跨拱梁交汇处的横梁上，端支承为纵向滑动支座，横向设限位支座，纵向设置阻尼器。

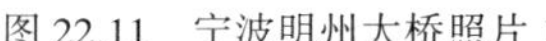

图 22.11　宁波明州大桥照片 1

图 22.12　宁波明州大桥照片 2

大桥建设过程中，融斜拉桥、拱桥、悬索桥三种不同类型的桥梁施工工艺，是目前在建单座桥梁建造中采用的施工工艺最多、最复杂的一种桥型。宁波明州大桥的建成通车，极大地方便了宁波地区及周边的交通，优化了城市空间布局，完善了城市服务功能，提高了宁波综合竞争力。

22.2.7　宁波永丰桥

永丰桥是浙江省宁波市一座跨余姚江桥梁（图 22.13），连接江北区和海曙区。永丰桥建于 2001 年 10 月，位于宁波市永丰西路上，为东西走向，横跨余姚江。主桥为 5 跨变截面连续箱梁结构，左右两幅均为单箱单室箱梁，两者间通过翼板现浇在一起，底板宽 7m，两幅顶板总宽 30m。

永丰桥其中 2 孔为简支预应力混凝土小箱梁结构，横向由 9 片小箱梁组成，另有 14 孔为 21m 简支预应力混凝土空心板梁结构，1 孔为 9.47m 简支钢筋混凝土空心板梁结构，横向由 23 片空心板梁组成。主桥中墩采用实体墩，桥台采用墙式桥台，其余桥墩采用柱式桥墩。

22.2.8　宁波庆丰桥

庆丰桥（图 22.14）是一座单跨双塔地锚式悬索桥，与宁波此前的几座桥梁在造型上均有所不同，两岸各有高 60m 的主塔，主桥两侧各有钢缆，呈弧线状，非常漂亮。

图 22.13　宁波永丰桥

图 22.14　宁波庆丰桥

庆丰桥全桥总长 734m，其中主桥设置人行道，宽 41m，设计成双向 8 车道，设计车速为 60km/h；引桥宽 32.5m，其中江东段坡度较大，呈曲线状，而江北段坡度较小，呈直线状。由于引桥不设人行道，桥梁在主塔下面将建设辅塔，设置人行梯。

庆丰桥及接线工程西起规划一路（清河路与大庆南路之间），东至中兴路，全长约 3.65km，是通途路的重要组成部分，不仅能够满足城区跨江交通发展的需要，而且与早些时候通车的永丰桥共同贯通连接海曙、江北、江东的通途路路段，大大缓解了城区的交通压力。

22.2.9　宁波大榭岛跨海公铁两用大桥

宁波大榭岛跨海公铁两用大桥(图22.15、图22.16)在宁波市北仑区西侧炮台岗和大榭岛红茅山西南坡之间跨越海峡穿山水道，水面宽约575m，最大水深约40m。该桥由宁波岸引桥、正桥和大榭岛岸引桥组成。大榭跨海大桥于1997年4月18日开工兴建，总投资达4.5亿元，是当时浙江省和宁波市的重点工程之一，也是宁波大榭开发区建区以来最大的基础设施项目。经过建设者的周密设计和精心施工，2000年6月24日凌晨大榭跨海大桥顺利合龙。

图22.15　宁波大榭岛跨海公铁两用大桥照片1

图22.16　宁波大榭岛跨海公铁两用大桥照片2

整座大桥由主桥、北仑岸引线及大榭岸桥头立交组成，主桥桥面宽28.2m，居中为单线铁路，两侧为汽车双车道及人行道，3000吨级轮船可在桥下自由通行。它是全国首座公路与铁路合建于同一平面上的跨海大桥。

22.3　感悟与结语

通过上述对宁波市各类城市桥梁进行综合介绍可得出如下结论：宁波是浙东交通枢纽，陆、海、空、水立体交通发展迅速，尤以“东方大港”之称的北仑港享誉国内外，铁路、公路、水运以及市内交通四通八达。宁波桥梁数量在全国名列前茅，其中新建桥梁结构形式众多，涵盖斜拉桥、系杆桥、双曲桥、钢结构、预应力钢筋混凝土、钢筋混凝土等多种结构形式，其中明洲大桥融合斜拉桥、拱桥、悬索桥等三种不同类型的桥梁施工工艺，是目前在建单座桥梁建造中采用的施工工艺最多、最复杂的一种桥型。宁波有余姚江、奉化江、甬江三条大江穿城而过，宁波也有众多横跨这三条江的大桥，富有特色的大桥不仅成了宁波的象征，更反映了宁波城市的发展。随着江苏苏通大桥、崇海大桥、舟山群岛的连岛工程，筹备中的嘉绍大桥，以及申苏浙皖高速、申嘉湖高速、杭浦高速等连接江浙沪高速网络的先后开通，它们将改变曾经长三角地区东西为主的交通走向，使整个长三角地区形成一个贯通南北、连接东西的网络状交通结构。这些各具特色的大桥在方便宁波交通的同时，也成了宁波城市的一道靓丽的风景线。

23 乌鲁木齐城市桥梁建设

23.1 引言

乌鲁木齐(Urumqi)简称“乌市”,是新疆维吾尔自治区首府,全疆政治、经济、文化、科教、金融和交通中心,是第二座亚欧大陆桥中国西部桥头堡和向西开放的重要门户,地处亚欧大陆中心,天山山脉中段北麓,准噶尔盆地南缘。全市辖七区一县,总面积1.4万平方公里,建成区面积383.3km^2,2013年末全市常住人口达346万人,居住着汉族、维吾尔族、哈萨克族、回族等52个民族。

乌鲁木齐是中国大陆现代化高速发展的新兴城市,高度集中的政治地位、宗教地位、资源地位、交通枢纽地位,超广的地域辐射面积,这些都促使乌鲁木齐拥有强大的综合实力,成为西部核心城市。乌鲁木齐为准噶尔蒙古语,意为“优美的牧场”,是古丝绸之路新北道上的重镇,东西方经济文化的交汇点,中原与西域经济文化的融合处。

乌鲁木齐是中国连接中亚地区乃至欧洲的陆路交通枢纽,多条国家级高速公路及国道干线使得乌鲁木齐成为中国国家高速公路网中的重要节点。截至2013年末,全市公路总里程2756km,其中,高速公路192km。到2020年,新疆将建成总里程150000km的公路网,首府乌鲁木齐与各地州市及兵团各师部均实现高速公路连通,最终将形成“两纵三横两环八通道”的路网格局。

23.2 乌鲁木齐城市桥梁建设

23.2.1 乌鲁木齐西大桥

西大桥横跨乌鲁木齐河,作为沟通河西河东的交通重要枢纽。

1763年,清政府架设了乌鲁木齐河上(今西大桥附近)的第一座桥——“虹桥”,不久被洪水冲毁。1906年,修了工程较大的木桥,命名为“巩宁桥”,因为在城西边故得名“西大桥”。因桥梁不坚固,使用8年就倒塌了。1918年,在原桥基础上修建了一座规模较大的木架桥,叫“巩宁桥”,桥头两端设有牌坊,上面写着“巩宁桥”三个大字。桥中两边还设有“望河台”,供人休息赏水。

1940年巩宁桥被冲毁后,在原桥基础上又修起一座负荷10t的3孔石墩桥,从绘图设计到施工,都由苏联归国华侨木工师傅王连声负责。1953年,乌鲁木齐河爆发了特大洪水,3孔石墩桥被冲垮。

1959年,在人民政府大力出资下,修建了钢筋混凝土的新桥。1996年经过重建后的西大桥更加壮丽多姿,见图23.1、图23.2。

图 23.1　乌鲁木齐西大桥照片 1

图 23.2　乌鲁木齐西大桥照片 2

图 23.3　王家沟大桥

23.2.2　王家沟大桥

王家沟大桥是苏州路西延工程的一个重点项目，位于头屯河区西南部，介于祥云中街与祥云西街之间，桥长 640m，桥宽 27.5m，建筑高度 26.5m，工程总投资为 5300 多万元，2006 年 10 月 30 日建成通车，是乌鲁木齐市建筑高度最高的桥，见图 23.3。

苏州路西延工程东起九家湾西环立交、西与八钢 104 省道相接，全长 16.635km，成为乌市东西走向最长的一条城市主干道，而王家沟大桥工程是苏州路西延项目中的一部分。大桥建成后，极大地缩短了从北京路到八钢路口的出行时间，在两地间驾车来往由原来的 40min 缩短到 20min。

23.2.3　头屯河区工业大道王家沟大桥

头屯河区工业大道王家沟大桥 2009 年 8 月 13 开工建设，2011 年 5 月 30 日完工，为期两年，桥梁全长 276m，全宽 34m。主桥为连续刚构箱梁，箱梁采用单箱双室结构，顶板宽 16.5m，底板宽 11.5m，梁高 2.2～4.5m，顶板厚度为 25cm，腹板厚为 45cm，梁底下缘呈抛物线变化。见图 23.4、图 23.5。

图 23.4　头屯河区工业大道王家沟大桥照片 1

图 23.5　头屯河区工业大道王家沟大桥照片 2

主桥为 4 跨预应力混凝土变高度连续箱梁，桥梁全长 276m。主桥按单向 3 车道设计，并考虑 3.25m 宽人行道。箱梁为单箱双室断面，箱梁根部梁高 4.5m，跨中梁高为 2.2m，腹板厚为 0.45m，梁底下缘呈抛物线变化，顶板厚度为 0.25m，底板厚度为 0.25～0.55m，呈线性变化至根部的 1.0m。箱梁采用纵向、横向、竖向三向预应力结构,纵向预应力采用大吨位群锚体系,横向预应力采用扁锚体系,竖向预应力采用精轧螺纹粗钢筋锚固体系。

23.3 感悟与结语

通过上述对乌鲁木齐市各类城市桥梁进行综合介绍可得出如下结论:2000 年前乌鲁木齐市共有各类桥梁 91 座。2000 年~2005 年共建设各类桥梁 23 座。由于城市人口和机动车辆的日益增加,西大桥作为贯穿该市重要的交通枢纽,经过几次改建,它依旧见证着乌鲁木齐市的城市发展及变迁。头屯河区工业大道王家沟大桥正式通车后,鱼复、龙兴两大工业开发区之间的路程将缩短至 10min。乌鲁木齐市作为中国经济发展中的重要城市及国家高速公路网中的重要节点,根据自身需要及改革的发展前景,继续修建各类桥梁,桥梁结构形式也逐渐增多,以满足政治及经济发展的需要。

24 佛山城市桥梁建设

24.1 引言

佛山简称佛，广东省省辖市，中国先进制造业基地，珠三角重要的制造业城市，广东重要的制造业中心，是珠江三角洲经济圈的重要城市，在广东省经济发展中处于领先地位。全市面积为 3797.72km^2，2013 年末常住人口达 729.57 万人。

佛山位于广东省中部，地处珠三角腹地，东接广州，南邻香港、澳门，与广州地缘相连、历史相承、文化同源，共同构建成“广佛都市圈”，是“广佛都市圈”、“广佛肇经济圈”、“珠三角经济圈”的重要组成部分。

佛山是国家历史文化名城，中国天下四聚、四大名镇之一，是粤剧的发源地，岭南文化发源地之一，也是岭南文化、广府文化的兴盛之地，崇文尚武彰显佛山精神，黄飞鸿等武术名人当时均活跃在佛山。

24.2 佛山城市桥梁建设

24.2.1 石南大桥

石南大桥位于禅城区石湾与南庄镇之间，是禅城区往西南方向的主要出口，往南海区西樵镇的必经道路，也是禅城区两个陶瓷重镇——石湾和南庄连接的唯一通道。其 1991 年建成通车后，带动了南庄镇陶瓷产业的发展。石南大桥通车以来，一直成为南庄进出市中心的唯一主干道，见图 24.1、图 24.2。

图 24.1 石南大桥照片 1

图 24.2 石南大桥照片 2

石南大桥桥长 801.6m，宽 15.55m，主桥跨度 286.2m，东引道长 559m、宽 29.9m，西引道长 217m、宽 32.1m，设计行车速度为 80km/h。

石南大桥上部结构为75.56m+135.0m+75.56m三跨变截面预应力混凝土连续箱梁结构，为单箱双室结构，顶面宽度14.4m，箱宽7.5m，箱梁根部梁高为7.5m，边跨及中跨合龙段梁高为2.5m，梁底下缘按二次抛物线设置。

24.2.2 佛陈大桥

佛陈大桥北起魁奇路与南海大道相交处，向南跨东平水道后连接佛陈路，终于碧桂花城正门以南100m处，路线走向基本呈南北向，全长约1.363km。全线包含大桥2座，人行天桥1座，平面交叉口1处，见图24.3、图24.4。

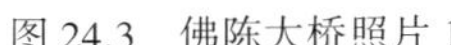
图24.3 佛陈大桥照片1

图24.4 佛陈大桥照片2

佛陈大桥原状是双向4车道，大桥北侧的南海大道为双向8车道，大桥南侧的佛陈路与华阳路均为双向8车道。佛陈大桥的通行能力已严重滞后于交通量的发展。佛陈大桥建成后，主线为一级公路兼城市道路功能，计算行车速度为80km/h。佛陈大桥将从双向4车道变双向10车道，施工工期约为1.5年，2014年大桥扩建完工后，禅城、南海、顺德三地间的交通瓶颈将会打通，交通压力将得到有效的缓解。

24.2.3 季华大桥

季华大桥全长951m，跨越东平河，连接南庄和石湾，双向8车道，两侧各设4m宽人行道，双幅桥总宽度为46m，并可满足内河Ⅲ级航道通航要求。季华大桥2004年3月开工，2005年12月建成，见图24.5、图24.6。

图24.5 季华大桥照片1

图24.6 季华大桥照片2

季华大桥主桥为110m+190m+115m共415m的预应力钢筋混凝土变截面连续刚构，单箱单室，直腹板，梁高为3.5~10m。根据现场情况，主桥中跨过河，水深达7~8m；边跨下地质条件复杂，采用挂篮悬浇施工；两墩作为两个单"T"结构悬臂浇筑，最后进行两次体系转换，浇筑合龙段，组成连续刚构体系。中跨和边跨分别划分为 25 块悬浇段，长度为 6×3m+12×3.5m+7×4m，共 88m。8 号和 9 号墩上共有 4 个 0 号块。0 号块施工完后，开始进行挂篮拼装，左右幅平行作业，共有 8 套挂篮同时施工。

24.2.4　平胜大桥

平胜大桥（图 24.7、图 24.8）位于广东省佛山市南海区桂城街道平洲平胜村，该大桥从 2004 年 2 月开建至 2006 年 11 月正式投入使用，由中铁大桥局承建。主桥长 680.2m，为单跨 4 索面自锚式悬索桥，主梁为刚性加劲梁结构，350m 的主跨跨径在同类型桥梁中居于世界第一。

图 24.7　平胜大桥照片 1

图 24.8　平胜大桥照片 2

平胜大桥主桥是佛山市和顺至北滘公路主干线的重要工程，是具有世界先进水平和很高难度的独塔单跨自锚式悬索桥，南岸主塔墩置于南岸河堤坡脚外侧边缘，北岸边墩跨越北河堤和沿江大道后布置在沿江大道路基边坡上。主桥按双幅（单幅宽 26.1m）设置。

24.2.5　东平大桥

东平大桥（图 24.9）位于佛山市禅城区南部，跨越东平河，是佛山市中央组团新城区的重要桥梁。该桥由四川省交通厅公路规划勘察设计研究院设计，于 2006 年 9 月 18 日竣工。全桥共 14 个车道，道路等级为城市主干道Ⅰ级（双向 8 车道）；设计速度 60km/h；设计基本风速 27.9m/s；通航净空大于 18m，双向通航孔净宽 180m；地震烈度Ⅵ度（主桥按Ⅶ度设防进行设计）。

东平大桥（图 24.10）全长 1322.2m，桥型采用了造型别致、线形优美的组合体系。主桥为钢筋混凝土连续梁—钢箱拱组合体系拱桥，长 578m，主孔跨径 300m，边跨跨径为 95.5m。桥面梁由三道主纵梁（即钢系杆）、两道次纵梁和主、次横梁组成格子桥面梁；桥面梁上设置 8mm 厚钢板，再现浇 12cm 厚钢纤维混凝土，形成钢—混凝土组合桥面板。桥面格子梁间的全部构件采用高强螺栓连接。

图 24.9　东平大桥照片 1

图 24.10　东平大桥照片 2

两岸引桥为5联跨径为35m的预应力混凝土连续箱梁。主桥桥面设计宽度48.6m,采用主副拱肋结合的形式。副拱肋截面高2.0m,宽1.2m;桥面以上主拱肋截面高3.0m,桥面以下主拱肋截面高3.0~4.0m,宽1.2m,拱顶段主、副拱肋合并,截面高7.2~4.0m,肋宽1.2m;拱肋采用箱形截面。主或副拱肋每隔两个吊杆(立柱)间设一道异性管式横撑(边跨拱肋横撑内灌注混凝土)。

两岸边跨预应力混凝土连续梁与主跨拱肋的连接,因两岸连续梁为5肋,主跨拱圈为3肋,其中有两肋无法与拱肋对接,因此,连接段接头设置了加强端横梁,使连续梁纵肋与钢拱肋及两者桥面板均为固结连接。

该桥的施工充分考虑了桥梁的结构特点和所处的施工环境,主桥拱肋施工采用了卧拼竖提转体的新技术,并使用了世界上先进的液压连续千斤顶及计算机同步控制系统,既节约了支架等临时构件,又降低了风险,实现了重量达3000t的拱肋竖转就位,以及14800t的钢拱桥(世界上最大平转重量)180°转体合龙,两岸拱肋平转到位后合拢误差仅2cm。

H形钢吊杆腹板采用高开孔率(27%)、吊杆中部设置水平减振索,避免了风的驰振、颤振等现象,减振措施可靠、节约、耐久,风洞模型试验表明,抗风性能良好。

东平大桥工程首次提出连续梁与拱组合,形成新型的"飞燕式"桥梁,提高了主跨刚度,增大了边跨跨越能力,解决了主跨通航及边跨滨江大道净空要求,实现了桥梁的美观与受力的合理融合,并取得了国家发明专利,荣获"2007年度广东省市政优良样板工程"和"全国市政金杯示范工程"。此外,大桥的7项技术获"全国企业新纪录奖"。

24.2.6 华阳特大桥

华阳特大桥(图24.11)是华阳路南延线跨潭洲水道的特大桥梁,主桥全长386m。主桥跨越潭州水道(Ⅴ级航道),主跨长约170m,为3跨(109m+168m+109m)预应力混凝土连续梁桥。

大桥采用单箱单室箱形断面、三向预应力体系、悬臂浇筑法施工,是目前国内第二大跨径的混凝土连续箱梁桥。华阳特大桥采用国内最大级别为8千吨级的减隔振支座,建成后可抵御7级地震。

华阳特大桥是东平新城核心区除东平大桥外又一重要过江要道,将缓解澜石大桥、东平大桥、一环平胜大桥及三乐路的交通压力。

图24.11 华阳特大桥

24.2.7 龙湾大桥

龙湾大桥(图24.12)处于广东省十大险滩的龙湾基险段"X"形的交叉点,局部冲刷严重,水文情况复杂,上游是南沙涌与顺德水道交汇处,下游是顺德水道与吉利涌分流处,西樵侧桥位附近大堤因冲刷等原因曾出现过大堤塌方的险情。

龙湾大桥及引道工程全长4.3km,按一级公路标准兼城市道路的功能设计,主路双向6车道,辅路双向4车道。龙湾大桥全长1555m,西樵岸引桥长555m,南庄岸引桥长400m,主桥长600m,主桥桥面宽32.5m。主桥为预应力混凝土双塔双索面斜拉桥,主塔呈钻石"A"形,空间索塔,高98m。

龙湾大桥(图24.13)被评为"佛山在建桥梁中的一哥",因为龙湾大桥是佛山桥梁中最大的一座,同时也是难度最大的项目之一。

禅桂中心城区和南海西部、高明区由东平水道和顺德水道隔开,以往在这一条水道上只有一座金沙大桥和西樵大桥,且两桥相距15km的水道都没有过江通道,龙湾大桥的建成,使中心城区与南海西部以及高明的联系更加紧密。龙湾大桥的通车,使禅城又增加一条西出通道,南庄东南西北四面交通由此全部打通,禅西新城的发展将发生质的飞跃。

图 24.12　龙湾大桥照片 1

图 24.13　龙湾大桥照片 2

24.2.8　南海九江大桥

南海九江大桥（图 24.14）位于广东省南海县与鹤山县之间跨越西江，是广湛公路上的一座特大型公路桥梁，全长 1682m。主桥由两孔 160m 独塔混凝土斜拉桥与 21 孔 50m 连续箱梁组成，全长 1370m。引桥由 20 孔 16m 先张法预应力混凝土空心板组成，全长 320m。桥面净宽 16m。于 1988 年建成通车。该桥由广东省公路工程处、广东省公路设计院、湖南省路桥公司、湖南省交通设计院、广东省交通科研所联合组成“粤箱九江大桥工程承包公司”承担设计与施工。

九江大桥（图 24.15）采用 3m 大直径、变截面、深水钻孔嵌岩桩基础，最大桩长 70m，采用 H 形断面、带有水平隔板的塔柱结构。主梁施工采用浮吊逐段直接悬臂拼装，拉索采用热挤压聚乙烯防腐套。长达 690m 的连续箱梁采用在柔性墩上多点顶推法及采用达 56cm 伸缩量的大位移伸缩装置进行施工。

图 24.14　南海九江大桥照片 1

图 24.15　南海九江大桥照片 2

24.2.9　西樵桥

西樵桥（图 24.16、图 24.17）位于广东省南海县西樵山风景区，跨越北江，于 1987 年 6 月建成通车。主桥部分为两孔（2×124m）独塔双索面预应力混凝土斜拉桥，悬臂长度约 125m，塔高 60m，采用竖琴式索型。

该桥主梁断面由两根矩形主肋及横梁组成。主肋外侧设有导风板，以提高结构的抗风能力。斜拉桥拉索端部设有减振器，以减少拉索由风导致的振动。主梁端部设有水平制推器，以提高结构的抗震能力，在塔顶设置约 370m^{2}的观光厅，电梯设置在塔柱两侧，各配备载客 14 人的电梯一台，是我国首座交通工程功能与旅游设置融为一体、造型别致的桥梁建筑。大桥建成后成为南海西樵山风景区主要游览景点之一。

图 24.16 西樵桥照片 1

图 24.17 西樵桥照片 2

24.2.10 三山西桥

三山西桥(图 24.18)位于南海市东北部,平洲水道与珠江水道交汇处,跨平洲水道,西接平洲镇,东连凤鸣镇三山岛,1995 年建成通车。

三山西桥(图 24.19)主跨 200m,主拱肋为 2 根 4ϕ750mm 的钢管混凝土构成,用缀板缀条连接,组成钢管混凝土格构柱。在第一根吊杆至拱脚段,全截面填充 C40 混凝土,使之成为实心截面。主拱肋采用等高度(h=3.5m),等宽度截面(B=1.8m),两条主拱肋间中距 17.2m。共设九道平行横撑,每根横撑为空钢管构成的桁架梁。两边拱为半波形,跨径 45m,为等宽度和高度(2×2m)的钢筋混凝土构件。整个结构通过飘浮式的柔性结构物——高强钢丝作为系杆,利用边跨的自重来平衡主拱的巨大推力,使边跨、主跨及下部基础协同变形,协同受力。本桥采用了钢管混凝土结构,并用高强钢丝作为拉杆,有机地综合了两种材料的优点,充分发挥了材料的特性。

图 24.18 三山西桥照片 1

图 24.19 三山西桥照片 2

三山西桥为我国当时最大跨径的钢管混凝土拱桥,在我国首次将钢管混凝土构件用于 200m 的大跨径桥梁中,为我国今后修建大跨径钢管混凝土系杆拱桥的设计和施工提供了宝贵的经验。

24.2.11 高明大桥

高明大桥(图 24.20、图 24.21)坐落在广东省佛山市附近的西江河上,始建于 1989 年 4 月 12 日,于 1991 年 11 月 18 日竣工。

高明大桥是我国首座跨径为中承式钢管混凝土拱桥,设计新颖,工艺先进,造型美观。大桥由广东省公路工程处承建,全长 1116.2m,宽 12m,共有 14 个桥墩,其中 12 个在水中矗立。江心的 6 至 8 号墩是主桥墩,直径 146m,高 41.56m,最大跨径达 100m,通航净空高度 22m。桥墩采用钢壳沉井着床或钻孔灌注桩着床工艺施工,上部结构采用三座双跨缆索吊装新技术施工。1993 年高明大桥荣获“广东省样板优秀工程”奖。

高明大桥是展示高明市现代化建设重大成就的现代建设工程之一,是对全市人民进行爱国爱乡教育的重要基地。高明大桥的建成，结束了高明过江要依靠船渡的历史，拉近了高明与广州、佛山等大中小城市的间隔，实现了广（州）海（安）中线陆上通道的全线贯通，不仅极大地改善了高明的投资环境，而且对于促进西江下游地域东西部之间商品流通和地区经济的发展也有重要的作用。

图 24.20　高明大桥照片 1

图 24.21　高明大桥照片 2

24.2.12　三水大桥

三水大桥（图 24.22、图 24.23）位于广东省佛山市三水区，是一座独塔单索面斜拉桥，1995 年建成通车。

图 24.22　三水大桥照片 1

图 24.23　三水大桥照片 2

三水河特大桥主桥上部结构为 7 孔一联（98m+5×185m+98m）的三向预应力混凝土连续变截面箱梁，边中跨比为 0.530，横桥向采用单箱单室箱形梁断面。连续梁体设有三向预应力。箱梁顶面为平面，梁底按 1.8 次抛物线变化，箱梁中跨墩顶支点处梁高 11.5m（高跨比为 1/16.09），中跨跨中及边跨支点处梁高均为 4m（高跨比为 1/46.25），箱底宽 66.6m，两侧翼板悬臂长 2.7m，箱顶宽 12.0m。箱梁顶板厚度除 0 号块为 0.5m 外，其余梁段为 0.3m；箱梁底板厚度由距墩中心 5.0m 处到合龙段处按 1.8 次抛物线变化，由 1.2m 变化到 0.32m，0 号块底板厚度为 1.4m。主桥横坡 2%，纵坡为 1.93%。其中 0 号块长 10m，1 号块端部至跨中为 1.5m+3m×6+3.5m×7+4m×5+ 4.5m×5，累计悬臂长度为 86.5m。两边跨现浇段长度均为 5.94m，中跨合龙段长度均为 2.0m。

24.3　感悟与结语

通过上述对佛山市各类城市桥梁进行综合介绍可得出如下结论：佛山市所处特殊的地理环境，跨河桥梁规模较大，城市桥梁种类众多，涵盖斜拉桥、系杆桥、双曲桥、钢结构、预应力钢筋混凝土、钢筋混凝土等多种结构形式。其中高明大桥是我国首座中承式跨径钢管混凝土拱桥，设计新颖，工艺先进，桥型美观。佛山市的桥梁在佛山市经济发展中起到了举足轻重的作用，桥梁作为连接各个地区的重要骨架不可缺少，桥梁始终是影响城市发展和城市空间形态的核心要素之一。

25 台湾城市桥梁建设

25.1 引言

台湾省简称台，省会台北，位于中国东南沿海，北临东海，东临太平洋，南临南海，西隔台湾海峡与福建省相望。台湾省总面积约 $3.6\times10^4\text{km}^2$，占全国面积的 0.38%，是中国第一大岛，2014 年人口总数为 2343.3753 万（含福建省的金门、马祖等岛屿），辖 22 县、市，是中国人口密度最大的省份之一。全省包括台湾岛及兰屿、绿岛、钓鱼岛等 21 个附属岛屿和澎湖列岛 64 个岛屿，其中台湾岛海岸线长达 1600 多公里，是中国东南海上屏障和重要门户。

台湾河流众多，独流入海的大小河川达 608 条，超过 100km 的河流有浊水溪、高屏溪、淡水河、大甲溪、曾文溪和乌溪。因此，台湾的桥也多，跨越了一条条水势急、多瀑布的河川，成为连接宝岛台湾内部的命脉。台湾大大小小的桥不计其数，较有名气的桥有 84 座，仅台北市就达 38 座。每座桥都有一段历史、一个故事，都是一种人文、一道风景。有人说：一座城市有了水就有了活力，有了桥就有了诗意。

台湾的桥名富有诗意的有台北淡水情人桥、基隆金鸡桥、桃园罗浮桥、新竹锦屏大桥、台东金仑温泉大桥、花莲长虹桥、彰化彰云大桥等，让人浮想联翩，成为当地的观光桥。新北乌来观光大桥、桃园大溪武岭桥、台中大甲溪桥、乌日大桥，台南盐兴隆桥、花莲曙光桥和观景桥等，风景如画。尤其是浊水溪上红色的西螺大桥，被誉为“远东长虹”，与夕阳交相辉映。为介绍台湾桥梁之美，台湾曾多次以北部、中部、南部、东部桥梁为主题，发行“台湾桥梁邮票”。

台湾的吊桥数量众多，有台北静安吊桥、桃园巴陵吊桥和复兴吊桥、南投松泷岩吊桥、九九吊桥、双冬吊桥和台东金仑艳红吊桥，别具特色。最长最高的吊桥是南投县奥万大吊桥，两端山壁的翠绿五叶松，卓然矗立。有些桥梁壮丽美观，成为人类建筑史上不朽的杰作，是人类克服自然障碍的表征。

25.2 台湾城市桥梁建设

25.2.1 台湾西螺大桥

西螺大桥位于昔日的武学重镇，横跨浊水溪，连接云林县西螺镇与彰化县溪州乡两地，以钢铁做架，桥墩为混凝土建造，桥面宽 7.3m，全长 1940m，见图 25.1～图 25.3。位于大同路 178 号内的泰山石敢当，高达五尺，也是西螺仅存、全台湾最大的一座石敢当，每逢祭祀之时，附近居民总会奉上鲜花疏果，祈求保佑。

图 25.1　台湾西螺大桥照片 1

图 25.2　台湾西螺大桥照片 2

西螺大桥，共 32 座桥墩，31 个桥孔，为弧形钢架拱梁桥，以钢铁作为桥梁的骨架，主体为钢筋混凝土。西螺大桥于 1937 年开始发包兴建，日治时期主要的建设部分为桥墩，方法是先以铁条梆出椭圆形空心板模，接着灌浆抽沙来增加重量使板模下沉，如此反复作业，使每作桥墩的基桩高度约二层楼高。32 座桥墩约耗时两年完成，之后因中日战争与珍珠港事件而停工。日本投降后，国民政府于 1952 年 5 月 29 日再度开工，12 月 25 日全部完工，1953 年 1 月 28 日正式通车。云林、彰化两县居民为桥名引起争执，后来是沿用美国总统杜鲁门在国会使用的英译名，才称为西螺大桥。完工当时是仅次于美国旧金山金门大桥的世界第二大桥，也是当时远东第一大桥，亦使日本占领时期即定线的纵贯道路全线通车。另外，桥上还设有糖业铁路，形成公、铁路同行现象。糖业铁路，于 1979 年以妨碍交通为由拆除。

图 25.3　台湾西螺大桥照片 3

1997 年，中沙大桥与西螺大桥间的溪州大桥完工后，西螺大桥转为供小型车、机车、自行车通行的便桥，2000 年曾被提议因此桥老旧应予拆除。在云林县与彰化县政府的努力下，使西螺大桥转型为观光大桥，2004 年 11 月 19 日，彰化县及云林县政府均将西螺大桥列入该县的历史建筑。大甲妈每年农历三月前往新港绕境进出云林必走西螺大桥，是少数开放大型车行走西螺大桥的特例。

25.2.2　台湾重阳大桥

重阳大桥是一座位于台湾河川淡水河的桥梁，系台北盆地内重要的联络通道之一，为县道 103 甲线路段。该大桥 1988 年 9 月动工兴建，1990 年 8 月完工通车，见图 25.4、图 25.5。大桥以新北市三重区集贤路为起点，跨越淡水河河道后，连接至台北市士林区中正路，并有匝道衔接至百龄桥头，另于三重区自强路五段设有台北市入口匝道，是往来三重地区与士林、北投的最近通道。

大桥的主桥全长 905m、宽 20~40m，设有 4 线快车道，2 线慢车道与人行道。大桥由台湾省政府与台北市政府合建，施工采用当时最新的桥梁施工法，由淡水河面布放施工用的浮筒及工作平台，进行钢桥面的吊装作业，另在两座高桥间架设空中钢缆索道，形成几何图形，施工迅速且坚固美观，令人叹为观止。

25.2.3　台湾关渡大桥

关渡大桥是跨越台湾北部的淡水河，连接新北市八里乡与台北市北投区关渡的一座桥梁，也是目前淡水河流域最靠近出海口的一座桥。清朝雍正年间，逃避萧陇社追杀而迁居到小八里坌社（今日台北县淡水镇的竹围一带）的八里坌社原住民，为了能来往于淡水河两岸，在今关渡一带搭建了藤桥，史称“关渡藤桥”或是“雍正藤桥”。藤桥存在的时间并没多久，此后往来淡水河两岸只能依靠渡船。

图 25.4 台湾重阳大桥照片 1

图 25.5 台湾重阳大桥照片 2

1976 年，当时的台湾当局研究决定，在关渡八里乡一带兴建一座既便利交通又兼顾国防需要的桥梁。公开征图后，由林同炎国际工程顾问公司以及中华顾问工程司联合设计的钢构桥设计图在竞图中脱颖而出。桥梁从 1980 年 4 月起动工，1983 年 10 月 31 日完工通车，见图 25.6、图 25.7。

图 25.6 台湾关渡大桥照片 1

图 25.7 台湾关渡大桥照片 2

由于关渡大桥靠近淡水河出海口，为了行船以及排洪需要，而舍弃了施工容易且省钱的钢筋混凝土桥，以大跨径的钢构桥为主桥。施工时，3 座巨拱成为施工的难题。由于向国外租用可容纳 3 座巨拱的驳船昂贵又不解燃眉之急，因此施工承包商唐荣公司发明出潮汐施工法。先将 3 座巨拱分别在驳船上制造焊接，同时间进行桥墩的施工。桥墩施工完毕后，将承载巨拱的驳船利用涨潮时拖到定位点，待退潮后水面降低，则巨拱的基部自然就定位到桥墩，再撤走驳船，如此不需重型的起重设备。主桥钢材大部分也由中国钢铁公司自行生产。

25.2.4 台湾中沙大桥

中沙大桥横跨台湾彰化县溪州乡与云林县西螺镇，全长 2345m，位于浊水溪上游 3km 处，建成时为台湾第一长桥，至 2004 年才由福尔摩沙高速公路自龙井交流道南至乌日交流道北的高架桥（约 25km）所取代，见图 25.8、图 25.9。

至于为何取名为中沙大桥，“中沙”二字的“中”即是指中华民国，而“沙”则是指中华民国当时的邦交国沙特阿拉伯。由于此桥有邦交国的部分出资（贷款），如同出钱出力的共襄合作，因此命名为中沙大桥。该桥本身也为中山高速公路上的一环，同时也是该路兴建施工时最艰难的一段，也因为如此，中山高速公路全线完工后的通车典礼也选择在此桥举办。

图 25.8　台湾中沙大桥照片 1

图 25.9　台湾中沙大桥照片 2

中沙大桥于 1976 年 4 月开工，与整段高速公路一同完工（1978 年 10 月 31 日），一同正式启用。截至目前，中沙大桥仍为台湾最长的桥梁，同时也是远东最长的桥梁。中沙大桥设计为预应力混凝土空心基桩及预应力混凝土梁。该桥完工已逾 20 年，1999 年“九・二一”大地震后进行防震补强工程，近年来经评估后正在规划拓宽与改建工作。

25.2.5　台湾金门大桥

金门大桥又称为金烈大桥，为连接大小金门的跨海大桥。大桥位于金门到厦门的航道上，全长 5.34km，跨海部分 4.78km。金门大桥初步规划为双向 2 车道加上自行车道，未来视情况可取消自行车道，调整为双向 4 车道。考虑未来有大型船只经过，将采取大跨径主桥跨越航道区，跨径 250m，采取脊背斜拉桥形式，造型似“金”字上的两撇。大桥取“三分交通、七分观光”的设计理念，预计 2016 年完工，耗费新台币 57 亿，见图 25.10～图 25.12。未来金厦和平大桥兴建后，可以与之连接。金门大桥兴建完成后，可提供大小金门间全天候陆运交通服务，也可对联结两岛屿土地进行完整规划与利用，有利当地资源的整合与分配。

图 25.10　台湾金门大桥照片 1

图 25.11　台湾金门大桥照片 2

金门大桥不但可从大桥上看到厦门，从厦门也可看到大桥，将是金门民众的骄傲，成为两岸和平发展良性竞争的象征。金门大桥的建设终于让金门人建桥美梦即将成真。金门大桥也可视为未来金厦大桥的前端部分，有巨大的经济政治效益。

25.2.6　台北淡水情人桥

在淡水渔人码头有一座圆弧形的桥，名字叫作情人桥，来台北的人总喜欢去看看，见图 25.13、图 25.14。夕阳下的情人桥，静静地在淡水河的上空伫立，给人无限的遐想。情侣们在桥上照相，桥下游艇来回穿梭，形成独特的风景。据说夜幕下的情人桥更加妩媚动人，在霓虹灯的照耀下，平添了几分神秘的色彩。

图 25.12 台湾金门大桥照片 3

图 25.13 台北淡水情人桥照片 1

25.2.7 花莲长虹大桥

花莲长虹大桥建成于 1969 年，长 120m，是台湾第一座悬臂式单拱预力混凝土桥，位于 11 号省道 K68 处，见图 25.15。站在桥上远望，奚卜兰岛横卧在秀姑峦溪河口。由于溪水阻绝，岛上保有完整荆棘林植物相，桥下则是秀姑峦溪泛舟的终点。由远处看，犹如一道长虹跨越山壁绿波，因而得名。

图 25.14 台北淡水情人桥照片 2

图 25.15 花莲长虹大桥

25.2.8 台北静安吊桥

静安吊桥是典型的台湾山间通行桥，有着悠久的历史。其悬索塔构成了巨大的门，庄严而沉稳，与周围的群山相得益彰，见图 25.16~图 25.18。早在原居民时期，这样的吊桥就并不罕见。它不仅是交通工具，更是人们日常生活的艺术结晶，不仅体现了台湾人民的聪明才智，也体现了他们热爱和平、享受生活的性格。

图 25.16 台北静安吊桥照片 1

图 25.17 台北静安吊桥照片 2

25.2.9　桃园巴陵大桥

巴陵大桥是台湾一座公路桥梁,位于台 7 线(北横公路)47km 处,跨越大汉溪上游,其政区辖属桃园县复兴乡,为巴陵地区之新地标。“巴陵”依泰雅语,为“巨大神木”之意。

巴陵大桥为中承式系索钢拱桥,桥身为桃红色,代表复兴乡拉拉山名产“水蜜桃原乡”之寓意。大桥全长 220m,主跨 185m,拱高约 37m,桥梁全宽11.5m,净宽 10.5m,车道宽 7.5m,人行道每侧宽 1.5m。大汉溪河床面距离桥面约 35m,距拱顶约 52m,见图 25.19、图 25.20。

图 25.18　台北静安吊桥照片 3

图 25.19　台北桃园巴陵大桥照片 1

25.2.10　南投县双十吊桥

在往埔里日月潭的台 14 线路上,经过草屯双冬路段,就可看见一座白色的长达三百多米的吊桥横跨在乌溪河床上,这就是美丽的双十吊桥,见图25.21。双十吊桥桥身跨越乌溪,横卧青山绿水间,因位于台 14 线草屯镇双冬段,又称双冬吊桥。桥的弧度造型优美,仿佛是一道美丽长虹。这座吊桥是吊桥大王林枝木于 1949 年独自出钱出力建造完成,共使用 200 块厚达 10cm 的木板,30 支大条木梁铺设完成,总长 360m,是全台仅存 200 多座吊桥中最长的一座。站在吊桥上,可以欣赏公路上来往的车辆,或听听潺潺水声,往上游望去,就是南投美景峰峰相连的九九峰,可谓美景天成。

图 25.20　台北桃园巴陵大桥照片 2

图 25.21　台北南投县双十吊桥

25.2.11　台中大甲溪桥

大甲溪铁桥位于后里庄(今台中后里)与葫芦墩(今台中丰原)之间,1906 年开始兴建,1908 年完工。1908 年 4 月,纵贯线全线通车。1935 年新竹台中大地震,新竹州、台中州震灾严重,区内隧道、桥梁、铁轨损毁至巨,费时 3 年始修复完成。1945 年台湾战后时期,山线铁道由台湾铁路管理局接管,1964 年 4 站台铁道进行抽换钢梁工程,20 世纪 60 年代末期十大建设进行铁路电气化工程,1997 年 10

月 8 日铁桥与九号隧道停驶。1998 年 10 月 7 日，后里—丰原间铁道改新山线，大甲溪铁桥正式走入历史。

大甲溪铁桥为钢桁梁桥，与大安溪铁桥和下淡水溪铁桥形式相同，设计上采下承式曲弦桁架，因外形似花瓣而称为花梁钢桥。大桥总长 382.2m，高为 11.6m，共有 7 座桥墩，每座桥墩分为 3 层，下部结构是混凝土砌块石沈箱，桥墩则以砖角石构成。桥基于日本占领时期建造，钢制桁架则是在 1964 年修建，6 个桁架跨在大甲溪河床上，巍峨壮观，整体造型优美，见图 25.22、图 25.23。2006 年 6 月，曾因大雨造成大甲溪水暴涨，洪水强力冲击造成花梁钢桥的桥墩移位，使钢桥自行车专用路路面扭曲，台中县政府于 2007 年 2 月修复。

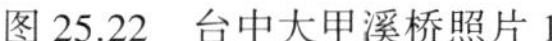

图 25.22 台中大甲溪桥照片 1

图 25.23 台中大甲溪桥照片 2

25.2.12 乌日大桥

台中生活圈四号线全长 6159m，路宽 240m，于 2004 年 1 月 16 日起正式通车，见图 25.24、图 25.25。道路采用景观林园道路设计，沿途中美丽的风景尽收眼底，并改善了乌日乡与大里市以及雾峰乡的对外交通，同时亦将提供台中市、南投县市、彰化地区等便捷又快速的进出道路。乌日大桥位于大里溪与旱溪交会处，特殊鲜明的红色拱形斜拉桥，呈现出抛物线形钢拱桥塔，桥高有 60m，经乌日乡乡民投票后正式取名为“乌日大桥”，成为乌日乡的新地标。

图 25.24 乌日大桥照片 1

图 25.25 乌日大桥照片 2

25.2.13 澎湖跨海大桥

澎湖跨海大桥连接澎湖群岛之中的两大岛——白沙岛与西屿岛，是澎湖群岛主要交通要道之一，它跨越了澎湖最不利行船的险恶“吼门水道”，曾是远东第一长的深海大桥。旧的跨海大桥长 2160m，于 1965 年动工，工程艰巨，花了 5 年多的时间，于 1970 年才建好，因为海蚀严重，已经被 1984 年开工、1996

年完工通车的新桥所取代。新桥长 2600m，驰骋其上，可以感受海风的强劲，景观壮阔，见图 25.26～图 25.28。

图 25.26　台湾澎湖跨海大桥照片 1

图 25.27　台湾澎湖跨海大桥照片 2

澎湖跨海大桥横跨白沙屿和渔翁屿（西屿），解决两岛的交通运输问题，是国际著名的跨海大桥，于 1965 年开始兴建，在当时是东南亚第一座深海大桥。全桥包括两端路堤长 2478m，其中路堤长 319m，桥面长 2159m，桥面宽 5.1m，而且有 7 处 8m 宽的避车道，大小桥孔共有 76 孔，桥墩 74 座，耗资新台币 1.04 亿，堪称远东第一深海大桥，也是澎湖本岛交通主要干道。

图 25.28　台湾澎湖跨海大桥照片 3

澎湖跨海大桥至今已有数十年的历史，因桥墩在湍急的海流冲蚀及长年东北季风吹袭，腐蚀严重，且因观光交通量快速成长，使得原来的车道已不敷使用，所以澎湖县政府从 1973 年起即编列经费改建，终于 1985 年 1 月竣工通车。改建后的澎湖跨海大桥全长为 2494m，其中路堤 1519m，桥梁 975m、桥面全宽 13m，远望如长虹凌空，雄踞台海之上，不但具观光价值，更使交通畅流无阻。

澎湖跨海大桥曾经被誉为东亚第一的大桥，虽然至今已不复“第一”之名，但她一身白净圆润的外形，却依然是代表澎湖印象最美丽的一道跨海长虹。

25.2.14　圆山中山桥

中山桥原称明治桥，建于 1901 年，横跨基隆河，连接南岸的圆山与北岸的剑潭山。台湾神社位于剑潭山，俯视台北市，可远眺台湾总督府。由于从圆山到剑潭原本无桥，明治桥本是台湾神社营建的附带工程。明治桥是铁制桁架桥，木板桥面，中为车道，两旁为人行步道，步道栏杆有扇形镂空雕花装饰，给钢筋结构增添几分华丽与柔美，见图 25.29、图 25.30。1912 年桥面改造成钢筋混凝土。明治桥不是吊桥，或许远望有点吊桥的味道，附近居民习惯称之为“吊桥”。郭雪湖先生绘有题为《圆山附近》的画，左端露出一角的桥，就是明治桥。明治新桥是钢筋混凝土拱桥，全长 120m 宽 17m，中为车道，两旁人行步道的栏杆由花岗石砌成，栏杆上装有青铜灯柱，两边各一对，在当时被认为是相当“摩登”的桥，造型典雅。

明治铁桥改建成 RC 拱桥，可从日本桥梁建筑史的大背景来了解。1923 年（大正十二年）日本发生关东大地震，损失惨重，铁桥也受到损害，因此日本在“复兴桥梁”时，采用最新的桥梁技术，建造铁筋混凝土拱桥。今天日本还保存几座此类型的桥，如东京都神田川的圣桥（1927 年）、大阪旧淀川的水晶桥（1929 年），以及东京都石神井川的音无桥（1931 年）。明治桥在样式上与上述的三座桥有异曲同工之趣。

图 25.29 台湾圆山中山桥照片 1

图 25.30 台湾圆山中山桥照片 2

1968 年，中山桥的花岗石栏杆与灯柱被拆除，扩宽桥面，增加车道，形成今天的面貌。中山桥长期以来是台北市区通往大直、内湖、士林与北投一带的重要通道。今天的中山桥，在众桥环伺缠绕之下，还在尽它最原始或许也是仅存的功能。

25.2.15 台湾海峡大桥

台湾海峡是我国台湾岛与福建海岸之间的海峡，属东海海区，长约 370km，北窄南宽，北口宽约 200km，南口宽约 410km，总面积约 8×10^4km^2。近年来，相继有专家提出建设海底隧道和海峡大桥两种方案。参考英吉利海峡建隧道、直布罗陀海峡建隧道、墨西拿海峡建桥梁等世界各大海峡建设情况，林元培院士力主台湾海峡建桥梁。一桥飞架两岸，通过建设台湾海峡大桥从福建开车到台湾，将来海峡两岸之间通道肯定不止一条，隧道和桥梁都可因地制宜进行比较。

在台湾海峡建设大桥有北中南三个线路选择：北线方案从福建省的福清经平潭岛到新竹，长约 100km 左右；中线方案从福建的莆田经南日岛到台中，全长 147~200km；南线方案从福建的厦门经金门到澎湖最后到嘉义，全长 240~250km。“北线跨海路线水深 50~60m，但不超过 80m，为浅海地区，为跨越海峡桥梁工程提供了可能”，林元培院士主张采用北线方案。据一些资料初步反映，北线地区埋藏的花岗岩、页岩等岩层较为完整，地震发生的可能性较小。在林元培的蓝图中，双向 10 车道，中间设分隔带及两侧各设 3m 宽的紧急停车带，桥梁总宽为 48m；车辆设计时速为 60km/h，两个小时到达新竹；通航孔梁净高为 80m。

在桥梁建设方面，林元培院士介绍，水深小于 40m 可采用梁桥、钢构、拱桥、斜拉桥等形式，在这方面我国桥梁建设已经积累了成熟经验；水深 40m 以上的主桥，可采用悬索桥模式，跨度不超过 3500m。据了解，目前大陆悬索桥跨度可达 1500m，具备很大的提升空间。林元培院士重点研究解决的问题是台湾海峡台风频繁，悬索桥不仅要考虑结构抗风稳定性，更要考虑如何保证桥上车辆行驶速度，同时要保证基桩抗震不被破坏、悬索桥钢主缆防腐。林元培提出了大胆新颖的全天候通车方案，即在台湾海峡多发浓雾、台风的情况下，车道从开口桥移至箱梁内。这种箱体通过主缆吊杆置于空间，设单箱两室，各箱室高 5m，宽 23m，这样就可以不受浓雾、强风的影响，让车辆安全平稳地过桥。另外，箱体内还可布置各种各样周密的交通管理设施，比如信号灯、标志标线、通讯、车辆运行监控等设施。10 车道 100km 长的桥梁方案，2 小时即可到达彼岸，是一条两岸比较便捷的交通捷径。这项工作在技术上虽有困难，但并不是太困难，技术上是可行的。林元培认为，距离开工日期尚有很长时间，利用这段时间大陆方面完全可以迎头赶上。作为一个桥梁工程师，我希望能够早日实现这个愿望。

25.3 感悟与结语

近些年来祖国的宝岛台湾不论在大跨径城市桥梁的建造和跨越湍急河流上的桥梁等方面，都取得了长足的进步。台湾的许多桥名富有中华文化内涵,如台北圆山中山桥、民权大桥、华江桥、华翠大桥、忠孝桥、重阳大桥、福和桥,以及桃园大汉大桥、高雄三合桥、苗栗龙腾断桥、花莲中横慈母桥和尚志桥。台湾的桥文化与中华桥文化一脉相承,譬如跨过淡水河的台北大桥、中兴大桥、忠孝大桥,还有跨海的澎湖大桥、彰化王功大桥、台东三仙台大桥等。澎湖大桥作为凌空飞越的大桥,把澎湖本岛和白沙岛、渔翁岛的古迹和秀丽景致连为一体,蔚为壮观。这些会对我们内地的城市桥梁建设给予许多的启示和借鉴,有很多值得我们学习和借鉴的东西。让我们携起手来,汲取人类所创造的一切文明财富,进一步推动我国城市桥梁建设的健康发展,促进祖国现代化建设的进程。

26 香港城市桥梁建设

26.1 引言

香港地处华南南海沿岸，得名于香江，素称“东方明珠”，位于珠江口外，原属广东省新安县，含香港岛、九龙半岛及新界三部分。香港是一个举世闻名的国际大都市，其繁华地段、商业中心及行政官署主要集中在香港岛北部的中区和九龙半岛南部一带。香港三大部分的面积分别是，香港岛约 $78km^2$、九龙半岛约 $50km^2$、新界及 262 个离岛共约 $968km^2$，总面积约 $1095km^2$，略大于上海市的六分之一，相当于全中国面积的万分之一，土地和水域的管辖总面积 $2755.03km^2$，水域率为 59.9%。

据统计，1984 年香港各类车辆约为 31000 辆，而可用的道路总长度为 1279km，每一公里行车密度为 242 辆，成为当时世界上行车密度最大的地方之一。为此有关部门制定了《香港道路之长期计划书》，力图通过修建城市道路和公路，解决交通制约城市发展的问题。1961~1985 年香港修建了 115 座立体交叉公路桥；1986~2007 年又修建了 100 座立体交叉公路桥，有很多是十多公里的城市高架桥。同时，他们在地下铁路系统的建设上也取得了显著的成就，因此香港的桥梁要承受比以前更大的负荷和适应更大的交通量。而这些工程的建成，为香港迈入国际化大都市奠定了坚实的基础。

1997 年香港回归祖国以来，其城市道路和城市桥梁建设亦得到快速的发展。特别是在如青马大桥、昂船洲大桥、青龙大桥等特大跨径城市桥梁的建造上，显示出了世界级桥梁建设的水平；同时他们在城区环境下建造城市桥梁的创新以及在城市桥梁建造和管理理念上的创新等都取得了显著的成绩，有许多值得内地同行们学习的东西。

26.2 香港城市桥梁建设

近年来香港特别行政区在特大型城市桥梁的建设上取得了令世人瞩目的成就，下面重点介绍 4 座大桥。

26.2.1 青马大桥

香港青马大桥是 1997 年建成的特大型悬索桥，是香港新机场十大核心工程之一。大桥全长 2200m，如今已成为香港的标志性建筑物之一，见图 26.1。该大桥位于青衣岛与马湾岛之间横跨马湾海峡，主跨 1377m。其较大的边跨（长 455m 在马湾岛侧）为悬吊结构，较短的边跨（长 300m 青衣岛侧）因岩石露头采用非悬吊结构，用辅助墩支承，桥下通航净空为 62m。

该大桥的加劲梁为钢桁与钢箱混合结构，横截面尺寸为 41m×7.3m，是目前世界上最宽的悬索桥之一。该桥上层设 6 车道公路，下层钢梁内通行铁路，是目前世界上跨径最大的公铁两用桥。钢梁在日本和英国加工后运到广东东莞，组装成 50 个单元组件，每个组件长 36m，重 1000t，之后航运到大桥工地吊装就位。

混凝土主塔高 206m，用滑模法施工，塔顶安设 500t 重的鞍座。两根主缆直径各为 1100mm，用空中绞织方法施工，每根主缆由 91 条每条有 368 丝 ϕ5.38 的镀锌钢丝组成。主缆外用 ϕ3.5 的电镀钢丝垫以红铅涂料用缠丝机将主缆紧密包捆而成。

在青衣侧的桥塔基础由于建筑在岸上，故直接置于基岩上。马湾侧塔基因水深 12~14m，采用 2 个钢筋混凝土沉井，预制浮运到塔位下沉后建造。2 个锚碇均置于 50m 深的基岩内。大桥由两家英国公司和一家日本公司组成的建筑联合体负责兴建，造价为 9.1 亿美元。香港青马大桥曾被美国建筑界获得“二十世纪十大建筑成就奖”。

26.2.2　汀九大桥

香港汀九大桥于 1999 年建成，是连接青衣岛至新界跨越兰巴勒海峡的一座结构新颖的 3 塔 4 索双桥面斜拉桥。该桥跨径为 127m+475m+448m+127m，共长 1177m，桥面为 6 车道，是世界上最长的三塔式斜拉桥，见图 26.2。

图 26.1　香港青马大桥

图 26.2　香港汀九大桥

三座桥塔均采用混凝土独柱式结构，塔高分别为 170m、194m 和 158m。为加强中央高塔的刚度和稳定性，从中央塔顶顺桥梁纵向每侧用一根拉索拉紧，并锚固在两边塔和主梁的交汇处。塔身采用混凝土椭圆形空心截面，顺桥向长 10m，横桥向在桥面以下宽为 14~18m，桥面以上宽为 5.5m。

上部结构主梁采用叠合梁结构，分为上下行两幅桥面吊于塔柱的两侧。每幅桥面宽 18.8m，由两根钢主梁加钢横梁组成框架，主梁间距为 18.8m，横梁间距为 4.5m。两幅桥面横向间距 5.8m，顺桥向每 13.5m用横梁将两个钢箱梁连成整体，在主横梁框架上铺设预制混凝土桥面板，并联结成整体桥面。

斜拉索为 4 个索面，中间两个索面为垂直索，外侧两个索面为斜索面，4 个索面将桥面悬吊起来形成飘浮体系，梁上的索距为 13.5m。拉索采用 ϕ75mm 热浸涂锌钢绞线组成，每束都用挤压 PE 防护，每根拉索用 22~60 根钢绞线，安装完成后采用单股张拉，张拉完后再将整根拉索用 PE 管套密封。

两个边塔均位于岸边的基岩上，故基础采用扩大基础形式直接建于岩层上。中央塔基础由 52 根 ϕ2.5m的钻孔灌注桩构成，桩长为 27m。

该桥采取设计施工联合国际招标方法进行，有 7 家公司投标，最后由西班牙、德国、中国香港三家公司组成的联合体中标，施工图设计由联合体中的德国和中国香港两家公司完成，造价为 17.3 亿港元。汀九大桥 2005 年曾入围“中国十佳桥梁”。

26.2.3　昂船洲大桥

香港昂船洲大桥横跨蓝巴勒海峡，主跨 1018m，边跨各为 289m，为一双塔双索面的斜拉桥，桥面全宽为 53m（中间 16m 为无桥面区），双向 6 车道，桥下通航净宽 900m，桥下净高 73.5m，见图 26.3。

主跨及近桥塔 49.75m 范围内的边跨，采用两个分离式的钢箱梁，钢箱梁各宽为 18.50m，分别设在独柱式桥塔的两侧，各为单箱三室，用横梁将左右两箱连接，横梁间距为 18m。边跨的其余部分为混凝土箱梁，断面形式与主跨相似，边跨的横梁间距为 15m。

桥塔高 298m（承台顶面以下 2m 为水平基准面算起），桥面以上塔身为空心圆柱形，桥面以下部分为椭圆形，圆柱形底部外径为 14m，顶部为 7m；塔为空心结构，底部壁厚 2m，顶部壁厚 0.8m。塔顶 118m 索区范围为钢与混凝土组合截面，此段塔柱外包不锈钢外壳，其余均为钢筋混凝土结构。

斜拉索每侧 28 根，全桥共 8×28 = 224 根，主跨钢箱梁上的索距为 18m，边跨混凝土箱梁上索距为 15m，采用平行钢丝成品索。

图 26.3 香港昂船洲大桥

主塔基础采用钻孔灌注桩 ϕ2.8m，东塔 27 根长 60m，西塔 29 根长 100m，均为嵌岩桩，承台厚 8m。

昂船洲大桥于 2004 年 9 月 17 日正式破土动工，于 2008 年中建成，为世界上最大跨度的斜拉桥。

26.2.4 青龙大桥

香港青龙大桥是继青马大桥之后的又一座世界级的特大型悬索桥。该大桥横跨大屿山拐石和青龙头之间的马湾海峡，是 10 号干线元朗至大屿山段的组成部分。大桥全长 1900m，主跨 1418m。桥面宽 53m，设双向 6 车道，通航净空 60m，索塔高 170m。桥面采用分离式双箱梁结构，两箱梁间通过横梁连接。

由于青龙大桥位于新的香港国际机场航道之下，飞机的航道严重限制了桥塔的高度。其次由于桥梁横跨香港最繁忙水道——马湾航道之上，海上航道亦限制了桥身的高度及位置。基于上述限制，青龙大桥采用了一座主跨 1418m 长的悬索桥的形式兴建，其跨度比青马大桥还要长 41m。由于桥塔高度限制，桥梁有一个异常大的跨度与垂度比率，加上桥梁两旁的陡斜地形，导致桥梁的边跨很短。由于屯门公路和大榄涌隧道相距很近，所以北桥塔将建在龙涛花园西面的浅水地带。其地基包含预制的混凝土沉箱，且先将沉箱拖运到适当位置，然后沉至已预备好的岩床。桥塔采用填海和海堤保护，以防止来往船只碰撞。南桥塔则建于接近前滨的拐石山岬上，约离海边 50m。此桥塔的地基在+25m（主水平基准面），建于广阔的石层之上，海岸线将会得以保留。

由于桥梁的横断面形状复杂，仅用纯理论分析方法求解作用于桥梁上的气动力及风致振动响应相当困难，故此设计中为解决其抗风性能时，包括了详尽的风洞模型测试。风洞模型测试亦在加拿大安大略省西大学风动力研究中心进行，测试项目包括主梁节段模型作气动及非气动弹性响应测试；另外又以地型模型进行了风洞实验和测试整体模型的气动弹性，包括全桥完成状态、架设状态及独立桥塔状态等。在地震设计方面，以香港现有及源自广东省地震局的地震资料及反应谱作为基准。大桥设计采用地震峰值加速度为 0.07g，比青马大桥所采用的 0.05g 为高。桥塔采用混凝土兴建和用滑模法来建筑，桥塔支柱之间近塔顶和桥面以下兴建混凝土的门式横梁。

该大桥于 2002 年动工，2008 年竣工。建成后系世界上第三长的悬索桥，是香港新的标志性桥梁之一。

26.2.5 汲水门大桥

汲水门大桥（简称汲水门桥）曾经是全球最长的公路铁路两用斜拉式桥梁（此纪录于 2000 年被横跨丹麦与瑞典、主跨长 490m 的厄勒海峡大桥打破）。大桥主跨长 430m，连引道全长为 820（70+2×80+430+2×80）m，为双塔双索面 6 孔连续箱梁斜拉桥，见图 26.4～图 26.6。

大桥属于 8 号干线青屿干线的一部分，跨越汲水门，将马湾和大屿山青洲仔半岛连接起来，车速限制 80km/h。汲水门大桥为香港道路重要的一部分，联同青马大桥，共同担当着连接大屿山以及赤鱲角香港国际机场与市区的通行任务。

索塔为钢筋混凝土结构，高 150m，采用双柱 H 形结构，通过三道横梁将塔柱连为一体。拉索锚碇箱室则藏于索塔顶部内壁，以便拉索安装及日后检查维修。

图 26.4　汲水门大桥照片 1

图 26.5　汲水门大桥照片 2

主跨主梁选用了双向钢桁架和钢筋混凝土桥面板的组合式加劲箱梁。主梁顶部及底部的钢筋混凝土桥面板构成了上下层行车道，两边外缘为钢腹板。位于下层中央的铁路，由钢梁承托，在钢梁上盖以混凝土厚板，以简化路轨的铺筑。斜拉索作扇形布置，每一扇面由 22 对斜拉索组成，标准索距 8.7m。斜拉索采用高强度镀锌平行钢束，共 176 根。每根斜拉索由 51～102 根直径 15.7mm 钢绞线索组成，涂油脂后，外置高密度聚乙烯（HDPE）护套。桥面主架由钢制件组合而成，在中国内地蛇口制造，于工地装嵌成长 8.7 m 的组件，并于吊放前在每块组件上铸造桥面平板。重 500t 的组件由趸船拖往适当位置吊放并与斜拉索接紧。

图 26.6　汲水门大桥照片 3

汲水门大桥离海面高度 47m，而桥塔高度则为 150m。重量方面，结构钢重量 4800t，混凝土用量为 73000m^3。汲水门大桥于 1992 年 12 月 21 日动工，约合总值为 16.43 亿港元。

26.2.6　深圳湾大桥

深圳湾大桥是一座连接深圳蛇口东角头和香港元朗鳌堪石的公路大桥，亦称深港西部通道，2007 年 7 月 1 日开通，全长 5545m。其中深圳侧桥长 2040m，香港段 3505m，桥面宽 38.6m，全桥的桩柱共 457 支，共 12 对斜拉索，呈不对称布置，独塔单索面钢箱梁斜拉桥，为目前国内最宽、标准最高的公路大桥，见图 26.7～图 26.9。大桥设南、北两个通航口，采用主跨为 210m 和 180m 独塔钢梁斜拉桥方案。非通航孔采用 75m 跨等截面箱梁。为改善行车条件，增加大桥景观效果，桥轴线平面采用 S 形。

站在深圳一侧隔海望去，一座银色通道蜿蜒逶迤飞架海上，阳光下耸立的斜拉桥熠熠生辉，象征着深港两地的紧密握手。若从高处鸟瞰，略显 S 形的大桥蜿蜒跨过海面，如同一条巨龙跨越天海相接。西部通道的走线有直也有弯，甚具流线型。通道的走线有少许弯度，设计上不仅可让驾乘人员沿途欣赏斜拉桥的美态，还有助于大桥本身和驾乘人员行车的安全。通道上两座近 140m 的斜拉桥的桥塔互相仰向对方，形态犹如两座桥塔互相牵引各自的高架引道至中间的深港分界线，象征着两地人民热切渴望能更加紧密地团结起来。

图 26.7 深圳湾大桥照片 1

图 26.8 深圳湾大桥照片 2

深圳湾公路大桥虽然由深港两地政府共同投资,但在桥面宽度、行车道宽度、路面横坡等方面,深港双方均有严格统一的技术标准,因此大桥实际上就是一个整体,连接部分没有任何痕迹,外部造型和桥梁结构完全一致。深圳湾大桥换道立交桥在海上作业,其显著特点是“急、难、险、重”。在无现成海上施工经验和施工设备的情况下,深圳湾大桥项目部全体参战员工科学组织、精心施工,先后攻克了钢护筒下沉、钢板桩围堰淤泥反涌、高性能混凝土(120年寿命)远距离输送(距离 600m)、海上现浇梁支架施工、冲孔桩漏浆严重成孔困难等技术难题,圆满完成主体工程任务,受到了广大市民的好评。

图 26.9 深圳湾大桥照片 3

26.3 香港桥梁建设的创新

26.3.1 在城区复杂环境下建造城市桥梁的创新

下面通过一例典型工程,介绍香港在城区复杂的条件下修建高架桥时,在规划、设计和建造上进行的综合协调和技术创新。

(1)概述。沙田新市镇是一个连接新界东、北区及市区的交通枢纽,自 20 世纪 70 年代开始,沙田已发展成一个接近 70 万人口的市镇,随着香港的发展,沙田区内及跨区的交通持续增加。为了缓解交通挤塞及应付未来 20 年的交通增长需求,政府需要策划兴建 T3 及 T4 号主干路。T3 号道路现正在兴建中的最后阶段,而 T4 号主干路正进行详细设计。T3 及 T4 号主干路设计时速 80km/h,穿越沙田区内人口稠密的中心区,连接多条干线道路,亦需跨越一些公路及铁路,因此 T3 及 T4 号主干路在规划、设计及建造皆受到不同的限制及面对各种的挑战。这些挑战包括选择新道路与现有道路的连接点的局限,新道路走线在符合交通设计的安全需要外,亦需减少对社区内居民的影响,包括建筑期间的短期影响(临时交通改道,晚间施工所带来的环境影响)及建成后运作的长远影响(如噪声、空气及景观上的影响)。T3 及 T4 号主干路工程规模庞大,总造价接近 30 亿港元,亦为“环境影响评估条例”的指定工程项目,需完全符合条例在环境保护上的要求,例如噪声、空气质量等亦需尽量减少对现有树木的影响等。

(2)在桥梁设计和方案上的创新。

①拉力预制组件建筑法。早在设计时,已把建 T3 高架主干桥梁方法设定为采用拉力预制组件的建

筑方法。其优点是建造桥面时，行人和车辆仍然能在地面继续畅顺行走，大大减轻了对大围市中心的行人和交通的打扰。由于该方法需要甚少的临时支撑，对行人和车辆的安全保障较其他建造方法更为有效。这种建造方法在香港已采用多年，工作人员都很熟识工作程序和安全守则，在工作期间，工程意外甚少，可算是一项优良的安全记录。同时，没有一位市民或附近的建筑物因本工程而受伤或受损。对于环保而言，该方法的优点是无需设置相对高污染的混凝土配料机，只需现场浇灌小量的混凝土，这样在建筑期间对市内的空气质量都能保持在可接受的范围内。

②预制组件的制造。预制组件在广东东莞制造，制成后主要经水路运进香港，然后经陆路运进工地，再由曳进吊梁机吊到桥面位置，后加拉力于组件内的钢缆，把组件稳锁于设定位置中。由于早上交通繁忙，为了避免阻塞交通和确保对行人安全的考虑，大部分的组件安装过程都在夜间进行。曳进吊梁机所发出的噪声比较小，再加上建造工人训练有素，大部分市民都能接受工程带来的噪声。

③预制桥梁曳进法。考虑到对铁路公司运作的影响减至最少，工程采取了预制桥梁曳进的建筑方法建造一条行人桥越过九广铁路。首先，桥面在铁路一边预制，然后，利用拉力把桥面沿着两条钢轨滑过铁路。利用这个方法，只需几个晚上的时间便将整条长约 35m 预制完成的桥面安全跨过铁路，而不阻碍火车的正常运行。

(3)桥梁地基工程上的创新。

①临时交通安排。桥梁地基的建造，可算是整个工程最困难和最费时的环节。工程采用直径 1.5～2m 的钻孔灌注桩柱，而每桩帽可容纳 1～4 条桩柱。极繁忙的地面交通和纵横交错的地下设施(包括水喉、煤气喉、电缆等)，使桩柱和桩帽工程进展极度困难，大量资源和时间花费在安排临时交通措施及暗管、电缆等的改道上。一个由多个政府部门特别为 T3 号道路工程成立的交通管理联络小组，平均每月开会一次以审批各项临时或永久的交通安排。

②废水处理。在环保方面，钻孔过程的用水是循环使用，把耗水量减至最少，再经过过滤处理后，才将剩余废水排放。同时，在建造桩柱时被抓出来的泥土会先放在“环保箱”内让泥土内的水分排出到另一分隔箱，再经过滤处理后才排放。

(4)环保工作上的创新。特区法例规定重点工程需获环保署发出环境许可证后才可动工。许可证其中一项要求是需要工程聘请环境小组和独立环境查核人到工地进行定期监察及测查工作。环境小组在环保署预先选定的监察站，进行对空气质量、噪声水平、废水质量的测试，以确保市内环境能有效地控制至可接受程度。环境小组每周呈交报告给独立环境查核单位。此外，工程每砍伐一棵树木，便需补种 3 棵树木以作补偿。考虑到未来 T3 号道路的繁忙交通，工程亦建造了约总长 5.7km 的隔音屏障和隔音罩，舒缓对大围居民的交通噪声骚扰。在这众多的环保设施和严密的环境监管下，居民大体上都对工程的环保工作表示满意。T3 号道路工程在特区政府 2006 年举办的“公德地盘嘉许计划”中获得优异奖。

(5)社区工作上的创新。与居民和区议员及团体保持沟通是一项极为重要的工作。工程定期每两月举行一次小区联络会议，与社区和有关政府部门代表开会，介绍工程进度、咨询各项临时交通改道安排和听取他们的意见及要求。此外，亦定期召开沙田区议会例会，咨询议员有关重要的临时交通安排。借着这些沟通渠道，工程有效地平息了很多不必要争执和疏导不满意见，使工程能够在人烟稠密、交通繁忙的大围市中心顺利完成。

26.3.2　在城市桥梁建造和管理理念上的创新

香港特别行政区在实施《香港道路之长期计划书》的过程中，十分注重在城市桥梁设计理念上的创新，充分考虑在城市桥梁建造和管理等方面上的创新。

(1)设计理念上的创新。由于香港市民近年保护海港的意识不断提高，政府已立法严格管理填海工程，以保存珍贵的海港天然资产，因此，早期以填海获取土地的做法已不合时宜。加上香港已发展为一个超高密度的城市，高楼大厦比比皆是，而且路面下又满布密密麻麻的公共设施，这些条件限制令很多在市内建桥的计划难以找到施工空间。此外，新建桥梁对附近环境亦带来一定程度的影响，包括景观、噪声、废气等问题。近年来，市民对环境保护的关注亦令桥梁外观出现了新的形态，例如在桥上安装隔声屏障、提供绿化空间等。尽管桥梁工程师已努力完善工程方案以缓减这些不良影响，但有关项目仍往往不受市民欢迎。相比之下，隧道方案则较为可取。故此，目前一些主要的道路计划，如中环至湾仔绕道和中九龙干线等，都采用隧道方案，但整体的成本则较高。

长远来说，香港的运输策略应集中于铁路发展，务求为市民提供安全可靠、快捷舒适、符合环保原则的集体运输工具。现正筹划或研究的铁路项目包括：西港岛线、南港岛线的东段、沙田至中环线、广深港高速铁路香港段、接驳深港两地机场的铁路等。

(2)安全风险防护上的考虑。近些年来，由于香港的重型车辆数量大增，加上双层巴士的广泛使用，桥梁上的护栏能否为重型车辆提供足够保护这个问题备受关注。为此，路政署已进行相关的检讨及制定新的桥梁护栏规范。由于国内外对桥梁护栏被双层巴士撞击所进行的研究不多，故此在进行有关检讨时，需要利用计算机仿真技术及进行实体撞击测试，以验证新护栏的防撞效能。有关测试范围涉及多种不同的护栏及撞击参数(包括撞击速度、撞击角度及撞击位置)，以求全面评估新护栏的效果。在制定新的规范后，路政署会为全港桥梁进行风险评估，挑选较高风险的路段进行加固工程。迄今，路政署已为59座桥梁更换共42km的护栏。

护栏的研发是一项持续的工作，设计标准需因时制宜，也需循着个别地方的经验、惯例、技术水平和经济条件而不断演变。事实上，桥梁护栏只是一种防御性设备，旨在减轻交通意外的严重程度，若要有效地减低交通意外率，应在其他方面着手，包括培养良好的驾驶习惯和推行公民教育等。

(3)桥梁美学上的创新。早期的香港，由于物质及技术贫乏，一般桥梁的设计多以实用性为主，主梁多以标准设计及采用预制方法建造，以达到高性价比及工期短的目标，而外观的选择和重要性，往往落后于实用性的考虑。时至今日，桥梁建造已不再单纯以实用为主或只为了解决交通问题，对于桥梁的美学价值和景观功能，也有着一定的要求。在现代桥梁的设计中，美学考虑是不可缺少的元素，涉及面十分广泛，如桥梁外形的选择，一定要因地制宜，桥梁的装饰要与其建筑风格及周围的建筑物协调，以配合城市多变的色彩。

长跨度吊桥规模及体积巨大，引人注目，往往成为标志性建筑物或城市地标。因此，路政署在进行有关项目时，亦将创新及美学设计的元素注入其设计概念，以结合功效、经济及美感这三大要素，务求予人平衡、合理和匀称的感觉，使每座桥梁都能成为具备美化环境功能，既美观又实用的艺术品。

就香港的青马大桥来说，大桥的桥塔形状经过审慎设计，顾及整体建筑的比例，以柔和的弧线向上收窄，每座桥塔各有两条支柱，由4条横梁连成一体，塔顶盖上不锈钢覆罩，极富时代感。缆索几何布局优美和谐，凸显结构的美学设计。为使大桥与周围的环境更加和谐，桥身部分涂上多种颜色，以达至更佳的视觉效果。安装在桥身底部的维修架采用绿色，防撞栏上半部涂上黄色，覆面中线及防撞栏下半部则涂上红色，着色后的大桥不但美观，部分人士更认为大桥符合堪舆学上五行相生、循环不息的理论，达到和谐的效果：海水代表五行中的水，绿色部分代表木，红色代表火，黄色代表土，而塔顶的不锈钢覆罩的光泽则代表金。此外，桥上设有灿烂耀目的灯饰，为大桥在全年不同季节、节日或特别庆典里营造不同凡响的视觉效果。

(4)桥梁外观的方案竞标和评审。随着香港日趋发达进步，城市面貌推陈出新，为凸显香港先进的城市形象，香港城市桥梁外观设计的评审备受重视。早期的香港并没有特别的行政措施去管理桥梁的外观，为补不足，路政署于1984年创立了一个评审桥梁外观的委员会，名为“桥梁及有关建筑物外观咨询委员会”。为了保持评审的客观性，委员会由来自多个政府部门和专业团体的代表组成，成员凭他们的专业知识，从不同角度去评审拟建桥梁的外观，给予设计者美学意见。设计者听取委员会的意见后，完成工程细节，落实美术要求。至于评审对象，并不限于政府的工程计划，也包括私人发展商拟定的桥梁项目。这个管理措施沿用至今，行之有效。此外，他们现正尝试在市政桥梁项目的前期设计阶段征询建筑师的意见，务求令桥梁的外观更臻完美。

除了上述管理措施外，路政署亦尝试就昂船洲大桥项目举办国际性的桥梁设计比赛，借此吸引世界各地知名的桥梁专家提供出色的概念设计，以便汲取各国先进经验和提升香港的国际大都会地位。

(5)人行桥增加无障碍设施。当前，香港城市发展已趋成熟，市民的平等、公平意识也日益高涨。作为一个负责任的政府,在照顾一般市民的同时,亦需兼顾残疾人士的需要。就人行设施而言,一般需提供无障碍通道,例如:近年,为完善过路设施,香港为一些因空间所限而未有设置坡道的人行桥加装升降机。加装升降机时,需考虑人行流量(特别是可能出现的轮椅代步人士流量)、附近可有适合的代用过路设施、技术可行性(包括连接人行道的适合性)、残疾人士相关机构的意见等。虽然此类设施的建筑成本与兴建坡道的造价相差不多,但每部升降机的每年维修开支高达坡道的10倍。除了方便残疾人士外,人行桥升降机也广受一般市民的欢迎。往后一些新建的人行桥,将会以升降机代替坡道作为标准设施。

26.3.3 在城市桥梁资产管理上的创新

(1)桥梁资产管理。随着香港城市迅速发展,新建桥梁数量与日俱增,截至2007年,香港约有1300座车行桥及760座人行桥,总数达2060座。由于这些桥梁的设计寿命长达120年,桥梁资产管理因而显得更为重要。有鉴于此,路政署近年建成了一套桥梁资产管理系统,利用高效能的电脑化数据库,记录竣工图册、个别构筑物外观照片、重要数据资料(例如构筑物长度及面积、桥跨数目、设计荷载、地基和护栏类别等),再结合地理信息系统及网络技术,协助工程人员筹划桥梁养护工作。此外,为了进一步优化桥梁的资产管理,路政署已着手开发一套全新的桥梁管理系统。除了上述功能外,新系统还可储存养护历史数据、编制桥梁检测及养护工作时程和编制桥梁检测报告。因此,这个系统既可大大提高工作效率,亦有助于资源的运用。

(2)管理上的新思维。路政署近年耗用在桥梁养护的开支平均每年逾亿港元,工作量也日渐繁重。基于"小政府、大市场"的理念,路政署参考了英国和其他国家的经验,在2004年开始引入公营部门与私营机构合作模式,将多年来由公营部门直接管理桥梁养护的日常工作交予承包商负责。采用公私营合作模式,除了可增加市场就业及投资机会外,还可充分利用私营机构的灵活性及动力,以提供更具成本效益的服务。此外,政府可更专注在制定政策及管理工作上,达到节省内部资源的目的。由于承包商同时负责桥梁的巡检和维修,若发现损毁或欠妥地方,可实时处理及维修,有助减低对道路使用者造成的不便。

(3)桥梁结构健康监测系统。过去20多年,兴建大跨度桥梁渐成国际趋势。由于大桥结构复杂,设计参数往往难以掌握,另外,大桥在启用以来一直受到环境、荷载、地震等外来作用的影响,导致结构组件出现疲劳损伤及材料自身性能退化等问题。因此,为确保大桥的安全性、可用性和耐久性,桥梁结构健康监测和评估至为重要。

有鉴于此,香港路政署在20世纪90年代设计及建造青马大桥、汲水门桥和汀九桥时,引进了一套结构健康监测系统,全面监监测这3座大桥的各种环境及结构状况,为结构的整体安全、可用性及耐久性进行预测及判断,以支持大桥的养护工作。

桥梁结构健康监测系统主要利用安装在桥梁各重要位置上的传感器来收集数据,继而进行分析及结构评估,对结构功能的完整性、构件劳损程度及设计寿命作出较准确的评估。收集的数据包括风速、风向、温度变化、车辆流量、应力、应变、位移等。

香港路政署正着手把桥梁健康监测系统的技术要求及功能规范化,作为日后的技术指引。长远而言,桥梁健康监测系统可发展为一个具多功能的桥梁结构状况实测数据库,利用先进的人工智能及神经网络技术,为重点桥梁进行系统化的数据处理及逻辑性推理,继而评估它们的结构状况。

26.4 感悟与结语

综上所述,近些年来香港特别行政区不论在大跨径城市桥梁的建造上(如青马大桥,昂船州大桥等),在城区复杂环境下建造城市桥梁的创新上,在城市桥梁建造和管理理念上的创新,以及在城市桥梁资产管理等方面均取得了长足的进步。由此会对我们内地的城市桥梁建设给予许多的启示,有很多值得我们学习和借鉴的东西。让我们携起手来,汲取人类所创造的一切文明财富,进一步推动我国城市桥梁建设的健康发展,促进祖国现代化建设的进程。

27 澳门城市桥梁建设

27.1 引言

前些年笔者曾去过澳门特别行政区，对澳门的城市桥梁建设有着深刻的印象，特别是1999年澳门回归祖国以来，其城市大跨径桥梁建设亦得到快速的发展。

澳门是中国的特别行政区，面积32.8km^2，全区人口63.62万人，是世界上人口最密集的地方之一。澳门位于珠江口以西，由澳门半岛、氹仔、路环以及路氹城4部分组成，东距香港30km。澳门是自由港，拥有较为完善的海陆空交通网络，来自世界不同国家地区的旅客可以选择不同的交通工具往来澳门。

澳门自秦朝起已经为中国领土，从明朝开始被葡萄牙人逐渐侵占。直至1999年12月20日结束葡萄牙对澳门的统治，中国政府恢复对澳门行使主权，成立澳门特别行政区。澳门的街道名牌，以葡萄牙瓷砖画艺术作为蓝本，其蓝色和白色的主调，配以中文和葡萄牙文的街道名称，成为澳门的地方特色之一。

澳门是由澳门半岛、氹仔和路环两个离岛组成，澳门半岛和氹仔岛之间有两座桥相连，旧澳氹大桥宽9.2m，全长约3500m，在桥中间有跨度73m、高度35.6m的航道口。另一座连接澳门和氹仔的友谊大桥，长3800m，4车道，大部分结构为简支梁，在中间有两段为连续梁斜拉桥。该桥对连接澳门国际机场与北区工业区乃至珠海拱北，起着类似外环线的作用。

27.2 澳门城市桥梁建设

27.2.1 澳氹大桥

澳氹大桥（嘉乐庇总督大桥，俗称旧大桥或旧桥），于1970年6月动工，1974年10月5日正式通车。大桥全长2569.8m，引桥长2090m，桥面宽9.2m，对开各两车道，两侧还留有0.8m的人行道。是连接澳门半岛和氹仔岛的第一座跨海大桥，亦是唯一一条能步行过桥的大桥，见图27.1、图27.2。目前只允许巴士、的士及特许车辆通行。

澳氹大桥是由葡萄牙桥梁专家费多素设计，于1970年6月动工，1974年10月5日正式通车。大桥由6个桥墩支撑，最大跨度为73m，桥面可行驶大型载重汽车，桥下任何时候大型客轮都可畅通无阻。大桥原以澳督的名字命名为“嘉乐庇大桥”，后因市民通称澳氹大桥，便取而代之。大桥造型独特，富有节奏感，成为澳门八景之一。

图 27.1　澳氹大桥照片 1

图 27.2　澳氹大桥照片 2

27.2.2　友谊大桥

友谊大桥(俗称新大桥或新桥),连接澳门半岛和氹仔岛的第二座大桥,1990 年 4 月开工,1993 年 12 月竣工。大桥主桥长 4414m,匝道桥长 1108m,主桥面宽 19m,双向 4 车道,见图 27.3、图 27.4。

图 27.3　友谊大桥照片 1

图 27.4　友谊大桥照片 2

大桥结构是:主结构为预应力混凝土箱形梁斜拉桥,箱梁顶层设置双向 6 条车道,箱内底层设置两条轻轨和两条避风车道,这类桥梁结构形式为世界首创。主跨为钻孔灌注桩基础、预制安装工字块桥墩及纵横梁、桥面现浇沥青混凝土。大桥主桥全部位于波涛汹涌的大海上,为满足大桥的通航功能需要,采用了主跨设计为 180m 的斜拉桥,是目前世界上双层混凝土桥梁的最大跨度。斜拉桥的两个主塔横向分布成 3 柱式联体结构,犹如两个巨大的"M"字母。针对大型混凝土桥梁不利于抗震的缺点,工程师特别为大桥设计了直径为 132cm 的超大型减振隔振橡胶支座,承载力为 1300t。

1994 年 4 月 17 日,在友谊大桥开通庆典上,由 2180 人舞动全长 1559m 的巨龙,引起全球瞩目,被载入《吉尼斯纪录大全》一书。而西湾大桥是澳门三座桥中最短的一座桥,只有 2200 多米,但它却拥有世界众多第一,它是世界上首座上下两层行车的混凝土斜拉索大桥。平日里,大桥开放上面 6 车道,一旦台风来临,上面的车道全面封闭,车辆改走下面密封的 4 车道。遇到再大的台风,都可以保证澳门半岛与凼仔之间的交通不受影响。西湾大桥主塔采用了"M"造型,别具一格,也是斜拉索桥首创。据了解,"M"具有三方面意义:"M"是 MACAO 的第一个字母;也是罗马数字"3",寓意第三座大桥;而塔顶部的"M"造型与澳门地标大三巴相像。

27.2.3　莲花大桥

莲花大桥是目前唯一一条连接澳门和珠海横琴的跨境大桥,于 1998 年 6 月 29 日正式动工,2000 年 3 月正式启用,见图 27.5~图 27.7。2005 年 9 月 17 日,由于中方边检大楼结构出现问题,关口封闭,2007

年 5 月 1 日大桥重开。“一国两制”在大桥建设中处处体现。珠澳分属两种社会体制，因而两地工程的设计标准、技术规范、施工工艺、工程预算也全然不同，各有各的一套规章和程序。设计必须符合两种规章的要求，将其融为一体，获得双方认可。铁四院设计人员很快熟悉了澳门的各项技术规章，精心设计，仅用半年时间就完成了大桥可行性报告、技术设计和施工图设计等四套设计文件。大桥技术小组葡方组成人员罗定邦先生称赞这是一项很好的设计。莲花大桥珠海段属国内项目，澳门段属涉外项目，设计与施工人员天天要与“一国两制”打交道。莲花大桥由左右两幅桥组成，双向 6 车道，造价 2 亿元，珠澳各出资一半，合资共建。

图 27.5　莲花大桥照片 1

图 27.6　莲花大桥照片 2

莲花大桥是一座别具特色的大桥，在珠海桥头设计了交通规则互换的换向匝道桥，承担交通规则互换的功能。设计师们为解决车辆换侧问题，首先提出了地面绕行换侧方案、立体直线交叉换侧方案和地面交织换侧方案。后来，由于珠海桥头一侧要建横琴口岸联检大楼，桥台与联检楼的距离缩短，致使桥台公路下落至陆地的展线不够长，车辆无法行驶，设计师们颇具匠心，设计了双圆形曲线引桥立体换向方案，它不仅解决了珠海桥头的纵向用地，解决了车辆换侧问题，还形成了独特的造型和艺术建筑，成为珠海一道新的风景线。这两个特大的圆形曲线换向匝道桥，长 1700 多米，从空中俯瞰，犹如两个硕大的“9”字，似乎寓意着“九九归一”。

图 27.7　莲花大桥照片 3

莲花大桥建成通车后，澳门驶往大陆的车辆，从氹仔上桥行左，驶下珠海端左侧匝道时就变成了右行；而大陆赴澳门的车辆，从珠海端右侧驶上匝道，到莲花大桥正桥时则变成了左行。两种交通规则，通过匝道桥得到自然、和谐的变换，设计师们对此杰作无比自豪，戏称是“一国两制”的物理展示。莲花大桥工程是联系珠海和澳门的纽带，为澳门通往内地开辟又一条对外陆上交通通道，有利于减轻现有拱北口岸压力和避免干线公路对珠海市区的干扰。同时对澳门路氹两岛填海区和珠海市的西区、横琴开发区、洪湾保税区的开发创造了有利条件，有利于进一步加强澳门与粤西地区的经济交往，对促进珠海、澳门两地经济的合作和发展将起重要作用。

27.2.4　西湾大桥

西湾大桥为连接澳门半岛和氹仔岛的第三座大桥，于 2002 年 10 月 8 日动工兴建，2005 年初启用。西湾大桥北起澳门半岛融和门，南至氹仔码头，采用竖琴斜拉式设计，两个主桥墩之间跨度达 180m，见图 27.8、图 27.9。该桥总长 2200m，分上下两层：上层为双向 6 车道，下层箱式结构，双向 4 车道行车，可以在 8 级台风时保证正常交通。桥内还预留了铺设轻型铁轨的空间。为满足桥梁的通航需要，设计大桥时提出了采用主跨为180m的斜拉桥设计方案，是目前世界上双层混凝土桥梁的最大跨度。斜拉桥的两个主塔横向分布成3柱式联体结构，如两个巨大的字母“M”。

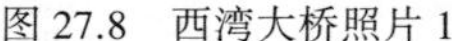
图27.8　西湾大桥照片1

图27.9　西湾大桥照片2

面对大型混凝土桥梁不利于抗震的特点，工程师特别为西湾大桥设计了超大型减振隔振橡胶支座，直径为132cm，承载力1300t，刷新世界纪录。西湾大桥设计、施工工程总造价为5.6亿澳门元。该工程项目属于设计施工总承包，于2002年8月由中铁（澳门）有限公司、中铁大桥局和中铁大桥勘测设计院三家组成的联合体中标。

27.2.5　港珠澳大桥

港珠澳大桥是一座连接香港、珠海和澳门的超大型桥梁，在促进香港、澳门和珠江三角洲西岸地区经济上的进一步发展具重要的战略意义。港珠澳大桥主体建造工程于2009年12月15日开工建设，一期于2015年~2016年完成，大桥投资超700亿元，见图27.10、图27.11。2010年，一香港老太就大桥香港段环评报告申请司法复核，大桥在建工程被延迟。2011年12月，延误近1年的港珠澳大桥香港段工程启动，曾荫权表示会追回一年的延误，2013年4月21日，位于桂山牛头岛的预制厂顺利完成首个海底隧道标准管节，2013年5月6日，首节沉管隧道海底安装，2013年7月30日，首节180m管节海底安装，标志着深海隧道安装全面开启。

图27.10　港珠澳大桥照片1

图27.11　港珠澳大桥照片2

港珠澳大桥属于G94珠三角环线高速的一部分，跨越珠江口伶仃洋海域，是连接香港、珠海及澳门的大型跨海通道，设计时速每小时100~120km/h。工程建设内容包括：港珠澳大桥主体工程、香港口岸、珠海口岸、澳门口岸、香港接线以及珠海接线。大桥主体工程全长约29.6km，采用桥隧组合方式，海底隧道长6.7km，建成后将成为仅次于庞恰特雷恩湖桥和宁波杭州湾大桥、胶州湾大桥的世界第四长桥。大桥还将建设景观工程，拟设白海豚观赏区和海上观景平台。大桥将采用最高建设标准，抗震达8度（地震烈度)，能抗16级台风，设计使用寿命120年。

港珠澳大桥往珠海方向通过隧道穿越拱北建成区域，将最先与京港澳高速广珠西线相连，再通过延长线接驳，与珠海境内现有的京珠高速、西部沿海高速、江珠高速/机场高速、高栏港高速等一系列干道连通，直贯整个珠江西岸地区乃至泛珠三角区域。

港珠澳大桥以公路桥的形式连接香港、珠海和澳门，整座大桥按6车道高速公路标准建设，设计行车时速100km/h，建成通车后，开车从香港到珠海的时间将由目前的3个多小时缩减为半个多小时。大桥的起点是香港大屿山，经大澳，跨越珠江口，最后分成“Y”字形，一端连接珠海，一端连接澳门。大桥的主航道位置将采用隧道形式，并将修建两个人工岛提供桥隧转换设施，确保不影响前往广州和深圳港口主行道的通行来往。

根据“外海厚软基桥隧转换人工岛设计与施工关键技术”研究理论研制的砂桩船已在东人工岛区域完成了工艺性试验及典型施工，成功应用于大桥的岛隧工程。港珠澳大桥技术创新研究阶段性成果丰硕。港珠澳大桥海底隧道采用两孔一管廊截面形式，是迄今为止世界上埋深最深、规模最大、单节管道最长的海底公路沉管；沉管全部采用工厂法流水预制，完成船装后拖运至施工地点进行安装。

在施工浇筑中的西岛隧道现浇暗埋段CW1顶部是迄今为止大桥混凝土浇筑施工中难度最大的一次。作为桥隧转换关键环节，这一段既是隧道，也是将来西岛地面建筑的基础部分，因此施工质量要求高。首先，现浇隧道与沉管对接端头截面近400m^2，要求施工精确，误差控制在5mm内；其次是高大模板施工，模板高11m，墙厚1.5m，巨型模板支立要靠吊塔来实现，技术要求高，难度非常大。同时，为保证整体性，侧墙与顶部必须一次性浇筑成型，工艺方面的要求更高。

在港珠澳大桥设计中，防撞问题也是工程研究重点。大桥设计有3个通航孔，每个可防3万吨冲击力。在海底隧道两端各建一个人工岛，在两个人工岛周围排放了石头形成斜坡，如果有船太靠近就会搁浅。另外还建有防撞墩，它们可防30万吨撞击。有关方面表示，建成后的大桥保证大撞不倒，中撞可修。

根据沿海海域台风的特点，防台风也是大桥工程考虑的因素，港珠澳大桥能抗击51m/s的风速，这相当于最大风力16级。另外，港珠澳大桥建成后可抗8级地震。

作为中国建设史上里程最长、投资最多、施工难度最大的跨海桥梁项目，港珠澳大桥受到海内外广泛关注。港珠澳大桥将连起世界最具活力的经济区，对香港、澳门、珠海三地经济社会一体化意义深远。

27.3 感悟与结语

近些年来澳门特别行政区不论在大跨径城市桥梁的建造上，还是在跨海桥梁的建造创新上，都取得了令人瞩目的成果。譬如，澳氹大桥以单薄、轻巧著称，宛若长虹，被澳门文化人誉为澳门八景之一。连接澳门和氹仔的友谊大桥，虽然大部分是简支梁，但在中间有两段为连续梁斜拉桥，形成两个波峰，从而使出入内港和外港的船只可各行其道。该桥对连接澳门国际机场与北区工业区乃至珠海拱北，起着类似外环线的作用。而港珠澳大桥，其大桥主体工程采用桥隧组合方式，大桥主体工程和海底隧道工程都将成为跨世纪工程而令世人瞩目和赞叹。大桥建设的景观工程，如白海豚观赏区和海上观景平台等，也将给人以期待和憧憬；而大桥采用的最高建设标准，抗震达8度(地震烈度)、能抗16级台风，设计使用寿命120年等都将为今后的类似工程提供极好的经验。这些成功的做法必将会对我们内地的城市桥梁建设给予许多启示，有很多值得我们学习和借鉴的东西。让我们携起手来，汲取人类所创造的一切文明财富，进一步推动我国城市桥梁建设的健康发展，促进祖国现代化建设的进程。

下篇　外国城市桥梁

1 世界城市桥梁发展沿革

1.1 古近代的建桥史

人们谈起世界桥梁的发展沿革，必然要从距今2200年古罗马时代去追溯，因为这个时期欧洲建造的古老桥梁特别是拱桥较多。从公元前200～公元200年的悠久历史中，在罗马台伯河建造了8座石拱桥，其中建于公元前62年的法布里西奥石拱桥，桥梁有2孔，各孔跨径为24.4m。公元98年西班牙建造了阿尔桥，高达52m。此外，还出现了许多石拱水道桥，如现存于法国的加尔德引水桥，建于公元前1世纪，桥梁分为3层，最下层为7孔，跨径为16～24m。罗马时代拱桥多为半圆拱，跨径小于25m，墩很宽，约为拱跨的三分之一。罗马帝国灭亡后数百年，欧洲桥梁建筑的发展并不大。11世纪以后，尖拱技术由中东和埃及传到欧洲，欧洲开始出现尖拱桥，如法国在公元1178～1188年建成的阿维尼翁桥，为20孔跨径达34m尖拱桥。英国在公元1176～1209年建成的泰晤士河桥为19孔跨径约7m尖拱桥。西班牙在13世纪建了不少拱桥，如托莱多的圣玛丁桥。欧洲建造的拱桥除圆拱、割圆拱外，还有椭圆拱和坦拱。公元1542～1632年法国建造的皮埃尔桥为7孔不等跨椭圆拱，最大跨径约32m。当时椭圆拱曾盛行一时。1567～1569年在佛罗伦萨的圣特里尼塔建了3跨坦拱桥，其矢高同跨度比为1：7。11～17世纪建造的桥，有的在桥面两侧设商店，如意大利威尼斯的里亚尔托桥。石梁桥也是石桥的又一形式，英国达特穆尔现存的石板桥，有的已有2000多年的历史。

由于18世纪欧洲铁的生产和铸造技术的迅猛发展，并为桥梁提供了新的建造材料，促进了桥梁建造的大发展。但铸铁的抗冲击性能差，抗拉性能也很低，易断裂，并非良好的造桥材料。19世纪50年代以后，随着转炉炼钢和平炉炼钢技术的发展，钢材成为重要的造桥材料。钢的抗拉强度大，抗冲击性能好，尤其是19世纪70年代出现钢板和矩形轧制断面钢材，为桥梁的部件在厂内组装创造了条件，使钢材应用日益广泛。18世纪初，发明了用石灰、黏土、赤铁矿混合煅烧而成的水泥。19世纪50年代，开始采用在混凝土中放置钢筋以弥补水泥抗拉性能差的缺点。此后，于19世纪70年代建成了一批钢筋混凝土桥。1857年由圣沃南在前人对拱的理论、静力学和材料力学研究的基础上，提出了较完整的梁理论和扭转理论。这个时期连续梁和悬臂梁的理论也建立起来。桥梁桁架分析(如华伦桁架和豪氏桁架的分析方法)也得到解决。19世纪70年代后经德国人K.库尔曼、英国人W.J.M.兰金和J.C.麦克斯韦等人的努力，结构力学获得很大的发展，能够对桥梁各构件在荷载作用下发生的应力进行分析。这些理论的发展，推动了桁架、连续梁和悬臂梁的发展。19世纪末，弹性拱理论已较完善，促进了拱桥发展。

1.2 现代桥梁的建造

进入20世纪，近代桥梁的建造极大促进了桥梁科学理论的兴起和发展。20世纪20年代土力学的兴起，推动了桥梁基础的理论研究。近代桥梁按建桥材料划分，除木桥、石桥外，还有铁桥、钢桥、钢筋混凝土桥。现今使用的各种主要桥式结构都能在古代找到起源。

在最基本的三种桥式中，梁式桥起源于模仿倒伏于溪沟上的树木而建成的独木桥，由此演变为木梁桥、石梁桥，直至19世纪的桁架梁桥；悬索桥起源于模仿天然生长的跨越深沟而可资攀缘的藤条而建成的竹索桥，演变为铁索桥、柔式悬索桥，直至有加劲梁的悬索桥；拱桥起源于模仿石灰岩溶洞所形成的"天生桥"而建成的石拱桥，演变为木拱桥和铸铁拱桥。

20世纪初，北美洲曾在铁路钢桥跨度方面连创世界纪录。到第二次世界大战前，公路钢桥和钢筋混凝土桥的跨度记录又都超过了铁路桥。第二次世界大战后，大量被破坏的桥梁急待修复，新桥急需修建，而造桥钢材短缺，于是，利用30年代以来所积累的关于高强材料和高效工艺（焊接、预应力张拉及锚固、高强度螺栓施工工艺等）的经验，推广了几种新型桥——用正交异性钢桥面板的箱形截面钢实腹梁桥、预应力混凝土桥和斜拉桥。60年代以来，汽车运输猛增，材料供应缓和，科学技术迅猛发展，桥梁工程又在提高质量、降低造价、降低桥梁养护费等方面获得了很大改进。

（1）木桥。16世纪前已有木桁架。1750年在瑞士建成拱和桁架组合的木桥多座，如赖谢瑙桥，跨径为73m。在18世纪中叶至19世纪中叶，美国建造了不少木桥，如1785年在佛蒙特州贝洛兹福尔斯的康涅狄格河上建造的第一座木桁架桥，桥共两跨，各长55m；1812年在费城斯库尔基尔河上建造的拱和桁架组合木桥，跨径达104m。桁架桥省掉拱和斜撑构，简化了结构，因而被广泛应用。由于桁架理论的发展，各种形式桁架，如普拉特型、豪氏型、汤氏型等木桥相继出现。由于木结构桥用铁件量很多，不如全用铁经济，因此，19世纪后期木桥逐渐为钢铁桥所代替。

（2）铁桥。包括铸铁桥和锻铁桥。铸铁性脆，适宜受压，不宜受拉，宜作拱桥建造材料。世界上第一座铸铁桥是英国科尔布鲁克代尔厂所造的塞文河桥，建于1779年，为半圆拱，由5片拱肋组成，跨径30.7m。锻铁抗拉性能较铸铁好，19世纪中叶跨径大于60m的公路桥都采用锻铁链吊桥。铁路因吊桥刚度不足而采用桁桥，如1845年~1850年英国建造布列坦尼亚双线铁路桥，为箱形锻铁梁桥。19世纪中叶以后，相继建立起梁的定义和结构分析理论，推动了桁架桥的发展，并出现多种形式的桁梁。但那时对桥梁抗风的认识不足，桥梁一般没有采取防风措施。1879年12月大风吹倒才建成18个月的阳斯的泰湾铁路锻铁桥，就是由于桥梁没有设置横向连续抗风构。

（3）预应力钢筋混凝土桥。20世纪30年代，预应力混凝土和高强度钢材相继出现，材料塑性理论和极限理论的研究，桥梁振动的研究和空气动力学的研究，以及土力学的研究等获得了重大进展。从而，为节约桥梁建筑材料、减轻桥重、预计基础下沉深度和确定其承载力提供了科学的依据。桥梁按建桥材料可分为预应力钢筋混凝土桥、钢筋混凝土桥和钢桥。

1928年，法国弗雷西内工程师经过20年的研究，用高强钢丝和混凝土制成预应力钢筋混凝土。这种材料，克服了钢筋混凝土易产生裂纹的缺点，使桥梁可以用悬臂安装法、顶推法施工。随着高强钢丝和高强混凝土的不断发展，预应力钢筋混凝土桥的结构不断改进，跨度不断提高。预应力钢筋混凝土桥有简支梁桥、连续梁桥、悬臂梁桥、拱桥、桁架桥、刚架桥、斜拉桥等桥型。简支梁桥的跨径多在50m以下。连续梁桥如1966年建成的法国奥莱隆桥，是一座预应力混凝土连续梁高架桥，共有26孔，每孔跨径为79m。1982年建成的美国休斯敦船槽桥，是一座中跨229m的预应力混凝土连续梁高架桥，用平衡悬臂法施工。悬臂梁桥如1964年联邦德国在柯布伦茨建成的本多夫桥，其主跨为209m；1976年建成的日本滨名桥，主跨240m；中国1980年完工的重庆长江桥，主跨174m。桁架桥如1960年建成的联邦德国芒法尔河谷桥，跨径为90m+108m+90m，是世界上第一座预应力混凝土桁架桥。1966年苏联建成一座预应力混凝土连续桁架式桥，跨径为106m+3×166m+106m，用浮运法施工刚架桥如1957年建成的法国图卢兹的圣母歇尔桥，是一座160m+5×65m的预应力混凝土刚架桥；1974年建成的法国博诺姆桥，主跨径为186.25m，是目前最大跨径预应力混凝土刚架桥。预应力钢筋混凝土吊桥是将预应力梁中的预应力钢丝索作为悬索，并同加劲梁构成自锚式体系，1963年建成的比利时根特的梅勒尔贝克桥和玛丽亚凯克桥，主跨径分别为56m和100m，就是预应力钢筋混凝土吊桥。斜拉桥如1962年建成的委内瑞拉马拉开波湖桥。这座桥为5孔235m连续梁,由悬在A形塔的预应力斜拉索将悬臂梁吊起。斜拉桥的梁是悬在索形成的多弹性支承上,能减小梁高,且能提高桥的抗风和抗扭转振动性能,并可利用拉索安装主梁,有利于跨越大河,因而应用广泛。预应力混凝土斜拉桥如1971年利比亚建造的瓦迪库夫桥,主跨径282m;1978年美国建造的华盛顿州哥伦比亚河帕斯科—肯纳威克桥,主跨299m;1977年法国建造的塞纳河布罗东纳桥,主跨320m。

1979年,联邦德国要在1948年所复建的科隆—多伊茨莱茵河桥钢实腹梁旁边原预留复线桥位处增建同样分跨和同样尺寸的连续梁,经方案比较,预应力混凝土梁的造价比钢梁造价低15%。至于预应力混凝土斜拉桥,因受悬臂梁桥和钢斜拉桥的启发,其构思在50年代已经成熟;出于其他原因,1962年才在委内瑞拉马拉开波湖上首次建成主跨235m的预应力混凝土斜拉桥。目前这种桥的跨度已发展到400m以上。钢筋混凝土拱桥,在采用无支架施工方面也取得了进展。

(4)钢筋混凝土桥。第二次世界大战后,联邦德国1948年在科隆—多伊茨复建莱茵河桥,分跨是132.1m+184.5m+120.7m,车道宽度11.6m,采用的实腹梁取铆焊并用的构造,用钢量为老桥的61%,是节约钢材的第一例(老桥为自锚式链杆悬索桥)。1950年,正交异性钢桥面板开始在科布伦茨的内卡河桥使用,分跨是56m+75m+56m。这种桥面较轻且能充当实腹梁上翼缘,1951年用于杜塞尔多夫—诺伊斯莱茵河桥时使钢实腹梁桥跨度达到206m;1974年巴西修建的瓜纳巴拉湾桥跨度达到300m。1955年斜拉桥首先在瑞典斯特伦松德建成,分跨是75m+182.6m+75m。1959年,联邦德国修建了塞韦林独塔斜拉桥,其主跨达302m。现在的钢筋混凝土斜拉桥和钢斜拉桥跨度已分别达到440m和404m。传统的悬索桥、钢拱桥和悬臂桁架梁桥,也各有长跨记录。

第二次世界大战以后,世界上修建了多座较大跨径的钢筋混凝土拱桥,如1963年通车的葡萄牙亚拉达拱桥,跨径为270m,矢高50m;1964年完工的澳大利亚悉尼港的格莱兹维尔桥,跨径305m。中国1964年创造钢筋混凝土双曲拱桥。桥由拱肋和拱波组成,纵向和横向均有曲度,横向也用拱波形式。拱肋和拱波分段预制,因此可用轻型吊装设施安装。这样,在缺乏重型运输工具和重型吊装机具条件下,也可以修建较大跨径拱桥。第一座试验双曲拱桥建于中国江苏无锡,跨径为9m。此后,1972年建成湖南长沙湘江大桥,是一座16孔双曲拱桥,大孔跨径为60m,小孔跨径为50m,总长1250m。钢筋混凝土桁架拱桥是拱和桁架组合而成的结构,其用料少,重量轻,施工简易。1900年前后钢筋混凝土逐渐受到桥梁界重视,被用在拱桥和梁式桥中。钢筋混凝土拱桥的跨度记录不断被刷新。在20年代初最大跨度为100m。其后则有:1930年建成的法国普卢加斯泰勒桥13孔净跨各为171.7m;1934年建成的瑞典斯德哥尔摩特兰贝里公路桥跨度178.4m;1939年建成的西班牙埃斯拉铁路桥净跨192.4m;1943年建成的瑞典桑德桥跨度264m。而钢筋混凝土实腹梁桥则进展缓慢,跨度记录只达到78m(1939年建成的法国跨越塞纳河的老维勒讷沃圣乔治桥)。苏联于1937年在彼得格勒修建沃洛达尔斯基桥时用浮运法架设两跨各101m的无推力钢筋混凝土拱、梁组合体系桥。

(5)钢桥。第二次世界大战后,随着强度高、韧性好、抗疲劳和耐腐蚀性能好的钢材的出现,以及用焊接平钢板和用角钢、板钢材等加劲所形成轻而高强的正交异性板桥面的出现,高强度螺栓的应用等,钢桥有很大发展。钢板梁和箱形钢梁同混凝土相结合的桥型,以及把正交异性板桥面同箱形钢梁相结合的桥型,在大、中跨径的桥梁上广泛运用。1951年联邦德国建成的杜塞尔多夫至诺伊斯桥,是一座正交异性板桥面箱形梁,跨径206m;1957年联邦德国建成的杜塞尔多夫北桥,是座6孔72m钢板梁结交梁桥;1957年南斯拉夫建成的贝尔格莱德的萨瓦河桥,是一座钢板梁桥,跨径为75m+261m+75m,为倒U形梁;1973年法国建成的马蒂格斜腿刚构桥,主跨为300m;1972年意大利建成的斯法拉沙桥,跨径达376m,是目前世界上跨径最大的斜腿刚架桥。1966年美国完工的俄勒冈州阿斯托里亚桥,是一座连续钢桁架桥,跨径达376m。1966年日本建成的大门桥,是一座连续钢桁架桥,跨径达300m;1968年中国建成的南京长江桥,是一座公路铁路两用的连续钢桁架桥,正桥为128m+9×160m+128m,全桥长6km;1972年日本建成的大阪港的港大桥为悬臂梁钢桥,桥长980m,由235m锚孔和162m悬臂、186m悬孔所组成;1964年美国建成的纽约维拉扎诺吊桥,主孔1298m,吊塔高210m;1966年英国建成的塞文吊桥,主孔985m,这座桥根据风洞试验,首次采用梭形正交异性板箱形加劲梁,梁高只有3.05m;1980年英国完工的恒比尔吊桥,主跨为1410m,也用梭形正交异性板箱形加劲梁,梁高只有3m。20世纪60年代以后,钢斜拉桥发展起来。第一座钢斜拉桥是瑞典建成的斯特伦松德海峡桥,建于1956年,跨径为74.7m+182.6m+74.7m。这座桥的斜拉索在塔左右各两根,由钢筋混凝土板和焊接钢板梁组合作为纵梁。1959年联邦德国建成的科隆钢斜拉桥,主跨为334m;1971年英国建成的厄斯金钢斜拉桥,主跨305m;1975年法国建成的圣纳泽尔桥,主跨404m。圣纳泽尔桥的拉索采用密束布置,使节间长度减少,梁高减低,梁高仅3.38m。目前通过对钢斜拉桥抗风抗震性能的改进,其跨径正在逐渐增大。钢桥的基础多用大直径桩或薄壁井筒建造。

20世纪初至中叶,结构力学的弹性内力分析方法普遍用于超静定承重结构的桥梁设计,为创造长跨纪录的工作取得有力的科学依据。这一时期建成的钢桥:铁路桥有加拿大魁北克桥(1918年,主跨548.6m的悬臂桁架梁);美国纽约鬼门两铰桁架拱桥(1916年,主跨298m,4线重载铁路,道砟桥面),俄亥俄州塞欧托维尔两跨连续桁架梁桥(1917年,跨度236.3m),伊利诺伊州梅特罗波利斯简支桁架梁桥(1917年,主跨219.5m)。公路桥有澳大利亚悉尼港桥(1932年,跨度503m钢桁拱);美国贝永钢桁拱桥(1931年,跨度503.6m),纽约乔治·华盛顿悬索桥(1931年,跨度1066.8m),旧金山金门悬索桥(1937年,跨度1280.2m)。在此期间苏联在第聂伯河修建了公铁两用钢桁架拱桥(930年跨度224m,在第二次世界大战中被毁,1952年重建为跨度228m的钢筋混凝土拱桥),在莫斯科运河上修建了克雷姆斯基铁链杆悬索桥(1938年,跨度168m)。

公路桥梁和城市桥梁的大量兴建,新型桥梁的广泛采用,传统桥式施工方法的改进,使桥梁工程取得了新成就。在悬索桥方面,如英国的福斯湾公路桥(跨度1006m)和塞文河桥(跨度986.6m)、法国的唐卡维尔桥(1959年,跨度610m)、葡萄牙的萨拉查桥(1966年,跨度1013m)等,在技术上都有突破。

20世纪50~60年代,桥梁技术经历了一次飞跃:混凝土梁桥悬臂平衡施工法、顶推法和拱桥无支架方法的出现,极大地提高了混凝土桥梁的竞争能力;斜拉桥的涌现和崛起,展示了丰富多彩的内容和强大的生命力;悬索桥采用钢箱加劲梁,技术上出现新的突破。所有这一切,使桥梁技术得到空前的发展。悬索桥采用钢箱加劲梁,斜拉桥在密索体系的基础上采用开口截面甚至是板,使梁的高跨比大大减小,非常轻盈;拱桥采用少箱甚至拱肋或桁架体系;梁桥采用长悬臂、板件减薄等,这些都使桥梁上部结构越来越轻型化。

从国外桥梁演变历史可以看出,桥梁发展的历史,也是桥梁跨径不断增大的历史,是桥型不断丰富的历史,是结构不断轻型化的历史。目前,钢梁、钢拱的最大跨径已超过500m,钢斜拉桥为890m,而钢悬索桥达1990m。正在意大利西西里岛修建的莫奈海峡大桥的跨度将达3300m。据权威桥梁专家预测,在21世纪末,世界上建造的桥梁最大跨径将达5000m。可以预见在不久的将来,随着跨海大桥的修建需要,新的桥型和新的高强材料将得到广泛应用,大跨度桥梁将迎来一个新的历史发展时期。

2 美国城市桥梁建设一瞥

2.1 引言

前些年笔者曾赴美国的纽约、华盛顿、圣路易斯、丹佛、匹兹堡和旧金山等城市进行为期18天的城市桥梁建设专题考察,与美国的同行们进行了交流,了解了美国在城市桥梁设计、建设和管理方面的相关情况,并学习和借鉴美国在城市桥梁建设方面的成熟经验,对其城市桥梁建设有了较全面的了解。

众所周知,城市桥梁通常指城区范围内建造的跨河、跨江、跨海桥梁,立交桥及人行天桥等。笔者于2007年3月发表"美国城市道路及桥梁工程考察的回顾和思考(2)"较详细介绍了美国一般城市桥梁的设计特点、美国的桥梁抗震和桥梁构造等方面内容。而提起美国的桥梁,不能不提起犹它州彩虹拱桥。在大自然鬼斧神工的创造中,美国犹它州彩虹拱桥(Utah Rainbow Arch Bridge)确实令世人感叹,这座据说是世界上已知的最大天然桥,横跨在美国犹他州红岩沙漠区的峡谷之上,桥长94m,桥顶宽10m。这座奇特的天然拱桥,以其优美的桥型和褐红色的桥身,令到访的人们流连忘返,见图2.1。

图2.1 美国犹它州彩虹拱桥

本文主要介绍美国经典的城市大跨径桥梁(悬索桥、拱式桥和斜拉桥)、具有创新理念的两座新世纪大跨径桥梁、美国城市桥梁倒塌的案例分析及相关启示和建议。

2.2 美国的悬索桥

众所周知,现代悬索桥的建设反映了一个国家的综合实力和建桥水平。悬索桥的基本构造通常由主塔、锚锭、主缆、吊索、加劲梁及索鞍等主要部分组成。考察中笔者总体感觉,美国大多数城市已建的大跨径桥梁其结构形式多以悬索桥为主。而这些美式悬索桥有4个特点:

(1)结构体系一般是三跨两铰式;

(2)大缆为空中送丝;

(3)后期建设的桥塔均为钢塔;

(4)加劲梁均为桁架式,桥面使用厚重的混凝土板并在加劲梁架设中采用了梁段提升法。

2.2.1　旧金山金门大桥

旧金山金门大桥是世界最著名的大桥之一,被誉为近代桥梁工程史上的一项奇迹。大桥位于美国加利福尼亚州宽1900多米的金门海峡之上。金门海峡为旧金山海湾入口处,两岸陡峻,航道水深。历史上,于1579年为英国探险家弗朗西斯·德雷克发现,并由他命名。金门大桥的北端连接北加利福尼亚,南端连接旧金山半岛。大桥的结构形式为悬索桥,钢塔之间的跨度为1280m,系当时世界所建大桥中最大的单孔长跨距。钢塔耸立在大桥南北两侧,高342m,其中高出水面部分为227m,相当于一座70层高的建筑物。塔的顶端用两根直径各为92.7cm、重2.45万吨的钢缆相连,钢缆中点下垂,几乎接近桥身。钢缆和桥身之间用一根根细钢绳连接起来,钢缆两端伸延到岸上,锚定于岩石中。大桥桥体凭借桥两侧两根钢缆所产生的巨大拉力高悬在半空之中。桥下净空约60m,即使海水涨潮时,大型船只也能畅通无阻。金门大桥全长达2737m,两侧修建有两座辅助钢塔,使桥形更加壮观。大桥的桥面宽27.4m,有6条行车道和两条宽敞的人行道。大桥的设计者是工程师约瑟夫·斯特劳斯,人们为纪念他对美国作出的贡献,把他的全身铜像安放在桥畔。铜像形象生动,神情自若。金门大桥于1933年动工,1937年5月竣工,用了4年时间和10万多吨钢材,耗资达3550万美元。整个大桥造型宏伟壮观、朴素无华。桥身呈朱红色,横卧于碧海白浪之上,华灯初放,如巨龙凌空,使旧金山市的夜空景色更加壮丽。金门大桥是旧金山的象征,它以雄伟磅礴的气势,吸引着无数游客,见图2.2,图2.3。

图2.2　旧金山金门大桥照片1

图2.3　旧金山金门大桥照片2

2.2.2　乔治华盛顿大桥

乔治华盛顿大桥是美国第四长的悬索桥,大桥位于纽约州华盛顿堡(Fort Washington,New York)和新泽西州李堡(Fort Lee,New Jersey)的附近。该桥的主跨为1067m,是当年建成时世界上最长的大桥。这座双层大桥于1927年10月动工,并于1931年10月24日举行了上层桥梁的通车典礼,而下层通车日期是1962年8月29日。它包括双层桥面——上层为双向8车道,下层为双向6车道,共14个车道。此外,大桥上层道路两侧还设置了人行道。桥上的车速限制为45英里/小时(70km/小时),但由于交通拥堵经常难以达到这样的速度,特别是在早晚交通高峰时段进出纽约市更是如此。大桥最初命名为“哈德逊河大桥”,后为纪念第一位美国总统乔治·华盛顿而重新命名。这座大桥系纽约市的一条重要交通要道,95号州际公路、国道1号、国道9号、国道46号等重要高速公路均途经此处。据统计,2007年该大桥年通行量为147912000辆,日均车流量为295649辆。乔治华盛顿大桥,目前被认为是世界上车流量最大、最繁忙的桥梁,见图2.4~图2.7。

2.2.3　布鲁克林大桥

美国纽约的布鲁克林大桥(Brooklyn Bridge),是纽约著名的标志性建筑之一,位于纽约的布鲁克林区。桥梁的结构形式为悬索桥,总长度为1825m(5989ft),最大宽度为26m(85ft),距离水面41m(135ft)。本桥第一次使用了钢丝主缆,4根主缆的直径为390mm。孔径布置为284m+486m+284m。主梁高为5.2m。纽约布鲁克林大桥的设计者是德国移民约翰·罗布林。大桥从1869年开工,到1883年竣工，施工期前后长达14年，投入了2500万美元的资金。当时所采用的体系为高次超静定体系，使每一根拉索都成为赘余构件，为此在无法进行计算分析的情况下，只能规定力在构件之间的分配。大桥横跨纽约的东河，连接着布鲁克林区和曼哈顿岛，其87m的高桥墩，成为当时纽约的最高建筑物之一。桥身由上万根钢索吊起，是当时世界上最长的悬索桥，也是世界上首次以钢材建造的大桥，落成时被认为是继世界古代7大奇迹之后的第8大奇迹，亦被誉为工业革命时代全世界7个划时代的建筑工程奇迹之一。如今，每天从桥上经过的车辆约为14万辆。布鲁克林大桥和帝国大厦、自由女神像共同作为当时纽约的三大市标，已成为纽约市天际线不可或缺的一部分，并于1964年成为了美国国家历史地标。大桥建成后良好的抗风性能，则为悬索桥向更大跨度的发展开了先河，详见图2.8～图2.11。

图2.4 乔治华盛顿大桥照片1

图2.5 乔治华盛顿大桥照片2

图2.6 乔治华盛顿大桥照片3

图2.7 乔治华盛顿大桥照片4

图2.8 纽约布鲁克林大桥照片1

图2.9 纽约布鲁克林大桥照片2

图 2.10　纽约布鲁克林大桥照片 3

图 2.11　纽约布鲁克林大桥照片 4

2.2.4　科罗拉多州皇家峡谷大桥

美国科罗拉多州皇家峡谷大桥(Royal Gorge Bridge),位于阿肯色河上的皇家大峡谷,大桥的结构形式为悬索桥,主跨为 384m,于 1929 年在 6 个月内建成通车,并且在建设中没有出现人员伤亡事故。这座大桥的桥面高出水平面 321m,作为当时世界上最高的悬索桥,被评为世界十大最美桥梁之一。当车辆行驶在这座位于千英尺深渊之上的桥面时,其坚固的桥身及精心设计的桥塔可确保车辆的行驶安全。同时,科罗拉多州佳能市(Canon City,Colorado)在大桥的附近设立了一个旅游景点(即占地 1.5km^2 的主题公园),来自世界上不同肤色的人们,面对褐红色的岩石和世界第一高桥,在此地蹦极,挑战极限,堪称一绝,见图 2.12。

图 2.12　科罗拉多州皇家峡谷大桥

2.2.5　匹斯堡第十街南大桥

匹兹堡市位于美国宾夕法尼亚州的西北部,是一座古老的工业城市。给我们印象最深的是,这里三江汇集,群山环抱,是美国最早和最著名的钢铁基地。该市有数以百计的城市道路(有很多是高速公路),像蜘蛛网一样贯穿到城市的每一个角落,且有 28 座风格不一的钢结构桥梁连接着这座古老而又美丽的山城。这里的交通十分方便,但由于地处丘陵地带,除市中心有几条较笔直的道路以外,其余道路全是枝杈形的,很难辨别方向。匹兹堡市跨越莫农加希拉河的绝大多数桥梁为悬索桥或拱式桥。

匹兹堡第十街南大桥,通常被称为匹兹堡第十街大桥,其正式名称为菲美利桥,是一座横跨莫农加希拉河的悬索桥,桥面布设 4 车道,桥梁总长度为 389m(1275ft),主跨为 221m(725ft),建于 1933 年。这座桥梁连接南第十街南口到第二大道和阿姆斯特朗隧道。该桥是匹兹堡大河流建造的三座大型桥梁中唯一选用悬索结构的桥梁。这座桥梁令人印象深刻,从远处眺望,其桥塔设计和米黄色的桥身,美观和舒展,早已成为当地的一景和地标性的建筑,见图 2.13,图 2.14。

2.2.6　圣弗朗西斯科海湾大桥

圣弗朗西斯科海湾大桥(San Francisco-Oakland Bay Bridge),总长度为 2470m(8100ft),如此长的跨度给设计带来了很多问题,最终采用两个独立悬索桥对接的形式,两个主跨均为 704m(2310ft)。该海湾大桥横跨旧金山湾,连接旧金山与奥克兰两个大城市,于 1933 年开始兴建,1936 年 11 月完工通车。海湾大桥分为东西两侧,中间开凿隧道通过金银岛(Yerba Buena Island)。大桥西侧长 2.8km,东侧长 3.1km,分为上下两层车道,每层各有 5 个车道,上层通往旧金山,下层通往奥克兰。旧金山市与金银岛的部分,是由4座钢桥塔支撑着桥梁的上下两层。桥上的照明系统使得海湾大桥在夜晚显得特别美丽。连接旧金山与奥克兰的海湾大桥,由于在1989年的大地震中造成了某些部分的崩塌,所以经过几年的计划,在2002年原桥旁动工重新建造了一座耐强震新桥。从远处眺望这座大桥,舒展的桥型和深灰色的桥身,与周围的景色融为一体,早已成为当地地标式的建筑物,见图2.15、图2.16。

图2.13 匹兹堡第十街大桥照片1

图2.14 匹兹堡第十街大桥照片2

图2.15 美国圣弗朗西斯科海湾大桥照片1

图2.16 美国圣弗朗西斯科海湾大桥照片2

2.3 美国的拱式桥梁

在现代桥梁建设中,由于斜拉桥等新桥型的出现,现代钢拱桥的跨度相比没有突破性的发展。但由于正交异性板钢桥面、钢箱梁和钢桥连接技术的新发展,钢拱桥在技术方面有了诸多创新,出现了尼尔森体系、提篮拱桥和大跨径的梁拱组合体系。下面介绍美国3座有代表性的拱式桥梁。

2.3.1 弗里蒙特桥

1973年建成的美国俄勒冈的弗里蒙特桥,在俄勒冈州跨越威拉米特河,是世界上第二长的系杆拱桥。该桥采用多跨布置的拱、梁组合体系,是3跨连续刚性梁柔性系杆拱桥。该桥的杆件均为矩形箱形截面,其中间两支点均采用铰支承,为有推力结构,跨度为137.7m+382.6m+137.7m。大桥为双层桥面,上层为正交异性板钢桥面,下层为钢筋混凝土桥面,采用正交异性板桥面箱形梁及栓焊结构,悬臂安装施工。这座桥在建成时是世界上最大的拱式桥梁(1997年建成的我国重庆万县长江桥,跨度为420m是世界上最大的钢桁架拱桥)。当初,在方案设计时,弗里蒙特桥在美学造型上既要与风景秀丽的威拉米特河两岸的风光相协调，又要满足结构受力的要求。该桥中跨系杆拱的吊索为钢丝绳，整个系杆拱净重6000t，从远处望去，大桥显得通透、协调、美观大方，见图2.17。

2.3.2　匹兹堡伯明翰大桥

美国匹兹堡伯明翰大桥（The Birmingham Bridge），是一座钢结构系杆拱桥，建于1976年。该桥位于美国宾夕法尼亚州著名钢城匹兹堡，跨莫农加希拉河。图2.18系笔者在匹兹堡莫农加希拉河畔所拍摄。这座大桥主孔为下承式系杆拱桥，跨径为260m，桥墩为实体矩形；边孔为钢板梁桥，桥墩为预制方形桥墩。该桥修建于20世纪70年代中期。这座桥梁的特点有3个：

（1）受力明确，结构安全，能满足桥梁结构的安全性和耐久性要求；

（2）桥梁体量适度，外形轻巧，从远处看，比例协调，能与周围的景色融为一体；

（3）十分经济，维护费用少，钢系杆拱结构历经30多年，至今仍运行良好。

图2.17　弗里蒙特桥

图2.18　匹兹堡伯明翰大桥

2.3.3　新河乔治桥

图2.19为西弗吉尼亚州的新河乔治桥。这座建于1977年跨越新乔治河大峡谷的桥梁，系当时世界上最大跨度的钢桁架拱桥，该桥跨度为518.2m（目前最大跨度为我国重庆朝天门长江大桥——主跨为552m的钢桁连续系杆拱桥），桥面宽度22m，桥面距河面高度为267m。原设计有悬索桥、桁梁桥和钢拱桥3个方案，经综合比选，考虑桥墩高度、外形美观、建筑费用及悬臂安装的难易程度等因素，最终选用钢拱结构。该桥全长924m，路面由高5.49m的上承桁梁支承，其上承桁梁为连续结构，其中两联用于引桥，中间一联在主桥拱上。而引桥结构用建于山坡上的焊接钢箱形柱做排架支承。这座气势宏伟的大桥，跨越于山谷之间，显得雄伟和挺拔，是桥梁建筑史上的杰作，见图2.19、图2.20。

图2.19　新河乔治桥照片1

图2.20　新河乔治桥照片2

2.4 美国的现代斜拉桥

众所周知,斜拉桥作为一种拉索体系,比梁式桥有更大的跨越能力。由于拉索的自锚特性而不需要悬索桥那样巨大锚碇,加之斜拉桥有良好的力学性能和经济指标,已成为大跨度桥梁最主要桥型,在跨径200~800m的范围内占据着优势,在跨径800~1100m的特大跨径桥梁角逐中,斜拉桥将扮演重要角色。考察中我们发现,美国主要是以混凝土斜拉桥为主,其不采用钢斜拉桥的主要原因是钢焊接工作量大,需较多的劳动力,且养护工作量大,无法与混凝土斜拉桥竞争。

2.4.1 斯蒂尔沃特斜拉桥

斯蒂尔沃特斜拉桥(Stillwater Cablestayed Bridge)位于明尼苏达州华盛顿郡与威斯康星州圣克罗伊郡之间,跨越圣克罗伊河。这座4车道公路桥距圣克罗伊河与密西西比河(The Mississippi River)交汇处约41km,建成后将成为明尼苏达州36号高速公路(MN-36)及威斯康星州64号高速公路(WI-64)上的一座重要跨河桥梁。该桥全长约918m(3010ft),其结构形式为多跨矮塔斜拉桥(部分斜拉桥),通航孔航道宽度约152m(500ft),通航净空约43m(140ft)。全桥外观明朗、轻盈、对称、均匀、有节奏和韵律感,见图2.21、图2.22。

图2.21 斯蒂尔沃特斜拉桥照片1

图2.22 斯蒂尔沃特斜拉桥照片2

2.4.2 阳光高架桥

阳光高架桥(Sunshine Skyway Bridge)坐落于美国佛罗里达州的坦帕湾上,全长29040ft(8.85km)。大桥始建于1982年,并于1987年1月11日竣工,4月20日开放通车。大桥的结构形式为独塔斜拉桥,其主跨为366m(1200ft),桥面高出水面58.8m(193ft),系当时世界上最长的混凝土斜拉桥,工程总耗资为2.4亿美元。这座大桥连接了佛罗里达州的圣彼德堡市与马纳蒂县的palmetto市,并跨越希尔斯伯勒县的水域。桥塔上的21根钢缆穿过9ft(2.7m)直径的钢管斜拉于桥身双向行车带间的中央隔离区上,支撑起300余件预制混凝土构件组成的整体结构,此种设计可使车辆驾驶员毫无遮挡地一览海湾美景。

兴建此大桥主要考虑交通功能和安全性等方面。大桥的6个桥墩周围都建造了名叫"海豚"的混凝土障碍岛,足以抵抗高达87000t的撞击。大桥由钢铁与混凝土建造而成。其钢缆外的钢管被别具匠心地涂为亮黄色,以代表其所在地佛罗里达州(佛州亦被称为阳光州)。该桥优美的外形与炫目的色彩自建成之后即为其赢得盛誉。美国将阳光高架桥列为世界十大桥梁中的第三位,并评价其为佛罗里达州的地标,见图2.23、图2.24。

图 2.23　阳光高架桥照片 1

图 2.24　阳光高架桥照片 2

图 2.25　西德尼拉尼尔桥

2.4.3　西德尼拉尼尔桥

西德尼拉尼尔桥位于美国佐治亚州东南部的不伦瑞克，是一座 3 跨双塔双索面的斜拉桥，是目前佐治亚州最大跨径的桥梁。为便于大型船只通过不伦瑞克港，这座斜拉桥的主跨为 381m，两个边跨均为 190.5m，全长 2651.424m，建成时间为 2001 年。大桥为双向 4 车道，每车道宽 4.09m，中间设有中央分隔带。这座大桥的最高的桥墩支承于直径为 4ft（大约 1.36m）的钻孔灌注桩基础上，选择这种基础是因为要在软弱土层覆盖的岩床上打入桩基础，见图 2.25。

2.5　新世纪两座具有创新理念的大跨径桥梁

进入 21 世纪以来，美国又兴建了以新海湾大桥和胡佛大桥为代表的具有创新理念的大跨径桥梁。

2.5.1　具有创新理念的美国新海湾大桥

众所周知，自锚式悬索桥不同于一般的悬索桥，它的主缆直接锚固在钢箱梁的梁端，由主梁直接承受端部主缆产生的水平和竖向分力，不需要庞大的锚碇，这将给不方便建造锚碇的地区修建悬索桥提供了一种解决方法。而一般自锚式悬索桥采用单塔自锚，因此这种桥梁的施工难度非常高，而且造价昂贵。自锚式悬索桥的特点为：

（1）在外形结构上，取消了其他悬索桥两端大体积锚碇混凝土，节省了占地面积。

（2）在受力结构上，利用桥梁桥面系来平衡主缆的水平拉力，悬索部分和钢箱梁自成体系，上部结构中的恒载和活载通过自锚体系传力至索塔，再传至索塔基础。

（3）在施工步骤上，其他悬索桥先施工主缆，然后再进行梁体的安装或浇筑，而自锚式悬索桥由于主缆锚固在主梁两端，故先进行钢箱梁的施工，再安装主缆。

（4）在施工监测监控上，自锚式悬索桥要求精度较其他悬索桥高，钢箱梁拼装、主缆安装调整、索夹和吊杆的安装调整、索塔的偏位变形等都应在监控之下，使桥梁时刻处于良好的施工控制状态。

美国新海湾大桥是世界上最大的单塔自锚悬索桥，是美国西岸新的标志性建筑物，系迄今为止世界上最昂贵、最美丽、抗地震技术含量最高、技术含量最高、寿命最长（150 年）的桥梁。这座大桥座位于美国旧金山湾，是进入美国西岸旧金山市的标志景观，是世界第一单塔自锚抗震悬索钢结构桥梁。大桥主航悬索桥跨径为565m，钢塔总高约150m。但因要求抗震性能高（1998年旧金山地震，老桥受损，现带病工作），设计和制造难度均很大。这座大桥是美国加州政府项目，作为世界第一单塔自锚抗震悬索钢结构桥梁，该桥梁由著名的林同棪国际顾问公司设计，是世界同类钢结构桥梁中技术难度最高、造价最高的钢桥项目，能抵抗8级地震。经过角逐，我国上海振华重工（ZFMC）获得了制造美国旧金山新海湾大桥全部钢结构共4.5万吨的工程，这也是中国企业首次承担如此大规模的复杂钢构桥梁的建造项目，包括大桥的钢桥、钢塔、浮吊等，总标的额超过3.5亿美元。这座大桥的创新点为：

（1）悬索桥钢塔的高度为148m，重为1.3万吨的单塔柱支撑了全桥7万吨的重量，为世界同类桥梁之首，且为世界抗震钢塔第一高度。其塔身由4根五边形钢柱和横梁组成，最大板厚达到100mm。其制作难点在于每段重量重、结构形式复杂、厚板焊接难度高，并且塔的垂直度的要求非常严格。

（2）桥面的钢箱梁总长605m，总宽为70m，高为5.5m，为世界同类桥梁中第一大箱梁。钢梁由东西两线钢箱梁和联系梁组成，采用栓焊结构，总重量约为30000t。将这批质量要求极高的钢构全部交给我国的公司承造，在美国桥钢梁建造史上尚属首例。它标志着世界桥梁制造的中国纪元已经拉开帷幕。

（3）缆索与大地不发生关系，自锚在桥梁端部，因而有极强的抗震性，抗震设计8级为世界桥梁抗震之首。

（4）桥面宽达70m，双向12车道，中间还有一条自行车专用车道。仅从宽度看，为世界单塔悬索桥之首。

（5）桥面每天汽车流量能确保30万辆，是旧金山与奥克兰之间不可或缺的关键通道，即便再发生强烈地震也不允许中断交通，其桥面机动车通行能力为世界桥梁之首，见图2.26、图2.27。

图2.26　美国新海湾大桥照片1

图2.27　美国新海湾大桥照片2

2.5.2　美国新世纪的代表作——胡佛大桥

21世纪美国的标志性建筑——胡佛大桥。胡佛大桥坐落在胡佛大坝上，横跨科罗拉多河，连接着美国的内华达州和亚利桑那州，这是地球上最新的超级建筑。这座大桥，系美国建设的第一座钢筋混凝土组合拱桥，由林同棪国际顾问公司设计。桥面高出科罗拉多河水面271m（890ft），采用钢筋混凝土桁架拱结构，其329m的主跨度为世界之最，桥梁总长度为579m，大桥设有4条车道，造价约合16.7亿人民币。经过12年的计划和历时5年的建设，大桥于2010年9月份竣工，建成后，每日可通过大小车辆17000辆。这座大桥使用超过700m长的高空缆绳架起的起重系统进行吊装，造型优美的桥拱由106块钢筋混凝土预制件拼合而成，每一块长7.3m。作为美国第一座钢-混凝土组合拱桥（全桥混凝土拱肋由内部的钢材加固，形成了由钢材-混凝土构成的组合材料），大桥的设计风格与收纳米德人工湖的胡佛大坝相得益彰。这座于21世纪第10年建成的大桥，不愧为美国新世纪的杰出桥梁代表作，见图2.28、图2.29。

图 2.28　胡佛大桥

图 2.29　建设中的胡佛大桥

2.6　美国城市桥梁倒塌案例

在考察中,我们对美国近年来发生的城市桥梁倒塌案例进行了调研,其大致情况如下。

2.6.1　明尼苏达高速公路桥梁

2007 年 8 月 1 日美国明尼苏达州密西西比河的一座高速公路上的桥梁突然垮塌,近 50 辆车坠入高约 18m 的河中,有 9 人死亡,数十人受伤,引起全世界的震惊。经排查排除了恐怖袭击的可能,系一起桥梁结构性垮塌事故,见图 2.30。

该大桥修建于 1967 年,桥梁为钢结构拱桥,桥面距河面约 20m,桥长为 589m。该桥 2005 年和 2006 年分别接受交通部门的检查,均未发现问题。但 2001 年由明尼苏达州交通部门的研究成果表明,大桥连接路堤主桥的引桥"存在老化问题",支撑桥梁的主结构桁架也存在"老化问题"。研究显示:按大桥的桁架设计理论,如果大桥两个支撑面断裂,则有可能垮塌。但十分遗憾的是,最终的结论为:"大桥上承式桁架不可能发生老化断裂,大桥可以延后报废"。如果当初下结论时更慎重些,是否可以避免上述灾难的发生呢? 这究竟是属于桥梁风险评价中的不可抗力,还是作为运营阶段出现失误的案例,尚需人们去思考。

2.6.2　近年来美国城市桥梁倒塌的案例分析

例如,1967 年美国西弗吉尼亚州的锡尔弗桥,在交通高峰时段突然倒塌,夺走了 46 人的生命。这一事故促使美国 FHWA 建立了全国桥梁数据库,从此记录着全美桥梁的基本信息。

又如,美国某城市桥梁修建于 1998 年, 主梁为预应力混凝土箱梁,桥墩盖梁采用钢结构,也是在交通高峰时发生桥梁坍塌。调查表明,虽然事故发生造成上部梁体坍落时的冲击,但却损坏不严重。通过进行一些简单的修复,在梁底增加新的支撑,即恢复了交通。

再如,2006 年,在康涅狄格州布里奇波特也发生了一起因油罐车起火而引发桥梁倒塌的事故。这座城市桥梁亦为预应力钢筋混凝土连续梁桥。在该事故中,油罐车燃烧的高温将桥面板下的钢主梁软化,导致桥梁严重下挠,并造成严重的火灾。但从图 2.31 中可看出,混凝土梁的耐火性较钢梁好,故而这座桥梁损毁的不太严重。

如上所述,美国历史上曾发生一系列桥梁倒塌事故,造成了重大的社会影响。通过考察我们了解到,前些年美国还没有一个对桥梁倒塌事故进行详细记录的数据库。经 FHWA 对 2000 年~2008 年美国发生的桥梁倒塌事故进行统计分析,这期间美国共发生 16 起桥梁倒塌案例,而引发桥梁倒塌的原因大致可分为 6 大类,分别为:设计失误、构造尺寸不当、施工失误、材料质量低下、养护不足和外部诱因。根据这些原因,把 2000~2008 年美国发生的 16 起桥梁倒塌事故进一步分类,引发桥梁倒塌的原因涵盖了设计与施工失误、养护不足和外部诱因,其中外部诱因(10 例,占 62.5%)是导致桥梁倒塌的主要原因。

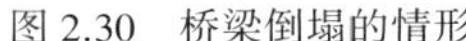

图 2.30 桥梁倒塌的情形

图 2.31 桥梁发生火灾后的情形

2.7 相关启示和建议

从上述介绍的美国不同结构形式的经典城市大跨径桥梁、具有创新理念的两座新世纪大跨径桥梁、美国城市桥梁的倒塌案例及相关启示，可得出以下 8 点启示和建议。

(1)众所周知，桥梁是人类所建造的最古老、最壮观、最美丽的建筑工程之一。本文所介绍的美国经典的城市大跨径桥梁都以其鲜明的形象、强烈的艺术感染力反映了时代特征和独特的结构特征及桥梁建筑美学的贡献，也给当地带来了独特的艺术魅力，譬如美国纽约州华盛顿堡附近的几座经典桥梁。因此，桥梁建筑不仅要表现出结构上的稳定连续和跨越能力，而且要有美的形态与内涵，内容和形式的高度统一，才能显示出不朽的生命力。这一点对我们是有借鉴和启迪作用。

(2)在城市桥梁特别是大跨径城市桥梁的结构选型方面，美国人顺应了世界桥梁结构的发展趋势，呈现了很强的创新意识和实用功能。在近 100 年间，美国人建造了许多现代大跨径城市桥梁，其特点主要呈现以下两个特点：

①在结构选型上因地制宜，以悬索结构为主，同时又有斜拉结构和拱式结构，还有梁式结构。结构选型以发挥该种结构的综合力学优势为主。

②在跨径的确定上，并非单纯追求跨径上的新突破和世界第一，而是将创新性、耐久性和经济性统筹考虑与综合确定。这两个方面的成功经验在我国当前大规模兴建桥梁工程的今天，值得我们深入思考和借鉴。

(3)在城市桥梁的设防上，我们所考察的美国海上大跨径桥梁，由于所处地域自然环境的不同，有的桥梁桥墩设计在构造上主要是考虑防止浮冰的撞击，而另一些桥梁则主要是考虑防船舶撞击。结构一旦遭到撞击，他们有一套快速修复系统在最短时间里修复结构。在城市桥梁跨线桥的设防上，所有桥梁未设防撞角钢、防撞门架，也未见桥梁有剐蹭、被撞破坏现象。

①汽车的高度严格按国家标准生产，未有私自改装加高等现象；

②桥梁净空尽量按高标准设计，净空高度没有划分成很多种类型，这些亦是我们应对比和思考的。

(4)在桥梁结构防腐和桥梁钢材防腐设计观念上，美国人反对使用环氧涂层钢筋，认为环氧涂层会降低钢筋与混凝土之间的握裹力，使得这两种材料的互补优势无法发挥出来以致降低了材料使用效率。因此，他们主张通过改进混凝土本身的材性来提高结构的耐久性标准。同时他们在桥梁结构的耐久性方面采取的许多技术措施和管理措施，也值得我们借鉴。

(5)因外部诱因如船撞、飓风、地震等而倒塌的桥梁分别占倒塌桥梁总数的 62.5%、90% 和 83%，亦是导致桥梁倒塌的主要原因。美国的相关规范对桥梁抗震的设防有十分明确的规定，并且各州均有抗震设计规范。因此，在桥墩防撞、飓风、火灾等问题上，他们注重从技术法规和具体做法上对设计、施工环节提出明确的要求。这一点，结合我国当前的实际情况，的确值得学习和借鉴，以尽快填补我们在此方面的空白和不足。

（6）美国的钢桥数量也比我国要多很多，此次考察我们深感美国人对耐久性问题的重视。从美国16起倒塌事故可以看出，虽然钢桥与混凝土桥的耐久性问题侧重点不一样，但问题仍很突出。钢桥存在着钢材腐蚀、疲劳、低温脆断和耐火性差等问题；而混凝土桥梁则存在钢筋腐蚀、混凝土劣化等现象。目前在我国桥梁工程特别是城市桥梁，前些年对提高耐久性的意识还不强，规范中相应措施的可操作性还不完善，研究与实践均需要加强。因此，需专题研究并尽快将研究成果应用于实际桥梁工程建设中。

（7）城市桥梁的检测、评估工作十分重要，但从以往桥梁的抗力随服役时间的增长而逐渐退化的事实来看，实际运营中对桥梁的服役要求却在不断提高，美国16起桥梁倒塌事故中，13起都是在桥梁运营过程中发生的。因此，桥梁运营时间越长，发生倒塌的可能性也越大。我们对数以万计的在役桥梁，如何从管理和技术的角度进行有效的检测和评估，对于今后防范桥梁倒塌事故极为重要。因此，我们应加强这方面的工作。

（8）当前我国处在进入21世纪的第二个十年，祖国各地城市化进程中必将兴建一大批城市桥梁，特大型桥梁工程建设以青岛海湾大桥和港珠澳大桥为代表，我们不仅成为桥梁建设大国，更应成为桥梁建设强国，应将桥梁建设中的创新性、耐久性和经济性有机的融合在一起，更好、更快地进行桥梁工程建设，不断推动祖国现代化进程。

3 基于传统和创新的日本城市桥梁

3.1 引言

为了学习和借鉴亚洲国家——日本在城市桥梁建设的相关情况和成熟经验,笔者前几年曾赴东京、大阪、神户和名古屋等城市进行城市桥梁建设专题考察,了解了日本在城市桥梁设计、建设和管理方面的相关情况,对其城市桥梁建设有了较全面的了解。

日本位于亚欧大陆东部、太平洋西北部,领土由北海道、本州、四国、九州4个大岛和其他7200多个小岛屿组成,因此也被称为"千岛之国"。日本陆地面积约37.79万平方公里。人口约为1.27亿。日本东部和南部为一望无际的太平洋,西临日本海、东海,北接鄂霍次克海,隔海分别和朝鲜、韩国、中国、俄罗斯、菲律宾等国相望,日本北海道有世界最著名的渔场。

通过考察笔者了解到,日本在城市桥梁建设上充分体现了传统与现代理念的有机结合,既保留了许多古老的桥梁(如17世纪德川江户时代),又有一大批现代化的大型城市桥梁(主要是悬索桥和斜拉桥)。同时其在城市高架桥梁、城市人行天桥的建设上也给我们提供了可借鉴的资料,下面分述考察的总体情况和相关启示。

3.2 日本古老的桥梁

3.2.1 著名的日本桥

日本的江户时代(1603~1867年),又称德川时代,是指由江户幕府(德川幕府)统治日本的时代,修建了一批被称为"日本桥"的桥梁建筑(图3.1)。从江户时代流传下来的浮世绘中,有不少都是日本桥与富士山一同出现的画面,当时曾出现在日本桥上就能远观富士山的情景。在20世纪的经济高度发展时期,为了举办东京奥运会而于1963年(昭和38年)建成的首都高速公路正好位于日本桥的上空。在日本桥上仰望,已是连天空都很难见到了。生活在日本桥附近的居民曾提出将高速公路改建为从地下通过,从而恢复旧有日本桥景观的构想。

图3.2是被称之为"日本桥"的日本近代著名桥梁建筑。它于1604年(庆长9年)修建,已建成500余年。它架设在东京都中央区北部日本桥川上,是17世纪德川江户时代建成的5条街道的起点,设有"日本国道路元标"的青铜标示物。与银座相邻的现存几个"日本桥"相同,除分布大型百货店以外,还分布着许多从江户时代承传下来的百年老店。作为桥梁名称,"日本桥"代表着日本东京都中央区横跨"日本桥川"的桥梁,是东京都区部的"道路元标"——1603年(庆长8年)当时的江户幕府德川家康提出建设全国道路网的计划,即日本道路网的始点。作为地名,"日本桥"为东京都中央区上述桥梁一代的地域街

道名称。

据了解，最开始建造的日本桥为木质结构，连接了室町一丁目和通一丁目两条街道。据说，这座木桥曾被大火烧毁，在那以后的几百年中则经过了历代的修缮或重造，并于1911年(明治44年)将其改建为花岗岩制双拱石桥。最后一次对日本桥的改建工程于1999年(平成11年)完工，已经成为第19代日本桥了，它被列为日本重要的国家文化财产，也是日本人引以为骄傲的古代桥梁代表作。

图3.1　德川时代绘制的日本桥

图3.2　1999年复建的日本桥

3.2.2　日本山口县的锦带桥

图3.3和图3.4系位于日本山口县岩国市锦川河上的锦带桥，是一座5孔石墩木拱桥，由5个相连拱形桥面组成，亦是日本三大名桥之首，每跨为27.5m，全长210m(直线桥长193.3m)，宽5m，桥台高6.6m，于1673年建造完成。这座桥梁因其外形和景致而被称为"锦带桥"，其建造历史悠久、造型完美，兼备有独创性与合理性的精巧结构，使得这座5孔拱桥坚韧而强劲，舞动出典雅的韵律。此外，桥梁、桥墩以及河床基石等都独具匠心，特别是桥拱的构造富于独创性。这座桥梁采用传统的木工工艺，全桥只用包铁和插销固定，是充分应用精巧的木工技术的桥梁结构。

图3.3　日本山口县的锦带桥照片1

图3.4　日本山口县的锦带桥照片2

锦带桥最早建于1673年，修建过程中屡次被洪水冲塌。建成后又于1950年被一场台风带来的洪水摧毁。1953年重建后，又在2001年和2004年进行了部分修复，至今仍雄踞于江面上。这座横跨于锦川之上，完全以桧木构筑的5孔木拱桥是由当时的藩主吉川广嘉仿中国杭州西湖苏堤上的虹桥造型修筑而成，并由当时中国僧人禅桥大师帮助修建。

3.3　日本的城市大跨径桥梁

在考察中，日本在城市大跨径桥梁建设的成就和创新理念给我们留下了深刻的印象，其桥梁结构主要采用悬索桥和斜拉桥，下面分别介绍东京彩虹大桥、明石海峡大桥、濑户大桥、因岛大桥、多多罗大桥、有明海岸大桥和生口大桥的相关情况。

3.3.1 日本东京的彩虹大桥

图3.5系东京著名的彩虹大桥，是人们来到东京第一个观赏的地标式建筑。该桥是日本首都东京一座横越东京湾北部，连接港区芝浦及台场的悬索桥。彩虹大桥的结构为三跨二铰加劲桁梁式悬索桥，其正式名称为首都高速道路11号台场线东京港联络桥，于1987年动工，1993年8月26日建成通车。

图3.5 彩虹大桥

彩虹大桥全长798m，主桥跨跨径为570m。桥梁分为上下2层，上层为首都高速道路11号台场线，下层的中央部分为新交通临海线（东京临海新交通临海线）的路轨，两侧为一般道路，包括国道357号行车道及行人道。单车及50cc以下的机车禁止使用彩虹大桥，桥上设有人行道，游人可伴着徐徐的海风漫步在彩虹桥上，饱览东京的景色。

如今东京彩虹桥优美的白色桥体结构，早已成为东京临海的重要景观。在该桥筹建时，设计者就充分考虑了景观要求，并将夜景照明作为其桥梁主体规划的重要内容。大桥的照明主要分4个部分：主塔、悬索、主梁和锚锭处。这些部分的照明优美协调并形成一个完整的统一体，同时又不失各自的特点。景观照明随季节和时间作相应变化，并创造出丰富的景观效果。从生态平衡的角度充分考虑了节能，其主塔日光下的光色随季节发生变化（夏季白色，冬季暖白），在心理上可产生非视觉上的效果。两座支撑大桥的桥塔使用白色设计，令彩虹大桥与周围的景色相协调和共融。在悬索桥的缆索上设置有红、白、绿3色光源，并采用日间收集来的太阳能作能源，在晚上来点缀彩虹大桥。

3.3.2 日本明石海峡大桥

日本明石海峡大桥是世界上目前最长的悬索桥，它位于日本神户市与淡路岛之间（东经135度01分，北纬34度36分），横跨于本州岛与四国岛，全长3911m，也是世界上最长的双层桥梁。大桥的主跨为1991m，边跨为960m，两座主桥墩高297m，基础直径为80m，水中部分为60m。两条主缆每条约4000m长，直径1.12m，由290根细钢缆组成，重约5万吨。大桥于1988年5月动工，1998年3月竣工。世界最强级的阪神大地震也未能将其撼动，展现了其卓越的设计与施工水平。明石海峡大桥为三跨二铰加劲桁梁式悬索桥，桥宽35.5m，双向6车道，通航净空为65m，加劲梁长14m，能承受8.5级强烈地震并抵御150年一遇的速度为80m/s的暴风。明石海峡大桥最终实现了日本人把4个大岛连在一起的愿望，是连接日本内陆工业中的重要纽带，创造了20世纪世界建桥史的新纪录，总投资约43亿美元。

在大桥的建设过程中，工程技术人员首次采用了“海底穿孔爆破法”、“大口径掘削法”和“灌浆混凝土法”等新技术，克服了许多难以想象的困难，终于建成了这座技术先进、造型美观的现代化跨世纪大桥。这座跨海大桥总长度达37km，跨海长度为9.4km。作为公铁两用桥，最高的一座桥塔高194m，相当于一座50多层大厦的高度。日本明石海峡大桥首次采用1800MPa级超高强钢丝，使主缆直径缩小并简化了连接构造。这也是第一座用顶推法施工的跨谷悬索桥。主缆由预制平行钢丝束组成，这项工艺也适用于同样规模的悬索桥。牵引钢丝由直升机牵引跨越明石海峡，这是世界上首次应用的新工艺。

1995年1月，日本神户地区发生里氏7.2级地震，造成5000多人死亡。震中位于日本明石海峡大桥南端，距神户几公里。日本明石海峡大桥经历了一次严峻的抗震检验，因为桥址处的震级也接近里氏8级，当时在距该桥50km远的桥梁与建筑都已经倒塌。地震发生时，该桥刚刚完成桥塔与主缆施工工作，开始架设加劲梁。研究成果表明，日本明石海峡大桥设计荷载可承受里氏8.5级地震，该桥在阪神地震中仅有微小损坏。由于地面运动，两塔基础之间的距离增加了80cm，桥塔塔顶倾斜了10cm，使主跨接近于1991m，主缆垂度因此减少了130cm。大桥的建成使大阪、神户通往四国地区的交通十分便利。每到夜晚,大桥被华丽彩灯环绕,仿佛一串绚烂珠链横跨海湾,由此而得“珍珠桥”的美名。在桥梁的周围,开辟了众多观光设施,成为广受游人欢迎的旅游胜地。

图 3.6　日本明石海峡大桥照片 1

图 3.7　日本明石海峡大桥照片 2

3.3.3　下津井濑户大桥

下津井濑户大桥,位于本四联络桥工程中儿岛——坂出线上,大桥于 1981 年 7 月 12 日动工,1988 年 4 月 10 日竣工。日本下津井濑户大桥是濑户大桥工程的组成部分之一,跨越下津井海峡,连接柜石岛和本州岛上的鹫羽山。大桥的主跨为 940m(跨径布置为:230m+940m+230m),主梁采用钢桁梁,矢高 94m,加劲梁高 13m,宽 30m,钢索间距 35m,左塔高 146.08m,右塔高 148.91m。该桥为单跨公铁两用悬索桥,全长 1447m,上层为 4 车道公路,下层为铁路;通航净空 31m。

这座大桥与本州四国联络桥工程中其他悬索桥的不同之处在于:该桥主缆在本州岛侧采用了隧道式锚碇,钢塔及主缆安装架设中采用了空中架线法(AS)施工;桥梁一端靠近鹫羽山以便车辆及列车下桥后可以迅速驶入隧道。主缆直径 930mm,由 24288 根直径 5.37mm 的钢丝组成。这座大桥工期长达 9 年 6 个月。

下津井濑户大桥为铁路公路两用桥,是由两座斜拉桥、三座吊桥和三座桁架桥组成,是目前世界上最大的跨海大桥,是世界桥梁史上的空前杰作。它北起本州的冈山县,犹如一条灰白色的钢铁巨龙,穿过世界上唯一的一条铁路、公路上下分开的两层式隧道,跨海越洋,向南直奔日本四国香山县。大桥在海中越过 5 座岛屿;从远处眺望,5 座小岛就像 5 颗璀璨的绿色明珠,被一根银线串在了一起。由于濑户水域的水下地质构造复杂、水面宽阔,加之台风经常肆虐等不利因素,给大桥的设计和建设带来了诸多难题。根据设计标准,大桥可抵抗里氏 8.5 级大地震和风速为每秒 60m 的大风。大桥建成后,不仅方便了两岸交通,也为濑户水域增添了一处人造景观,使日本西部这一颇负盛名的游览地锦上添花。为此,在日本四国的香山县建立了下津井濑户大桥纪念馆(也称本四联络桥纪念馆),通过展出可以帮助人们认识和了解这座“世界第一桥”的真面目和建桥的艰辛过程,见图 3.8、图 3.9。

图 3.8　下津井濑户大桥照片 1

图 3.9　下津井濑户大桥照片 2

3.3.4 因岛大桥

因岛大桥是日本本四联络线上的一座三跨双铰加劲桁梁式悬索桥，其跨度布置为250m+770m+250m。大桥于1977年1月31日动工兴建，1983年12月4日竣工。主缆采用工厂预制平行钢丝股缆，直径为62.6cm。塔高123.75m，为有交叉斜撑的桁架式钢塔。加劲桁梁高9m，两主桁中心距为26m。上层桥面设汽车道4道，下层设4m宽的自行车道和人行道。这座大桥建成30年来运行良好，在大型跨海大桥的经济性、安全性和耐久性的建设实践上给人们提供了成功的经验，见图3.10。

3.3.5 多多罗大桥

多多罗大桥位于日本濑户内海，是连接广岛县生口岛及爱媛县的大三岛之间的一个重要的交通通道。大桥于1992年4月开工建设，1999年竣工，同年5月1日启用。大桥采用斜拉结构，主跨长890m，最高的钢桥塔高224m，系当时世界上最长的斜拉桥（图3.11）。其连接引道全长为1480m，设有4个行车道，并设行人及自行车专用通道，属于日本国道317号的一部分。10年后，其世界最长斜拉桥和最高桥塔的纪录被2008年建成通车的中国苏通大桥打破，苏通大桥跨径1088m，混凝土桥塔高300.4m。

图3.10 因岛大桥

图3.11 多多罗大桥

多多罗大桥1993年原计划修建一座对称布置的三跨两铰以桁架作为加劲梁的悬索桥。由于悬索桥锚碇基础需巨大的开挖量，破坏了生口岛国家公园的景观，同时专家们认为，在活动地震带上和台风区建设一座世界级斜拉桥的技术可行性研究上需充分论证，最终确定与悬索桥主跨径完全相同的斜拉桥方案，既可避免开挖锚碇坑破坏生态的弊端，而且可以节省建设资金并缩短工期；同时，更有利的是斜拉桥的动力稳定性比悬索桥要好，刚度也较大。

多多罗大桥为三跨连续复合箱梁斜拉桥，跨径布置为270m+890m+320m。两边跨布置因地形和施工条件的原因是不对称的，其边、主跨径之比分别为0.3和0.34，比一般斜拉桥的边、主跨径之比0.4要小。这座当时世界上最大的斜拉桥的成功建成，共采用四项创新技术作为大桥的支撑：

（1）每一跨都由其辅助墩来平衡其重量，承受与重力相反的作用力。边跨外端是混凝土梁，与边跨其他部分及中跨的钢梁形成整根混合材料梁。

（2）边跨的设计以短、重、高刚度为特性，来平衡长且轻的中跨，从而有效地形成良好的稳定，斜拉索采用双索面，呈复扇形编放，并被锚固在倒Y形塔顶上的锚固点来提高梁的抗扭刚度。

（3）塔和梁的截面以及缆索的形状都经过特殊设计，并通过其结构框架的独立性来确保空气动力稳定性的要求。

（4）在建筑梁体的过程中不需要任何临时支撑，梁体的节段由梁悬臂端的吊机支承其重量，其过程依赖于主跨、边跨相对于塔的平衡控制，施工中最大悬臂长度达到435m，这在当时世界建桥技术上是巨大的突破。

3.3.6 有明海岸的4座大桥

有明海岸道路位于有明海的北部地区，连接福冈县大牟田市和佐贺县鹿岛市，全长约55km，是高等级高速道路。

图 3.12 为日本有明海岸 4 座大桥之一的矢部川大桥。矢部川大桥主跨为 261m,主塔为 A 形。当时在上部结构施工过程中,确认桥塔基础下沉后,实施了“预加荷载”、“强化主塔基础周边摩擦”、“上部结构采用高强度体外预应力筋”等工程措施,确保桥梁 100 年使用寿命的安全性。由于有明海沿岸表层堆积着被称为有明黏土的软弱冲积黏性土,为合理经济地修建桥梁,日本建设者针对该软弱地基采取了一些有效措施,如采用轻质填土和加固土墙组合以减轻桥台背面土压、采用现场土和短纤维的气泡混合轻质填土、采用复合地基基础等。目前大桥的运行状态良好。

3.3.7　生口大桥

生口大桥位于日本广岛县尾道市,连接生口岛和因岛,是西濑户机动车道的重要组成部分。大桥采用斜拉桥结构,全长 790m,主跨 490m,于 1986 年 5 月 18 日开工建设,1991 年 12 月 8 日正式建成通车,成为西濑户机动车道上主跨第五长的大桥,同时也是当时世界上主跨最长的斜拉桥(图 3.13)。该桥在日本首次采用了混凝土梁边跨与钢箱梁主跨相结合的设计结构。

图 3.12　有明海岸大桥

图 3.13　日本生口大桥

大桥既是本州四国联络桥中率先采用混合梁结构形式的,也是日本第一座混合梁斜拉桥,桥梁抗风稳定性是个十分重要的研究课题。为分析该桥拉索系统中拉索的动力响应规律,掌握其自振频率、结构阻尼等固有振动参数及其特性 ,于 1991 年 10 月下旬至 11 月上旬,采用大型起振机,实施了生口桥大幅值振动特性试验。当时,在柔度较大的大跨桥梁中,很难从理论上量化评估结构物的阻尼特性,并且日本《抗风载设计规范》中所给出的限值也只是经验值,所以通过大量试验积累实测数据是十分重要的。在箱形梁斜拉桥的振动试验中,采用了以往采用的小型起振机和采用吊链使重锤分段逐级升降的方法进行振动试验。这种测试方法由于激振物的能量所限,使得桥梁发生的振动幅值较小,不能掌握桥梁大幅值振动状态下的动力特性。因此研究试验最终采用日本四公团大型起振机,并以《风洞试验大纲》规定的用于评定结构阻尼特性所必须达到的桥梁振幅值为控制指标,实施强迫激振测试。

当时以日本生口大桥为代表的世界混合梁斜拉桥,其中跨大部或全部采用钢主梁,边跨部分或全部采用预应力混凝土梁。这种斜拉桥与单一的混凝土梁或钢梁斜拉桥相比有其自身的优势:在主梁受力和变形方面,由于边跨主梁的刚度和重量较大,从而减小了主跨的内力和变形,可减小并避免边跨端支点出现负反力;其次,在造价方面,由于减小了全桥钢梁长度,从而节约了费用。应该指出,钢梁与混凝土梁的结合段是结构特性和材料特性突变处,易形成结构的弱点,必须采取科学、合理的连接方式来处理。同时,结合段刚度的匹配也十分重要,应在结合段的钢截面与混凝土截面处渐变刚度。对于多跨斜拉桥,充分研究合理的主跨与边跨比例关系,选择合理的混凝土梁与钢梁的连接位置,并进行边跨受力分析,以最大限度地发挥混凝土的作用,使之既能满足受力要求,又能达到经济、合理、便于施工的目的。在上述方面,生口大桥都为我们提供了可借鉴的经验。

3.4 日本城市立交桥和高架桥

众所周知,日本作为岛国其国土十分狭小,特别是用于城市建设的土地十分有限。第二次世界大战后,日本针对其城市空间狭小的现状,修建了一大批立交桥和城市高架桥,且高架桥下的空间得到了充分的利用,并展现了其现代桥梁建造的先进水平。

图 3.14 和图 3.15 为东京两座城市立交群。这两座城市立交,根据东京都的城市规划,满足了城市道路四通八达的需求;同时在桥梁结构的设计和建造上,充分显示了日本最新的建桥技术。总体上看,这两座城市立交群组既有跨线桥,又有定向桥梁,还有匝道桥梁;从桥梁结构形式来讲,既有预应力直线连续梁桥,又有独柱支承的预应力弯梁桥,同时针对日本钢铁工业十分发达的优势,建造了许多钢结构桥梁。这两座立交体现了如下特点:

(1)在满足城市立交交通功能的前提下,其整体桥形气势雄伟、流畅;

(2)尺度适宜的桥梁结构尺寸和体量,满足了结构的安全性和耐久性的要求;

(3)其立交群组在桥梁平面、立面和总体造型上,满足城市桥梁美学的要求;

(4)在城市立交在建造上满足快速施工和文明施工的特点,其上部结构的梁、板和下部结构墩柱均为工厂预制;

(5)桥下空间得到了充分的利用,大多为机动车停车场。

图 3.14 东京都某城市立交群照片 1

图 3.15 东京都某城市立交群照片 2

图 3.16、图 3.17 为日本大阪的两座高架桥。由于这两座桥距临街的建筑很近,需充分考虑施工期间及长期运营对居民的影响。因此,他们在该桥的建造中,充分利用地形和地物,在场地十分狭小的空间内,修建了异形桥梁结构。其特点有四:

图 3.16 日本大阪某高架桥梁照片 1

图 3.17 日本大阪某高架桥梁照片 2

(1)桥梁结构设计满足道路交通的需要,特别是两条道路并为一条道路时,异形桥梁的设计和施工较为复杂;

(2)在桥梁临近建筑物的一侧,设置了防噪音墙,以解决车辆对临街建筑物的噪声干扰;

(3)结构尺度较为适中,符合城市桥梁美学的要求;

(4)充分利用钢材和预应力结构的优势,桥梁结构符合安全性和耐久性的要求。

图 3.18 为东京都某立交桥梁的仰视照片,其复杂的桥梁上部结构和巨大的桥梁墩柱,让人看起来眼花缭乱。其特点有四点:

(1)上部结构大部分为钢板叠合梁,充分发挥了钢材的受力特性;

(2)整体桥型简洁、美观;

(3)设计了强大的空间框架墩柱,既满足框架墩柱的受力要求,又使人感觉合理、有序;

(4)桥梁结构满足总体上的道路交通功能要求,并展现了最新的科技发展成果。

图 3.19 为大阪某立交桥梁仰视照片。这座立交桥梁有如下特点;

图 3.18　东京都某立交桥梁仰视照片

图 3.19　大阪某立交桥梁仰视照片片

(1)总体结构布局合理,框架式盖梁作为上部结构——箱形梁的支承,满足受力性能要求;

(2)为充分利用桥下空间,在墩柱中部增设了横梁,巧妙地作为了商店的顶板结构;

图 3.20　大阪某跨线桥梁的侧视照片

(3)根据受力需要,将下部墩柱与上部结构的主梁固接,以增强桥梁结构的刚度;

(4)墩柱体量适当增大,既满足受力要求,也可抵抗车辆的碰撞;

(5)桥形简约和设计细腻,满足城市桥梁景观的要求。

图 3.20 为大阪某跨线桥梁的侧视照片。这座桥梁的特点如下:

(1)上部结构箱梁为工厂预制,满足快速施工的要求;

(2)设计了巨大的墩柱和盖梁,既满足受力需要,又使人感到比例合理、外形简洁;

(3)充分利用了钢材和预应力混凝土的材料特性;

(4)虽然桥梁结构较为简单,但在桥梁美学上仍有可取之处。

图 3.21 和图 3.22 为大阪某高架桥梁的仰视照片。这座坐落在日本城市居民居住密集区域的桥梁,其特点有四:

(1)在人口稠密的城区修建高架桥梁，上部结构采用整体现浇施工方式，其单箱多室的箱梁断面可满足受力要求，又使人感觉舒展、大方；

(2)将桥梁护栏和防噪声墙浇筑在一起，既满足安全上的要求，同时在桥梁的外形上也显得流畅；

(3)高架桥梁的墩柱为正方形，且与上部箱梁固接，既满足受力要求，又增大了桥梁的刚度，同时也满足桥梁的安全性和耐久性要求；

(4)桥下留有较大的空间，有利于桥下空间的利用。

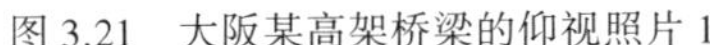

图 3.21　大阪某高架桥梁的仰视照片 1

图 3.22　大阪某高架桥梁的仰视照片 2

图 3.23 展示的是日本东京都为某轨道交通架设的立交桥。如众所知，身为岛国的日本人由于人多地少，而民众对出行的要求又很高，于是便有了发达的轨道交通系统。与此同时，由于建筑空间的限制，在兴建大量的高架桥、立交桥梁的同时，也出现了一大批穿楼而过的轨道交通桥梁。

在日本的东京和大阪，人们常常看到一些桥梁可从某个大楼的某几层穿过，形成了日本都市的独特风景。穿越塔大厦何以建成如此格局呢？原来，这座大楼是日本政府和“钉子户”妥协的产物。20 世纪 80 年代，当地政府要扩建阪神高速公路，道路位置必须经过“穿越塔大厦”的原址。当时，大厦还未动工修建。按照日本法律，必须将土地购买下来才能修路。但大厦底盘的主人无论如何也不愿转让地皮。双方僵持不下，直到 1989 年日本出台新法令，才找到了解决办法。按此法令，高速路建设方以 4 亿多日元的价格购买了这块地皮的部分空中通过权。据此，大阪一个新的景观诞生了。从此日本类似“穿越塔”的设计层出不穷。值得一提的是，把轻轨车站放在综合大楼里，是日本铁路经常采用的设计。比如东京的小田急百货商店大楼、兵库县明石车站中心市场等都是这样。一方面，车站的大量客流正好为同一座大楼里的商家带来商机；另一方面，车站只在建筑物内占据一层空间，征地费也能大为降低，可谓一举两得。

图 3.23 所示的这座架空桥梁是在空中从建筑立面穿过去的。从桥梁结构和城市居民的安全考虑，修建这些桥梁建筑物需要考虑诸多的问题。这座大楼建于 1992 年，16 层的塔楼目前作为写字楼使用，大楼的 5 层至 7 层开有一个宽敞的隧道，阪神高速路从这里一穿而过，“穿越塔大厦”由此而得名，已成为大阪的地标性建筑。仔细看去，会发现大楼和公路实际是完全分离的两个建筑，两者之间留有约 80cm 的间距。支撑公路的是大楼两端的支架结构。大楼的一部分被消音瓦覆盖，因此公路产生的噪声、振动等对其并无直接影响。大楼的 5 层至 7 层赫然注明“阪神高速公路”。

通过以上对日本不同桥型的城市桥梁的简要介绍，可使人们从中学习和借鉴不少有用的经验。在考察中我们了解到，日本人建造的健昭桥等城市桥梁也展现了现代桥梁的建设水准，下面的几个案例，可使我们了解其在现代城市桥梁建造技术上的先进理念和水平。

(1)健昭桥为 201m 长的钢斜悬杆式刚性拱梁桥，加劲梁和钢桥面板一体化。吊杆采用 PC 钢绞线，工程技术人员对锚固部位进行疲劳试验，以确保疲劳强度。由于桥梁正下方有渔船拴船设施，施工中在十分不利的架设条件下采用斜拉扣挂法施工，并设置移动防护设施，确保施工安全和环境保护。

(2)又如,大牟田连续高架桥也有鲜明的创新之处。大牟田连续高架桥为354m长的5跨连续钢—混凝土混合箱梁桥,主跨150m。这座城市桥梁建成时是日本最大跨径的曲线梁桥,为提高该桥的抗风性能,他们研究并采用了确保抗风稳定性的措施,实施了全桥模型风洞试验。

(3)荣皿垣高架桥为423m长的18跨RC连续空腹拱桥。此桥梁形式在提高软弱地基的抗震性、减轻基础负担的同时,兼具美观的特点。在日本大发工业公司微型汽车的电视广告中介绍其坡度陡峭。

(4)图3.24为江岛大桥,全长约1446m,高约44m,桥下可供5000t级的轮船通过。松江市一侧的斜率为6.1%,每前进100m升高约6m。从境港市一侧上桥,在“桥顶”眺望能够将中海湖的景色尽收眼底。

图3.23　大阪穿楼而过的桥梁

图3.24　著名的江岛大桥

3.5　城市人行天桥

在考察中我们发现日本建造的城市人行天桥,以钢结构居多,且外形十分简洁、实用。

图3.25和图3.26为我们在东京都拍摄的一座人行过街天桥。该天桥为单跨简支的钢箱梁结构,为方便行人过街,两侧的楼梯均安装了扶梯。且桥身均涂成了灰色,与当地的街景比较协调。

图3.25　东京都一座人行过街天桥照片1

图3.26　东京都一座人行过街天桥照片2

图3.27为日本东京都两座办公大楼之间的一座现代人行天桥。该过街天桥的梁板直接支承在大厦外伸的支点上(固接)。桥梁的栏板为玻璃材料。整个人行天桥虽体量不大,但从外观上来看,能与大厦周围环境相协调,且灰色的基调富有更多质感。

图3.28为日本奈良某居民区的一座跨河人行桥梁。这是一座木结构坦拱桥梁,桥梁建造充分利用了当地的木材,体现就地取材的环保理念。行人在桥上行走十分便利。其优美的桥型和较强的通行能力,给人们留下很深的印象。

图3.27 东京某大厦人行天桥

图3.29为日本大分县九重町一座吊桥,它是日本国内最长的人行吊桥。该吊桥的跨径为390m、桥下净空为173m。吊桥的桥面由两根巨大的钢丝主缆相连,通过一系列的竖向小吊杆连接木横梁;吊桥的两侧防护装置由钢丝网组成。吊桥高高悬挂于深山峡谷之中,游客可站在吊桥上观赏到远处的瀑布。晃动的吊桥,湍急的山间溪流、参天的古树使游客流连忘返。

图3.28 奈良某居民区一座跨河人行桥梁

图3.29 日本大分县九重町一座人行吊桥

3.6 城市桥梁抗震

众所周知,日本是一个经常发生火山爆发和地震的国家。譬如,1792年,日本境内发生火山爆发,致使1.5万人丧生;1923年日本关东大地震,夺走了13万人的生命,损失惨重。按照地质板块学说,由于日本列岛正好位于亚欧板块与太平洋板块交界处,太平洋板块比较薄,密度比较大,而位置相对低一些。当太平洋板块向西呈水平移动时,它就会俯冲到相邻的亚欧板块之下。于是,当亚欧板块与太平洋板块发生碰撞、挤压时,两大板块交界处的岩层便出现变形、断裂等运动,从而产生火山爆发、地震等。日本作为世界地震发生最多的国家之一,因而其建筑结构抗震研究(包括桥梁结构在内)一直走在世界的前列。下面介绍其在城市桥梁抗震方面遇到的问题及相关的对策和成功经验:

(1)公元1886年(明治19年)日本出台了第一部现代意义的桥梁规范《桥梁筑造保存方法》,并明确了桥梁抗震的相关规定。在此之后,几乎每次引起桥梁严重破坏的大地震都会促使日本政府修订桥梁抗震规范。例如,1978年宫成县地震促使1980年出版的桥梁设计规范开始考虑结构塑性变形能力,1995年的阪神地震使日本桥梁工程界提出了延性抗震设计和性能抗震设计。

(2)日本自1923年关东大地震以来,其在抗震工程研领域取得了很大的成就,其结构抗震设计技术也达到了很高的水平。在1995年之前的二三十年里,日本发生的屡次大地震都极少因结构本身破坏而带来严重的人员伤亡或经济损失。然而,1995年1月17日的阪神大地震(正式名称为1995年兵库县南部地震)使房屋、桥梁等结构大量倒塌,直接或间接地造成6000余人死亡及巨大的经济损失。

（3）据了解，日本自阪神大地震之后，更加关注抗震研究和成果的应用。譬如，日本明确桥梁抗震设计以桥梁重要程度所要求的抗震性能为目的，将桥梁分为A类与B类，A类为一般重要桥梁，B类为特别重要桥梁（一般为高速道路、一般国道及紧急输送道路桥梁）。对于A类桥要求在设计基准期内在大概率地震作用下，桥梁不产生严重破坏，在出现小概率的大地震时桥梁不产生致命的破坏；对于B类桥要求在设计基准期内在大概率地震作用下不出现损害桥梁整体性的破坏，在小概率地震作用下仅产生有限的破坏，但不影响桥梁使用性能的迅速恢复。

（4）日本现代桥梁抗震设计方法主要包括：

①震度法。是一种弹性静力计算法，是将水平地震动加速度峰值乘以结构的相应有效质量作为抗震设计的水平荷载，该方法用于第一级地震作用下的弹性设计。

②地震时保有水平耐力法（简称保耐法）。为一种静力法，是考虑结构的弹塑性变形能力，依据能量一定准则折算出等效的弹性强度。地震作用的考虑方式与震度法相同，但用于第二级地震作用下的设计和验算。该方法多用于单墩桥等结构形式简单的桥梁的抗震设计。

③动力反应分析法。是以时程反应分析为主的动力方法，主要用于对震度法和保耐法的设计结果的弹性和弹塑性验算。对于复杂结构也直接用于设计。对于场地条件或结构形式较为复杂的桥梁，新规范要求要特别考虑桥梁系统整体的抗震性能。支座、防止落梁装置也作为主要结构构件来设计。

（5）日本规定应明确桥梁复杂程度与抗震设计、验算的关系。上述三种设计验算方法按桥梁复杂程度的不同进行选择使用。对于结构形式较为简单的桥梁（如单墩高架桥等可以简化为单自由度体系的桥梁），主要采用震度法和保耐法来分别针对第一级和第二级地震作用进行设计。日本的大部分桥梁属于这一类。如桥梁形式较为复杂，但仍适用于静力法的假设，则抗震设计仍使用震度法和保耐法，但要求设计结果用动力反应分析方法加以验算，如有问题再对设计加以修改。对于斜拉桥、悬索桥、拱桥等结构形式较为复杂且已不适于静力方法假定条件的桥梁，《新道示》要以动力反应分析法直接进行设计，在确定初期断面大小及配筋等条件时可以震度法和保耐法作为参考。

（6）关于上部结构和基础的同步设计。修订前的规范只要求对上部结构（桥墩等）和基础单独进行设计，分别满足所要求的抗震性能即可。但《新道示》明确了桥墩和桩基础的抗震强度的关系，原则要求桥墩的抗震强度要低于桩基础，以保证大地震时上部结构先于桩基发生塑性破坏，减轻上部结构的惯性力对桩基带来的负荷。这一考虑主要基于阪神大地震的震灾经验。地震后对桥梁上部结构的修复和重建，无论从金钱上和时间上都要小于基础。为确保满足以上设计要求，《新道示》要求对上部结构和基础进行同步设计。据从事设计的工程人员反映，这一要求使实际设计的业务量增加不少。

（7）关于隔振设计。日本《新道示》新增加了桥梁隔振的有关设计规定，但在规定上仍偏于保守。和普通桥梁相比，在进行隔振设计时，桥墩的变形性能将被减小一半，且规定地震长期作用的加速度不能低于0.4g（Level2）。这样的规定主要是考虑桥梁因隔振支座产生较大的位移，如和一般桥梁一样也允许桥墩有较大的塑性变形的话，整个桥梁体系将不够稳定。因此，对桥墩的变形量给予了限制，并给地震的作用规定了下限。目前，按现行的规范进行隔振设计，往往得不到更经济的设计结果。反过来讲，只是相当于把桥梁设计的抗震性能提高了，这也是对《新道示》争论较大的问题之一。

（8）针对台风、地震等恶劣环境因素，日本桥梁设计人员采用先进的抗风、抗震设计方法，通过充分的模型实验和工艺研究，保证大桥抵御自然灾害的能力。目前，日本高架桥中的多层桥多（一般3~4层，有的5层以上）、高桥多（高度有的达50m以上），为在地震时避免直接和间接次生灾害的发生，日本桥梁设计人员都作了抗震考虑，其抗震的等级都比较高。对大跨径的桥梁（如悬索桥、斜拉桥）进行了特殊的动力分析，如地震时程分析、耐风振的模型实验等等，以确保安全畅通。

（9）日本人非常注重知识积累和成果共享，很大程度上实现了资源和成果的全国性共享，使得研究工作的效率和效益得到极大提高，有利于技术的进步和发展。很多有代表性的桥梁都运用先进的声光与数字电子技术建立了“桥梁博物馆”，包括抗震知识和桥梁抗震研究成果，集工程经验总结与推广、技术交流、科普教育、旅游观光等多项功能于一体,使得宏伟而高深的桥梁建筑技术生动形象地展示给普通民众,起到了提高国民素质、振奋国民精神的特殊作用。图 3.30 和图 3.31 是 1995 年日本阪神大地震桥梁毁坏的两张照片。

图 3.30 1995 年日本阪神大地震桥梁毁坏照片 1

图 3.31 1995 年日本阪神大地震桥梁毁坏照片 2

3.7 相关启示和建议

(1)世界桥梁工程界给予日本桥梁的评价为精细、高效、耐久,但是日本桥梁建设者仍在不断研究探索新的桥梁设计建造技术。日本道路协会桥梁委员会发布的《次期道路桥示方书改定の方针》中指明了下一阶段日本桥梁设计的发展方向:继续推进桥梁抗震设计的性能规定化进程;新材料、新技术、新理论的导入;示方书体系的阶层化;与海外先进抗震设计基准相调和,推进设计基准国际化;建立高龄化道路桥的维修管理体系。

(2)在城市桥梁特别是大跨径城市桥梁的结构选型方面,日本人顺应了世界桥梁结构的发展趋势,呈现了很强的实用功能和创新意识。在最近 30 年间,日本建造了许多现代大跨径城市桥梁,其特点主要呈现以下两个特点:

①在结构选型上因地制宜,既有悬索结构又有斜拉结构,既有拱式结构,又有梁式结构,结构选型以发挥该种结构的综合力学优势为主;

②在跨径的确定上,并非单纯追求跨径上的新突破,而是将创新性、耐久性和经济性统筹考虑和综合确定。这两个方面的成功经验的确值得我们深入思考和借鉴。

(3)日本桥梁设计依据的道路桥梁设计规范共有 5 册,每一册后面均附有对规范的解释,每一册均由相应的专门委员会负责编写。委员会由全国桥梁设计、施工方面的专家组成。根据世界桥梁的发展状况和设计、施工中反映出来的问题,基本上每年都再版、修订一次,使规范不断丰富、不断完善,成为日本桥梁设计人员的得力工具。

(4)日本桥梁设计人员非常注重桥梁的实用性和简洁美,以结构为主,辅助适当的修饰,在设计的桥梁成为与自然和谐统一的景观。重视桥梁设计建设中对自然环境和社会环境所产生的影响进行评价与论证,运用全寿命周期效益分析方法,力争使每座桥梁都能做到功能适用性、环境协调性和结构安全性的高度统一。

(5)日本的大跨桥梁主要采用预应力混凝土结构与钢结构,其中城市桥梁以钢结构居多,而海上大跨桥梁则以预应力混凝土结构居多。究其原因主要有:

①海上大跨桥梁工程规模大、材料用量多,采用预应力混凝土有明显的经济优势;

②预应力混凝土技术的不断发展与成熟,确保了海上大跨桥梁的施工工期、工程质量和桥梁的耐久

性（如加拿大的联邦大桥）。因此，我们应在这些方面学习其有益的经验和做法。

（6）在景观及环保方面，同城市桥梁相比，日本海上大跨桥梁的景观设计未能引起足够重视，景观效果欠缺，但注重适用性，结构形式简单。同时，十分注重环保设计，如在某大桥人工岛设计中，对于岛上生活污水的排放专门采用污水管排往内陆。而在旅游区的大桥则十分重视附属设施的建设（如著名的明石海湾大桥）。

（7）在施工组织方面，日本桥梁施工一般采用结构预制化、工厂化、专业化；大力实施施工机械化和设备大型化，桥梁构件的设计尽可能简单化，以便加快施工进度、控制工程质量，并节约昂贵的人力资源。同时重视施工组织设计，特别是施工计划安排及进度控制。施工工序的安排多采用流水作业，以提高工作效率，保障施工进度。

（8）在海上桥梁的防撞设防上，日本的几座海上大跨桥梁由于所处地域的自然环境不同，有的桥梁桥墩设计在构造上主要考虑防止浮冰的撞击，而另一些桥梁则主要考虑防止船舶的撞击。结构一旦遭到撞击，他们有一套快速修复系统能在最短时间里修复结构。

（9）在桥梁钢材防腐设计观念上，日本人反对使用环氧涂层钢筋，认为环氧涂层会降低钢筋与混凝土之间的握裹力，使得这两种材料的互补优势无法充分发挥以致降低了材料使用效率。因此，他们主张通过改进混凝土本身的材料性能来提高结构的耐久性。同时他们在桥梁结构的耐久性方面采取的许多技术措施和管理措施，也值得我们借鉴。

（10）在交通控制及运营管理上，我们所考察的日本桥梁中，因建设年代较早，从而导致其道路交通的硬件设施先进性不够——基本上未安装交通监控系统，取而代之的是人为管理。而为了弥补车道数较少所带来的交通管理问题，在设计上处处体现了以人为本的指导思想，如在海上大跨桥上每隔 750m 设置安全岛，便于车辆的临时停靠和紧急事故的处理，在道路两侧设置类似搓板结构的路缘带起到交通警示作用。而在桥梁的养护管理上，他们非常重视日常养护管理，并且在设计阶段就从构造上考虑了结构的可维护和可更换问题。这些做法也对我们有启迪作用。

笔者认为，他山之石，可以攻玉，日本的桥梁建设经验必将会对我国城市桥梁建设者和同行们提供相关的启示，我们也深感日本在城市现代桥梁的建造上有很多值得我们学习和借鉴的东西。让我们携起手来，汲取人类所创造的一切文明财富，进一步推动我国城市桥梁建设的健康发展，推动我国向世界桥梁强国的目标迈进。

4 德国城市桥梁建设一瞥

4.1 引言

为了学习和借鉴德国在城市桥梁建设的相关情况和成熟经验，笔者前些年曾两赴德国，对柏林、慕尼黑、法兰克福、汉堡和汉诺威等地进行城市桥梁建设的专题考察，并与德国的同行们进行了交流，了解了其在城市桥梁设计、建设和管理方面的相关情况，对德国城市桥梁建设有了较全面的了解。

德国位于欧洲中部，东临波兰、捷克，南接奥地利、瑞士，西临荷兰、比利时、卢森堡、法国，北与丹麦相连，是欧洲邻国最多的国家，面积为 357114km^2(2008 年 1 月)。德国全境地势北低南高，可分为 4 个地形区：北德平原，平均海拔不到 100m；中德山地，由东西走向的高地构成；西南部莱茵断裂谷地区，两旁山地，谷壁陡峭；南部巴伐利亚高原和阿尔卑斯山区，其间拜恩阿尔卑斯山脉的主峰祖格峰海拔 2964m，为全国最高峰。主要河流有莱茵河(流经境内 865km)、易北河、威悉河、奥得河、多瑙河；主要湖泊有博登湖、基姆湖、阿莫尔湖、里次湖。西北部海洋性气候较明显，往东、南部逐渐向大陆性气候过渡，7 月平均气温 14~19℃，1 月为-5~1℃；年降水量 500~1000mm，山地则更多。

4.2 古老的城市桥梁

德国由于受第一次世界大战和第二次世界大战的影响，城市基础设施遭受很大的破坏，桥梁大部分被毁，所以绝大部分桥梁是二战后兴建的。在考察中笔者发现，在现存为数不多的古老的城市桥梁中，每座桥梁的造型各异，体现着传统的德国文化内涵。

图 4.1 为著名的德国科隆动物园大桥，这座大桥修建于 19 世纪中叶，虽然经过战争的洗礼，但至今仍完好使用。该大桥的中部为 3 孔下承式钢桁架拱桥(单跨 $L=60$m)，两侧的边孔为上承式钢桁架拱桥(单跨 $L=60$m)。在主孔与边孔的连接处，设计了古老的桥中城堡建筑——桥塔，既巧妙地解决了中孔下承式桁架拱和边孔上承式桁架拱拱铰连接处的构造问题，又可在桥塔预留通行孔，供行人通行。其桥墩为矩形桥墩，迎水面为分水尖。大桥的主梁漆成绿色，桥墩和桥堡为天然黄色石材。无论人们从远处眺望或近处观看，大桥都显得古朴、协调、美观、大方，可称之为近代桥梁建设史上的一个佳作。

图 4.2 系笔者在德国莱茵河的支流——纽茵河上拍摄的一座桥梁。这座大桥为 3 孔下承式系杆拱桥，跨径布置为：28m+42m+28m，桥墩为椭圆形，桥台为重力式。该桥修建于 20 世纪 50 年代。这座桥梁的特点有三个：

(1)受力明确、结构安全，能满足桥梁结构的安全性和耐久性要求；

(2)桥梁体量适度、外形轻巧，从远处看，比例协调，能与周围的景色融为一体；

图 4.1　德国科隆动物园大桥

图 4.2　德国纽茵河上一座钢系杆拱桥

(3)十分经济,维护费用少,钢系杆拱结构经 50 多年的使用,至今仍运行良好。

图 4.3　德国纽茵河上一座不等跨简易斜拉桥

图 4.3 系笔者在德国莱茵河的支流——纽茵河上拍摄的另一座桥梁。这座桥修建于 20 个世纪 50 年代,主体结构为古老的不等跨简易斜拉结构,边跨采用刚构加牛腿的形式。其斜拉结构主梁一侧支点放置在牛腿上(图 4.3 中左侧),另一侧支点放置在桥台支座上(图 4.3 中右侧)。这座桥梁看起来外形简单,不显张扬,但结构设计十分巧妙。尽管使用了 50 多年,但仍可看出,其不等跨简易斜拉结构受力明确,使用安全。边跨的设计需要在结构计算和构造设计中克服许多技术难题,由此我们可从中领悟和借鉴很多有用的东西。

图 4.4 系笔者在德国莱茵河的支流——纽茵河上拍摄的另一座桥梁。这座桥梁采用简支钢板桥与多孔石拱桥相结合的方式。从照片中人们可看到,在德国现代化的城市中,纽茵河畔两侧高楼大厦林立,但河道上还保留着一座古老的桥梁。桥梁中孔为一跨简支钢板桥,两侧为多孔石拱桥。设计者实际上是设计了两侧的多孔石拱桥,并在靠中部的石拱桥桥墩上预留了支点(支座),用以支撑钢主梁。该桥的设计风格和别具一格的理念归结为:既简单、实用又结构安全;满足主跨通行船舶的要求;与现代化的城市氛围相得益彰,互为补充和融合。

图 4.5 系笔者拍摄的德国某城市跨线钢桁架梁桥的钢支座及桥墩细部照片。虽然这座桥梁已经使用了一百多年,但从照片上可清晰看出,其钢桁架梁和钢活动支座的加工制作工艺十分精细,使用情况良好,活动支座与桥墩有坚固的连接;为防止车辆对桥墩撞击,桥墩被防护栏隔离。

图 4.4　德国某城市跨河桥

图 4.5　德国某城市跨线桥(墩柱和钢支座)

通过以上对德国几座古老的城市桥梁进行深入分析和综合介绍,可使我们了解德国桥梁设计理念和建设水平的总体情况。

4.3 城市大跨径桥梁

4.3.1 发展回顾

1937 年世界上第一座预应力混凝土桥在德国问世,应该说,这在世界桥梁建设史上具有开创性的地位。第二次世界大战之后,德国(特别是前联邦德国)重建被战争毁坏的家园,并在城市大跨度桥梁建设方面取得快速发展和长足进步,他们在城市桥梁的创新和技术突破上,体现了近 30 年来现代科技的创新意识和最新成果,令世人瞩目。

譬如,1951 年德国建成杜塞尔多夫桥,系世界上第一座正交异性板箱形梁桥。正交异性钢桥面板前期的发展动力,主要是由于二战后德国重建了一批大跨径桥梁,鉴于当时钢材短缺,采用正交异性钢桥面板具有节省钢材的优点。正交异性钢桥面板由横隔梁、纵向加劲肋及其共同支撑的桥面板组成,桥面结构纵横两个方向的刚度不同,变形不均匀,对桥面铺装提出了更高要求。

1957 年德国又建成杜塞尔多夫北桥,系一座 6 孔 72m 的钢板梁桥。同年,德国建成了 Theodor Heuss 桥,其跨径布置为:74.7m + 182m + 74.7m,钢塔高 41m,不设横梁,拉索竖琴式布置,索距为 36m,梁高 3.12m。

1959 年德国建成 Severvin 桥,大桥的跨径为 302m,采用 A 形桥塔,钢索呈放射状,其飘浮体系为大桥的抗震提供了有效的帮助。

1960 年德国建成芒法尔河谷桥,这是世界上第一座预应力混凝土桁架桥,其跨径布置为:90m + 108m+90m,总长度为 288m。

1964 年德国建成了主跨为 209m 的刚悬臂梁桥,这也在世界桥梁建设史具有十分重要的地位。

4.3.2 大跨径拱桥

从事桥梁建设工作的同行们都了解,在世界桥梁建设史上,拱桥是一种应用最早、最广泛的桥梁受力体系,因它是一种推力结构,取材和技术要求都相对容易。在考察中笔者发现,在大跨径拱桥,特别是中、下承式拱桥的建设上,德国仍然走在世界前列。

图 4.6 为德国费马恩海峡大桥,这是德国著名桥梁专家莱昂哈特教授在 20 世纪 60 年代首次将下承式拱桥的拱肋于拱顶处相靠(现称之于提篮式)。大桥主跨为 248.4m,吊杆以网状布置,桥墩由上向下缩减了宽度(T 形墩),形成了生动的立体感和空间稳定感。其舒展的桥形浮现于海面上,即均衡又大方得体,充满着动感。这座桥梁深受公众赞赏和桥梁设计者效仿,曾被评为 20 世纪最美的桥梁之一。

4.3.3 现代悬索桥

众所周知,现代悬索桥的建设亦反映了一个国家的综合实力和建桥水平。悬索桥的基本构造通常由主塔、锚碇、主缆、吊索、加劲梁及索鞍等主要部分组成。尽管现代悬索桥的主跨已逼近 2000m,例如日本的明石海峡大桥主跨达 1990m,中国的西堠门大桥主跨达 1650m。但毋庸置疑,德国在现代悬索桥的发展史上仍占据举足轻重的地位。

例如,1915 年德国就建成了科隆—迪兹大桥,这是世界上最早的自锚式悬索桥(图 4.7),其跨径布置为:92.3m+184.5m+92.3m,矢高为 21.5m,矢跨比为 1/8.6。当时主要是因为这座桥梁面临地质条件的限制,而使工程师们选择了自锚式悬索桥的结构形式,在主缆就位前采用木脚手架支撑钢梁。自锚式悬索桥的特点是,它的主缆直接锚固在加劲梁的梁端,由主梁直接承受主缆产生的水平拉力,不需要庞大的锚碇。从此之后,该桥梁为不方便建造锚碇的地方修建悬索桥提供了一种解决方法。

又如,1929 年德国就建成的科隆—姆尔海玛大桥,这也是世界上早期的自锚式悬索桥之一,其跨径布置为:34.6m+315m+91.0m,矢高为 34.6m,矢跨比为 1/9.1。虽然该桥在 1945 年被毁,但它至今仍然保持着自锚式悬索桥的世界纪录。

图 4.6 德国著名的费马恩海峡大桥

图 4.7 德国姆尔海玛大桥

科隆—姆尔海玛大桥(Mülheimer Brücke)位于科隆(Köln)市、跨越莱茵河(Rhein)的一座悬索桥,连接着西岸的莱尔(Riehl)与东岸的姆尔海玛(Mülheim)两个城区,是德国有代表性的一座早期悬索桥。

在考察中笔者发现,虽然在现代大跨径桥梁建设上,德国人建造的斜拉桥数量居多,但在世界现代悬索桥的建设史上,德国人仍然占有一席之地。譬如,1965 年,德国建成了 Emerich 大桥,跨径布置为:152m+500m+152m,3 跨连续,加劲梁为桁架,使用了 9000t 钢材。

4.3.4 现代斜拉桥

从事桥梁设计、研究、监控和施工的同行们都知道,斜拉桥是将梁用若干根斜拉索拉在塔柱上的桥,可看作是拉索代替支墩的多跨弹性支承连续梁桥。故而,斜拉桥是一种自锚受力体系,是一种加劲梁受压弯、支承体系斜拉索受拉的桥梁。

图 4.8 德国莱茵之膝大桥

在考察中我们了解到在世界斜拉桥的发展史上,德国人为斜拉桥的发展奠定了良好的基础。例如,1957 年建成的 Teoder Heuss 斜拉桥,其主跨跨径为 260m;1959 年建成的 Severin 斜拉桥,其主跨跨径为 302m;1970 年建成的 Duisbury Neuenkamp 斜拉桥,其主跨跨径为 350m。上述这三座斜拉桥在当时取得世界跨度的年度之最及以往历年来跨度之最,均具有里程碑的地位。

图 4.8 为德国莱茵之膝大桥(Rheinkniebrücke),系德国人 1969 年在杜塞尔多夫(Düsseldorf)建成的跨越莱茵河(Rhein)的一座斜拉桥,大桥将这座城市莱茵河右岸第三区的弗雷德里克(Friedrichstadt)与左岸第四区的上卡塞尔(Oberkassel)连接在一起。据说,在此地建一座斜拉桥的创意是由建筑师弗里德里希·塔穆斯(Architekten Friedrich Tamms)提出来的。大桥的两座主塔高 114m,主塔两侧各有 4 道斜拉索,主桥跨度为 320m,宽 29m。大桥跨河段长 564m,全桥总长 1519m。由于桥梁建在莱茵河一个狭窄的弯曲河道上,从空中看莱茵河的这一段河道就像一个人的膝盖,故取名为莱茵之膝大桥。

图 4.9 为德国汉堡 Kohlbrand 大桥。这座斜拉桥于 1974 年建造,桥塔为 A 字形,引桥及主桥墩均为钢筋混凝土,桥塔和主跨为钢结构,钢箱梁为正交异性钢板梁。其桥塔的布置方式可使梁体获得较高的扭转自振频率,以提高临界颤振风速。其桥墩为倒 T 形墩,引桥为连续箱梁。从远处眺望该桥,大桥造型优美,线条流畅。我国 20 世纪 90 年代在黄浦江上建成的杨浦大桥,似乎受到了当年德国 Kohlbrand 斜拉桥设计构思的影响,见图 4.9,图 4.10。

图 4.9 修建于 1974 年德国汉堡的 Kohlbrand 大桥

图 4.10 修建于 1993 年的上海杨浦大桥

2007 年 10 月德国连接斯特拉尔松市与吕根岛的大桥建成通车(图 4.11、图 4.12)。该桥为 H 形双塔双索面预应力混凝土斜拉桥,全长 4.1km,桥塔高 42m,造价 1.25 亿欧元。该大桥的开通,将为吕根岛与德国大陆之间增加一条与 Ruegendamm 大桥平行的新线路,具有良好的社会、经济和环境效益。

图 4.11 德国吕根岛大桥照片 1

图 4.12 德国吕根岛大桥照片 2

在考察中我们还了解到,德国和丹麦两国经 15 年的协商和争论,于 2008 年签订共同协议,拟投资兴建一座连接斯堪的纳维亚半岛和欧洲大陆的特大型海峡大桥,这将是欧洲最长的跨海大桥。这座大桥全长 19km,主跨拟采用多跨斜拉结构,计划投资 56 亿欧元。以往从德国费马恩岛的普加登市到丹麦罗兰岛的罗德比市的交通十分困难。大桥的修建,将对两地的贸易和旅游起到显著促进作用;并明显提高交通流动速度,今后从汉堡到哥本哈根的驾车时间也将从现在的 4 小时缩短到 3 小时。同时,斯堪的纳维亚半岛南部与欧洲大陆之间的贸易也将更加便利。修建该桥约 48 亿欧元的大部分,将由丹麦方面支出,因为据相关部门分析,丹麦方面从该桥获得的利益要多于德国。德国联邦政府和石荷州共同支付余下的 8 亿欧元,并将大桥的交通线路连接到德国高速公路和铁路设施上。预计这座巨型跨海大桥将于 2018 年建成通车,见图 4.13。

图 4.13 德国和丹麦拟建的海峡大桥

4.4　城市人行天桥

在考察中笔者发现,德国在城市人行天桥的建设上仍然秉承简洁、实用、注重质感、韵律的设计理念。

图 4.14　德国纽茵河上一座人行跨河桥

图 4.14 为德国纽茵河上一座人行跨河桥,是笔者在纽茵河上拍摄的。这座人行天桥的特点是,采用两跨连续钢箱梁结构,单跨跨径为 $L=28\text{m}$,钢箱梁为单箱单室,混凝土桥台。为满足结构受力和刚度要求,将钢箱梁沿纵向设计为竖曲线形。当人们从桥上走过,既没有过大的颤动之感,又能被两侧的美景所感染。而钢管形的桥墩和较大的孔径布置,既能满足船舶通航的要求,又能经受住船舶的撞击。当人们从远处眺望这座人行桥梁,其纤细的桥身与远处古老的哥特式教堂相互呼应,给人以美的享受和遐想。

图 4.15、图 4.16 系笔者在德国慕尼黑奥运村公园拍摄的一座人行跨河桥。这座桥梁为一跨简支钢板梁结构,跨径大约为 35m。为满足挠度要求,钢板梁沿纵向设计成曲线形。该人行桥梁的特点有四:

(1)采用钢板梁可充分发挥钢材优越的受力性能,使得人行跨河桥的结构满足安全、耐久的要求。

(2)其外形轻巧、简捷,微弯向上的钢板梁给人一种轻盈的感觉。

(3)栏栏板设计成通透的金属格栅网,且栏杆扶手向内设置,既方便行人扶靠,又有安全感。

(4)桥体(钢板梁和栏杆)涂刷为灰色,与慕尼黑奥运村公园的景色和建筑融为一体,对我国桥梁设计工作者应该有一些借鉴和启迪作用。

图 4.17 系笔者在德国慕尼黑某河流拍摄的一座人行跨河桥。这座桥梁为悬索桥结构,其主跨约为 60m,桥塔(主塔)为 A 形,主缆通过塔顶鞍座悬挂在主塔上并锚固于桥两端锚固体中的一种柔性承重结构,吊索将人行荷载和恒载通过索夹传递到桥塔。这座悬索人行桥的特点:桥型简捷,明快,线条比较协调;既满足桥梁使用上的受力需求,又采用新颖、流线型的主梁和简捷的 A 形桥塔,使传统和现代的设计手法很好地结合在一起;吊索采用分散式布置,为该桥的总体效果增添了色彩。

图 4.15　德国慕尼黑奥运村公园人行桥照片 1

图 4.16　德国慕尼黑奥运村公园人行桥照片 2

图 4.18 系笔者拍摄的德国某城市两个办公大楼之间的一座现代人行天桥。该过街天桥墩柱与主梁采用固接的方式,人行过道采用全封闭的方式,其特点有三:

(1)主梁与墩柱固接,满足结构的安全性和耐久性的要求。

(2)在材料的选择上,使用了现代流行的铝扣板和玻璃幕墙,与大厦周围的环境相协调。

(3)主梁、墩柱和封闭的人行过道均采用灰色调,从外观上看典雅并富有质感。

图4.17　德国慕尼黑一座人行跨河桥

图4.18　德国某城市两个办公大楼之间的一座人行天桥

4.5　其他类型城市桥梁

德国人在其他城市桥梁建设上也呈现了很强的创新意识和实用功能。

譬如,德国人在城市桥梁建设中,其桥梁不仅供行人行走,甚至还可以行船运输,这就是德国修建的马格德堡水桥。该桥梁位于德国易北河—哈威尔运河和姆特兰德运河之间,于2003年建成并投入使用。人们将这座桥梁称之为水桥,其创新之处是将桥梁的主梁设计成为一个轮船渡槽,其两侧的悬臂为行人过河通道,实现了船舶的立体交叉运输;其渡槽架设在椭圆形的桥墩上。这座水桥总长达到918m,船只在桥上可以自由的航行。它是欧洲目前最长的水道桥工程,并将德国东部的米特兰德运河与西部的易北—哈威尔运河连接了起来。这座桥跨越了整个易北河,共用了6年时间进行建造,花费了5亿欧元。如今该桥已成为其所在地的一个令世人瞩目的景观,见图4.19。

图4.19　德国著名的马格德堡水桥

图4.20系笔者拍摄的德国某城市的跨河桥梁,其结构为等截面3孔预应力连续梁桥,跨径布置为24m+40m+24m,虽属常规的桥梁,但其设计特点还是显而易见的。

(1)主梁设计呈现安全、舒展的特点,满足桥梁结构的安全性和耐久性要求。

(2)桥墩采用圆形墩柱,既满足受力需要,又有利于河流的通过和经受船舶的撞击。

(3)防撞栏杆与主梁的悬臂浇筑在一起,既可满足防撞要求,又在线形上与主梁协调呼应,呈现出整体桥形的线条流畅之美。

(4)边主梁和防撞栏墙适当涂以颜色(或涂鸦),使该桥在色彩上协调美观。

图4.21为德国某城市的一座跨河桥,是笔者在纽茵河上拍摄的。这座桥梁位于德国一座古老的村庄旁,其结构为钢筋混凝土无铰拱坦拱桥,跨度为28m。该结构的特点是:由于属三次超静定结构,在自重及外荷载作用下,拱内的弯矩分布较均匀,材料十分节省。该桥结构的整体刚度大,构造简单,施工方

便，维修费用少。淡黄色的桥身在夕阳的照射下，显得线条流畅，造型轻巧。这座桥梁是德国现代桥梁的佳作，既满足使用功能和结构安全的需求，又体现了德国人简洁、实用和注重质感、韵律的思维方式。

图 4.20　德国某城市的一座跨河桥梁

图 4.21　德国某城市的一座跨河桥梁

4.6　结语

综上所述，本文通过对德国城市桥梁发展历史的较系统回顾，介绍了德国古老的城市桥梁、现代大跨径城市桥梁和其他城市桥梁，并对城市人行天桥的 5 个案例进行了典型分析，力求使读者了解德国人在城市桥梁建设和设计上的总体水平，以及在设计构思、设计理念方面的情况。

众所周知，桥梁设计积聚着浓厚的民族文化内涵，蕴藏着不同国家、不同民族的审美传统、聪明才智和精湛技艺，是人类文明交流的纽带，因此我们应从莱茵河及纽茵河上古老精美的桥梁设计和现代桥梁建设上汲取有益的营养成分，创造性地从事我们的桥梁设计。我国从事桥梁设计和建造的工作者，大都听过德国著名桥梁教育家——莱昂哈特教授的名字，他在其桥梁美学名著中说过："美可以在变化和相似之间，复杂和有序之间展示从而得到加强"。我国著名桥梁专家、同济大学项海帆院士曾感叹："正如贝多芬的音乐一样，简短的主题不断展开和变奏，既相似又不同，但却十分和谐；既复杂变化，又有序统一，在不雷同和不杂乱之间展现出丰富的层次和内涵，给人以美的享受和心灵的激荡。"因此，从德国著名的费马恩海峡大桥的成功建设来看，莱昂哈特教授不仅在桥梁美学的理念上，还是在实际工程的实践中，都给世人留下了宝贵的财富。德国人在桥梁建设上确实开创了人类的先河。

笔者感到，桥梁是人类所建造的最古老、最壮观、最美丽的建筑工程之一。德国莱茵河、纽茵河及其他河流上的著名桥梁，都以其鲜明的形象、强烈的艺术感染力，反映了时代特征，记录着人类文明的发展历程。以上介绍的基于传统和创新理念建造的德国桥梁，不仅反映了其结构特征及桥梁建筑美学的功力，也带来了独特的艺术魅力。桥梁建筑不仅要表现出结构上的稳定连续、强劲稳固和跨越能力，而且要有美的形态与内涵，内容和形式的高度统一，才能显示出不朽的生命力。艺术和技术是紧密相关的，科学技术本身也是产生美的要素之一，结构力学、钢材、混凝土的发展，各种现代化新型施工机械的应用，才能使各式轻巧、大跨度的桥梁得以孕育而生。

笔者相信，他山之石，可以攻玉，德国城市桥梁建设的成就一定会对我国城市桥梁建设者和同行们提供很多值得我们学习和借鉴的东西。让我们携起手来，汲取人类所创造的一切文明财富，进一步推动我国城市桥梁建设的健康发展，促进祖国现代化建设的进程。

5 英国城市桥梁建设一瞥

5.1 引言

为了学习和借鉴英国在城市桥梁建设的相关情况和成熟经验,笔者前几年曾赴英国对伦敦、诺丁汉、考文垂和利兹等城市进行城市桥梁建设专题考察,并与英国的同行们进行了交流,了解了英国在城市桥梁设计、建设和管理方面的相关情况,对其城市桥梁建设有了较全面的了解。

英国全称为大不列颠及北爱尔兰联合王国,位于欧洲西部、大西洋的不列颠群岛上。面积 244100km^2,海岸线总长 11450km。人口为 5955 万,80%以上的居民是英格兰人,其次是苏格兰人、威尔士人、爱尔兰人。居民多信奉基督教新教,国语为英语。公元 7 世纪,封建制度在英国形成。829 年英格兰统一,史称“盎格鲁—撒克逊时代”。1649 年英国成为共和国。1668 年英国确定君主立宪制。

英国全境由大不列颠岛(包括英格兰、苏格兰、威尔士三部分)、爱尔兰岛东北部及附近许多小岛组成。隔北海、多佛尔、英吉利海峡与欧洲大陆相望。大不列颠岛东南部为平原,泰晤士河东流经平原入北海;西部和北部为中等山地和丘陵;北爱尔兰为熔岩高原。主要河流有塞文河、泰晤士河等。属海洋性温带阔叶林气候,多雨雾。煤、铁储量均居世界的前列,石油、天然气较丰富,其他矿物贫乏。森林面积占全国面积 9%,沿海渔产十分丰富。

作为世界上发达的资本主义国家,英国现今保留着传统的建筑风格,并在城市桥梁建设史上留下传世之作(如古老的伦敦塔桥)。随着时代的发展,又修建了现代化的千禧桥和恒伯跨海大桥,值得我国桥梁工作者学习和借鉴。

5.2 英国城市桥梁发展沿革

英国在公元 1176~1209 年建成的泰晤士河桥为 19 孔跨径 7m 的石尖拱桥,这也是欧洲现存的少数古代石桥。随着英国工业革命的发展,其城市桥梁建设亦伴随着生产力的进步和发展取得了革命性突破。

例如,1779 年兴建的英国科尔布鲁克代尔的桁架拱铁桥是世界上第一座铁桥,见图 5.1。

例如,1805 年,英国人托马斯·泰尔福特在威尔士以铁做材料兴建了一座 Y 形水管桥,它的功能是输送运河的河水,见图 5.2。

又如,1825 年在英国威尔士建造的曼奈海峡大桥,系世界上最初采用铁链制作缆索的吊桥,其跨径为 172m,见图 5.3。

又譬如,1850 年英国人罗伯特·史蒂芬森在威尔士建造了世界上第一座采用钢管修建的不列颠大桥,这也是世界上较早采用箱形截面制作的桥梁,其局部压曲和装配被严格判定,并随着设计进展得以解决,该桥主跨为140m,见图5.4。

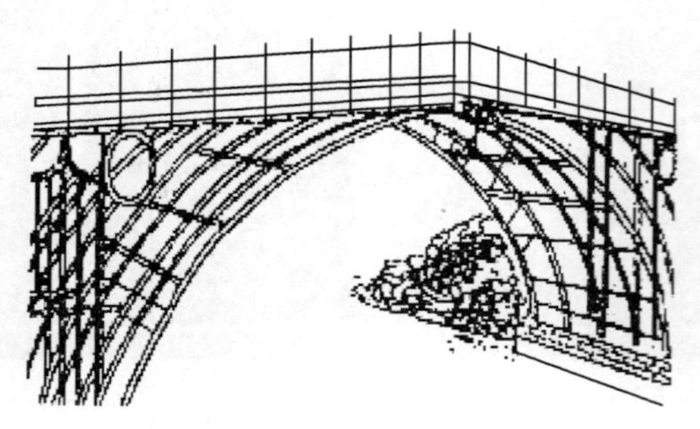
图5.1　修建于1779年的英国科尔布鲁克代尔桥

图5.2　修建于1805年的英国威尔士桥

图5.3　修建于1825年的曼奈海峡大桥

图5.4　修建于1850年的英国不列颠大桥

图5.5　修建于1864年的英国克里夫顿悬索桥

英国是最早修建大跨径悬索桥的国家之一。1864年为跨越宽1214m的埃文(Avon)峡谷修建了克里夫顿悬索桥。该桥采用铁链做缆索,其主跨为214m,通行人流和马车,后来改建为4车道,一直使用至今。当时用作主缆的铁链的强度,只有现代高强钢丝的五分之一,说明该桥的设计技术和用材是十分先进的,见图5.5。

综上所述,英国在世界城市桥梁的发展史上占有十分重要的地位。

5.3　伦敦古老的城市桥梁

英国的首都伦敦坐落于英格兰东南部,位于泰晤士河下游两岸,距河口88km,是英国政治、经济、文化中心,由伦敦城(亦称金融城)及周围32个市组成,面积1650km^2,人口700万。几百年来,英国人在伦敦的泰晤士河上修建了28座各式各样的桥梁。

伦敦泰晤士河上的伦敦塔桥(Tower Bridge),位于伦敦塔附近,是泰晤士河上28座桥梁中最下游的一座桥,是一座举世无双的桥梁。这座大桥历史上历经数次重建。该桥连接着南沃克自治市高街和伦敦市的威廉王大街,历史上被称为伦敦的正门。最初的老伦敦桥是由科尔彻奇的彼得在1176年~1209年负责建造的,以代替罗马晚期和中世纪早期先后建造的木桥。它的19孔桥拱跨度不同,架在大小不同的桥墩上,由于桥孔太窄,涨潮时河水往往形成一道道急流。最大的桥拱跨度10m多,最窄的为4m多。在河中心最大的桥墩上还建有一座小教堂。桥梁竣工后3年,因火灾严重损坏,以后又发生多次灾难性事故,尽管如此,老伦敦桥一直是几个世纪居民区和商业区的交通纽带,且是伦敦泰晤士河上唯一的渡桥。19世纪20年代,英国人将旧桥拆除,改建新的伦敦桥,并由伦尼设计。当时确立的一个设计原则是:新的桥梁必须融入周围的环境。经过8年的施工,于1894年竣工通行。新桥桥身由4座塔形建筑连接,由5孔拱桥组成,其中位于河中间两座主桥墩之间的拱跨度最大,达76m。两座主桥基均高出水面43m,而桥基上又建有两座花岗石和钢铁组成的5层方形高塔,两座方塔上再建4座白色大理石尖阁和5座小尖塔,望去仿佛两顶皇冠。两座主塔各高65m。桥梁分上、下两层,上面一层起支撑双塔的作用,且作为人行桥使用,其桥面为两条宽阔的悬空人行道,两旁装有玻璃窗,行人登桥可欣赏泰晤士河景色。下层为活动桥,即桥面可以开启,平时桥面通行车辆,当钢桁拱桥开启时可通行万吨级的船只。每当巨轮通过时,随着高塔内机器的转动,中间的桥面便一分为二,慢慢向上掀起,船只通行之后,又徐徐落下,恢复通行。两块活动的桥面,各重1000t。人们都称赞:伦敦塔桥是英国首都的一大胜景,游人可登桥观看附近古城塔群景色,也可参观设在主塔内部的博物馆和展览厅。作为244m长(中部为61m)的开启桥,桥的中部分为两扇,为使该钢桁拱桥的每扇桥体竖起83°以便河流上的船舶通过。在成桥后的100多年来一直沿用古老的蒸汽机将水从水库泵入液压装置,后改为电动机来升降,如今它仍作为伦敦塔桥的历史见证,见图5.6。

伦敦泰晤士河上的另一座桥梁——伦敦桥(London Bridge),亦是横跨泰晤士河的桥梁之一,它将伦敦城区和南华克(Southwark)地区连为一体。伦敦Cannon大街地铁桥位于它的东侧,著名的伦敦塔桥位于它西面。伦敦桥所在的地方近2000年来一直在修建不同的桥梁。该桥桥址处修建的第一座跨越泰晤士河的桥是座木桥,由罗马人在公元50年左右修建。由于该桥所处的位置为河流相对狭窄和水深流急处,既可以架桥,又能方便海船进入。当罗马人撤离英国之后,这座桥梁逐渐失修,直至1014年重新修建。1014年,英国国王Ethelred为抵抗入侵的丹麦人Svein Haraldsson时曾下令烧毁这座桥梁。现在展现在人们面前的是英国人于19世纪修建的钢桁拱桥,每个桥墩的顶部均设有高出桥面的雕塑柱;其钢桁拱桥设计的线条流畅,造型优美;其桥墩为尖形,既利于经受水流的冲击,又利于经受船舶的撞击。该桥确为城市桥梁的上乘之作,见图5.7。

图5.6 著名的伦敦塔桥

图5.7 伦敦泰晤士河上的古老桥梁——伦敦桥

伦敦泰晤士河上的其他26座城市桥梁也都造型各异,结构有别。在考察中我们发现,伦敦泰晤士河上架设的20多座大桥体现出英国鲜明的特色,其古朴的钢拱桥、钢桁拱桥与伦敦市区的城堡、建筑有机地融为一体,当你站在每一座桥上,既可尽收泰晤士河的美景,又可感悟周围美丽的环境,使人流连忘返。

5.4　英国现代城市桥梁

我们在考察中发现英国许多城市的河流都不太宽阔,如伦敦的泰晤士河等,因此无特大跨径的桥梁。但这些河流上桥梁的形式多种多样,给人留下了较深的印象。特别值得一提的是,近20年来,英国也兴建了一批现代桥梁。从桥梁建设水平上看,反映了当代桥梁建设的最新成果和发展趋势。如泰晤士河上的千禧桥,其造型优美,别致,给人留下深刻的印象。

这座千禧步行桥,是英国人为迎接21世纪的到来而修建的,该桥全长320m,耗资1820万英镑。这座桥梁虽属悬索桥,但其悬梁的设计却与一般的悬索桥不同,它不是像常规悬索桥那样由上而下拉出数十根钢索,而用于支承的钢索与桥身平行。由于建桥处的泰晤士河的河水比较浅,所以桥墩设在河中离开堤岸较远的地方。该桥的悬链向内倾斜,倾斜面异常得陡。其悬链经由结实的横撑连接,为该桥细薄的桥面板提供侧向支撑。而且其栏杆在设计上也体现着通透和质感(图5.8、图5.9)。千僖桥建成3天后由于桥身晃动幅度过大而关闭。20个月后,经采取一定加固措施后重新开放,大桥不再晃动。千僖桥的建成对于我们桥梁设计者的启示是:

(1)在新颖桥型的设计基础上,满足结构安全的要求,并留有安全储备。

(2)桥梁要具有足够的刚度,满足使用上变形的要求。

(3)在造型上具有创新性,与周围建筑景观协调一致,总体布置上舒展大方。如今千僖桥已成为泰晤士河畔最亮眼的景点。

图5.8　伦敦千僖桥照片1

图5.9　伦敦千僖桥照片2

在考察期间,我们有意关注了英国的城市立交桥梁建设。他们在城市立交桥梁的设计上首先满足文物(古迹)的保护要求,然后才是交通功能的要求。城市桥梁一般采用钢结构,也有预应力结构或混合结构(主梁为预应力结构,桥面板为钢结构),不仅主体结构满足结构受力要求,而且桥梁附属设施齐全,如桥端接缝十分平整,无颠簸感;桥面排水设施也十分齐备。不少新建的桥梁,其主梁与桥墩固接,大大增强了桥梁的安全性和耐久性。这些城市桥梁的防撞墩(道牙)采用英国规范严格设计,以确保桥梁运行的安全,详见图5.10~图5.14。

在考察期间,我们还有意识观察了沿途的人行天桥。高速公路的人行天桥一般其结构形式较简单(多为简支梁桥),但天桥的位置十分合理,便于行人通过。城市道路上的人行天桥的结构形式多种多样,并十分重视天桥的外装修。在机场和城市繁华地段的天桥均设置自动扶梯,并安装了防雨篷。这些方面对我们今后搞设计有很好的借鉴作用,见图5.15。

近年来,英国在新颖的桥型方面进行了许多大胆的尝试。譬如,为解决位于英国莱斯特Soar河的行人过河问题,由RIBA(英国建筑家协会)组织了一个设计竞赛,要求一座可以承受徒步以及自行车通过的桥梁,最终由巴黎的Explorations与英国Buro Happold获得奖项并合作设计,其造型新颖别致,纤细的桥体与周围的景色融为一体，令人耳目一新，见图5.16、图5.17。

图5.10　伦敦某跨线桥

图5.11　伦敦跨线桥(钢板梁结构)仰视

图5.12　英国某城市立交桥梁

图5.13　英国某城市跨线桥

图5.14　英国某城市平行于铁路线的高架桥

图5.15　英国某一火车站的人行天桥

图5.16　英国莱斯特Soar河人行桥照片1

图5.17　英国莱斯特Soar河人行桥照片2

又如，位于英国西部帕丁顿由 Thomas Heatherwick 设计的环形可收缩移动桥梁（Rolling Bridge），系英国现代化桥梁的杰出代表作。该桥为可伸展可收缩的 8 段组合结构，其功能奇特和实用。当桥梁展开时会让人暂时忘掉它的神奇设计，供行人通过；但当其收缩起来，却可以让小船顺利通过下面的水道，堪称一绝。该桥既构思巧妙、造型新颖别致，又反映了极高的现代桥梁建造工艺水平，见图 5.18～图 5.21。

图 5.18　英国某环形可伸缩移动桥梁照片 1

图 5.19　英国某环形可伸缩移动桥梁照片 2

图 5.20　英国某环形可伸缩移动桥梁照片 3

图 5.21　英国某环形可伸缩移动桥梁照片 4

英国在城市桥梁建设上很好地解决了尊重传统与现代创新的矛盾。与之相比较，我国在以往的城市桥梁建设中曾出现的两种偏向值得关注：一段时间内城市桥梁设计过分追求轻巧美观，但安全性和耐久性颇显考虑不周；在许多铁路桥及部分城市和公路桥设计上，设计的桥型显得十分粗笨，与周围建筑景观和城市环境不协调。这两方面都需要我们认真总结，通过借鉴国外的有益经验来改进我们的桥梁设计。

5.5　英国现代大跨径桥梁

英国在修建现代大跨径城市桥梁方面亦走在世界的前列。下面通过介绍修建在英国塞文河上的两座大桥，可使我们了解英国在现代大跨径城市桥梁建设的总体技术和发展水平。

图 5.22 为造型独特的塞文第一大桥（悬索桥），修建于 1966 年。该大桥横跨在塞文河两岸上，将苏格兰和威尔士连接在一起。大桥主跨 988m。该桥选用了流线型扁平钢箱梁，由于桥面板降低了传到桥塔上的风荷载，桥塔本身也变得

图 5.22　修建于 1966 年英国塞文第一大桥（悬索桥）

比以往更为轻巧，既增强了桥梁抗风性能和抗扭刚度，还大大节约了用钢量，且维护更加方便。这座大桥的修建不仅解决了从英格兰到高尔半岛的交通通道问题，而且对南威尔士的旅游业及整个地区经济都产生了重要的影响。其流线型扁平钢箱梁的设计手法也被世界各地广泛推广和利用。这座桥梁的建造也反映了英国人在特大悬索桥的设计、试验、监控和施工等关键技术上均达到了世界先进水平。

众所周知，斜拉桥（又称斜张桥）是一种年轻而发展速度最快的桥型。1824 年英国人在塞纳河上修建了第一座以铁链做拉索的斜拉桥，跨度为 78m，随后在第二年由于游行列队的通过而倒塌。进入 20 世纪后，英国人在斜拉桥的设计上注重解决桥塔过高和斜拉索过长等技术难题，于 1990 年修建了达特福德桥，其跨度为 459m，桥宽 19m，钢箱梁梁高 2m。图 5.23 为世界著名的塞文第二大桥（斜拉桥）。该桥修建于 1995 年，其索面为双面扇形，跨径布置为：99m+99m+456m+99m+99m，桥面宽 34.60m，组合梁高 3m，桥面以上塔高为 101m。这座斜拉桥造型优美，结构设计先进。

1981 年修建的英国恒伯尔大桥是一座钢箱梁悬索桥，其跨径为 530m+1410m+530m，这也是世界上具有标志性意义的悬索桥，反映了英国现代桥梁的建设水平，见图 5.24。

图 5.23 英国塞文第二大桥（斜拉桥）

图 5.24 修建于 1981 年英国恒伯尔大桥（悬索桥）

在各种桥型的建设发展史上，英国人占有重要的地位。例如在大型桁架桥的建设上，英国在 1890 年就建造了跨度为 521m 的福斯桁架桥，这也是世界上最早采用平炉钢建造的桥梁。在大跨度悬索桥的建设上，英国于 1964 年就建造了跨度为 1006m 的福斯公路（Firth Road）悬索桥，其跨径布置为：408.4m+1005.8m+408.4m，采用隧道式锚碇，索塔高度为 150.1m，加劲梁为简支梁。

5.6 结语

综上所述，本文通过对英国城市桥梁发展历史沿革的较系统回顾，对伦敦古老的城市桥梁的重点介绍，以及对英国现代城市桥梁和现代大跨径城市桥梁的综合介绍，力求使读者了解英国人在城市桥梁建设和设计的总体水平。笔者相信，英国桥梁建设的成就会对我国城市桥梁建设者和同行们提供很多值得我们学习和借鉴的东西。让我们携起手来，汲取人类所创造的一切文明财富，进一步推动我国城市桥梁建设的健康发展，促进祖国现代化建设的进程。

6 法国城市桥梁建设一瞥

6.1 引言

前些年笔者曾两赴法国对巴黎、里昂、图卢兹和尼斯等城市进行城市桥梁建设专题考察,并与法国的同行们进行了交流,了解了法国在城市桥梁设计、建设和管理方面的相关情况,对其城市桥梁建设有了较全面的了解。

法国(La France)位于欧洲大陆西部,拥有丰富的自然文化遗产,地理位置得天独厚。法国是西欧面积最大的国家,面积为55.16万km^2(包括科西嘉岛),三面临海,国土呈六边形。法国是世界著名的旅游国家,首都巴黎及马赛、里昂、地中海和大西洋沿岸的风景区、阿尔卑斯山区都是旅游胜地,此外还包括一些历史名城、卢瓦尔河畔的古堡群、布列塔尼和诺曼底的渔村、科西嘉岛等。法国一些著名的博物馆收藏着许多宝贵的世界文化遗产。法国也是世界贸易大国,其对外贸易有两个特点:

(1)进口大于出口,造成贸易逆差。进口商品主要有能源和工业原料等,出口商品主要有机械、汽车、化工产品、钢铁、农产品、食品、服装、化妆品和军火等。

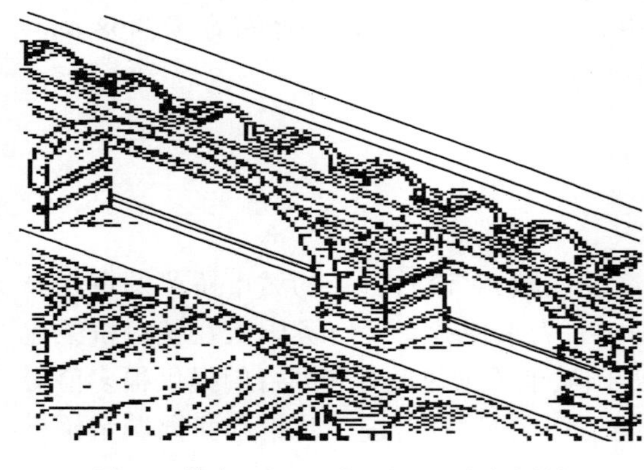

图6.1　修建于公元1世纪的法国庞度水管桥

(2)非产品化的技术出口增长较快,纯技术出口在整个出口贸易中的地位日益显要。

在古代桥梁建造上最有造诣的是古罗马人和中国人。欧洲的古代桥梁是指公元17世纪以前建设的,其建造的材料大都采用石材和木材,即石桥和木桥。公元18年,古罗马人在法国南部的尼姆(与西班牙接壤)附近,修建了著名的庞度水管桥。该桥长270m,最大跨度24.4m,上层为输水槽,中层供行人通过,下层一侧于1743年扩建加宽,实现了通行马车的功能。该桥梁的结构宏伟,比例协调,色彩鲜明(选用黄色石料砌筑),反映了罗马时期高超的建桥技术,这座古老的桥梁至今仍被人们称颂,见图6.1。

在城市桥梁建设上,法国的桥梁既体现了传统的法兰西文化的内涵,又在近30年来的城市桥梁建设中展现了时代创新意识和现代科技的最新成果。

6.2 塞纳河上古老精美的桥梁

法国的首都巴黎是法国的政治、经济、文化和交通中心,卢浮宫博物馆和巴黎圣母院誉满全球,香榭丽舍被誉为世界上最美丽的大街，其地上与地下的交通四通八达、非常方便，每天客流量达1300万人。巴黎的标志性建筑——埃菲尔铁塔像一个钢铁巨人高高地耸立在塞纳河畔。提起法国的桥梁，人们自然而然地就会联想到塞纳河畔上一座座精美的桥梁。

塞纳河是一条举世闻名的内河，它流经巴黎市区的长度约7000m。塞纳河上共有33座桥梁（含新建2座），桥梁结构形式各异。这些桥梁既有古老的石桥，又有钢拱桥和钢桁架拱桥，同时还有几座新颖的现代桥梁，给人的印象是十分古朴，且彰显着艺术的魅力。这些精美的桥梁能与塞纳河畔两侧古老的建筑融为一体，无论白天黑夜，都能展现出其美妙的外形和恢宏的气势，堪称桥梁建设的佳品。

图6.2为塞纳河上最具象征意义的桥梁——亚历山大三世桥。该桥是以俄国沙皇尼古拉二世父亲的名字命名的。桥梁建成于1900年，桥长107m，宽40m，将两岸的香榭丽舍大街和荣军院连接起来。该桥横跨塞纳河，结构形式为钢桁拱桥。桥梁南北两端的桥墩上竖立着4座桥塔，塔顶上各有一匹腾空而起的青铜飞马。桥上的灯具由小爱神托着，其寓意性的形象符合大桥装饰的主题。大桥设置的两排共14个三叉球形的华灯照明，使得大桥富丽堂皇、美不胜收。站在桥上既可以欣赏塞纳河的风光，又可以眺望远处的埃菲尔铁塔。

图6.3为塞纳河上一座古老的三跨中承式钢拱桥，其灰色的桥体显得古朴，庄重。中间孔径大，两侧孔径小，避免了一跨式结构的单调感。该桥的主跨为42m，两侧副拱的跨径为16m。该桥追求的不是桥梁跨径的大小，而是桥梁整体线形的流畅和协调、和谐的比例以及细部造型上的刻画。该桥能与塞纳河周围的环境相呼应、相协调，是一座充分体现轻巧感和现代感的桥梁。

图6.2 跨越塞纳河上古老的钢桁拱桥

图6.3 跨越塞纳河上古老的中承式钢拱桥

图6.4为塞纳河上一座古老的两跨钢桁拱桥（桥梁主跨为23m）。自人类进入钢铁时代以来，桁架拱桥的主拱圈多采用铸铁锻造，使钢桁架拱桥得到迅速推广。这座桥梁下弦杆为拱形，上弦杆与桥面组合为一体，空腹段利用拱上结构与拱圈形成桁架使之整体受力。这种设计不仅结构合理，而且节省材料，能减轻自重；桥墩采用混凝土浇筑，外部为石材，且加工细腻，彰显了桥体的轻盈与通透。

图6.5和图6.6为塞纳河上两座古老的5孔石拱桥，建于17世纪。桥梁采用传统的对称布置形式。在笔者参观图6.5桥梁时，中孔正在维修，仍有施工遮挡物。该桥以中孔为中轴，两侧分别设两个桥孔。桥梁的特点是采用精细的石材砌筑，并在桥梁的栏杆和挂檐板下装饰了许多精美的雕塑，其线条流畅，古朴典雅，与塞纳河两侧巴黎古老的建筑物融为一体，做到了桥梁与环境的和谐相融。

图6.7为塞纳河支流上的一座桥梁，结构形式为钢板拱桥，跨径为28m，拱体结构材料为钢材。其建造特点是截面轻巧，线条流畅。特别应指出的是，由于塞纳河上有一系列的石拱桥和梁桥，所以要使每座桥梁在总体风格和尺度上有一定程度的统一。这座桥梁虽与其他桥梁的形态不同，但总体风格与塞纳河

上建造的其余桥梁相吻合，其桥台侧墙体仍采用河道挡墙的装饰石材。

图6.4　跨越塞纳河上某古老的钢桁拱桥

图6.5　跨越塞纳河上一座古老的石拱桥

图6.8为塞纳河上某3孔钢连续梁桥。虽然连续梁桥为桥梁特别是城市桥梁最常见的结构体系，但这座桥梁却是塞纳河上为数不多的古老的3跨钢连续梁桥。该桥的主跨为42m，两侧副拱为16m。由于连续梁在支点处是连续的(指中间桥墩上方的主梁)，桥上的路面平坦，利于满足城市道路的行车舒适性。该桥的中跨中和边跨中的弯矩分别降低到相同跨度简支梁跨中弯矩的20%和60%，使全梁的弯矩分布比较均匀，梁的挠度也较小，可节约大量的材料，并提高了桥梁结构刚度，大大改善了抗震性能。这座桥梁仍采用塞纳河桥梁的总体色调——灰色，使得桥体显得古朴，庄重，且由于中间孔径大，两侧孔径小，避免了一跨式结构的单调感。同样，桥梁追求的不是桥梁跨径的大小，而是桥梁整体线形的流畅和协调。为与塞纳河周围的环境协调呼应，桥梁采用了和谐的比例以及精细的细部造型刻画。该桥是塞纳河上一座体现轻巧感和现代感的桥梁。

图6.6　跨越塞纳河上的一座五孔石拱桥

图6.7　跨越塞纳河的一座钢板拱桥

图6.9为塞纳河某钢桁拱桥下部结构的拱铰及桥墩的细部照片。虽然该桥已经使用了一百多年，但从照片上可清晰看出，其主拱的钢桁架和钢活动支座的加工制作工艺十分精细，使用情况良好，活动支座与桥墩的连接坚固耐用，可经受船舶的撞击。从中也使我们学习到一些有益的东西。

综上所述，巴黎塞纳河上古老精美的桥梁，尽管在形状上各异，且采用了石拱桥、梁桥、钢连续梁桥、中承式钢拱桥和钢板桥等不同形式的桥梁结构，但为使这条河流上的桥型在总体风格、尺度上有一定程度上的统一，且体现桥型设计的多样化，每座桥梁采用了与其他桥梁不同的形式，但总体风格上，应该说塞纳河上建造的桥梁是一致的，堪称桥梁建设史上的上乘佳作。

图 6.8 跨越塞纳河上一座 3 孔钢连续梁桥

图 6.9 塞纳河某钢桁拱桥的拱铰及桥墩

6.3 现代城市大跨径桥梁

众所周知,法国在现代城市大跨径桥梁建设上亦取得了令世人瞩目的成就。在现代桥梁建设上,斜拉桥和悬索桥是最具优势的两种桥型。这两种桥型同属于缆索承重体系,在景观上有着共同之处;与其他桥型相比,都增加了塔和索的构造。

图 6.10 为 1995 年之前世界上最长的斜拉桥——法国诺曼底大桥(Pont de Nomandie),它跨越塞纳河,连接法国翁弗勒尔与河勒哈弗尔两地,其高耸的桥塔、整齐的斜拉索,像两把巨型的雨伞一样罩在塞纳河上。这座大桥以雄伟、挺拔之姿,成为法国西部地区一道独特的风景线。诺曼底大桥的主体斜拉桥长度为 856m,属于混合式斜拉桥,其中跨为 624m 的钢梁结构,两侧边跨为 116m 的混凝土梁结构。中跨钢梁宽 23.60m,高 3.00m,上翼缘为正交异性板,采用悬臂法施工。边跨的主梁外形为扁平的梯形 3 室箱梁,宽 23.60m,高 3.05m;桥塔下部为 140m 高的 A 形混凝土结构,其上部是两个混凝土半圆壳体加以保护的 7×2m 矩形横断面钢塔,全部拉索锚固在塔顶部的钢锚箱内。拉索由平行钢丝索组成,最大直径 16.80cm,按 4×2 斜索面布置,共有 8×23=184 根。为避免索面内拉索的振动,在每个索面布置了 4 对直线连接索,并在拉索下端安装了阻尼器。全桥造价为 32 亿法郎。经过 6 年的建造,于 1995 年 1 月 26 日正式交付使用。该桥总长 2200m,混合斜拉桥长 856m,两岸引桥分别长 737.50m 和 547.75m。这座大桥的塔高 215m,耸立在相当于 20 层高楼的桥墩上。这座大桥被视为现代桥梁建设发生的根本性变革,它的成功建成象征着斜拉桥发展的一个重大飞跃。

图 6.11 为法国著名的米约大桥(Millau bridge),这座大桥因坐落在法国西南的米约市而得名。大桥全长达 2.46km。特点是桥梁坐落在深谷之中,采用多桥串联的斜拉桥体系,并由 7 个高耸的桥墩来支承,其 2、3 号桥墩分别高达 245m 和 220m,是世界上最高的两个桥墩。若算上桥墩上方用于支承斜拉索的桥塔,最高能达到 343m,超过法国巴黎著名的埃菲尔铁塔 23m。大桥总重 29 万吨,其中仅钢结构桥面就重达 3.6 万吨。为确保高耸于山川之间的桥体的稳定性和安全性,避免大桥在风力作用下发生颤动摇晃、甚至崩塌,大桥使用了世界上最先进的科技成果。英国总设计师诺曼·福斯特将大桥桥面结构设计成三角形,以有效减少风阻。除了进行计算机模拟试验外,还进行了风力模拟的户外试验。专家们模拟出塔恩河山谷可能出现的各种复杂风向,从而对大桥各种建筑结构的比例不断进行修改。最终大桥的设计可抵御时速 250km 的大风。此外,在施工中桥墩每升高 4m,就利用全球卫星定位系统纠正可能出现的偏差,这使大桥历时 3 年建成后的垂直误差不超过 5mm,从而很好地保证了施工的精确性。大桥的通车能力达到日均 1.5 万辆汽车,旅游高峰季和节假日均可通过 2.5 万辆汽车。这座大桥的成功建成,也反映了法国人在现代桥梁建设的创新成果。

图 6.10　法国著名的诺曼底大桥

图 6.11　法国著名的米约大桥(世界第一高桥)

图 6.12、图 6.13 为法国布鲁东纳大桥(The Brotonne Bridge),由 J. Muller 工程师设计,于 1974 年建成,系一座预应力混凝土梁斜拉桥。大桥的主跨为 320m。该桥设计特点是:全桥的梁高统一采用 3.80m,梁体为带倾斜腹板的薄壁箱形梁,梁底宽 8m,桥墩宽度统一为 8.75m,但桥塔下的桥墩和引桥桥墩的宽度会相应缩小。这一精心设计的断面形式,以其统一的外貌,简洁、明快、协调的造型和刚柔相济的风范,得到了一致的赞赏。这座大桥在世界上最美丽的桥梁评选中获得第三名。

图 6.12　法国布鲁东纳大桥照片 1

图 6.13　法国布鲁东纳大桥照片 2

众所周知,悬索桥是指以受拉的主缆为主要承重构件的桥梁结构。其结构构造包括基础、桥塔、锚碇、主缆、吊索、加劲梁及桥面铺装等。在设计桥梁时,当需要的桥梁跨度在 600m 及以上时,总是首选悬索桥这一经典的桥型。其主要原因是以高强钢索作为主要承拉结构的悬索桥具有跨越能力大、受力合理、能充分发挥材料强度和造价经济等特点,同时还以其整体造型流畅美观和施工安全快捷等优点而备受推崇。

在法国,纳维尔(Navier)工程师于 1823 年开始进行悬索桥的理论研究,并得出"稳定性随桥梁的重量与跨长而增加"的结论。同年,法国开始大量修建悬索桥,至 1870 年,共建了 500 多座。其中最具代表性的为 1834 年建成的 Fmibeurg 桥,跨径为 265m。至 19 世纪末,该桥仍是欧洲最大跨径的桥梁。当时法国工程师 Sequin 和 G · Lame 还发明了用铁丝代替链条制成的悬索桥主缆,并提出了用无端索进行主缆施工的方法。20 世纪欧洲在悬索桥的建设方面继续发展创新。法国于 1959 年建成了主跨为 608m 的坦卡维尔悬索桥,该桥是欧洲最早的大跨度悬索桥。其后,英国在 1964 年与 1966 年先后在苏格兰和布里斯托尔建成主跨为 1006m 的福斯公路桥与首次采用钢箱梁与斜吊索而闻名于世的主跨为 988m 的塞文桥。而葡萄牙于 1966 年也在其首都里斯本建成主跨为 1013m 的 4 月 25 日大桥。

图 6.14 为法国中部的新堡桥(Chateauneuf),系一座 5 跨悬索桥。该桥宽度为 7m,跨径布置为 92m+2×76m+92m,采用圬工主塔,加劲梁为钢梁混凝土梁,纵向水平索连接各塔并在锚碇处锚固。

进入 21 世纪后,法国人十分注重先进技术的使用。在修建 A89 号高速公路时,为跨越克莱蒙费朗与布里夫之间的深山谷,修建了一座悬索桥。该悬索桥的独特之处是:混凝土桥塔为倒 V 形,高 75m;中跨主梁长 300m。主缆索鞍设置在桥塔顶部的预留槽内,主缆由 2 根相距 1.10m 的缆索组成,每根钢缆由 61 根平行钢丝束组成,每束由 61 丝 ϕ5.43mm 的镀锌钢丝构成。加劲梁由 29 根吊杆悬挂于主缆上,梁中的扭转荷载最终传入桥台中。这一原理常用于斜拉桥,在悬索桥中尚无这样的先例。该桥采用顶推法施工,在跨中合龙段焊接完成后,固定最后的吊杆,然后浇筑行车道板。这些处理方法既安全、又实用,展示了其先进的设计和施工技术水平。

图 6.14　法国新堡桥

6.4　城市人行天桥

在考察中笔者发现,法国人在城市人行天桥的建设中,十分注重在满足使用功能的前提下结构的简洁、实用、新颖和创新。下面以 3 座天桥为例来描述其特点和创新情况。

图 6.15 为法国某城市一座钢结构人行天桥的照片,该天桥解决了上层道路与下层滨河路的连接问题。其结构为单跨简支梁,一侧支点设在道路挡墙上,另一支点设在墩柱顶。该桥结构简单,外形轻巧,并且采用了旋转型的楼梯。全桥涂刷灰色,实用而不张扬。该桥建于 20 世纪 70 年代,至今仍使用良好。

图 6.16 为法国某城市主干道上的一座人行天桥的照片。这座天桥采用单跨预制简支梁结构,两侧的梯道搭在主梁的牛腿上,梯道为两跑形式。天桥的整体颜色为蓝色。该天桥的特点是结构简单,采用工厂预制、现场拼装的方式;同时为了防止行人往桥下投掷东西,该桥还设置了全封闭的防护网。

在考察中我们感到法国大多数城市的人行天桥在设计上要么简单、实用,要么大胆创新,并常采用混合结构形式。

图 6.15　法国某城市人行天桥(旋转楼梯)

图 6.16　法国某城市主干道上的天桥

近年来,法国建筑师们对艺术作品尤其是人行天桥表现出日益浓厚的兴趣。人行天桥作为城市的一道风景,是综合考虑了审美、技术和材料的创作。2001 年建成的巴黎市中心索尔菲利诺天桥,构思巧妙,造型奇特,结构新颖。桥梁的腹部为人行通道,上部则通行车辆,属空间钢桁架拱桥结构,见图 6.17、图 6.18。

图 6.17　法国索尔菲利诺天桥照片 1

图 6.18　法国索尔菲利诺天桥照片 2

6.5　其他类型城市桥梁

在考察中笔者对法国其他形式的城市桥梁亦留下深刻的印象。从 19 世纪末到 20 世纪初，西方新的建筑思想和理念促使城市桥梁设计观念不断更新，形成了以建筑师为代表的设计团队（包括工程师、工业设计师、工艺设计师），把美学设计领域扩展到自然科学领域，出现了重视技艺的工业艺术设计和与之呼应的美学理论——技术美学。而将这一理论应用到城市桥梁设计领域，就是桥梁景观设计，具体实施中包括桥梁自身与周围环境在内的总体美学设计，并充分利用技术对桥梁建筑作出处理，力图使技术艺术化。在这方面法国人进行的有益尝试，值得人们去学习和借鉴。

图 6.19 为法国某城市一座跨越河流的桥梁。该桥是一座 3 跨单桁架下承式简支组合桥梁，其强劲的桁架在中间，两边是宽阔的桥面，形成了自然的分割带。这座桥梁首先使人感到结实、厚重；同时也让人感觉到结构设计的合理、精巧、美观和大方。

图 6.20 为法国某城市一座普通的铁路跨线桥，它是 3 孔简支上承式钢桁架拱桥，跨径布置为：15m+32m+15m；下部结构采用矩形重力式桥墩，桥墩和桥台采用扩大式基础，桥梁支座为传统的钢活动和固定支座。尽管这座城市铁路桥修建于 20 个世纪 30 年代，但 80 年后，这座桥梁仍在发挥着重要的交通作用。该桥体现以下三个特点：

图 6.19　法国某城市桥梁（下承式结构）

图 6.20　法国某城市跨线桥梁

（1）跨径布置具有超前性。在繁华的路口上该铁路桥采用 3 孔简支结构体系，其中孔的跨径为 32m，可充分满足桥下的车流及人流交通需求，两个边孔还提供人们休闲的场所。

（2）结构设计满足安全性和耐久性要求。该铁路桥 80 年来一直在正常运行着，其上部结构、下部结构以及桥梁支座的使用状态均良好。

（3）桥梁设计注重景观要求。该桥与周围的环境能够融为一体，结构的体量和尺度比较均衡且富有韵律感。

法国人近20年来十分注重城市桥梁建设上创新理念的树立和最新科技成果的应用，莫城的城市高架桥就是体现现代桥梁特点的典型例子。莫城城市高架桥是莫城(meaux)一条联络线上的高架桥。在修建时，该桥必须跨过一条河谷(马尔讷河谷)、两条运河、一条普通的公路和一条铁路(巴黎到斯特拉斯堡的铁路)。因此，高架桥的线形必须是一条曲线，其半径为1000m，曲线长达12000m，桥面宽31.10m。距离河面的高度为30m；共有22跨，桥跨的长度为模数3.105的倍数。整个桥梁共有21个横截面为圆筒状的桥墩。桥梁通过不同于寻常结构的巧妙构思，与当地整体环境融为一体。设计师提出了具有超前意识的技术方案，其特点主要体现以下几点：

(1)提出了桥梁建筑的创新思路。桥梁从诺隆小山上一片壮丽的树林中跃出，跨过一个名叫马洛莱墨的小村子。该桥的外观设计十分巧妙，从视觉上对当地居民不会造成不良的影响，也不会破坏当地风景的完整性。同时在技术上提出了一些限制性的要求：例如根据桥面的宽度，原方案采取双桥墩式的设计，但会破坏高架桥的通透性，因此桥梁墩柱的外形采取了必要的措施，V字形桥头满足了桥梁形体上轻盈的要求；又如，桥面的设计采用了减少对视觉冲击的方案，该高架桥穿过马尔讷河的桥跨为93m，为最长的一跨，比一般的跨度长一倍。为使外形保持流畅，桥面由支护带加强，支护带由偏心度很大的预应力钢缆组成，其偏心度由拱腹下面的3个金属中柱保持，金属中柱再通过埋入钢筋混凝土中的金属管固定。桥梁建筑师在比例上也下了很大的功夫：让桥跨平均跨度建立在“黄金分割”的基础之上，使得整个桥梁在当地的景致中显得更加和谐。建筑师在颜色的使用上也颇费心思，为使高架桥的曲线显得更加纤细，桥面上没有设挡板墙，钢制腹板都采用淡绿色，斜撑为深蓝色。由于该桥体为曲线形状，当人们在桥下向前移动时，其视线在变化的颜色当中不会觉得单调。这些手法充分体现了桥梁建筑师“不是单纯为使用功能而设计”的理念。

(2)采用了最新的技术成果。莫城的高架桥是在法国桥梁局公布的创新政策鼓励之下修建的。桥梁业主方首先提出了详细的功能要求，在方案的基础上采用技术招标的形式提出咨询意见。省设备局(DDE)在公路和高速公路技术研究服务处以及巴黎大区地区设备局的帮助之下，事先拟定了桥梁的初步设计，并为拟定功能要求提出了两种技术方案。设计组提出的设计方案是一种混合式的结构，将预应力混凝土和钢结构结合在一起，是一种独特而有创新意义的设计。设计师为“平板和管状的腹板梁设计”注册了专利。拉泽尔公司的经理解释说：“我们的选择是根据材料的性能优化其应用。比如在需要满足压力要求的地方，我们采用混凝土，而在需要满足剪力要求的地方，我们采用钢结构，这样的设计与完全采用混凝土的结构相比，可以将桥梁的重量减轻10%”。

(3)采用平板和管状腹板的加强措施。平板和管状腹板由一系列平板状的钢板组成(长1.05m，高3.06m，厚20~25mm)，钢板组之间每隔1.55m由圆柱状的钢管按照垂直轴线的方式连接。这样组成的梁板，上部为钢板安装面，通过连接钢筋固定混凝土预制块。下部的混凝土预制块则通过横向的连接钢筋将腹板直接深入混凝土预制块中，确保了桥梁结构的安全。

(4)发挥系统的作用。钢管和桥面平板之间的连接保证了剪应力平均地分配在整个桥面板的高度上。钢管的径向变形经过椭圆化的变化，可以完全吸收混凝土由于预应力、温度变化而产生的作用力。因此，预应力主要传到了混凝土的预制块中，从而使其承重的效率更好。腹板上按固定间隔垂直排列的钢管自然而然地加强了桥面板的刚度，避免了再使用传统的垂直刚度加强杆，同时又使桥面板有了一定的横向刚度，从而可以部分地嵌入下部的混凝土预制块中，保证了桥面箱体结构的作用。桥梁设计师认为这样的结构比传统的混凝土结构要轻盈得多，减少了预应力混凝土的数量，同时又改善了混凝土和钢结构材料的使用性能，使各种材料充分发挥其特长。这座城市高架桥的设计用了9个月的时间，建设用了30个月，桥梁的全部造价为1.3亿欧元，并于2004年投入使用。

这座城市高架桥的成功建设表明，法国人十分注重大型桥梁的轻巧和协调，尽管其功能性的要求越来越高，但建桥所用材料的数量和重量均有减少的趋势，使用的各种材料都得到优化。另外，桥梁的设计思路也在不断创新，特别是新型混合结构的采用和最新科技成果的应用。除此之外，桥梁工程建设中提出了一些新的限制，譬如建桥时必须要考虑对环境的影响因素，尤其是桥梁在建设过程中和投入使用后，都要与当地环境有机的结合。而且，随着这方面规定日趋严格，人们对城市桥梁在建设和使用过程中可能出现的风险以及观念上也发生了变化。

6.6　结语

综上所述，本文通过对法国城市桥梁发展历史沿革的较系统回顾，对巴黎古老的城市桥梁的重点介绍，以及对法国现代城市桥梁的综合介绍，力求使读者了解法国人在城市桥梁建设和设计的总体水平。

众所周知，桥梁设计艺术积聚着浓厚的民族文化内涵，蕴藏着不同国家、不同民族的审美传统、聪明才智和精湛技艺，也应成为人类文明交流的纽带，因此我们应从塞纳河上古老精美的桥梁设计和现代桥梁的建设上汲取有益的营养成分，创造性地从事我们的桥梁设计工作。

桥梁是人类所建造的最古老、最壮观、最美丽的建筑工程之一。法国塞纳河上及其他河流上的著名桥梁，都以其鲜明的形象、强烈的艺术感染力反映了时代的特征，记录着人类文明的发展历程。桥梁建筑不仅要表现出结构上的稳定连续、强劲稳固和跨越能力，而且要有美的形态与内涵，内容和形式的高度统一，才能显示出不朽的生命力。艺术和技术是紧密相关的，结构力学、钢材、混凝土的发展及各种现代化新型施工机械的应用，才能使各式轻巧、大跨度的桥梁得以孕育而生。

笔者相信，他山之石，可以攻玉，法国桥梁建设的创新理念会对我国城市桥梁建设者和同行们提供很多值得学习和借鉴的东西。让我们携起手来，汲取人类所创造的一切文明财富，进一步推动我国城市桥梁建设的健康发展，促进祖国现代化建设的进程。

7 意大利城市桥梁建设一瞥

7.1 引言

为了学习和借鉴南欧国家——意大利在城市桥梁建设的相关情况和成熟经验,前几年笔者曾赴意大利的罗马、威尼斯、米兰和佛罗伦萨等城市进行城市桥梁建设专题考察,并与意大利的同行们进行了交流,了解其在城市桥梁设计、建设和管理方面的相关情况,特别是对其古老桥梁和现代大跨径桥梁建设的相关情况,有了总体的印象和较深的了解。

众所周知,意大利(Italy)位于欧洲的南部,人口为5875万人,其国土面积30.13万平方公里。意大利包括亚平宁半岛以及西西里岛、撒丁岛等岛屿,北以阿尔卑斯山为屏障与法国、瑞士、奥地利和斯洛文尼亚接壤,东、西、南三面临地中海属海亚德里亚海、爱奥尼亚海和第勒尼安海,海岸线长约7200多公里。全境4/5为山丘地带,境内有阿尔卑斯山脉和亚平宁山脉,意、法边境的勃朗峰海拔4810m,居欧洲第二;境内有著名的维苏威火山和欧洲最大的活火山——埃特纳火山;最大的河流是波河。意大利是一个美丽的半岛国家,它既有悠久的历史、古老的文明,又是当今世界上最发达的七大工业国之一。通过考察我们了解到,罗马人在世界桥梁建造史上曾有过辉煌的业绩,意大利至今仍遗存大量的古老桥梁。同时,他们在现代桥梁建造中亦走在世界的前列。

7.2 古老的桥梁

此次考察,笔者对意大利的威尼斯、米兰和佛罗伦萨等城市的古老桥梁留下深刻印象。据考证,古罗马时代,欧洲修建了大量的拱桥,主要以意大利为代表,且其拱桥基本上采用半圆拱;尔后文艺复兴时期,逐步发展了椭圆形拱桥。下面介绍几座意大利典型的古老桥梁。

众所周知,意大利威尼斯大运河是著名水城威尼斯的主要水道,宽30~60m,长约4km,许多小水道与之相连。大运河两岸风景优美,河上建造了许多传世的古老桥梁,尤以里阿尔托桥、学院桥和斯卡尔齐桥最为著名。而且,罗马的古代石拱桥、威尼斯大运河的人行天桥以及意大利一些城市古老的别具特色的石拱桥也给我们留下很深的印象。

7.2.1 低拱桥——里阿尔托桥

据悉,1591年罗马人在威尼斯大运河上建造了当时世界上最长的低拱桥——里阿尔托(Rialto)桥,这是欧洲文艺复兴时期建造的著名桥梁。这座古桥被称为商业桥,既是威尼斯横跨大运河的3座桥梁之一,又是威尼斯本岛上最宏伟和最古老的一座桥梁,早已成为威尼斯城市的象征。这座桥梁最初建于1180年,原先只是一座木桥,后改为吊桥,1580~1592年,改建为现在的石桥,全部用白色大理石筑成,桥上的中部建有厅阁(浮亭),两侧是20多家首饰商店。这座桥长48m,宽22m,距水面有7m高。由于地基松软,桥两端用12000根打入水中的木桩作为基础支撑。自中古世纪以来,里阿尔托桥就是威尼斯城的贸易中心,也是威尼斯城的标志性建筑。桥梁的建筑风格属于意大利文艺复兴时期的风格,也被称为"白色巨象"。当时建桥时曾有过设计竞赛,参赛者包括米开朗基罗、帕拉弟奥和圣所维诺等名建筑师,竞赛冠军为安东尼·达蓬。今天所见的是重建后的里阿尔托桥,桥上因两侧的商店而分为三部分,桥下两旁还有不少的餐厅及商店。这座石桥的结构特点是:在普通单孔石拱桥上建有造型简单的桥廊,采用大理石装饰,线条舒畅,雕凿精美;结构受力合理,造型美观。桥中心设有高于桥廊的敞开式门廊,因该桥位于威尼斯重要的大运河拐弯处,有高高的敞门廊,便于观赏城市风光。如今慕名前来的人们都会驻足观看和欣赏这座古老的石桥。这座桥梁充分反映了意大利中世纪桥梁建筑技艺的水平,见图7.1。

图7.1　威尼斯里阿尔托桥远眺

7.2.2　威尼斯大运河上的学院桥

威尼斯学院桥亦是意大利威尼斯大运河上的3座标志性桥梁之一,位于运河南部的尾端。早在1488年就有人提出在该桥址建桥的建议,但直到1854年才建造完成。由阿尔弗莱德·内维尔设计的桥梁最初为钢结构桥梁。

该桥于20世纪30年代被拆毁,取而代之的是一座木结构桥梁,尽管当时人们普遍希望建造一座石拱桥。后来这座重建的学院桥因为结构不稳,在1985年被再度重建。这座木结构单孔拱桥的两侧分别是圣维达尔地场和慈爱地场。这座桥虽然看起来像14世纪的木桥,但它是一件现代作品,由苗齐(Miozzi)建于1934年。最初它是一座临时性的桥梁,以代替1854年建成的钢结构拱桥。后因当地的人们认为,钢拱桥的造型和用材都过于"现代"了,因而,学院桥建成为一座临时性的木桥。然而这座临时的木桥却变成了永久性的桥。尽管这座木桥已经建造和使用了80多年,但至今仍使用正常,其在桥梁安全性和耐久性的有益经验值得我们学习和借鉴,见图7.2、图7.3。

图7.2　威尼斯学院桥的侧立面照片

图7.3　威尼斯学院桥的正立面照片

7.2.3　追悔往事的威尼斯叹息桥

闻名于世的威尼斯"叹息桥",建于1603年,位于威尼斯一条狭窄的运河上。该桥与两座建筑相连,一边是象征着权力的总督府——当初威尼斯共和国的权力中心,另一边则是一座监狱。叹息桥的造型属早期巴洛克风格,桥梁呈房屋状,上部穹隆覆盖,封闭得很严实,只有向运河的一侧有两个小窗。这座石材建造的拱廊桥大约长10m。

这座建于17世纪的桥梁有许多传说。据说,当犯人在总督府中被审判定罪后,就会叹息着经过这座桥梁走入牢房,当犯人们透过小小的窗户看到外面世界的那一刹那,一声声叹息便久久地徘徊在桥上,充满了对往事的追悔和对自由的眷恋,因而人们称此桥为叹息桥。

千百年后,当到访的人们站在另一座桥上望着叹息桥,便沉浸在往事的回忆和遐想中。在这座古老的桥上,一些人走了过去,又有一些人继续到来,几步之隔,便从天堂走向了地狱。多少年来,桥下的流水天天在流逝,消失的是那座桥上曾经走过的人。2003 年笔者曾乘坐小船从桥下经过。据说恋人们在桥下接吻就可以天长地久,也给人们带来了美丽的遐想。虽然经过 400 多年的时间洗礼,这座叹息桥仍在正常使用,其耐久性的成功经验,值得我们借鉴和思考,见图 7.4、图 7.5。

图 7.4 威尼斯叹息桥照片 1

图 7.5 威尼斯叹息桥照片 2

7.2.4 维罗纳的斯卡利杰罗桥

著名的斯卡利杰罗桥(又称老城堡桥)系意大利北部城市维罗纳的一座拱桥,横跨当地的阿迪杰河。斯卡利杰罗桥兴建于 14 世纪,据说,斯卡利杰罗先生在反抗暴虐统治的起义中,得以安全逃出,于是立志修建此桥。此桥修建后颇为坚固,18 世纪后期,左岸塔楼才遭到毁坏。1945 年 4 月 24 日,这座桥和石桥(Ponte Pietra)一起被撤退的德国军队摧毁。1949 年到 1951 年按原样重建。它包括 3 个桥拱,从五角塔一侧开始,桥拱的长度依次递减。跨度最大的一个拱为 48.7m,在建造时为世界上最大跨度的桥拱。另外两个桥拱分别为 29.15m 和 24.11m。这座桥总长度为 120m,上部用红砖砌筑,下部使用了白色大理石。从远处望去,这座古老的拱桥在阳光的照射下,红色的桥身显得古朴庄重,而左岸塔楼则显得宏伟雄壮,见图 7.6、图 7.7。

图 7.6 远眺斯卡利杰罗桥

图 7.7 斯卡利杰罗桥桥面

7.2.5 罗马市的石拱桥

图 7.8 为意大利罗马市穿城的河流——台伯河上的一座 5 孔石拱桥。这座上承式拱桥大约建于公元 136 年,采用半圆形拱圈,其矢跨比为 1/8。虽然它的单孔跨径只有 8m,但其在建造手法上却很有特点:

(1)主拱圈采用传统的圆弧拱,拱上建筑亦采用块石砌筑,体现了就地取材和坚固耐用的原则;而当时欧洲很多古老的房屋都采用砖石结构,使得这座古石桥能与周围的建筑相呼应,并与远处的教堂相融合。

(2)桥面比较宽阔,有利于车辆和行人通行,体现了建造者的超前理念。

(3)桥位处于河道的宽敞处,其两侧桥台与河岸的挡墙形成一字形,既实用,又能满足功能上的需求。

(4)桥上的栏杆典雅,桥墩柱头的石料雕刻精细,整体协调并满足耐久性的要求。这座建于18世纪的5孔石拱桥,使到访罗马的人们驻足观看,流连忘返。

7.2.6　威尼斯大运河的人行天桥

图7.9为威尼斯大运河上的一座钢拱人行桥。这座建于20世纪50年代的人行天桥,也是这条运河上第4座桥梁。其主跨为80.8 m,矢跨比为1/16。该桥造型新颖美观,色彩运用恰到好处,并以现代高强轻质的钢材和玻璃建造,能与周围古老的建筑和谐一致。其设计上采用的开口星形截面、无斜撑的类似腹杆的开口桁架拱肋,及其1/16的矢跨比,也使该桥梁结构存在不尽合理之处。该桥的主拱第3阶振型频率与行人步频接近,极易产生人桥共振;同时,该桥的造价及维护费用也较高。尽管该桥存在着一些先天不足,但这座钢拱人行桥仍在正常使用中。同时其优美的桥型和较强的通行能力,也受到当地人们的普遍赞赏。

图7.8　意大利罗马古老的拱桥

图7.9　威尼斯大运河上的钢拱人行桥

7.2.7　意大利某古老的石拱桥

图7.10为意大利某公路上的一座古老的石拱桥。据悉,该桥梁建造于20世纪40年代。这座桥梁的中部为上承式钢筋混凝土拱桥,两侧为单孔高桥墩石拱桥。该桥的主跨结构和边跨结构呈现如下特点:

图7.10　意大利某古老的石拱桥

(1)主跨为120m,反映了意大利的建桥水平和综合实力。

(2)主跨拱铰嵌于坚硬的岩石上和边跨拱桥采用高桥墩的设计,充分利用了当地的地形和地质条件,在结构设计上十分合理。

(3)主跨和边跨结构搭配合理,线条舒畅。

(4)从桥梁的使用上看,虽经60多年的运行考验,但该桥梁至今仍整体情况良好,从中也使我们对桥梁结构安全性和耐久性上得到一些有益的启示。

(5)这座古老的石拱桥与不远处巴洛克建筑风格的教堂相协调,并与四周的树木及景色融为一体,犹如一幅风景画,堪称桥梁美学的典范。

7.3 具有创新意识的现代桥梁和大跨径城市桥梁

产生于20世纪之交的新艺术运动犹如一颗璀璨的流星，虽然一闪而逝，然而其耀眼的光芒却被深深铭刻于欧洲桥梁设计的发展史中。这场既承接了古典艺术之风，又融入了现代工业文明气息的艺术运动，在欧洲特别是在意大利有了新的发展，并成功影响和建造了一批古典与现代相结合的新型桥梁。下面介绍几座近些年来具有创新意识的意大利现代桥梁和大跨径城市桥梁。

7.3.1 新型城市高架桥梁

图7.11为意大利某机场建于20世纪70年代的高架桥梁，其桥型为上下不等高的两座曲线形匝道高架桥梁。其上部结构为预应力混凝土连续箱梁（单箱双室），下部结构采用单柱支承的T形墩。这座高架桥气势雄伟，流畅的线形显示其交通功能的完善。尺度适宜的结构尺寸，既满足结构安全性和耐久性的要求，又在桥梁平、立面上展现了舒展大方的外形。通过这座新型城市高架桥梁，我们可大致看出意大利在城市桥梁方面的设计理念和习惯做法有许多值得我们学习和借鉴的东西。

图7.11 意大利某机场的高架桥梁

7.3.2 现代拱式桥梁

如众所知，拱桥是古老而美丽的桥梁，在世界桥梁建设史上是一种应用最早、最广泛的桥梁受力体系。在考察中笔者发现，在大跨径拱桥，特别是中、下承式拱桥的建设上，意大利有着极其鲜明的特色。

图7.12、图7.13为意大利某河流上的一座现代曲线形桥梁——3跨异形单轴式钢拱桥。正如人们所熟知的，对城市桥梁而言，要想建造标志性的桥梁，通常需要有突出于桥面的结构，才能形成标志性的效果和艺术感染力。这座异形钢拱桥的特点有以下四点：

图7.12 意大利某城市3跨异形单轴式钢拱桥照片1

图7.13 意大利某城市3跨异形单轴式钢拱桥照片2

（1）三个拱肋分别斜跨于（38°角）桥梁的纵向跨径，且扇形的系杆钢丝束交叉布置可满足桥上车辆通行的净高要求，其桥型设计新颖别致且满足结构受力要求。

（2）其矩形拱肋采用钢板混凝土复合材料，能充分发挥两种不同材料的力学特性，在桥梁结构设计上是十分成功的。

（3）异形钢拱肋的拱铰嵌固于独立的下部结构上，能满足拱式桥梁对基础受力和变形的苛刻要求。

（4）其主梁和墩柱采用异形的刚构结构，与上部的异形拱肋相组合堪称城市桥梁结构设计上的创举，令人们感叹不已。

图 7.14 为意大利某城市的一座钢桁架拱桥，系 20 世纪 90 年代风靡欧美的、反映高技派的钢结构拱式空间桁架桥。虽然，图示只展示了钢拱桥的一隅，但可感受到桥梁气势宏大、造型优美和结构独特。据了解，高技派桥梁的立足点在于凸现技术的美感，注重技术的功能性、高效性与艺术象征性的完美结合，其大多数桥梁构件由工厂制作，具有很高等级的光洁度，并利用冲压、抛光、弯曲成型和焊接等工艺，表达出高技术的外貌特征。这种高技派风格的桥梁，反映着欧洲机器美学和结构美学流派的思想，既热衷于技术上的乐观主义，亦关注哲学上的理性主义。虽然，这种流派的理念仍有很大的争议，但笔者认为，其在技术上能为桥梁建筑的某种形式美产生影响，仍是我们需受到的感悟和启示。

7.3.3　现代连续刚构桥

图 7.15 系意大利某公路上的一座高架桥，其结构为多跨高桥墩连续刚构，单跨跨径约为 160m。这座位于崇山峻岭之中的高架桥梁施工难度非常大。大桥采用钢箱梁与预应力混凝土梁组合的结构，以发挥钢混共同作用的优势。钢箱梁为等截面。大桥的主墩为矩形断面，采取了特殊设计以适应钢混组合梁的变形要求。这座大桥的最大特点就是 8 个百米以上的高墩。这既是施工中的难点，又使得这座桥梁极为雄伟和壮观。而这座建于 20 世纪 70 年代的钢混结构多跨连续刚构桥，也充分反映了当时意大利的建桥水平，成功地解决了高墩稳定、抗风、施工控制以及钢混结构共同作用等技术难题，值得我们学习和借鉴。

图 7.14　意大利某城市的钢拱桥

图 7.15　意大利某多跨高墩连续刚构桥

7.3.4　现代悬索桥

众所周知，现代悬索桥的建设亦反映了一个国家的综合实力和建桥水平，而悬索桥的基本构造通常由主塔、锚锭、主缆、吊索、加劲梁及索鞍等主要部分所组成。尽管现代悬索桥的主跨已逼近 2000m，例如日本明石海峡大桥主跨达 1990m，中国浙江的西堠门大桥主跨达 1650m。但通过考察我们发现，意大利在现代悬索桥的建造史上仍占有十分重要的地位。

图 7.16 为横跨著名的墨西拿海峡、连接西西里岛与意大利本土的世界最长的桥梁工程——墨西拿海峡大桥。当时的四个投标方案分别为：①主跨 3300m 悬索桥；②大跨斜拉桥；③潜式浮墩桥；④半潜式隧道。经综合比较，最终选定主跨 3300m 的悬索桥。

该大桥采用重力式锚碇、分体式流线型钢箱梁，钢框架桥塔，为公铁两用悬索桥。大桥全长约为 4km，主跨 3300m，跨径布置为：183m+3300m+183m，建成后将超越目前世界第一大悬索桥——日本明石海峡大桥，成为世界上最长的悬索桥，耗资 60 亿欧元。桥面宽 60m，包括双向火车铁轨、6 条行车道及 2 条紧急停车道。大桥火车日通行量 200 列，汽车每小时通行量 6000 辆。跨海大桥建成后可抵抗里氏 7.1 级地震。尽管当初许多专家对建桥持反对态度，理由是墨西拿海峡属于地震带，在这个区域建设跨度太大的桥梁有难度，而且大风对高大的索塔有威胁。但建设者却称大桥建成后可以有效缓解大陆到西西里地区铁路和公路的运输压力，改善基础设施，并能大大发展旅游业。按照设计方案，墨西拿海峡大桥的桥身长 3690m，加上两端的引桥，总长度为 5070m。此外，还建造有四根长 5300m 的钢索和两座高达 400m 的桥塔（比埃菲尔铁塔还高），这两座桥塔的整体结构将耸立在距海平面 65m 处。届时将实现意大利人几个世纪以来的梦想，轮渡过海的历史将告终结，不仅节省大量时间，且对开发西西里岛、促进该地区发展具有十分重要意义。而其悬索桥跨径上惊人的突破，展示了21世纪世界桥梁建设的最新综合技术和发展水平，为世界跨海大桥工程的一座丰碑，也使悬索桥跨径迈上了新的纪元。

7.3.5　现代斜拉桥

如众所知，斜拉桥是我国近20年来在大跨径桥梁领域最流行的桥型。从事桥梁设计、研究、监控和施工的同行们都知道，如果仅从悬索桥和斜拉桥两种桥型选择时，斜拉桥总是经济的。

斜拉桥是一种自锚受力体系，是一种加劲梁受压弯、支承体系斜拉索受拉的桥梁。据考证，1617年意大利人曾设计过一座用钢杆铁链吊拉的桥梁，近似于悬索桥和斜拉桥的混合结构。

图7.17是值得一提的意大利米兰Certosa斜拉桥。这座位于米兰市Certosa铁路道口的斜拉桥，建于20世纪80年代末，桥梁总长180m，主跨90m，两个边跨45m；主梁为箱梁结构，梁宽19.80m，与道路的中心线呈26.7°的夹角。横断面的高度从1.40m到1.80m不等，顶板和路面都有一个小的横坡。Certosa斜拉桥建成运营后，在当地发挥着极大的作用。同时，也给城市化发展中带来了一些问题。当该桥梁使用15年之后，米兰市政府决定对大桥进行一次整体、详细的检查。虽然桥梁总体上处于一个较好的状态，桥面基本完好无损，但由于这座桥梁是通向米兰的最重要和最繁忙的交通要道，桥梁承受了大量的荷载甚至超载，其破坏主要在桥面以上的暴露部分，4个主塔受风吹和酸雨侵蚀以及来自路面和下方铁路的侵蚀性物质所产生的影响十分严重，影响着该桥的安全性和耐久性。经多种方案比选，提出了加固方案。在该斜拉桥整修期间，对底座、桥墩、桥面部分进行了全面的加固，并将最大限度地降低对铁路运输的干扰。当地的桥梁工程师对Certosa斜拉桥进行了两种不同工况的分析，提出了可靠的桥梁结构修复计划。通过科学的工程组织和实施，目前经修复后的这座斜拉桥运行状态良好。笔者认为，意大利人在既有桥梁特别是斜拉桥的修复和加固方面的成功经验，值得我们借鉴和思考。

图7.16　墨西拿海峡大桥照片

图7.17　米兰市的Certosa斜拉桥

跨越威尼斯商业港的桥梁是一座曲线形斜拉桥，长387.80m，主梁为钢—混组合结构，斜拉索布置为锥形单索面，桥塔单向倾斜。主梁采用不锈钢板固定在下方和侧边，施工时采用大型浮船吊装主梁拼装构件。这座桥梁成功地将结构功能、美学功能、使用功能等有机地结合在了一起。

7.4　具有特色的其他类型城市桥梁

7.4.1　世界上最大跨径的钢斜腿刚架桥——斯法拉沙桥

图7.18为1972年意大利建成的斯法拉沙桥，跨径达376m，是目前世界上跨径最大的钢斜腿刚架桥。如众所知，与门式刚架相比，斜腿刚架的腿是斜置的，两腿和梁中部的轴线大致呈拱形，这样，斜腿和梁所

受的弯矩比同跨度的门式刚架显著减小,而轴向压力却有所增加。同上承式拱桥相比,这种桥不需要拱上结构,构件数目较少;当桥面较窄(如单线铁路桥)而跨度较大时,可将其斜腿在桥的横向放坡,以保证桥的横向稳定。意大利的斯法拉沙桥虽已建成近40年,但其简洁明快的桥型,特别是至今仍保持同桥型跨径世界第一的纪录,令世人瞩目。

7.4.2 太阳能风力发电桥

正如人们所了解的常识——桥梁一般总是矗立于户外、暴露在自然环境中,并经受各种气候和天气的洗礼。近年来,意大利人属意利用巨大的人造奇观来生产环保的绿色能源。2010年,意大利南部卡拉布利亚区有一段连接西西里岛(scilla)和巴尼亚尼(bagnara)的高速公路即将废弃。当地政府在全世界范围内征集设计方案,以便以可持续发展的方式对这段即将退役的高速公路进行再利用。三位意大利设计师提交的"太阳能风力发电桥"方案一举中标。其设计理念具有极强的革新性,设计师们看到了该项目地理位置的潜在优势——始终受到侧风侵袭并且长期处于地中海强烈日光的照射之下,这座拟建的太阳能风力发电桥(Solar Wind bridge)可利用桥梁独特的地理环境收获两种不同的绿色能源——太阳能和风能。该桥的桥面不是用传统沥青铺设,而是用密集的太阳能电池板所代替,太阳能电池板上面覆盖着一层耐用的塑胶材料。太阳能电池板每年大约可产生1120万千瓦时的电量。同时,在桥梁支撑结构之间的空隙中安装了26台风力涡轮机,每年可产生3600万千瓦时电量,这些电量可满足15000个家庭的用电需求。而按照设计师的构想,还将在桥梁两侧建设小型农场和市场,这也就意味着当地的农民可以在太阳风桥两侧种植农作物和摆摊卖货。这些诱人的设计不仅激发着设计师们更加奇特的设计理念,也使得我们对绿色、节能和环保的认识有了全新的理解,见图7.19。

图7.18 意大利钢斜腿刚架——斯法拉沙桥

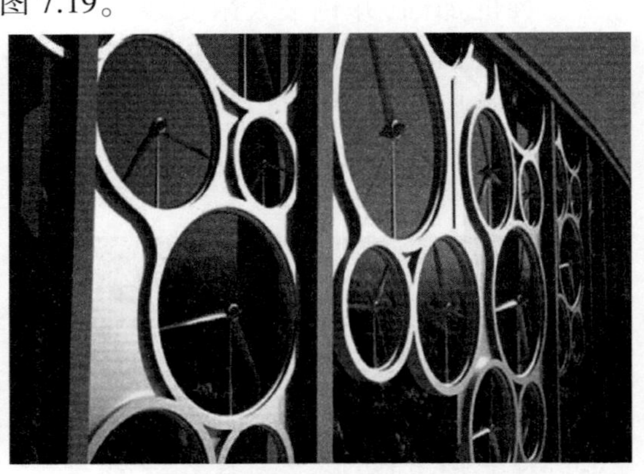

图7.19 意大利太阳能风力发电桥的效果图

图7.20 意大利米兰的人行桥梁

7.4.3 意大利新颖的人行桥

图7.20为意大利米兰的一座新颖的人行桥。这座跨越米兰市某城市道路的人行桥有以下五个特点:

(1)在纵向采用竖曲线,既满足桥下车辆通行的要求,行人在桥上行走也十分舒适。

(2)满足结构安全上的要求,并留有安全储备。

(3)其上部结构采用钢箱梁并与下部薄壁墩固结,具有足够的刚度,亦满足结构变形的要求。

(4)在造型上具有创新性,其栏杆向内倾斜,通透且简单明快,而加劲的栏柱则增加了刚度。

(5)人行桥与周围建筑景观协调一致,总体布置上舒展大方。如今该人行桥已成为当地的一个景点。

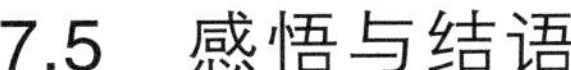

7.5 感悟与结语

7.5.1 感悟

（1）通过考察我们了解到，意大利威尼斯大运河上建造了许多传世的古老桥梁，如里阿尔托桥、学院桥和斯卡尔齐桥等；同时，罗马的古代石拱桥、威尼斯大运河上的人行天桥以及意大利古老的别具特色的石拱桥充分反映了其浓厚的文化底蕴，可使我们了解其在古老桥梁设计理念上和桥梁建造艺术上的成熟经验，努力做到“古为今用，洋为中用”，并从中汲取有益的经验和养分。

（2）在城市桥梁特别是大跨径城市桥梁的结构选型方面，意大利人顺应了世界桥梁结构的发展趋势，呈现了很强的创新意识。在最近20年间，意大利建造了许多现代大跨径城市桥梁，其特点主要包括以下两点：

①在结构选型上因地制宜，既有悬索结构又有斜拉结构，既有拱式结构，又有梁式结构，结构选型以发挥该种结构的综合优势为主。

②在跨径的确定上，既追求跨径上的新突破（如墨西拿海峡大桥的悬索桥主跨3300m），又能将创新性、耐久性和经济性等统筹考虑来综合确定桥型，这两个方面的成功经验值得我们深入思考和借鉴。

（3）在既有旧桥的加固方案上，意大利工程师充分考虑既有桥梁的使用情况、维修情况及桥梁的超载情况，并进行不同工况的结构分析，提出科学的修复方案和周密的施工作业计划，这对于我国许多城市面临的城市桥梁繁重的大修任务，应该说是有着很好的借鉴意义。

（4）在人类努力实现可持续发展的今天，意大利人在太阳能风力发电桥的设计理念中，将人造物与周边恬静的自然景观结合一体，全新诠释了人们对绿色、节能和环保的认识，亦值得我们认真思考和借鉴。

（5）在城市桥梁景观设计上，通过剖析一座新颖别致的人行天桥使我们感到：桥梁设计与周围景观的协调一致确实值得我们学习。

7.5.2 结语

笔者感到，桥梁是人类所建造的最古老、最壮观、最美丽的建筑工程之一。意大利威尼斯运河上千姿百态各式古老的桥梁，以其鲜明的形象、强烈的艺术感染力，反映了当时的时代特征，记录着人类文明的发展历程。而以墨西纳拿海峡大桥为代表的意大利新世纪世界级桥梁的建造成功，充分说明，桥梁建筑不仅要表现出结构上的稳定连续、强劲稳固和跨越能力，而且要有美的形态与内涵，内容和形式的高度统一，才能显示出不朽的生命力。世界桥梁建造史表明，艺术和技术是紧密相关的。结构力学、钢材、混凝土的发展及各种现代化新型施工机械的应用，才使得各式轻巧、大跨度的桥梁得以孕育而生。笔者相信，他山之石，可以攻玉，意大利的桥梁建设经验必定会对我国城市桥梁建设者和同行们提供很多值得学习和借鉴的东西。让我们携起手来，汲取人类所创造的一切文明财富，进一步推动我国城市桥梁建设的健康发展，真正实现我国由桥梁建设大国向桥梁建设强国的目标迈进。

8 基于传统和创新念理念的西班牙城市桥梁

8.1 引言

为了学习和借鉴南欧国家——西班牙在城市桥梁建设的相关做法和成熟经验，前些年笔者曾赴西班牙的马德里、巴塞罗那和塞维利等城市进行业务考察。

西班牙正式名称为西班牙王国，位于欧洲的西南部，与葡萄牙同处于伊比利亚半岛。它的领土还包括地中海中的巴利阿里群岛、大西洋的加那利群岛，以及在非洲的休达和梅利利亚。北濒比斯开湾，西临葡萄牙，南隔直布罗陀海峡与非洲的摩洛哥相望，东北与法国、安道尔接壤，东和东南临地中海，海岸线长约 7800km。境内多山，是欧洲高山国家之一。

通过考察我们了解到，西班牙人不仅在城市建筑上表现着古老、浓郁的传统文化，而且在其城市桥梁建设上也反映了传统的桥梁美学思想和高超的建造艺术。其在大跨度桥梁建设上取得的令世人瞩目的业绩，反映了极强的创新理念。

8.2 古老的桥梁

考察中我们发现，西班牙的马德里、巴萨罗那和歌沙拉莎等城市至今都保留着西班牙千百年来的灿烂文化。譬如，西班牙古城——萨拉曼卡城中罗马古桥上的石牛图案已嵌在该城市市徽上。传说这座古桥系图拉真皇帝所建，其靠近市区一端由 15 个桥拱组成，它的建筑年代可以追溯到公元一世纪；城内的古城及其余的古桥则是在毁于洪水之后，于 16 世纪和 17 世纪扩建的。

下面介绍西班牙 4 座典型的古老桥梁，从中可使我们领悟其传统的造桥理念。

图 8.1　西班牙阿尔坎达拉桥

8.2.1　西班牙阿尔坎达拉桥

图 8.1 为西班牙阿尔坎达拉桥，是建于公元 105 年的石拱桥，为西班牙通往葡萄牙的重要交通要道。该桥全长 190m，宽 8m，中间两个墩高 60m（河床至桥面），正常水位 10m 左右。拱桥的中间跨径为 28m。这座高耸的、雄伟的古桥的塔式拱门突出于桥面，全部采用花岗岩干砌而成。此桥的特点有四个：

（1）跨径突破了 25m，这在当时的确使拱桥的跨径向前迈进了一大步。

（2）桥梁跨径布置十分合理，结合地形，将桥梁的跨径布设得合理美观,其跨径为:13.8m+22.5m+27.9m+22.5m+13.5m。

(3)该桥面中央的塔式拱门有其神秘性。

(4)这座古桥经过2000年来洪水和战争的洗礼而至今保留完好,不仅使人敬畏,而且在桥梁的安全性和耐久性方面值得人们去思考。

8.2.2 西班牙著名的山谷大桥

图8.2为西班牙著名的山谷大桥,是当今举世闻名的一座古老桥梁。这座修建于山谷深处的桥,其建筑风格反映着浓郁的阿拉伯风情,也反映出南欧与阿拉伯文化的源远流长。山谷大桥为圆弧形拱桥,其桥孔($L=8$m)的形状像清真寺的圆顶,上面的花纹细密繁琐,而砌筑在岩石边的高桥墩($H=40$m),远看就像织着古兰经的挂毯垂在清真寺的柱子上;其桥边有条沿着悬崖修过去的小路。顺桥走过去,新城的对面是修建在悬崖峭壁上的白房子,前方则是一马平川的大地。当人们从桥上走过时巨大的裂谷就在脚下。那裂谷好像一个巨人手持着大斧从天劈下,给大地留下了一道深深的疤痕。这座古老的山谷大桥给人以强烈的震撼力,无论从造桥艺术、施工难度,还是至今仍保持完好无损的桥身,都使到访的人们受到强烈的震撼。此桥堪称西班牙古老桥梁建筑的代表作。

图8.2 西班牙山谷大桥

8.2.3 独具特色的比斯卡亚大桥

图8.3、图8.4系闻名世界的比斯卡亚大桥。这座建于19世纪末期的桥梁,位于西班牙北部港口城市毕尔巴鄂的波图加莱特,横跨内尔韦恩河。这座桥由建筑师阿尔贝托·德·帕拉西奥设计,于1893年完工。该桥跨度为160m,融合了19世纪的传统钢铁技术和当时新兴的螺纹钢筋轻质技术。比斯卡亚桥是世界上第一座供行人和车辆通过的高空拉索桥。欧洲、非洲和南、北美洲的很多大桥都是仿照该桥建造的,不过保存至今的却为数不多。设计师别出心裁地使用了螺纹钢筋轻质技术,因此比斯卡亚大桥也被誉为工业革命时代最杰出的钢铁建筑之一。这座桥梁与其说是桥梁,更确切地说是一座巨大的跨河龙门吊。这座大桥没有通常的桥面,桥身高出河面很多,下面悬挂着一个吊篮。吊篮中间可以停放车辆,两侧是用来运送乘客的座舱。大桥建于19世纪90年代,是世界上第一座能够同时在吊篮内运送行人和车辆的桥梁,也是目前世界上唯一一座仍在使用的此类桥梁,它被世界遗产委员会誉为是功能性和建筑美学的完美结合。其巧妙的设计思路和精细的加工水平,充分反映了19世纪末期西班牙整体的建筑艺术水平和制造水平。经过120多年的运营,这座古桥仍在正常使用着,很值得我们学习和借鉴。

图8.3 西班牙比斯卡亚大桥立面

图8.4 西班牙比斯卡亚大桥吊篮

8.3　现代斜拉桥

如众所知,斜拉桥是由主塔向两边伸出的斜索将主梁拉起的,当多条斜索分散拉起,主梁就像有多个弹性支承的连续梁一样工作。故而,斜拉桥是一种自锚受力体系,是一种加劲梁受压弯、支承体系斜拉索受拉的结构。斜拉桥作为一种拉索体系,比梁式桥的跨越能力更大,是大跨度桥梁的主要使用桥型。斜拉桥由索塔、主梁、斜拉索组成。索塔形式有A形、倒Y形、H形、独柱。斜拉索布置有单索面、平行双索面、斜索面等。通过考察我们了解到,世界上第一座具有钢筋混凝土主梁的斜拉桥是1925年在西班牙修建跨越但波尔河的水道桥,主跨为60.35m。近代和当代西班牙人在各式斜拉桥的建造上展现了许多独具创新理念的成功作品。

8.3.1　预应力混凝土斜拉桥

目前世界上跨径最大的预应力混凝土主梁斜拉桥系西班牙的卢纳巴里奥斯桥(图8.5)。这座建于1983年的斜拉桥,主跨跨径达440m,采用双面辐射型密索布置形式。该桥由3跨组成,其跨径布置为:107.7m+440.0m+106.9m。其边跨和桥台固接,主跨无索区设一个剪力铰。为了避开50m水深和不良的地质条件,采用了很大的中跨;又因主梁采用悬臂浇筑法施工,所以采用了长36.23m、重2.5万吨起平衡作用的重力式桥台,其上也锚固部分的缆索,并配置了预应力钢筋,形成三向预应力混凝土结构。其主梁高度仅为2.5m,跨高比为176;桥宽22.5m,宽高比为9;主梁采用流线型的单箱3室封闭式截面,但在跨中,为减轻自重,采用了半封闭式的箱形截面。塔墩在基础顶面以上高达102.5m,立面上呈H柱形,横桥向采用斜腿门形塔柱,设有两道横撑,具有较好的抗风稳定性。塔墩高度的80%采用提升式模板施工。缆索布置采用折中型,由根数不同的直径15.2mm钢绞线组成,钢绞线则由7根钢丝组成。缆索外套聚乙烯管,内注水泥砂浆防锈。缆索索距为8.16m,采用BL型锚具,具有耐疲劳和现场制作的优点。为了加大中跨的刚度,位于桥台部分的斜缆索按45°倾斜角布置。该桥为预应力混凝土斜拉桥,与钢斜拉桥相比经济。主梁采用悬臂浇筑法施工,平均每周可浇筑两个节段,长8.16m。现代建桥的工程实践表明,斜拉桥跨径在300~1000m是合适的;在这一跨径范围,与悬索桥相比,斜拉桥有其明显的优势。德国著名桥梁专家莱恩哈特认为,即使跨径1400m的斜拉桥也比同等跨径悬索桥使用的高强钢丝节省二分之一,能降低造价30%左右。而斜拉桥今后的发展趋势是:

(1)结构类型呈多样化、轻型化;

(2)更加注重对斜拉索防腐保护的研究;

(3)注意索力的调整、施工观测与控制及斜拉桥动力问题的研究。

8.3.2　西班牙巴盖特大桥——无背索斜拉桥

西班牙塞维利亚的巴盖特大桥由阿来那斯和潘特里翁设计。无背索斜拉桥是对常规斜拉桥造型的突破,它的典型特征是需要利用索塔的重量来平衡主梁上的荷载。无背索后倾的塔身表现出对桥面强大稳固支撑的力量感,给人醒目深刻的感受,见图8.6。

8.3.3　西班牙斯卡莱里塔斯桥——独塔斜拉桥

西班牙的斯卡莱里塔斯独塔斜拉桥位于拉斯帕尔马斯运河上,全长220m,跨径布置为100m+42m+42m+36m。其主跨为非对称斜拉桥,桥塔为斜塔,斜拉索采用半竖琴的布置形式。施工时主梁分节段由吊机吊起并在临时桥墩上进行拼装,斜拉索张拉完毕后撤除临时桥墩。这座独具特色的独塔斜拉桥,有竖琴的优雅动态之感,展现出了技术所带来的逻辑美,并找到了结构和建筑美学的结合点,见图8.7。

8.3.4　西班牙异形拱塔斜拉桥——沃兰汀步行桥

沃兰汀步行桥是西班牙本土建筑师卡拉特拉瓦的作品,横跨在毕尔巴鄂市中心内维隆河上,紧临古根海姆博物馆。与当地的古根海姆博物馆一样,沃兰汀步行桥也是毕尔巴鄂城市改造计划的一部分,建成后就立刻成为毕尔巴鄂的地标之一。这座天桥的桥身与一般桥梁迥异，系一座异形拱塔斜拉桥。该桥呈现出优雅的抛物线造型，仿佛像一条迎着河上清风招展的丝带。白色的拱、扶手和支架以钢材为材料，而桥面则采用玻璃板。其钢拱呈不规则的布置，其斜拉索又按照不同的规律在变换着，仿佛是空中的一张网。这独特创意，是来源于大自然中的林木虫鸟。该设计不仅反映了创新意识与高超技术，同时表达了传承民族文化、代表环境和谐的设计理念，见图 8.8。

图 8.5　西班牙卢纳巴里奥斯桥

图 8.6　西班牙塞维利亚的巴盖特大桥

图 8.7　西班牙斯卡莱里塔斯独塔斜拉桥

图 8.8　西班牙沃兰汀步行桥

8.3.5　著名的西班牙阿拉米罗大桥

西班牙阿拉米罗大桥是世界上最优美和最具特色的桥梁之一。这座桥梁位于西班牙的瑟威尔地区，横跨果达儿奎威河。1992 年西班牙的绘测师圣地亚哥 · 卡拉特拉瓦(Santiago Calatrava)构思、设计了这座著名的桥梁，而这座成功的桥梁设计也使其本人被 IABSE(国际桥协)评为杰出的青年工程师。

这座桥梁的结构非常独特，它没有一个桥墩，全长 200m 的桥身由一个 142m 高、倾斜约 58°的桥塔来平衡，桥塔用 13 对钢索拉住桥身。整座大桥犹如一把竖琴，典雅美观，散发着高雅的神韵。主梁为六边形钢箱梁，拉索固定在其上。从主梁上向两侧悬挑出的两个侧翼，宽 3.75m，比机动车道高出 1.6m 左右，成为步行道和自行车道的桥面。该桥的设计概念可以追溯到 1986 年卡氏的一个雕塑作品“奔跑的躯干”，它是由一串斜向叠摞起来的大理石方块与钢悬索构成平衡体。大桥经过 31 个月的工期竣工，建成后，即成为这个有着悠久历史的城市的现代标志。按照原设计方案，阿拉米罗桥应是对称的两座桥，但在建造过程中最终只有原来的一半，正是现在的不平衡，反而成就了这座桥梁的完美。

如众所知，常规的斜拉桥在桥塔两侧均有斜拉索，在荷载作用下桥塔可保持受力平衡。而与常规斜拉桥不同，这种无背索斜拉桥的桥塔仅有单侧索，桥塔的受力如同在斜拉索索力及自身重力作用下的悬臂梁。为了确保主塔处于良好的受力状态，无背索斜拉桥的塔身一般都设计成倾斜的，依靠塔身的自重力矩来平衡斜拉索的倾覆力矩，由此组成了梁塔结构的平衡体系。无背索斜拉桥，是近年来景观桥梁中常采用的一种结构形式,见图 8.9~图 8.11。

图 8.9　西班牙阿拉米罗大桥立面照片

图 8.10　西班牙阿拉米罗大桥的夜景照片

8.3.6　拱形单索面斜塔斜拉桥——奥伦赛千禧桥

奥伦赛千禧桥(Puente del Milenio en Ourense)位于西班牙圣地亚哥附近的奥伦塞,建于 2001 年。这座跨越米尼奥河的独特桥梁由圣地亚哥 · 卡拉特拉瓦设计。大桥主体结构为单索面斜塔斜拉桥,主梁为等截面预应力箱形曲梁,长 275m,宽 23m,4 车道。

该桥的最大亮点是将叶片状环形观光步梯与桥梁有机结合起来,其在结构设计上的创新表现在以下四点:

(1)索塔与桥墩铰接,能很好地适应曲梁在温度变化时产生的自由伸缩,不会导致塔与桥墩结合处产生过大剪力。

(2)大胆而浪漫地设计了叶片状环形步梯。

(3)在主梁跨中处设置了鱼腹梁的加劲肋。

(4)将桥梁中间的斜拉索延长到了箱梁下缘,作为预应力体外索形成了张弦梁的下弦拉杆,便于梁体与步梯的连接。两个粗壮的斜主塔来承载步梯与行人的重量;并在 13 个撑杆的支撑下形成了美丽的鱼腹。该桥以新颖、独特的桥型吸引着行人与游客,见图 8.12。

图 8.11　西班牙阿拉米罗大桥横断面照片

图 8.12　西班牙奥伦塞千禧桥

8.4　现代拱桥

众所周知,拱桥在世界桥梁建设史上是一种应用最早、最广泛的桥梁受力体系。在考察中笔者发现,在现代大跨径拱桥,特别是中、下承式拱桥和异形拱桥的建设上,西班牙有着极其鲜明的特色。

8.4.1 独特的拱形——萨拉戈萨帐篷桥

位于西班牙萨拉戈萨省的萨拉戈萨帐篷桥(Bridge Pavilion),不仅仅是一座桥梁,而且是2008年世界博览会主要标志性建筑物。这座模仿剑兰花形的桥梁建筑有着双层结构,从外表上看就像一个大帐篷,但从它的承重结构来看仍是一座拱桥,只是拱圈隐藏在建筑之内。这座帐篷桥全长275m,横跨埃布罗河(River Ebro)。

这座外形独特的桥梁,既是连接博览园区和市区南部的主要人行通道,也是世界博览会"水资源"主题展区。该桥梁是著名建筑师扎哈·哈迪德(Zaha Hadid)的作品,保持了Zaha的设计风格。为了纪念帐篷桥,西班牙曾发行"2008萨拉戈萨世界博览会"邮票一套,其图8.13就是帐篷桥和博览会标志。应该说帐篷桥是一件极富创意的建筑艺术品,大桥与河流本身紧紧地融合在一起,看起来就像一座天然形成的廊桥。另外,桥面上还有一个类似帐篷的顶棚,顶棚与桥身以巧妙的角度重合在了一起。远远看去,帐篷桥宛如一株不断盛开、闭合的剑兰,以此向世人传递"水是一种独特的资源"的思想,到此的游客都为这个独特的建筑所倾倒。该桥作为现代流派的一个成功作品的确值得我国桥梁工作者学习和借鉴。

8.4.2 新颖的异形系杆拱——卡拉特拉瓦人行桥

西班牙毕尔巴鄂市的卡拉特拉瓦人行桥,被当地人称为"白桥",又称为坎波桥,是毕尔巴鄂市横跨内尔韦恩河(The Nervion River)的一座系杆拱人行桥,连接右岸的坎波 Volantin 和左岸的 Uribitarte。这座新颖的系杆拱人行桥设计理念独具匠心,桥纯粹的结构展现了优雅的动态美,且呈现了技术所产生的逻辑美,并准确地找到了结构受力和建筑美学之间的平衡点。这座桥梁从结构创意、桥梁美学及桥梁安全性等方面为我们提供了宝贵的成功经验,见图8.14。

图8.13 西班牙萨拉戈萨桥

图8.14 西班牙新颖的卡拉特拉瓦人行桥

8.4.3 原生态木质结构——拱形人行桥

图8.15和图8.16为西班牙某河流上一座新颖的木结构拱形人行桥。这座采用木质材料建造的人行过河桥有如下特点:

图8.15 西班牙新颖的木结构人行桥(正立面)

图8.16 西班牙新颖的木结构人行桥(侧面)

(1)其28m桥跨采用二次抛物线的下承式拱式结构,桥上的全部荷载均由主拱单独承受,拱的水平推力由两侧的桥台基础承受,其结构设计简单,受力明确。

(2)其栏杆扶手和立柱因地制宜地采用钢管材料,可起到加劲的作用。

(3)就地取材,体现绿色和环保的理念。

(4)在主拱圈的外侧采用木质空间桁架架设维护结构,既可确保行人过河的安全,亦可起到美化桥梁的作用。由此我们可从中领略一些新的创意和做法。

图8.17 西班牙阿拉麦达桥

8.4.4 倾斜的阿拉麦达桥

图8.17为西班牙瓦伦西亚的阿拉麦达桥。这座桥乍看起来呈现未完成的状态,给人以不稳定之感。这座桥梁建于1995年,钢管拱圈采用70°的斜拱,拱顶距桥面14m,主梁采用钢箱梁,主跨130m,矢高14m,总长163m,主梁高2.54m,桥面宽度26m。这座桥的成功之处在于,斜拱置于桥身一侧悬吊着人行道并通过自身的倾斜来平衡桥身扭矩。该桥成功的应用了悬挑结构的特性,拱内规律排列着的粗壮钢吊杆在倾斜中给人以稳定之感。虽然该桥并不雄伟壮观,但其结构清新、比例均衡,显示着一种坚忍不拔的气势。

8.5 现代悬索桥

如众所知,悬索桥的建设反映了一个国家的综合实力和建桥水平,如20世纪40年代建造的美国旧金山金门大桥至今作为世界上最美丽的大桥而闻名于世。悬索桥的构思据说来自猴桥,它是由若干强壮的猴子组成一条悬链来让病猴或年老体衰的猴子通过的桥梁。最原始的人类悬索桥采用竹子或藤条来制造悬索,我国四川省灌县早在千年之前就出现了竹索桥,17世纪以来出现铁链作为悬索的桥梁。英国1826年建成的跨度为177m的麦地海峡桥和1864年建成的跨度为214m的克利夫顿桥都属于这种形式,这两座古老的悬索桥至今尚在使用。20世纪以来人们利用钢缆绳、钢绞线和钢丝等来建造悬索桥。

西班牙地处南欧,其在悬索桥的建造上,一般选用美国设计师的理念和建造技术。下面介绍一下西班牙一座新颖的斗拱悬索桥。

在西班牙首都马德里的某公园里,一座新建成的混凝土斗拱悬索桥十分引人注目。与常见的架空钢铁构架悬索桥不同,这座桥的拱形结构为实心混凝土。结实的拱顶不仅可以为行人遮阴避雨,同时穹顶内侧还绘有西班牙著名艺术家丹尼尔·卡努格的作品,在桥下通过时人们还可以欣赏这些艺术品陶冶情操。整座桥的施工花费了3年时间,使用了100根钢缆和数不清的木板板材,远远看去这座桥如同鲸鱼的巨大骨架一般,十分独特。这座新颖的斗拱悬索桥充分发挥了拱形结构的力学特性,同时也在桥梁建筑的设计上给我们开辟了新的视野,见图8.18。

图8.18 西班牙新颖的斗拱悬索桥

8.6 拟建的直布罗陀海峡大桥

8.6.1 直布罗陀海峡跨海大桥方案

众所周知,直布罗陀海峡是地中海通向大西洋的唯一出口,最窄处13km,平均深达310m;北为西班牙,南为摩洛哥,将欧、非两洲隔开。目前海峡两岸每年过往旅客400万人,货物1亿多吨。人们长期梦想架设一座桥梁,将两个大陆联结起来。先后提出海底隧道和桥梁两种方案。隧道凿在海峡西端,出入口坡道为32~47km,海底部分长26km,位于海平面之下350~900m,设行驶火车、汽车的隧道各一条,应急辅助隧道一条。施工中将遇到复杂的断裂地层,特别是难以克服的惊人的深水压力,建成后还有意想不到的渗水、通信问题。同已建成的日本青函隧道相比,长度要短得多,但深度却超越其50%以上,无法克服压力问题。隧道方案难以实施,架桥方案代之而起。1986年国际机械工程师伦敦会议,肯定了瑞士工程师迈尔的悬索桥方案。此桥全长14964m。在两岸筑起高高的钢筋混凝土桥塔,塔上拉起高强度含碳纤维塑料缆索,桥身采用相同材料,共需特种塑料15万吨。以塑料代钢,大大减轻了桥身重量。桥分两层,上层为6车道公路,下层为双轨火车道。在深海中筑墩,拉起几千米跨度的桥身,将遇到难以想象的困难。即使施工进展顺利,也需20年才能建成。而其战略、经济意义可与苏伊士运河、巴拿马运河相媲美。

8.6.2 直布罗陀海峡浮桥方案

举世瞩目的西班牙直布罗陀海峡拟建浮桥方案,系美籍华裔崔悦君先生近年来提出并被采纳的方案。这一创新性的设计是基于浮力和潜水概念,也就是要在地中海中间建造一座4km宽、8km长的浮岛。未来的某一天,当人们站在这个浮岛上,可以同时观望欧洲和非洲景观。但它不是传统意义上浮在水上的浮桥,而是将桥梁基础放在一个巨大的且淹没于水中的水密舱上;这些水密舱锚定于海底,其上部结构为常规形式主梁,其反吊桥的结构形式首开国际先河。

按照设计方案,欧非浮桥将从西班牙海岸线开始伸展1.6km,然后缓缓顺斜,潜入地中海3.2km,最深的地方将潜入地中海200m深处,然后再缓缓顺斜向上,直到触达地中海中心浮岛;而后,浮桥将再度潜入海底,并再度上浮,并和非洲大陆接轨。如此设计让直布罗陀海峡的大型船只的航行完全不受影响。基于这一创新设计,这个浮岛将会是世界上最大的生态建筑项目。跨度为14.5km的浮桥有150个风车和240个可以产生120亿千瓦电能的水汐涡轮机,将为西班牙南部Cadiz省和整个摩洛哥提供足够的电能,并成为世界上最大的风力和水力发电厂。浮桥共有24条行车道,另有4条供标准火车道、2条为高铁道行驶;人们可以在5条通道宽的(30m宽)人行道步行。为保证行人的安全,人行道比机动车道高1m,以方便人们散步、骑脚踏车,甚至骑马或骑骆驼。这个创造性的设计区别于现今任何桥梁设计。

浮桥预算为100亿美元,成为世界上规模最大的建筑工程,将由摩洛哥、法国和西班牙政府共同出资。同时,此地将很快成为全新的旅游热点。该浮桥的造型十分独特、优雅,其蛇形的浮桥平面线形在海平面上下蜿蜒;预计平时浮桥的日均人流量将达到15万至30万人次,节假日将突破50万人次。浮桥的中点将是地中海上新建的浮岛。浮岛上将会建造一个长2000m、高140m、宽250m的会展中心,23层高的会展中心占地50万平方米,车库面积就达100万平方米。浮岛上还将设有剧院、演出广场、露天市集和美食天地等,花草树木更将种满这一全新的浮岛,见图8.19。浮岛设有两大码头,供经过直布罗陀海峡的船只停泊。整座浮桥选用的材料是防水混凝土、电解混凝土、不锈钢和铝金属。浮桥的所有部分会在陆地上安装,测试稳妥后才会被放入深海之中,最后用缆索稳

图8.19 直布罗陀海峡浮桥效果图

定其位置。部分浮桥将设有注水式压舱,根据水贮藏量来预测下沉深度。为了在隧道里产生空气自然流动的效果,将高处的空气抽往隧道,加快空气流动速度,从而在不需要机械力量辅佐的情况下,实现空气的自然流通。

将欧非大陆连接起来是几代设计师的梦想,而浮桥的设计概念类似于放大5倍的旧金山金门大桥,但是缺点在于会严重破坏直布罗陀海峡的自然生态。美籍华裔崔悦君的"浮桥"方案,设计创新之处在于其提出的"浮桥"、"跨海隧道"等概念,大大减少了建造大型桥墩的巨额开支和人力风险,并未走拉伸型悬索大桥的传统路子,免除了兴建大型桥塔和基座的庞大开支和风险。该桥理论上没有寿命限制,必将成为人类建桥史上新的里程碑。

8.7 感悟与结语

8.7.1 感悟

西班牙著名桥梁工程师圣地亚哥·卡拉特拉曾说过:对称结构容易获得美,但它不是最完美的形象。他认为,"美"源于自然,"美"源于运动,"美"源于力。这些深邃的理念值得我们思考。通过以上系统的介绍基于传统和创新理念的西班牙城市桥梁,笔者有如下5点感悟:

(1)通过考察我们了解到,善于发明和创作的西班牙人建造了许多传世的古老桥梁,如阿尔坎达拉桥和山谷大桥等,这些古老的桥梁充分反映了其浓厚的文化底蕴,可使我们了解到西班牙人在古老桥梁设计理念上和桥梁建造艺术上的成熟经验,并从中汲取有益的养分。

(2)在城市桥梁景观设计上,通过剖析几座新颖别致的城市景观桥和人行天桥使我感到,他们在现代桥梁的建造上具有独特的创新理念:譬如他们从大自然中林木虫鸟形态寻找创作灵感;这些设计反映创新意识和高超技术的同时,也表达了传承民族文化、代表环境和谐的设计理念。这些在城市桥梁景观设计上的成功做法,确实值得我们学习。

(3)充分重视现代桥梁安全性和耐久性设计。如斜拉桥和刚构桥的设计上,他们通过钢箱梁与下部薄壁墩固接的方式提供足够的刚度,同时满足结构的受力和变形的要求。特别是以阿拉密洛大桥为代表的桥梁,在造型上具有极强的创新性,并与周围建筑景观协调一致,值得我们深入思考。

(4)在城市桥梁特别是大跨径城市桥梁的结构选型方面,西班牙人顺应了世界桥梁结构的发展趋势,兼顾创新意识和实用功能。在最近20年间,西班牙建造了许多大跨径城市桥梁,其在结构选型上因地制宜,既有悬索结构又有斜拉结构,既有拱式结构又有梁式结构,以充分发挥该种结构的综合力学优势为主;在跨径的确定上,能将创新性、安全性和经济性等统筹考虑,并进行综合比较。这些成功经验值得我们深入思考和借鉴。

(5)在人类努力实现可持续发展的今天,西班牙直布罗陀海峡浮桥方案的设计中,其浮岛设计基于浮力和潜水的理念,全新诠释了人们对绿色、节能和环保的认识。

8.7.2 结语

人们常说,建筑是凝固的艺术,而桥梁是艺术中的精品。笔者深感,桥梁应是人类所建造的最古老、最壮观、最美丽的建筑工程。上述介绍了西班牙各式古老的桥梁和现代桥梁中的经典之作,它们以其鲜明的形象、强烈的艺术感染力反映了当时的时代特征,记录着人类文明的发展历程。

世界桥梁史和西班牙桥梁建造史表明,艺术和技术是紧密相关的。结构力学、钢材、混凝土的发展及各种现代化新型施工机械的应用,才使得各式轻巧、大跨度的桥梁得以孕育而生。笔者相信,西班牙桥梁建设成就会为我国城市桥梁建设者和同行们提供很多值得学习和借鉴的东西。让我们携起手来,汲取人类所创造的一切文明财富,进一步推动我国城市桥梁建设的健康发展,真正实现我国由桥梁建设大国向桥梁建设强国的目标迈进。

9 葡萄牙城市桥梁建设印象

9.1 引言

为了学习和借鉴南欧国家——葡萄牙在城市桥梁建设的相关情况和成熟经验，笔者前些年曾赴葡萄牙对里斯本和波尔图等城市进行城市桥梁建设专题考察，并与葡萄牙的同行们进行交流，了解了葡萄牙在城市桥梁设计、建设和管理方面的相关情况，对其城市桥梁建设有了较全面的了解。

葡萄牙共和国(葡萄牙语:República Portuguesa)通称葡萄牙或葡国，是欧洲伊比利亚半岛上的一个国家，面积为92090km^2；葡萄牙的西部和南部濒临大西洋，北部和东部则与西班牙相接。

首都里斯本以西的罗卡角是欧洲大陆的最西端。除了欧洲大陆的本土之外，大西洋的亚速群岛和马德拉群岛也是葡萄牙的领土。里斯本(葡萄牙语:Lisboa)是葡萄牙共和国的首都和全国最大的城市，位于该国西部，城北为辛特拉山，城南临塔古斯河，距离大西洋不到12km，是欧洲大陆最西端的城市。里斯本是个工业发达的城市，里斯本区是葡萄牙乃至欧洲最富庶的地区，该地区的人均GDP远高于欧盟人均GDP的水平。里斯本西部有大西洋沿岸的美丽的海滨浴场，作为欧洲著名的旅游城市，每年接待游客超过100万人次。

9.2 波尔图市的城市桥梁

9.2.1 波尔图路易斯一世大桥

波尔图是葡萄牙的第二大城市，也是欧洲的著名古城之一。市区南部流有西班牙北部第一大河杜罗河，北部接壤马杜辛纽什和麦雅卫星城，东部与贡多马尔市毗邻；对岸遥望加亚新城(Vila Nova de Gaia)，西面则向大西洋。市内有著名的12世纪罗马建筑风格波尔图大教堂以及早期的哥特式圣马丁教堂、圆柱山修道院和10层高的僧侣塔，还有7座横跨杜罗河的大桥，每座桥梁都各具特色。

图9.1为波尔图杜罗河上的3座桥梁，这些桥梁都颇具特色。近处第一座和远处第三座桥梁的结构形式是相同的。图9.2是其中一座钢桁架拱桥的近景照片。这两座大桥是举世闻名的巴黎铁塔设计师——亚历山大·古斯塔夫·艾菲尔设计的，大桥于1886年建成，长560ft(170.1m)，车道分高低两层。拱桥的造型与巴黎铁塔的底层大致相似，为月牙形铸铁两铰桁架拱桥，并被称为波尔图路易斯一世大桥。这座大桥横跨杜罗河两岸，气势十分宏伟，已为欧洲最大的拱形桥梁之一，被列为葡萄牙的国家级纪念文物。

9.2.2 波尔图亨利克大桥

图9.3和图9.4为2002年修建的波尔图亨利大桥，该桥为PC无铰拱桥，桥面宽20m，双向4车道，跨

度为 280m，矢高 25m，矢跨比为 1/11.2，系欧洲排名第二的混凝土拱桥，同时也是世界上主拱最为纤细的混凝土拱桥。这座大跨径拱桥的特点是其结构选型简单，采用了薄拱厚梁的"柔性拱刚性梁"的设计理念，选用无铰拱结构体系，大桥气势磅礴，充分体现了现代科技成果与桥梁美学的有机结合。

图 9.1　波尔图杜罗河上的 3 座桥梁

图 9.2　波尔图路易斯一世大桥

图 9.3　波尔图亨利克大桥照片 1

图 9.4　波尔图亨利克大桥照片 2

9.3　大跨径城市桥梁

9.3.1　瓦斯科·达·伽马大桥

图 9.5 为瓦斯科·达·伽马大桥，位于葡萄牙首都里斯本东南，横跨特茹河，系一座跨海斜拉桥，大桥于 1995 年 2 月开工，于 1998 年 2 月建成，并于 1998 年世界博览会(Expo 98)前正式通车。为了纪念葡萄牙著名航海家瓦斯科·达·伽马(Vasco da Gama)由欧洲经海路到达印度 500 周年而将大桥命名为瓦斯科·达·伽马大桥。瓦斯科·达·伽马大桥的使用寿命为 120 年，而且按照设计，大桥除可以承受 250km/h 的风速外，也可以抵御里氏 8.7 级强度的地震。

瓦斯科·达·伽马大桥总长度 17.2km，斜拉桥主跨为 420m；斜拉桥主塔为钢筋混凝土 H 形桥塔，塔高 155m，共有斜拉索 192 根；桥面宽度 30m，设 6 条行车道，并限速 120km/h；当遇上大风、下雨及有雾天气时，车速将会被限制在不超过 90km/h；当大桥的一日行车量达到 5.2 万辆时，桥面将由 6 车道扩为 8 车道。

瓦斯科·达·伽马大桥分为 7 个部分，其组成如下：

(1)北部通道——北部高架桥：488m；

(2)世界博览馆高架桥：672m；

(3)主桥：826m；

(4)中心高架桥：6351m；

(5)南部高架桥:3825m;

(6)北部通道:3895m;

(7)12 个收费站以及两个服务区。

这座南欧屈指可数的斜拉桥,横跨特茹河(TagusRiver),是一座跨海斜拉桥,也是葡萄牙乃至至欧洲(包括高架桥在内)最长的桥梁,同时也是当时世界上排行第九长的桥梁,其恢宏的气势和优美的桥型给人留下深刻的印象。

9.3.2 四月二十五号大桥

图 9.6 为葡萄牙四月二十五号大桥。这座大桥于 1966 年建成,最初以当时的独裁统治者 Salazar 的名字命名,被称作 Salazar 桥。葡萄牙于 1974 年 4 月 25 日推翻了 Salazar 的独裁政权,后被称为"丁香革命"。为了纪念葡萄牙人民推翻军政府、建立民主政府这一历史时刻,就将大桥改名为"四月二十五号大桥"。这座桥为欧洲第一大桥,主跨 1013m,该桥全长为 2278m,横跨特茹河两岸,极具地标意义。

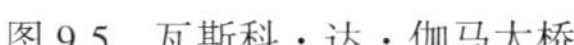

图 9.5 瓦斯科·达·伽马大桥

图 9.6 四月二十五号大桥

从圣乔治城可以俯瞰整个里斯本和静静流过的特茹河,远处的四月二十五号桥连接特茹河的南北两岸。这座桥的外形与美国金门大桥十分相似,被人们称为金门大桥的姊妹桥。如今四月二十五号大桥已经经历了 40 多年的风雨,依然闪着红色的光辉,宛若一条红色的缎带悬在特茹河上,是里斯本一道亮丽的风景线。桥的一头是已经树立几百年的航海保护神——一个张开双臂的基督高高地矗立在山上,当年航海的人们总是在这雕塑下出发,前往未知的世界。

9.4 城市人行桥

图 9.7 和图 9.8 为里斯本某新型人行天桥的照片,其设计方案是经过国际竞标确定的。这座蜿蜒的人行天桥独自盘旋在里斯本某山谷之上,长约 220m。

图 9.7 里斯本新型人行天桥照片 1

图 9.8 里斯本新型人行天桥照片 2

这座人行天桥一共分3段,中间一段与山谷的走向垂直,其他两段则朝向各端的固定点。天桥的设计并没用采用传统桥梁的直线形设计,这种拉张式的几何桥形十分吸引人们。桥梁设计师利用富有当地特色的铁、木结构的阳台来烘托天桥独特的氛围。杜罗河岸花岗岩峭壁和繁茂的街心花园,与这座天桥构成了古城一幅绚丽的风情画。站在70多米高的天桥上,或步行穿过长300m的天桥是不可错过的空中体验。这座天桥给人们带来的无限乐趣的同时,也反映了当今葡萄牙人的理念和思维方式。

9.5　感悟与结语

9.5.1　感悟

通过对葡萄牙典型的城市桥梁进行综合介绍,笔者有如下6点感悟:

(1)被列为葡萄牙的国家级纪念文物——波尔图路易斯一世大桥,充分展现了120多年前葡萄牙建造拱桥的先进水平;拱圈的造型与巴黎铁塔的底层大致相似,而月牙形铸铁两铰桁架拱桥的结构至今仍为人们所称道,大桥气势宏伟,被称为为欧洲最大的拱形桥梁之一,给我们带来许多重要的启示。

(2)在波尔图亨利大桥的建造上,其大跨径拱桥结构选型简单,采用薄拱厚梁的“柔性拱刚性梁”的设计理念,选用无铰拱结构体系,大桥气势磅礴,充分体现了现代科技成果与桥梁美学的有机结合,这对我国早日实现由桥梁建设大国向桥梁强国的转变,无疑是一个很好的学习案例。

(3)瓦斯科·达·伽马大桥使用寿命可达120年,按照设计,大桥可以承受250km/h的风速,也可以抵御里氏8.7级强度的地震,这同样给我们带来许多的启示和启迪;其舒展的桥形和细部的建造工艺,也给我们留下深刻的印象。

(4)葡萄牙四月二十五号大桥作为美国金门大桥的姊妹桥,虽然建桥地点不同,但同样给人留下深刻的印象;作为当地一道亮丽的风景线,这座悬索桥桥塔高耸,缆索下悬,高下起伏,气韵生动,构成了一派雄伟壮观的景象。是桥梁美学上的一个经典案例。

(5)从里斯本新型景观人行天桥的成功案例,使我们感悟到其确定桥型方案的秘诀,既要满足行人通行的交通需求,同时要打破常规的思维方式。

(6)葡萄牙的国土虽然不大,但历史还是比较悠久的,从其房屋建筑和桥梁建设的历史遗存以及当代取得的伟大成就,充分说明其在桥梁建设的总体水平上处于世界先进水平,值得我们学习和借鉴。

9.5.2　结语

综上所述,本文通过对葡萄牙等地城市桥梁建设的简要回顾,对里斯本和波尔图等城市古老的城市桥梁、现代大跨径城市桥梁、城市人行桥的综合介绍,力求使读者了解葡萄牙在城市桥梁建设和设计的总体水平。

桥梁是人类所建造的最古老、最壮观、最美丽的建筑工程之一。它反映了时代特征,记录着人类文明的发展历程。葡萄牙在城市桥梁建筑所表现出的稳定连续、强劲稳固和跨越能力,显示出其桥梁建筑不朽的生命力。

笔者相信,葡萄牙桥梁建设的成功经验,必将会对我国城市桥梁建设者和同行们提供很多值得学习和借鉴的东西。让我们携起手来,汲取人类所创造的一切文明财富,进一步推动我国城市桥梁建设的健康发展,促进祖国现代化建设的进程。

10 捷克城市桥梁建设印象

10.1 引言

为了学习和借鉴东欧国家——捷克在城市桥梁建设的相关情况和成熟经验，笔者前些年曾赴捷克，对布拉格等城市进行城市桥梁建设专题考察，并与捷克的同行们进行交流，了解了其在城市桥梁设计、建设和管理方面的相关情况，对其城市桥梁建设有了较全面的了解。

捷克共和国简称捷克，面积为 78866km^2，是位于中欧地区的内陆国家，其前身为捷克斯洛伐克，于 1993 年与斯洛伐克和平地分离。捷克于 2006 年被世界银行列入发达国家行列。在东部欧洲国家中，捷克拥有很高水平的发展指数。2004 年 5 月 1 日捷克正式加入欧盟。

人们到捷克这个欧洲国家的时候，一定会提及的就是它的首都布拉格。这座城市到处都是美丽的风景，整座城市都被列为世界文化遗产。而其大量的古桥和现代桥梁，也吸引着来自世界各地游客的眼球，见图 10.1。

图 10.1　布拉格城区鸟瞰图

10.2 古老的城市桥梁

捷克首都布拉格市是一个山清水秀的多桥之城，碧波粼粼的伏尔塔瓦河穿城而过，河上共有 18 座大桥，其与两岸的哥特式、巴洛克式和文艺复兴式的建筑组成了一个完整的整体。其中，查理大桥是闻名于世的桥梁，也是布拉格人在伏尔塔瓦河上修建的第一座桥梁，距今已有 650 年历史。大桥悠久的历史和极高的建筑艺术，使之成为布拉格最有名的古迹之一。以下分别介绍捷克几座古老的城市桥梁。

10.2.1 著名的查理大桥

图 10.2 和图 10.3 为世界上著名的桥梁——查理大桥。这座大桥横跨在布拉格伏尔塔瓦河上，是第一座实现布拉格人来往河两岸的大桥。这座桥梁从 14 世纪开始就已经矗立在这条河上，静静地见证着布拉格的变化。比这座石桥的历史更悠久的布拉格城堡和旧城区就在这座桥的两端，这些都是游客必去的地方。据说捷克的历代国王在加冕时都会从这座桥上走过。

查理大桥是一座有着 660 余年“高寿”的石桥，它连接布拉格城堡和旧城区。该大桥为多跨钢板拱结构（原为石桥结构），宽 9.5m，长 520m（含副孔）。大桥建于 1357 年，是 14 世纪最具艺术价值的石桥。桥面为砖石所砌,当年修建时,为了使桥变得坚固,建桥的石匠们要把鸡蛋清和灰浆混合在一起用来黏合石块。在这个桥上,有与这座桥齐名的30名捷克的名人的雕像,这些雕像都是由捷克的著名艺术大师所创作,呈现着巴洛克风格。现在查理大桥上的雕像多为复制品,原作已经被搬到博物馆保存展览。1965年,经过历时9年的维修后,查理大桥被确认至少还可以保存1000年。如今这里已成为到布拉格旅游的必经之地。

图10.2　查理大桥照片1

图10.3　查理大桥照片2

10.2.2　布拉格的特罗伊桥

图10.4系布拉格市的特罗伊桥(Troja Bridge),位于捷克布拉格市,跨越伏尔塔瓦河,系世界上跨径最大的网式斜吊杆拱桥。其结构特点为——桥上的吊杆均倾斜安装,相互交织成网状。与传统的竖直吊杆相比,网状吊杆可以使荷载在拱肋上的分布面积增大,大大减小拱肋和主梁上的局部应力,增大了桥梁的刚度。另外,这种创新结构还可以使材料用量节省40%。其跨径布置为:36×8=288m,桥面宽度为11.6m。

伏尔塔瓦河是贯穿布拉格市区的重要河流,游客搭乘游船可尽赏两岸风光。宽阔的河面偶有飞鸟掠过,人们在船中可以从不同角度眺望布拉格城堡,能深切地感受到特罗伊桥与周围的景色巧妙地融为了一体。

10.2.3　伏尔塔瓦河上的石拱桥

图10.5为伏尔塔瓦河的一座石拱桥。这座纤细、优美的石拱桥至今已有200多年的历史。石拱桥为8孔,主孔的跨度为28m。这座石拱桥有如下3个特点:

(1)桥型与周围的环境能有机地结合在一起。

(2)拱桥的主拱圈采用圆弧拱,且桥墩与拱身巧妙地衔接,可充分发挥拱桥的受力优势。

(3)虽经200多年的风吹雨淋,石拱桥的运营使用状态依然良好,说明该桥有很好的耐久性。

图10.4　特罗伊桥照片

图10.5　伏尔塔瓦河上的石拱桥

10.2.4 兹达科夫桥

兹达科夫桥是前捷克斯洛伐克在 1967 年建成的,为双铰钢箱拱桥,拱跨为 330m,拱肋支承在伸出 26m 的钢筋混凝土桥台上。这座 20 世纪 60 年代建成的钢箱拱桥,拱圈中间无铰,而两端设铰与墩台铰接,属一次超静定结构。

这座大桥的优点是,拱脚处不承受弯矩,较无铰拱桥可减小混凝土收缩、徐变、温度变化以及墩台位移的影响。但却对施工建设提出了较大的挑战。其特点为:

(1)该大桥使用 40 多年来,作为当地重要的交通通道,发挥了很大的作用。

(2)其桥型选择和细部处理在结构的安全性与耐久性方面,为世界桥梁建设的发展起到了很好的推进作用。

(3)其简洁、优美的桥型,在崇山峻岭中也显示了人类征服大自然的成果。

10.3 人行桥梁

10.3.1 斯维斯湾人行悬索桥

1993 年在捷克与奥地利接壤的弗拉诺夫湖上建成了一座人行桥,该桥跨过斯维斯湾,是一座非常纤细的桥梁。受自然环境与冬季恶劣气候条件的制约,该桥采用预制混凝土构件与斜拉体系及后张技术相结合的创新设计。

斯维斯湾桥为一座大跨度预应力混凝土人行悬索桥,主跨为 252m,梁高仅为 0.4m,跨高比竟达 630。大桥创新性的设计于 1994 年获得第 12 届 FIP 大会颁发的杰出工程结构大奖。该桥的设计使结构所有的部分都有助于空气动力稳定。该桥只用了 12 个月便建造完成,造价为 70 万英镑。

如众所知,近些年来,人们一般将大跨混凝土桥设计成悬臂或斜拉索结构,而对供行人或自行车通行的大跨桥特别适用的是另外两种结构形式,即预应力和悬索结构。捷克的弗拉诺夫湖上的斯维斯湾人行桥就是悬索桥的一个成功案例。由于水面高程接近湖岸线,从而使得在湖中设墩既困难又昂贵。为避免水中设墩,要求主跨在两墩间的水平净距约为 250m,桥形优美、纤细,给到访的人们留下了深刻的印象。

10.3.2 Mariansky 未合手掌独塔斜拉桥

图 10.6 系 1998 年捷克工程师 Milan Komínek 建造的横跨 Eble 河的 Mariansky 桥,是一座颇具特色的桥梁——倾斜独塔斜拉桥。他的设计理念是人要打破稳定平衡的姿态,与外力进行抗争,因而在造型上突出显示“抗争力量”。在桥型设计中,桥跨结构采用降低墩身高度、加大墩台尺寸的手法,其倾斜独塔显著加大了塔身底部的体量,这不仅是受力的需要,也是美学的需要。两片分离的塔柱向顶端逐渐靠拢,配合塔身纵向长度的变化,犹如一双将合未合的手掌,令人印象深刻。

10.3.3 布拉格某人行桥梁

图 10.7 系布拉格的一座人行桥,它坐落在伏尔塔瓦河上,是一座石拱桥。这座桥梁的特点是:

图 10.6 捷克倾斜式独塔斜拉桥

图 10.7 布拉格某人行桥梁

(1)作为伏尔塔瓦河上拱桥,其桥梁选型既要做到与相距不远的桥梁在总体风格和体量上的大体统一,也要满足桥型的多样性。

(2)桥梁的功能性设计适当超前。这座20世纪60年代建造的桥梁,在运行50余年后仍满足交通的需求。

(3)其栏板和桥梁上的雕塑能窥见设计者在桥梁美学上的深厚功底。如今,这座人行桥在满足过河通行的需求的同时,也成为游人和当地人纳凉、观光的地方。

10.4　感悟与结语

10.4.1　感悟

众所周知,桥梁是人类社会进步的重要标志之一,是连接地区与地区必不可少的元素,在桥梁建设上,捷克人十分重视结构的耐久性和安全储备。笔者的感悟有以下5点:

(1)在城市桥梁系统设计上,布拉格作为山清水秀的多桥之城,碧波粼粼的伏尔塔瓦河有18座大桥横跨于河面之上,每座桥梁与其余各异的桥梁在总体上保持着大体一致的风格,并与周围的建筑、环境有机地结合在一起。这些值得我们学习和借鉴。

(2)捷克虽然国土面积不大,但在城市桥梁设计上亦特点突出,譬如古老的查理大桥是一座有着660余年"高寿"的石桥,也是14世纪最具艺术价值的石桥。该大桥之所以享誉世界,不仅因为它是欧洲最古老的大桥,也因为此桥未用一钉一木,全用石材建成。为稳固大桥,桥两端建有两座哥特式的"桥头堡"。桥西的"马洛斯特兰斯卡"塔楼上有多个小塔,顶端还有两个对称的细尖;桥东的塔楼更为漂亮,塔身上有许多精细的浮雕,其在设计上对桥梁美学的重视值得我们深思。

(3)在新型桥梁的创新设计上,斯维斯湾人行悬索桥、Mariansky倾斜独塔斜拉桥等都进行了积极的探索,并成为当地城市标志性的建筑和景观,开阔了人们的视野。

(4)捷克作为欧盟国家,其新建的城市立交桥、高架桥按照欧盟的标准,桥梁形式多种多样,且充分发挥不同体系的优势,主梁与墩柱多为固接,大跨径桥梁多为连续结构、悬索结构或钢架结构,结构的整体性好,且主梁截面(高度和宽度)比常规设计要大,增加了安全储备,可满足长期使用和耐久性的需要。这是值得我们学习借鉴的。

(5)捷克在为数不多的大跨径桥梁建造上,其桥型选择和细部处理上更多地关注桥梁结构的安全性和耐久性,选用简洁、优美的桥型,展示了人类征服大自然的成果,为世界桥梁建设的发展起到了很好的推进作用,值得我们学习借鉴。

10.4.2　结语

通过对捷克一些城市桥梁建设的简要回顾,对布拉格古老的城市桥梁的重点介绍,以及对城市人行桥和其他城市桥梁的综合介绍,力求使读者了解捷克在城市桥梁建设和设计的总体水平。

笔者相信,捷克的城市桥梁建设将会对我国城市桥梁建设者和同行们提供很多值得我们学习和借鉴的东西。让我们携起手来,汲取人类所创造的一切文明财富,进一步推动我国城市桥梁建设的健康发展,促进祖国现代化建设的进程。

11 匈牙利城市桥梁建设印象

11.1 引言

笔者在匈牙利访问期间,重点考察了其城市桥梁建设情况,了解了其在城市桥梁设计、建设和管理方面的相关情况,对其城市桥梁建设有了较全面的了解。

如众所知,欧洲著名的多瑙河畔坐落着一座古老而美丽的城市,这就是被人们誉为“多瑙河明珠”的匈牙利首都布达佩斯(Budapest)。布达佩斯原是隔多瑙河相望的一对姐妹城市——布达和佩斯,1873 年这两座城市正式合并。蓝色的多瑙河从西北蜿蜒流向东南,河流穿越市中心。河上有 9 座别具特色的铁桥,并有一条地铁隧道横卧其底,将这对姐妹城市紧紧地连为一体。布达在多瑙河西岸,公元一世纪建市,1361 年成为都城,匈牙利历代皇朝均在此建都。它依山而建,群山环绕,丘陵起伏,林木苍翠,这里有富丽堂皇的旧王宫,建筑精致的渔人堡,以及大教堂等著名建筑群。

匈牙利共和国的人口超过 1000 万人,首都布达佩斯人口为 400 万人,占全国人口的 39%,其 GDP 占全国的 40%。因此我们重点考察了布达佩斯市的桥梁建设。第二次世界大战期间,布达佩斯市未被德军摧毁,因此其古老的建筑和城堡如布达区的古城堡和佩斯区的皇宫,还有一大批精美的桥梁建筑得以完整地保留下来。

11.2 城市大跨径桥梁

美丽的多瑙河从匈牙利首都布达佩斯穿城而过,把布达佩斯分为两个部分。1849 年,多瑙河上架起了第一座铁桥。布达佩斯以北的多瑙河湾一带,是匈牙利著名的风景区。

作为河滨城市的布达佩斯,桥梁不仅是两岸交通往来的重要载体,也是布达佩斯的一道亮丽的风景线。布达佩斯的多瑙河段上共有 9 座桥梁连接着布达和佩斯两区,是多瑙河上的重要文化景观。这 9 座大桥分别是:新佩斯铁路桥、阿尔帕德桥、玛尔吉特桥、链子桥、伊丽莎白桥、自由桥、裴多菲桥、拉吉马纽什桥、厄塞哥得铁路桥。每一座桥梁均有其独特气质,而每一座桥梁也都给来访的游客留下了深刻的印象。

11.2.1 著名的悬索桥——链子桥

链子桥位于匈牙利首都布达佩斯,是横跨多瑙河的一座悬索桥,建于 1849 年。这座桥梁是连接西岸——布达以及东岸——佩斯的重要通道,也是布达佩斯横跨多瑙河上的第一座桥梁。大桥的两端分别是:东岸的罗斯福广场,广场周边有格雷沙姆宫殿和匈牙利科学院;西岸的亚当 · 克拉克广场,广场上有城堡山索道,从这里可直达布达城堡(Buda Castle)。

这座大桥最初是以建设它的一个主要支持者伊什特万·斯捷琴伊(István Széchenyi)的名字来命名的。大桥的建设被视为当时世界的一个奇迹,在匈牙利国家的经济生活中有着十分重大的意义。作为欧洲最漂亮的工业建设标志,桥梁由铸铁制成的,充分展现着尊严和平等,成为进步、民族觉醒及东西方紧密联系的一个象征。人们后来将此桥称为链子桥,主要是对其外形的俗称。

作为布达佩斯首屈一指的桥,它是19世纪上半叶由匈牙利著名政治家兼作家塞切尼·伊斯特万倡议建造的,大桥于1849年正式通车。该桥全长375m,宽16m,主跨202m,系19世纪中叶世界上跨度最大的铁索桥。桥两端各有一对巨大的石狮作为桥头建筑。这座桥梁早已成为布达佩斯的名胜和标志,可惜在第二次世界大战中被炸毁。后来,匈牙利人民按照原样进行了修复。经历了150多年风雨的石狮却依然雄踞桥头,世界各地的游人至此无不流连忘返。布达佩斯链子桥见图11.1~图11.4。

图11.1　著名的布达佩斯链子桥全貌

图11.2　著名的布达佩斯链子桥桥头建筑

图11.3　著名的布达佩斯链子桥的吊索和栏杆

图11.4　著名的布达佩斯链子桥的钢梁和桥塔

11.2.2　伊丽莎白大桥

流经布达佩斯的多瑙河上有一座伊丽莎白大桥,也被称为茜茜公主大桥。大家都知道,著名的电影"茜茜公主"是根据伊丽莎白·亚美莉·欧根妮的传奇故事改编的。茜茜公主1837年12月25日出生于德国慕尼黑,是巴伐利亚女公爵的公主,后来成为奥地利皇后兼匈牙利王后,伊丽莎白大桥就是以茜茜公主命名的大桥。该桥原建于1897~1903年,单跨长290m,是当时世界上跨度最大的桥梁。该桥梁在第二次世界大战结束的前夕,被败退的德国军队炸毁,1964年在旧址重新建成。由于大桥损毁十分严重,按原样重建已不可能,因此一座崭新的桥梁在原地兴建,并采用了与原来的大桥相同的跨度。大桥反映了20世纪60年代悬索桥的设计风格。全桥呈白色,寓秀逸于雄伟之中。伊丽莎白大桥娉婷婀娜,宛如一名少女横卧在多瑙河上。

这座悬索桥在结构上有以下几个特点:

(1)桥塔为焊接而成的钢结构。

(2)预制平行钢丝索骨架架设主缆。

(3)吊索采用美式流派的竖直4股骑跨方式。

(4)鞍座采用铸焊混合方式。

(5)主缆索股与锚碇内钢构架采用预应力工艺锚固。

(6)桥面铺装采用现代沥青混合料。

这座优美的悬索大桥既舒展大方,又使人产生许多遐想,令人回味无穷,见图11.5、图11.6。

图11.5 布达佩斯伊丽莎白大桥全貌

图11.6 布达佩斯伊丽莎白大桥桥塔

11.2.3 世人瞩目的自由大桥

横跨多瑙河的自由大桥(Freedom Bridge)是连接布达和佩斯的重要通道,建于1894年到1896年间,是当时世界上最美观的仿链型桥梁。当时的国王弗朗茨·约瑟夫一世曾出席开幕仪式,并亲自安装了最后一个银铆钉。这座桥梁最初也是以这位皇帝的名字命名的。

这座世人瞩目的自由大桥全长333.6m,共3跨,主跨跨径为170.75m,桥宽20.1m。由于过于密集的电车通过这座双线公路桥,给大桥的汽车交通带来了沉重的负担,因此在布达佩斯地铁四号线建成后,已将该桥改建成仅供行人通行的桥梁。桥柱的顶端装饰着4个Turul铜像——古代匈牙利神话中类似猎鹰的鸟。这座古老的钢桁架桥有如下特点:

(1)桥梁结构采用了当时具有跨时代意义的格贝式桁架梁,能充分发挥钢材的受力特性。

(2)其下部结构采用重力式桥墩,不仅满足受力要求,而且安全耐久,并能满足轮船撞击的要求。

(3)其桁架钢梁均涂成绿色,与周围的景色融为一体,所以该桥又被称之为绿桥。

(4)其钢桁梁的门式刚架和组合桁架结构设计合理,有着独特的韵律。该桥是桥梁结构设计和景观设计的成功之作,见图11.7~图11.10。

图11.7 布达佩斯的自由大桥索塔

图11.8 布达佩斯的自由大桥主跨

图 11.9　布达佩斯的自由大桥钢梁

图 11.10　布达佩斯的自由大桥钢桁梁

11.2.4　简式斜拉桥——拉吉马纽什桥

在布达佩斯多瑙河的上游有一座简式斜拉桥——拉吉马纽什桥,是以布达地区南部的拉吉马纽什区(Lágymányos)命名的。这座桥是布达佩斯最南端的一座城市桥梁,建成于 1995 年。大桥在佩斯的一端是切派尔·海夫车站,车站附近是新匈牙利国家剧院和艺术宫。

这座 20 世纪 90 年代中期建成的桥梁,其主体为 5 塔钢板拉索简式斜拉桥,亦即矮塔斜拉桥。桥梁的跨径布置为:38m+4×76m+38m。主梁为预应力箱形梁,下部结构为矩形双桥墩,与上部结构固结(图 11.11)。其结构设计有以下 5 个特点:

图 11.11　多瑙河上的斜拉桥

(1)采用钢板拉索矮塔斜拉桥形式,结构设计合理,造型独特,全桥外观明快、简洁。

(2)采用钢板拉索既满足安全性要求,也减少了养护费用。

(3)采用连续刚构形式,且在桥面上部设置了矮塔,降低了对环境的影响,梁高相比常规连续刚构桥大大降低。

(4)下部结构采用矩形双桥墩,并在桥墩两侧设置了防撞措施,既满足了安全性和耐久性要求,也与上部结构相协调。

(5)在满足通航要求的前提下,桥梁孔径布置合理,满足安全性、耐久性和经济性要求。

11.3　城市人行桥梁

11.3.1　布达佩斯钢结构人行桥梁

图 11.12 为布达佩斯的一座钢结构人行天桥,位于布达佩斯的环城公路上,为 3 跨刚架结构,跨径布置为 18m+18m+18m。刚架结构中跨支点加腋处固接,结构两端为固定支座。这座人行天桥有 4 个特点:

(1)为工厂预制,现场安装,满足快速施工,文明施工的要求。

(2)其结构为刚构形式,外形轻巧美观,具有节省材料的特点。

(3)主梁与中墩固接,不设支座,减少了桥梁的养护工作。

(4)主梁为变截面梁,与刚架结构的弯矩图相吻合,充分发挥了结构的受力特性。

11.3.2　某城市下承式钢结构人行桥梁

图 11.13 为布达佩斯市某街区的一座单跨钢结构人行天桥,跨径为 25m。其主梁为向上翘起的空间钢桁架。该桥有如下 4 个特点:

(1)工厂预制的钢结构桁架梁,通透、美观。

(2)人行天桥的桥台别具特色,既设置了上下楼梯方便桥上行人,又为桥下行人设置了步行通道。

(3)在两侧桥台伸出45°的斜撑作为钢桁架的斜拉索塔柱,以发挥复合结构的受力优势,减小钢桁架梁的高度。

(4)该人行天桥涂成白色,既显得简洁、大方,又能与当地的街景融为一体。

图 11.12 跨越匈牙利钢结构人行天桥

图 11.13 布达佩斯某街区单跨钢结构人行天桥

11.4 其他类型城市桥梁

11.4.1 某高速公路上的斜腿刚构桥

图 11.14 为匈牙利某高速公路上的一座斜腿刚构桥,修建于 20 世纪 70 年代,是一条高速公路上的跨线立交桥。这座桥梁的跨径布置为 15.2m+32.5m+15.2m。其特点如下:

(1)针对路堤为梯形断面而采用斜腿刚构在结构上十分合理。

(2)该桥为预应力混凝土结构,上部结构采用等截面梁,斜立柱为箱形断面,确保了结构安全性和耐久性的要求。

(3)在斜腿(斜立柱)上标有明显的防撞标志。

(4)桥上采用现浇栏板,既美观大方,又能保证桥上行车的安全。

11.4.2 某高速公路上的连续箱梁桥

图 11.15 为匈牙利某高速公路上的一座连续箱梁桥,其上部结构为等截面箱形梁,下部结构为Π形墩柱。该桥有如下特点:

(1)针对高速公路的路面宽度,设计了 4 跨连续箱梁结构(15m+22m+22m+15m),既满足交通要求,在跨径布置上也很合理。

图 11.14 匈牙利某高速公路上的斜腿刚构桥梁

图 11.15 匈牙利某高速公路上的连续箱梁桥

(2)上部结构为单箱多室的等截面箱形梁,可满足安全性和耐久性要求,结构外形也很轻巧。

(3)下部结构采用∏形墩柱,且墩柱略向外倾斜,给人以敦实和安全之感。

(4)桥面栏杆采用防撞型护栏,且与主梁的悬臂端浇筑在一起,既安全,也符合桥梁美学的要求。

(5)从总体上看这座桥梁满足桥梁耐久性要求。

11.4.3　某高速公路上的闭合框架桥

图 11.16 系笔者拍摄的匈牙利城市的一座立交桥梁,该桥梁为双孔闭合框架结构。这座桥在闭合框架的加腋处采用45°抹角,能充分发挥此结构的受力特性。从总体上看,这座闭合框架桥能与周围的环境融为一体,坚固且耐久。

11.4.4　匈牙利某高速公路上的跨线桥梁

图 11.17 为笔者拍摄的匈牙利某高速公路上的跨线桥。该桥梁上部采用两跨连续梁结构,墩柱为矩形并设置了盖梁,基础为打入式方桩。这座桥梁的特点是:桥型简约,防撞栏杆与装饰栏杆融为一体,满足了安全性和美观性的要求。

图 11.16　匈牙利某高速公路上的闭合框架桥

图 11.17　匈牙利某高速公路上的跨线桥

11.4.5　匈牙利某古老拱桥

图 11.18 是匈牙利某河流上的一座古老的多孔拱桥,建于 20 世纪 50 年代,采用实腹式钢筋混凝土拱结构,下部为重力式墩,拱轴线为抛物线。为防止河水对拱桥上部的冲撞,靠外的桥墩突出设置。这座拱桥有如下特点:

(1)桥型舒展大方,比例适度。

(2)较好地解决了桥梁防撞的问题。

(3)在每个拱顶上部设置了排水装置,有利于桥面积水的排放。

(4)桥身涂成白色,使桥梁的整体感观好。

(5)拱桥桥身与栏杆连成一体,满足安全性、耐久性和美观行要求。

11.4.6　布达佩斯市轨道交通的跨线桥梁

图 11.19 为笔者拍摄的布达佩斯市的一座跨线人行桥梁。虽然这座建于 20 世纪 60 年代的桥梁结构简单,跨径只有 8m,但仍有可圈可点之处。

(1)钢板梁结构十分坚固,当轨道车辆经过时,振动的声音较小,说明其自身刚度较大,且钢轨下面的垫石层比较坚固、密实。

(2)两侧的混凝土桥台使用 50 年来仍无大碍,说明其建造和养护的质量很好。

(3)栏杆与钢板梁连接,通透性好,坚固耐用。

11.4.7　匈牙利某跨河桁架拱桥

图 11.20、图 11.21 为匈牙利某河流的一座钢桁架拱桥。该桥为柔性梁柔性拱结构,主梁为钢板梁,设有 6 条纵肋,靠连接桥面与拱的钢斜撑支承。从纵向看,钢斜撑形成一个空间的三角形桁架。这座建

于 20 世纪 70 年代的桥梁，其跨径布置为 5×65m，桥面宽 12m，下部为重力式桥墩，上部结构钢桁架与桥墩固接，栏杆与钢板梁连接。这种钢桁架拱的高度较小(拱轴线为抛物线)，具有节约钢材、制造和运输简单的显著特点。该桥形舒展、大方、造型美观，与周围的环境融为一体，是一座值得人们称赞的成功之作。

图 11.18 匈牙利某古老拱桥

图 11.19 布达佩斯轨道交通跨线桥梁

图 11.20 跨越匈牙利某河流的钢桁架拱桥照片 1

图 11.21 跨越匈牙利某河流的钢桁架拱桥照片 2

11.5 感悟与结语

通过对布达佩斯古老的城市桥梁、城市人行桥及其他类型城市桥梁的简要介绍和初步分析，力图使读者了解匈牙利在城市桥梁建设和设计的总体水平。

众所周知，桥梁设计积聚着浓厚的民族文化内涵，蕴藏着不同国家、不同民族的审美传统、聪明才智和精湛技艺，是人类文明交流的纽带。

桥梁是人类所建造的最古老、最壮观、最美丽的建筑工程之一。它反映了时代特征，记录着人类文明的发展历程。桥梁建筑不仅要表现出结构上的稳定连续、强劲稳固和跨越能力，而且要有美的形态与内涵。只有内容和形式的高度统一，才能显示出不朽的生命力。

笔者认为，匈牙利在多瑙河及其他河流上的著名的桥梁，特别是在 20 世纪初建成的塞切尼链子悬索大桥等，都以其鲜明的形象、强烈的艺术感染力开阔了人们的眼界。因此我们应从匈牙利的桥梁建设中汲取有益的营养成分，创造性地从事我们的桥梁设计。

笔者相信，他山之石，可以攻玉，匈牙利城市桥梁建设的成就会对我国城市桥梁建设者和同行们提供很多值得学习和借鉴的东西。让我们携起手来，汲取人类所创造的一切文明财富，进一步推动我国城市桥梁建设的健康发展，促进祖国现代化建设的进程。

12 奥地利城市桥梁建设印象

12.1 引言

为了学习和借鉴中欧国家——奥地利在城市桥梁建设的相关情况和成熟经验,笔者前些年曾赴奥地利,对维也纳、萨尔斯堡和因斯布鲁克等城市进行城市桥梁建设专题考察,并与奥地利的同行们进行交流,了解了其在城市桥梁设计、建设和管理方面的相关情况,对其城市桥梁建设有了较全面的了解。

奥地利共和国(Republik Österreich)通称奥地利(德语:Österreich),是一个位于欧洲中部的内陆国家,并与多国接壤:东面是匈牙利和斯洛伐克,南面是意大利和斯洛文尼亚,西面是列支敦士登和瑞士,北面是德国和捷克。首都维也纳是全国最大的城市,人口超过170万,国土面积83855km^2。

奥地利曾是统治中欧650年的哈布斯堡王朝的核心。18世纪末奥地利音乐的空前发展,使得维也纳成为伟大作曲家的荟萃之地。19世纪,奥地利的音乐传统更得以发扬和传承。在20世纪之交,勋贝格成为新维也纳乐派的领军人物,并成为20世纪伟大的音乐革命者。在奥地利,与音乐有关的文化遗产随处可见。受传统文化的影响,奥地利在城市桥梁的建设上亦有着令世人瞩目的成就。

12.2 典型的城市桥梁

在考察中笔者发现,奥地利保留着许多中世纪古老的城市桥梁。这些桥梁,造型简单、结构功能性强,反映着中欧人朴实的思想和实用的建造理念。下面通过对几座古老和现代城市桥梁的实例剖析,我们可了解其在设计和建造上的特点和基本情况。

12.2.1 萨尔茨河大桥

萨尔茨河大桥位于奥地利著名城市萨尔茨堡的萨尔茨河。该河流总长225km。萨尔茨堡是一座山城,市内有多座原始的山丘,包括要塞山、蒙西斯山、莱恩山和卡布金纳山,是欧洲绿化覆盖率最高的中心城区。萨尔茨堡要塞坐落在要塞山上,是萨尔茨堡城市的标志,要塞长250m,最宽处达150m,是中欧现存最大的一座要塞。连接新旧城的萨尔茨河大桥于20世纪50年代修建,上部结构为变截面预应力梁,下部为普通墩柱(台)。其纤细的桥身与远处古老的教堂和中世纪古城堡相映衬,如同一幅优美的西方油画,给人以美好的遐想,许多游人在大桥上挂满了同心锁,见图12.1。

12.2.2 欧洲大桥

奥地利欧洲大桥坐落在奥地利蒂罗尔州因斯布鲁克南部的威普特峡谷(Wipp Valley)斯尔河(Sill River)上,欧洲E45公路途经该桥。该桥因蹦极而备受关注,为世界上十大最高蹦极点之一。欧洲大桥于1959年开始建造,1963年建成,长657m,高190m,最大跨度198m,在1959年至1963年间为欧洲最高的大桥。大桥为连续箱梁桥，箱梁单跨跨径为 65m。该桥最大的特点是采用了矩形高桥墩，世界各地的蹦极爱好者喜欢来此享受蹦极的乐趣，因为在蹦极途中可以从不同的视角观赏阿尔卑斯山脉的美景，见图 12.2、图 12.3。

图 12.1 远眺萨尔茨河大桥

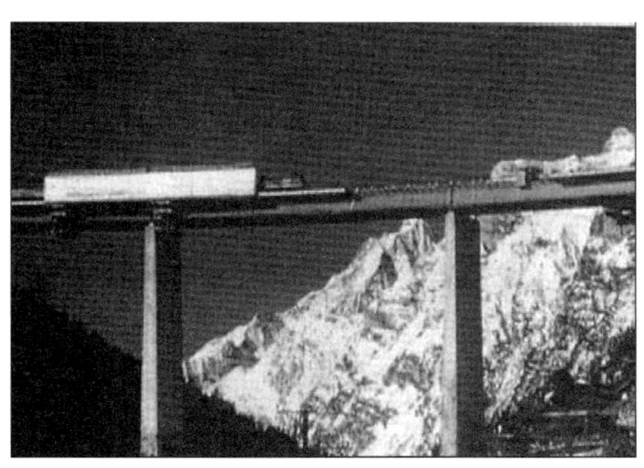

图 12.2 著名的奥地利欧洲大桥照片 1

12.2.3 猎鹰大桥

猎鹰大桥（Falkenstein Bridge）位于奥地利南部的克恩顿州上费拉赫（Obervellach）附近，是陶恩铁路线上最长的桥梁，也是奥地利最大的铁路桥之一，因猎鹰城堡在其附近而得名。大桥于 1971 年动工兴建，1973 年建成，1974 年投入使用。图 12.4 即为奥地利陶恩铁路猎鹰大桥。这座桥梁的最大特点是采用了桁架拱结构，受力明确，桥身舒展。大桥全长 396m，两个主拱的跨度分别为 125.6m 和 157m，墩和拱采用钢筋混凝土建造，运行 40 年来，在安全性和耐久性方面均满足相关要求，是一座值得称道的桥梁。

图 12.3 著名的奥地利欧洲大桥照片 2

图 12.4 猎鹰大桥

12.2.4 维也纳帝国大桥

图 12.5 和图 12.6 为维也纳帝国大桥（Reichsbrücke）。该桥位于奥地利首都维也纳，跨越多瑙河和新多瑙河，是一座双层钢筋混凝土悬臂梁桥，上层为公路桥，下层为地铁。该桥全长 528m，宽 28.8m，于 1978 年开工建设，1980 年 11 月 8 日建成通车。

大桥主梁为 3 跨变截面预应力梁，跨径布置为 60m+200m+60m。奥地利每年一度的维也纳城市马拉松比赛，安排在维也纳最具历史文化特色的街道，而帝国大桥则是其必经之路。图 12.5 为马拉松选手们正在穿过帝国大桥的情景。

12.2.5 维也纳某系杆拱桥

图 12.7 为笔者拍摄的跨越维也纳某山谷的一座系杆拱桥。这座钢拱桥修建于 20 世纪 60 年代，跨径约为 80m，系双孔钢系杆拱桥。如众所知，系杆拱桥作为拱桥家族中的一员，既具有拱桥的一般特征，又有其自身的独有特点，它是一种集拱与梁的优点于一身的桥型。它将拱与梁两种基本结构形式组合在一

起,共同承受荷载,充分发挥梁受弯、拱受压的结构性能和组合作用。拱端的水平推力由拉杆承受。拱与弦由两端铰接的竖直杆连接,亦可用斜杆来代替直杆变成尼尔森体系。这种拱桥内部属多次超静定,外部则为静定体系,对墩台不均匀沉降无影响。该桥是有推力的组合体系。橘黄色的桥身在群山之中显得十分协调美观。

图 12.5　维也纳帝国大桥照片 1

图 12.6　维也纳帝国大桥照片 2

12.2.6　多瑙河斜拉桥

图 12.8 为奥地利多瑙河上的一座斜拉桥。这座独塔斜拉桥采用 A 形桥塔,跨径为 2×210m＝420m。该桥的斜拉索采用高强钢丝绳(及钢缆),主梁为预应力混凝土结构。其特点有如下 4 点:

(1)主梁高度小、桥下净空大、用料较省、便于施工。

(2)桥塔为钢筋混凝土结构,满足结构受力和安全性的要求。

(3)塔梁固结,克服了墩底弯矩过大的缺点,但主梁跨中反力很大,需采用特大吨位的桥梁支座。

(4)桥墩处设置了防撞设施,以满足该桥的防撞要求。

图 12.7　维也纳某系杆拱桥

图 12.8　多瑙河斜拉桥

12.2.7　著名的欧罗巴大桥

图 12.9 是因斯布鲁克著名的欧罗巴大桥。该大桥建造于山谷之中,于 1984 年兴建,为钢筋混凝土肋拱结构,跨径为 186m。这座大桥的特点有如下 4 点:

(1)在崇山峻岭之中,选用此种结构形式使得拱脚与相邻桥墩的高度基本一致,可保持桥墩的均衡形态。

(2)在该桥址选用钢筋混凝土肋拱结构,从远处眺望,大桥舒展、简洁、大方。

(3)该桥主拱肋为整体预制,满足快速施工和耐久性的要求。

(4)因地制宜地布设了高低不等的系杆,在总体设计上反映了设计者的深厚功底。

12.2.8　著名的悬空吊桥

奥地利阿尔卑斯山度假胜地达赫施坦冰川有一座建在悬崖边的悬空吊桥。这座长 100m 的悬空吊桥亦是奥地利海拔最高的桥梁,最高处海拔约 400m。吊桥共有 14 级台阶,在人们的记忆中,只有那些有着钢铁般意志的游客才敢走到悬梯尽头,在尽头处的玻璃平台可俯瞰阿尔卑斯山的秀丽景色。这座吊桥的建设耗时 6 个月。桥梁建设者在建设悬空吊桥的过程中克服了许多困难,正如来此观光的游客赞叹地称道:这座桥建设过程困难诸多,而要想走上吊桥也同样需要勇气。实际上这座绝壁吊桥还真唬住了不少人,其雄姿见图 12.10。

图 12.9 施工中的欧罗巴大桥照片

图 12.10 著名的悬空吊桥

12.3 其他类型城市桥梁

在考察期间,笔者还关注了奥地利其他类型城市桥梁的建设。他们在城市立交桥梁的设计上首先满足文物(古迹)保护的要求,其次才是交通功能的要求。城市桥梁有的是钢结构,也有预应力结构或组合结构(主梁为预应力结构,桥面板为钢结构)。不仅其主体结构满足结构受力要求,并且桥梁附属设施齐全,如桥端接缝十分平整(大都为梳齿形和毛勒缝),无颠簸感。桥面排水设施完善。不少新建的桥梁,其主梁与桥墩固结,大大增强了桥梁的安全性和耐久性。

12.3.1 穆尔人行桥

图 12.11 和图 12.12 系位于穆尔河上的由美国纽约设计师维托·艾肯西(Vito Acconci)设计的穆尔人行桥,为了庆祝"格拉茨 2003 文化之都"而建立。巨大的银色贝壳状的人工岛屿两边有桥梁连接河岸,人工岛屿内设有日光浴区、时尚酒吧、咖啡馆和露天表演场,被认为是艺术与建筑、梦幻与现实融合的经典之作。这栋建筑直径约为 47m,顶部设有游乐场和圆形剧场,在吃水线以下设有咖啡厅和酒吧。从远处望去,它好像悬挂在两岸的桥梁之间,其实是建在浮动的平台之上。

图 12.11 穆尔人行桥照片 1

图 12.12 穆尔人行桥照片 2

12.3.2 schanerloch 大桥

图 12.13 系奥地利建筑事务所 marte marte architekten 设计的 schanerloch 大桥。该桥为钢筋混凝土拱

桥，采用了极简单的正切曲线线形，用扭曲的形态连接了河两边的辐射式道路。该桥横跨了整个小峡谷，连接了 dornbirner 市和 ebnit 村庄。虽然桥梁本身是静态的，但这个设计却让人们有一种动态的感觉。

12.3.3　福拉尔贝格 alfenz 大桥

图 12.14 是由 marte 建筑事务所设计的 alfenz 大桥。该桥位于奥地利最西边的省份福拉尔贝格，是德国、列支敦士登和瑞士的交界处。该设计反映了山地景观的地质特征。这座混凝土桥横跨 ill 河支流。因这条河流常常会暴发洪水，所以河岸作为这座单跨桥梁的支撑。东侧的构架模仿了山脊的形状，让人们能观赏到 ill 河的景色。西边的实墙赋予桥梁坚实的属性。综合来讲，这个设计以结构逻辑和材料的有效利用为基础，堪称现代桥梁建筑的上乘之作。

图 12.13　chanerloch 大桥

图 12.14　福拉尔贝格 alfenz 大桥

12.4　感悟与结语

(1) 在桥梁建设上，奥地利人十分重视结构的耐久性和安全储备。其中许多新建的城市桥梁、高架桥梁，主梁与墩柱多为固接；大跨径跨河桥多为连续结构或钢架结构，结构的整体性好，且主梁截面（高度和宽度）略大于常规尺寸，以增加安全储备（如欧洲大桥和猎德大桥），可满足长期使用和耐久性的需要，是值得我们借鉴的。同时，他们的跨河桥梁形式多种多样，且充分发挥了不同体系的优势，对我们来说也有参考价值。

(2) 从奥地利的欧洲大桥可看出，他们将桥梁建筑与极限运动有机地结合在一起，每年世界各地的蹦极爱好者来到大桥享受蹦极的乐趣，并从不同的视角观赏阿尔卑斯山脉的美景，这是我们应该向他们学习的理念。

(3) 众所周知，桥梁设计积聚着浓厚的民族文化内涵，蕴藏着不同国家、不同民族的审美传统、聪明才智和精湛技艺，也应成为人类文明交流的纽带，穆尔人行桥、福拉尔贝格 alfenz 大桥的成功建造就反映了这一点。因此我们应从奥地利的桥梁建设中汲取有益的营养成分，创造性地从事我们的桥梁设计。

(4) 考察中我们看到，奥地利每一座桥梁都以其鲜明的形象、强烈的艺术感染力开阔了我们的眼界。

(5) 艺术和技术是紧密相关的，结构力学、钢材、混凝土的发展及各种现代化新型施工机械的应用，才使得各式轻巧、大跨度的桥梁得以孕育而生。桥梁建筑不仅要表现出结构上的稳定连续、强劲稳固和跨越能力，而且要有美的形态与内涵，只有内容和形式的高度统一，才能显示出不朽的生命力。

(6) 他山之石，可以攻玉，奥地利城市桥梁建设的成就会对我国城市桥梁建设者和同行们提供很多值得学习和借鉴的东西。让我们携起手来，汲取人类所创造的一切文明财富，进一步推动我国城市桥梁建设的健康发展，推进我国向桥梁建造强国迈进。

13 瑞士城市桥梁建设印象

13.1 引言

为了学习和借鉴中欧国家——瑞士在城市桥梁建设的相关情况和成熟经验，笔者前些年曾赴瑞典对伯尔尼和卢塞恩等市进行城市桥梁建设专题考察，并与瑞士的同行们进行了交流，了解了瑞士在城市桥梁设计、建设和管理方面的相关情况，对其城市桥梁建设有了较全面的了解。

瑞士是一个位于欧洲中部的委员制国家，与德国、法国、意大利、奥地利及列支敦士登接壤，国土面积 41285km^2，人口超过 800 万人。瑞士是全球最富裕、经济最发达和生活水平最高的国家，人均 GDP 居世界前列，旅游资源丰富，有世界公园的美誉；伯尔尼是联邦政府所在地，而该国的两个城市苏黎世和日内瓦在世界上生活品质最高的城市排名中位列第一和第二。瑞士经济发达，人均财富雄踞全球第一，有很高的生活水平和福利保障。

13.2 古老的城市桥梁

伯尔尼是瑞士的首都和伯尔尼州的首府，位于瑞士的中西部，是瑞士的政治和文化中心，阿勒河把该城分为两半，西岸为老城，东岸为新城，7 座宽阔的桥梁横跨阿勒河，将老城和新城连接起来。卢塞恩也是瑞士的重要城市，它的历史也很悠久。这两座城市都留下许多珍贵的古老桥梁，充分反映了瑞士人的聪明才智。

13.2.1 伯尔尼尼德格大桥

图 13.1 所示为尼德格大桥(Nydeggbrücke)，是瑞士伯尔尼东部老城区连接新城区的 7 座桥梁之一。这座古老的桥梁兴建于公元 15 世纪，为 3 跨石拱桥，主拱圈的跨径大约为 40m，大桥全长 160m。该桥反映了欧洲文艺复兴时期的建筑设计思想，在浪漫主义思潮的影响下，崇尚古典主义建筑艺术。这座桥的线条看起来那么柔和悦目、细腻考究。该桥在工程设计和艺术创作上给世人留下了一份宝贵的文化遗产。

13.2.2 卢塞恩的卡佩尔廊桥

图 13.2 为卢塞恩最负盛名的卡佩尔廊桥，又叫教堂桥，是卢塞恩的城市标志。这座桥始建于 1333 年，是欧洲最古老的有顶木桥，桥梁的横眉上绘有 120 幅宗教历史油画，沿途还可欣赏描述当年黑死病流行景象的画作。

这座横跨罗伊斯河，长达 200m 的木桥，有两个转折点，桥身近中央的地方有一个八角形的水塔(Water Tower)，曾经是作战时安放战利品及珠宝之处，有一段时间也用作监狱及行刑室。卡佩尔桥在 1993 年 8 月 17 日为一场火所毁，只剩下水塔未被破坏，虽早已重新修补完整，但新旧痕迹仍可清晰辨认，梁上的绘图已不及当年那么引人入胜。黄昏时在此漫步,可领略卢塞恩的浪漫怀古情怀。如今这座古老的桥梁仍在发挥交通作用,也是现今卢塞恩发行的明信片中不可缺少的景物。

图 13.1　伯尔尼尼德格大桥

图 13.2　卢塞恩的卡佩尔廊桥

图 13.3　塔瓦纳萨桥

13.2.3　塔瓦纳萨桥

图 13.3 为瑞士塔瓦纳萨桥。这座建成于 1905 年的塔瓦纳萨桥,跨径 51m,是一座箱形 3 铰拱桥,矢高 5.5m。之所以选用 3 铰拱结构,是为在温度变化、材料收缩、墩台位移等原因引起变形时其拱内不会产生附加应力,适用于瑞士冬季寒冷的地区。这座已建成 110 年的箱形 3 铰拱桥至今仍使用正常,其优美的桥型和成功的设计建造,常常被人们所称赞。

13.2.4　尼欧克大桥

图 13.4 和图 13.5 为坐落在瑞士瓦莱州的尼欧克大桥。该悬索桥跨越安尼维尔山谷,建造于 1922 年。这座为了运输水源而建立的大桥,距崖底 190m,是瑞士最高的悬索桥。

从远处望去,两条巨大的钢拉索支撑着尼欧克大桥的运输管道,V 字形的笼形结构使得大桥十分坚固。1996 年大桥被修复并且成为欧洲最高的蹦极吊桥,吸引着世界各地蹦极爱好者的到来。从尼欧克大桥蹦极,可以观赏到安尼维尔山谷的美丽景致,体验一次真正不同寻常的冒险之旅。

图 13.4　尼欧克大桥照片 1

图 13.5　尼欧克大桥照片 2

13.3　城市大跨径桥梁

在考察中笔者发现,近 20 多年来,瑞士兴建了一批现代大跨径城市桥梁,反映了其国家的综合实力和建桥水平。下面通过对几座特大型桥梁的综合介绍,以使我们对瑞士城市大跨径桥梁的建设有一个总体的了解。

13.3.1 Sunniberg 矮塔斜拉桥

图 13.6 为位于瑞士 Klosters 地区某高速公路上的 Sunniberg 矮塔斜拉桥,其桥梁所在的路线跨越 Landquart 河谷。

图 13.6 Sunniberg 矮塔斜拉桥

Sunniberg 桥的设计理念借鉴了瑞士 Fribourg 的 Poya 桥。在桥梁力学、桥梁美学、环境协调、环境保护等方面都有其独到之处,值得我们学习与借鉴。

Sunniberg 桥的结构形式为 5 跨连续双索面曲线梁矮塔斜拉桥,桥宽为 12.378m;桥梁总长为 526m,跨径布置为 59m+128m+140m+134m+65m = 526m,最大跨径 140m;桥梁距地面高度为 50~65m;平曲线半径 503m;桥面纵坡 3.2%。桥面钢索间距 10m,桥面板厚 40cm,边主梁高 80cm。这座桥同时具备了曲线梁、悬臂梁及斜拉桥结构的特征。而 Menn 工程师在设计 Sunniberg 桥时,因地形限制而采取高桥墩、矮桥塔、竖琴形钢索配置,其上部结构为预应力曲线梁。在桥梁设计过程中 Menn 提出,可经由简单运算来掌握其可行性与经济性,在概念设计时工程师需同时考虑到结构形式、数值分析、施工方式、工期、经费估算及桥梁和桥址间的关系,这座矮塔斜拉桥极具桥梁美学效果:

(1)因其几何尺寸与比例的关系,其桥梁构件受力情况与普通的斜拉桥不同,矮桥塔与较平缓的钢索使得上部结构承受着较大的轴力,而细长的桥面板使主梁屈曲稳定成为主要问题,因此在设计中给予了特别的关注。

(2)由于平面线形的关系,全桥桥面板整体浇筑为一体,并在桥台处取消了伸缩缝,形成一个平面拱形结构。

(3)墩、塔、梁三者固结,进而导致弯矩的重分配。

(4)桥墩及桥塔为变截面槽形断面,与横梁横向加劲连接,增加了斜拉桥的稳定性。

大桥美丽的曲线宛如婀娜多姿的少女,与自然有机地融为了一体,为今后矮塔斜拉桥的建造起到了很好的示范作用。

13.3.2 瑞士甘特桥

图 13.7 和图 13.8 为瑞士甘特桥(Ganter Bridge),位于瑞士的瓦里斯,是一座具有独特风格的斜拉桥。其最大的特点是:

(1)拉索设置于混凝土薄板内。

图 13.7 瑞士甘特桥照片 1

图 13.8 瑞士甘特桥照片 2

(2)公路以 S 形曲线跨越山谷,只有桥的主跨约 174m 是直线,而边跨跨径 127m,曲线半径 $R=200\text{m}$,

堪称一绝。

(3)作为经典的桥梁教学案例,其独特的外形和合理的结构设计令人赞叹不绝。

(4)主梁与缆索的结合体现着纤细轻巧,其高桥墩无疑增加了整个桥梁的柔和感。

13.3.3　瑞士萨尔基那山谷桥

图13.9系瑞士萨尔基那山谷桥,跨越大伏斯—阿尔卑斯山萨尔基那峡谷,虽然跨径只有90m,却以其磅礴的气势征服了无数学者和游人。20世纪末,国际桥梁和工程协会组织了"20世纪世界最美桥梁"的评选,从全世界100多个国家的上千座桥梁中遴选出15座,最终瑞士萨尔基那山谷桥勇夺桂冠。

瑞士萨尔基那山谷桥(Salginatobel)由瑞士工程师罗伯特·马亚尔(RMaillart)于1930年设计,这座跨越山谷的镰刀形上承式拱桥为梅拉尔特式空箱截面3铰拱桥的代表作,跨径为90m,矢高13m,桥梁全长133m,其拱厚从拱脚到1/4跨逐步增加,1/4跨至拱顶再逐渐减小,给人不寻常的感觉。该桥打破了传统的结构设计理念,并未采用常规的梁、柱和墩的形式,既经济、合理、富于创新,同时也获得了轻巧、优美的外观。该桥镶嵌在阿尔卑斯山的山谷间,白色的桥身在蓝天和青山的映衬下格外醒目。这座上承式拱桥已成为瑞士的旅游名胜,参观的人群络绎不绝。根据此桥梁制作的工艺品、明信片,已成为旅游市场的畅销品。

13.3.4　Trift悬索桥

图13.10系Trift悬索桥。众所周知,阿尔卑斯山脉绵延欧洲6个国家,瑞士便是其中之一。由于山体连绵不断,加之瑞士国土面积较小的原因,瑞士60%的国土面积都被阿尔卑斯山脉所占据。

位于海拔1720m的Trift悬索桥,跨度有102m,距蓝绿色的冰川湖面有70m的高度,是阿尔卑斯山区最长、最高的步行吊桥,同时也是欧洲海拔最高的悬索桥。自2004年建成以来,风雨飘摇的Trift悬索桥不知道吓退了多少人。尽管2009年,桥体增加了稳固铰链,护栏也进行了加高,但人们对其的恐惧依然不减当年。

通过此悬索桥,登山者便可以快速地穿过峡谷,到达冰川旁的高山小屋。Trift冰川正在快速地融化,在过去的十年中,这座冰川高度降低了几百米。现在残留的只是一片附着在倾斜山坡上的冰;冰川的融水在峡谷中形成了一个湖,而且这个湖正在逐渐扩大。

图13.9　瑞士萨尔基那山谷桥照片

图13.10　Trift悬索桥照片

13.4　城市人行桥梁

在考察期间,笔者还关注了瑞士其他类型的城市桥梁建设,其中城市人行桥独具特色,给人留下很深的印象。

13.4.1　卢塞恩剧院人行桥

图13.11和图13.12所示为卢塞恩剧院旁边的人行桥。这座古老、简易的人行桥梁主要供人们去卢塞恩剧院时通行。

这座木结构人行桥的特点有4:

(1)木结构人行桥采用传统的材料和桥梁建造工法,虽然经过长期的风吹日晒雨淋,但运行状态依然很好。

(2)桥墩为木质打入桩,既满足承压需求,同时在桥梁耐久性也有其突出的优点。

(3)该木桥的主梁与栏板有机地结合起来,设计十分合理。

(4)人行桥上精美的灯柱和栏板,与歌剧院的艺术气氛有机地结合在一起。

图 13.11 卢塞恩剧院人行桥照片 1

图 13.12 卢塞恩剧院人行桥照片 2

13.4.2 特拉弗西纳人行桥

图 13.13 为特拉弗西纳人行桥,位于瑞士格劳宾登州图西斯市,是其南部山谷中的一座吊桥。这座位于 Traversinertobel 的悬梯桥,由瑞士籍建筑师 Jurg Conzett 设计。由于原址的索桥损毁,Jurg Conzett 和他的助理在维亚马拉峡谷(Via Mala)两侧陡峭的山崖上找到了两处高低不一(垂直高差达 22m)的锚固点,由此修建了这座跨度为 56m 的悬梯桥。由于修建场地十分险要,这座桥梁给人们带来了新奇感和探索的欲望。

图 13.13 特拉弗西纳人行桥

13.4.3 Negrellisteg 天桥

图 13.14 和图 13.15 是瑞士的 Negrellisteg 天桥,是来自巴黎的事务所设计的一个获奖项目。Negrellisteg 天桥位于瑞士苏黎世商业区,横跨 Hauptbahnhof 铁路线,连接了铁路线两边的区域。设计方案呈现了一个浑然一体的混凝土结构,包括天桥以及入口斜坡处的两个商业大楼。这座极具现代气息的人行天桥,以欧洲后现代主义的理念为主导,在设计理念和建造手法上都有充分的体现。其独具特色的外形、典雅的装修和舒适的功能都给人们带来美的享受。

图 13.14 Negrellisteg 天桥照片 1

图 13.15 Negrellisteg 天桥照片 2

13.5　结语

通过对瑞士伯尔尼、卢塞恩等地各类桥梁的简要回顾、对其典型城市桥梁的重点介绍，力求使读者了解瑞士在城市桥梁建设和设计的总体水平。应该说，桥梁设计积聚着浓厚的民族文化内涵，蕴藏着不同国家、不同民族的审美传统、聪明才智和精湛技艺，是人类文明交流的纽带，因此我们应从瑞士古老精美的木桥、刚构桥、斜拉桥和悬索桥的建设上汲取有益的营养成分，创造性地从事我们的桥梁设计。我们也深感，瑞士在桥梁建设上有许多值得我们学习和借鉴的东西，我们应汲取人类所创造的一切文明财富，推动我国城市桥梁建设的健康发展，促进祖国现代化建设的进程。

14 丹麦城市桥梁建设印象

14.1 引言

为了学习和借鉴北欧国家——丹麦在城市桥梁建设的相关情况和成熟经验，笔者前几年曾赴丹麦的哥本哈根、斯卡恩等城市进行专题城市桥梁建设考察，并与丹麦的同行们进行了交流，了解了丹麦在城市桥梁设计、建设和管理方面的相关情况，对其城市桥梁建设的总体印象有了全面的了解。

丹麦位于欧洲北部波罗的海至北海的出口处，是西欧、北欧陆上交通的枢纽，被人们称为“西北欧桥梁”。丹麦由包括日德兰半岛的大部及西兰、菲英、洛兰、法尔斯特和波恩荷尔姆等406个岛屿组成，面积43096km^2(不包括格陵兰和法罗群岛)；南部与德国接壤，西濒北海，北与挪威和瑞典隔海相望，海岸线长7314km；全境地势低平，平均海拔约30m，日德兰半岛中部稍高，最高点海拔173m。境内多湖泊河流，气候温和，属海洋性温带阔叶林气候。官方语言为丹麦语，英语为通用语。丹麦是发达的西方工业国家，人均国民生产总值居世界前列；但自然资源较贫乏，除石油和天然气外，其他矿藏很少，所需煤炭全部靠进口。

首都哥本哈根(Copenhagen, Koebenhavn)是北欧最大的城市，原意为“商人港口”，有自由港和航空港，是世界交通的枢纽。由于统治欧洲时间最久的皇族玛格丽特女皇二世皇族居住于此，它还有一个别称——“女皇之城”；又因丰富的艺术与文化本质被称为欧洲文化之都。哥本哈根是丹麦的政治、经济、文化中心和最大的城市，位于丹麦主岛西兰岛东部，东隔厄勒海峡与瑞典港口城市马尔默遥遥相望。2000年，马尔默跨海大桥通车，使哥本哈根的枢纽地位更加突出。

哥本哈根的市界是历史形成的，市区面积仅88km^2，人口50万人。但建成区早已突破市界，若将街市连成片的腓特烈斯贝市和哥本哈根州加上，面积则达到623km^2，人口达100多万人。再加上两个郊区州，形成1h都市圈(即乘车1h内可到达的地区)，总面积达2861km^2(相当于北京市五环路内的面积)，人口180多万人，占全国人口的1/3以上，被称为首都区。这座城市根据市政建设规划机构提出“手指形发展计划”，就是以市中心为出发点，按伸出的手掌5指方向发展。全城共建有5条交通干线，并由两条环形线路连接。全市分为3大部分：一是老城区，位于海峡两侧，是商业、文化和行政管理中心，皇宫、议会、政府各部门及重要的文化设施和公共建筑物均集中于此。二是港区和阿迈厄岛北部，分布着商港、军港、造船厂、水上飞行基地和国际机场。三是新城区，主要为住宅区，面积占全市的大部分。新城区街道宽阔，建有众多的园林和别墅，与老城之间由电气化城市铁道和多条公路连接。哥本哈根的主要景点，常有“内三景”和“外三景”的说法。“内三景”是指市内的美人鱼雕塑、吉菲昂喷泉和阿美琳堡宫；“外三景”是指坐落在郊区的凯隆堡宫、腓特烈堡和弗雷登斯堡宫。流经哥本哈根城内的哈芬水道是城内一条重要的人工运河，河道宽80多米。跨越在运河上的十几座桥梁单跨均小于80m，其结构形式有石拱桥、钢桁架桥，钢桁架拱桥，预应力混凝土连续梁桥和钢拱桥等。图14.1为闻名遐迩的丹麦美人鱼铜雕像。

图 14.1　丹麦美人鱼铜雕像

14.2　古老的城市桥梁

在考察中笔者发现，丹麦的哥本哈根、斯卡恩等城市都保留有许多古老的城市桥梁。这些桥梁结构功能性强，造型简单，反映着北欧人朴实的思想和实用的建造理念。下面让我们通过对几座古老城市桥梁的实例剖析，了解一下其在设计和建造上的特点和基本情况。

图 14.2　哥本哈根某双孔石拱桥

图 14.2 为哥本哈根哈芬水道支流上的一座双孔石拱桥，虽然它的单孔跨径只有 5m，但其在建造手法上却很有特点：一是主拱圈采用传统的圆弧拱，拱上建筑亦采用块石砌筑。体现了就地取材和坚固耐用的原则。而北欧很多古老的房屋都采用砖石结构，这座古石桥与周围的古老建筑相呼应和融合。二是桥面比较宽阔，有利于通行车辆和行人，也体现了其建造者的超前理念。三是桥位处于河道的交叉处，其一侧桥台的挡墙为一字形；另一侧桥台随着河道的弯曲而建造，十分实用和富于变化。四是桥上的栏杆典雅、大方，也很协调美观。

图 14.3 为哥本哈根哈芬水道支流上的一座 7 孔石拱桥，这座桥梁的特点与图 14.2 中的双孔石拱桥特点大致相同，在此就不再赘述了。但从图中可看出多孔石拱桥与周围的古老建筑浑然一体，显得十分宁静和安逸。

图 14.3　哥本哈根哈芬水道上的一座 7 孔石拱桥

图 14.4 为哥本哈根某 3 孔石板拱桥，也是建造在哈芬水道支流上的一座桥梁，下游为哈芬水道主河道。这座 3 孔板拱桥有如下特点：一是针对桥位处地基良好的条件下，其主拱圈为无铰拱，属三次超静定结构，净跨径为 23m，在自重及外荷载作用下，拱内的弯矩分布比两铰拱均匀，结构的整体刚度大。二是主拱横截面为实体矩形截面，其构造简单，施工方便且维护费用少，有利于桥梁的正常使用。三是该板拱桥的建造上十分细腻、考究，这一点反映在主拱圈的石材加工和桥墩顶部装饰上。四是桥位下游不远处为一级跌水，有利于水流的宣泄，且使得桥位处的景观甚为壮观。

图 14.5 为笔者拍摄的丹麦某高速公路上的一座跨越山谷的桥梁。据悉，该桥建造于 20 世纪 40 年代。这座桥梁的中部为上承式钢筋混凝土拱桥，两侧各为 3 孔高桥墩石拱桥。该桥的主跨结构和副跨结构呈现如下特点：一是主跨为 230m，仅小于当时瑞典的翁厄曼河桑多桥（$L=260$m），系当时世界上跨径名列前茅的钢筋混凝土拱桥，它反映了丹麦的建桥水平和综合实力。二是主跨拱铰嵌于坚硬的岩石上，而副跨拱桥采用高桥墩，充分利用了当地的地形和地质条件，在结构设计上十分合理。三是主跨和副跨结构搭配合理，线条舒畅，桥梁在山谷中跨越十分协调，若从桥梁美学的角度去审视它，不愧为桥梁建筑形象与建桥环境有机结合的佳作。四是从建桥的材料品质上看，虽经 70 多年的运行考验，但该桥梁至今仍整体情况良好，从中也使我们对桥梁结构安全性和耐久性上得到一些启示。

图 14.4　哈芬水道上的一座 3 孔板拱桥

图 14.5　丹麦高速公路上的上承式钢筋混凝土拱桥

14.3　城市大跨径桥梁

在考察中笔者发现，近 20 多年来，北欧国家特别是丹麦兴建了一批现代大跨径城市桥梁，反映了其国家的综合实力和建桥水平，下面对 3 座特大型桥梁进行综合介绍。

14.3.1　大贝尔特海峡大桥

提起丹麦的大跨径桥梁，首先应介绍大贝尔特海峡大桥（Store Baelt Bridge），它将哥本哈根所在的西兰岛和丹麦第三大城市欧登塞所在的菲英岛连接在一起。两岛海面距离为 18km。该路段的悬索桥的主跨长 1624m，桥塔高 254m，是世界上最长的悬索桥之一，仅次于日本明石海峡大桥和我国舟山西堠门大桥。该桥为公路、铁路两用桥梁，分为东、西两段，由西桥、海底隧道和东桥 3 部分组成，全长 17.5km。东桥（图 14.6）连接斯普奥岛和西兰岛，是整个大桥建设重点和最复杂的工程。西桥（图 14.7）从菲英岛到斯普奥岛，长度 6.6km，是一座铁路和 4 车道高速公路并行的桥梁。中间以斯普奥人工岛作为中间站。海底隧道为铁路专用隧道，全长 7410m，由两条相互平行、间隔距离为 16m、直径 7.7m 的主隧道组成。两条主隧道之间每隔 250m 有一紧急疏散通道相连。东桥长 8km。东桥的公路桥在海面上，这部分的特大桥为悬索桥，可通行各种巨型轮船。悬索桥使用了 1.9 万吨钢缆，其主钢缆直径达 0.85m。该工程总投资 48 亿美元，是欧洲当时预算最高的桥梁。这座桥梁的细部设计呈现直接、明确的设计理念，没有过分的装饰，主吊杆通过精心简化的软套管减振器与桥面连接，预应力钢索栅栏隔开车道，既不遮挡司机的视线，又能避免产生次级空气动力效应；每座锚墩都在精心设计的检修空间中设有液压式缓冲器，控制温度变形，且其箱形截面钢梁内部空间通过减湿器来防止腐蚀。这座大桥建成后，成为从哥本哈根市前往安徒生博物馆的必经之路。由于建设费用较高，大贝尔特桥成为丹麦第一条收取使用费的公路桥，其中普通小汽车的过桥费为225克朗(约合30美元)。从哥本哈根市前往安徒生博物馆，游客可在桥两侧停留和照相，大桥东侧设有一个大桥博物馆，供来自世界各地的游客参观游览。

图14.6　大贝尔特海峡东桥

图14.7　大贝尔特海峡西桥

14.3.2　厄尔松海峡大桥

丹麦在特大型桥梁建设上，给世人留下另一深刻印象的是20世纪末建成的厄尔松海峡大桥。这座特大型桥梁全长16km，大桥开工建设于1995年，竣工于2000年6月，总共耗资210亿丹麦克朗。厄尔松海峡大桥(Oresund Bridge)是由丹麦、瑞典两国合资兴建，横穿厄勒海峡，连接丹麦首都哥本哈根和瑞典马尔默的一条重要交通干线，是当时世界最长的公铁两用斜拉桥，也是当时全球第10座大桥。据统计，1956年，有1100万旅客从厄勒海峡经过，1967年时达到2400万人。哥本哈根市与瑞典的马尔默隔厄勒海峡相望，是20世纪最繁忙的水道之一。自1886年始，瑞典和丹麦两国专家就提出过建立海峡连接方案，但对建隧道还是建跨海大桥一直在研究考证。这一特大型跨海工程，由西侧的海底隧道、中间的人工岛和跨海大桥3部分组成。西侧的海底隧道长4050m，宽38.8m，高8.6m，位于海底10m以下，由5条通道组成，它们分别是2条火车道、2条双车道公路和1条疏散通道，它也是目前世界上最宽敞的海底隧道。中间的人工岛长4050m，将两侧工程连在一起。东侧的跨海大桥长7845m，且为双层桥梁，上层为4车道高速公路，下层为对开火车通道，共设有51座桥墩。中间是斜拉索桥，主跨系采用双塔双索面(平行索)的斜拉桥，斜拉桥塔横断面为钻石形，跨度490m，高度55m，是目前世界上承重量最大的斜拉桥。该桥被称为"瑞典通向欧洲的大桥"。大桥的建成通车，使瑞典和丹麦人民近100多年的梦想变成了现实，也使北欧地区成为欧洲著名的教育、科研和商业中心之一。该大桥造型优美，别致，给人留下深刻的印象。而且其栏杆的防撞与行人防护相结合，体现着通透和质感，对于我们今后的桥梁设计会有很多的启示。特别是在桥梁结构的截面设计上，既充分考虑结构的安全储备，又与海峡周围的景观协调一致，总体布置舒展大方。当笔者乘车从厄尔松海峡大桥经过时，由衷地对大桥的建设者充满敬意，这座海峡大桥不愧为一个旷世之作，见图14.8、图14.9。

图14.8　鸟瞰厄尔松海峡大桥

图14.9　厄尔松海峡大桥的桥面

14.3.3 拟建的费马恩大桥

在考察中我们还了解到，丹麦和德国两国经15年的协商和争论，于2008年签订共同协议，拟投资兴建一座连接斯堪的纳维亚半岛和欧洲大陆的特大型海峡大桥，这将是欧洲最长的跨海大桥。这座大桥全长19km，主跨拟采用多跨斜拉结构，计划投资56亿欧元。以往从德国费马恩岛的普加登市到丹麦罗兰岛的罗德比市的交通十分困难，这两个岛都在波罗地海内。大桥的修建，将对两地的贸易和旅游起到显著促进作用，明显提高交通流动速度，今后从汉堡到哥本哈根的驾车时间也将从现在的4h缩短到3h。同时，斯堪的纳维亚半岛南部与欧洲大陆之间的贸易也将更加便利。修建该桥的大部分资金，约48亿欧元将由丹麦方面支出，因为据相关部门分析，丹麦方面从该桥所获得的利益要比德国多。德国联邦政府和石荷州共同支付余下的8亿欧元，并将大桥的交通线连接到德国高速公路和铁路设施上。预计这座巨型跨海大桥将于2018年建成通车，如图14.10所示。

图14.10 拟建的费马恩大桥

14.4 其他城市桥梁

在考察期间，笔者还关注了丹麦的其他城市桥梁建设。他们在城市立交桥梁的设计上首先满足文物（古迹）的保护要求，然后才是交通功能的要求。城市桥梁有的是钢结构，也有的是预应力结构或混合结构（主梁为预应力结构，桥面板为钢结构）。不仅其主体结构满足结构受力要求，其桥梁附属设施也齐全。如桥端接缝十分平整（大都为梳齿形和毛勒缝），均无颠簸感。桥面排水设施也十分设备，设有完善的导水系统。

在桥梁建设上，丹麦人十分重视结构的耐久性和安全储备。其中新建的城市立交桥、高架桥的主梁与墩柱多为固接；大跨径跨河桥多为连续结构或钢架结构，结构的整体性好，且主梁截面尺寸（高度和宽度）比常规要大一些，以增加安全储备，可满足长期使用和耐久性的需要，是值得我们借鉴的。同时，他们在跨河桥的结构设计时，桥梁形式多种多样，且充分发挥不同体系的优势，对我们来说也有参考价值。在高速公路的跨线桥设计上，他们一般采用岩石做基础；在地质较差的地段采用高桩承台，并用混凝土装饰板做饰面。下面文中的10张照片系笔者在考察中拍摄的，试图通过对丹麦这些城市桥梁的简单介绍，使读者对其在设计理念、建造技术以及细部处理上有一个较全面的了解。

笔者拍摄的丹麦哥本哈根的一座跨河桥梁（图14.11），系一座桥和水闸结合的桥梁。上游为一个水

图14.11 丹麦哥本哈根某城市跨河桥梁

闸，设有可提升的闸门，以调控上游的水位和水量；紧接着为一座7孔方涵的桥梁，供车辆和行人通过。虽然其结构简单，但却很有特点：一是桥墩基础采用打入式方桩，承台上方为现浇板式桥墩，且桥面板与矩形桥墩现浇在一起（固结），既满足河水冲刷和宣泄的需求，结构又轻巧和坚固，满足桥梁的安全性和耐久性要求。二是下游的导流设施比较齐全，既有矩形堤坝，又有梨形堤坝，从水力学的角度上看，十分实用和合理。三是为满足上游汛期河水的宣泄，全桥共修建了一个7孔方涵桥梁，一个3孔连续板桥（T形墩）和1孔板式桥梁，在结构设计上体现因地制宜和灵活的设计思想。四是桥梁的栏杆和挂檐板等也很简捷和实用，从远处望去混凝土的灰色桥体及蓝色桥栏杆与周围的地形和红色、黄色建筑物能融为一体，给人一种赏心悦目之感。

笔者拍摄的丹麦斯卡恩市的一座城市跨河桥梁一隅如图14.12，这是一个主跨为3孔变截面连续钢箱梁结构，跨径布置为24m+36m+24m，两边孔各为一跨简支结构（18m简支梁）。本桥的特点如下：一是主跨为变截面连续钢箱梁结构，既发挥钢结构的特性，且其曲线形主梁又显得舒展、大方；二是孔径布置合理，可满足河流通行船舶的需求；三是边跨墩设计为独立的矩形墩，中跨墩设计成方形桥墩加盖梁一体的墩柱形式，并增加了支座的检修设施，体现了功能性的要求；四是桥梁的边孔为滨河路，且为简交，便于车辆和行人的通行；五是主跨的桥体喷成深绿色，体现了北欧人追求绿色和环保的生活理念，也能与周围的景色相协调。

笔者拍摄的丹麦某城市的一座立交桥梁如图14.13，修建于20世纪50年代，这是一条高速公路上的跨线立交桥梁。该桥梁的上部为简支梁结构，下部为双柱式中墩和桥台。虽然桥型结构略显简单，但很实用和经济，且运行近60年来，其总体状况良好。由于该地区属地震低烈度区，因此并未设置过多的地震设防措施。由此也可使我们看到北欧人思维方式和做法上的简约。

图14.12　丹麦斯卡恩某城市跨河桥梁

图14.13　丹麦某立交桥梁

笔者拍摄的丹麦某城市的一座立交桥梁如图14.14，修建于20世纪50年代，这也是一条高速公路上的跨线立交桥梁。这座桥梁的特点有：一是桥梁结构采用中承式系杆拱，且只设置了两个系杆，既满足结构要求，又十分简捷；二是其拱脚坐落在两侧的基岩上，既合理又经济；三是桥梁无过多的装饰，且全桥涂成墨绿色，也具有北欧特点。

笔者拍摄的丹麦某城市的一座立交桥梁见图14.15，修建于20世纪50年代，这也是一条高速公路上的跨线立交桥梁。这座桥梁采用斜腿刚构结构，其桥型十分舒展，比例适度，既满足结构的安全性和耐久性的要求，在总体上也很协调。

笔者拍摄的丹麦某城市的一座立交桥梁的一隅，见图14.16。其桥梁上部结构为3孔箱形连续梁，下部为独柱式桥墩和重力式桥台。这座桥梁的特点是，为装饰和保护桥端的老式钢支座，在桥两侧的端部（桥台顶部）设置了倒三角形的装饰板，也不愧为一种较为成功的处理手法。

笔者拍摄的丹麦某城市一座跨河桥梁的桥墩顶部照片，见图14.17。这座桥梁的上部结构为3跨连续变截面钢箱梁，中墩为T形墩柱，两端的桥台为重力式桥台。这座桥梁的最大特点是：为满足桥梁的安

图 14.14 丹麦某立交桥梁(中承式系杆拱)

图 14.15 丹麦某城市立交桥梁(斜腿刚构)

图 14.16 丹麦某城市立交桥梁

图 14.17 丹麦某城市跨河桥梁的墩顶

图 14.18 丹麦某城市立交桥梁的端支点

全性和耐久性要求,便于桥墩顶部的钢盆式支座的观察和养护工作,在桥墩顶部设置了检修梯道和支座养护操作面,以便于专业养护人员的定时查看和养护。我国的不少桥梁也开始重视此项工作,因此应从丹麦人成功做法中汲取有用的经验。

笔者拍摄的丹麦某城市的一座立交桥梁,见图 14.18。该桥梁为单孔闭合框架结构。这座桥梁的特点是:在闭合框架的加腋处采用 45°抹角,且在加腋的外端部采用几何变化。而在桥体的外装饰上采用了精雕的花岗岩石材。之所以如此精雕细作,其原因是该桥坐落在古老的建筑群所在地,已使桥梁能与周围的环境融为一体。

14.5 城市人行桥梁

在考察中笔者发现,丹麦许多城市的人行天桥及行人过街设施十分齐全,且其人行天桥的结构形式多种多样。考察期间,我们还有意识观察高速公路的人行天桥,一般来讲其结构形式较简单(简支梁结构),适合工厂预制、现场安装,且天桥的位置十分合理,便于行人通过。城市道路上人行天桥的结构形式多种多样,并十分重视天桥的外装修。在机场和城市繁华地段的天桥均设置自动扶梯,并安装了防雨罩、棚。这些方面对我们今后搞设计有较好的借鉴作用。

图 14.19　丹麦某城市人行过河桥梁

图 14.19 为丹麦某城市的公园人行过河桥梁。其主梁为斜撑的钢梁，桥面支承在钢梁上面，桥栏杆采用十字交叉的钢栏芯，这座人行过河桥梁在北欧建筑的环绕中显得那么悠闲自得，当人们从桥上走过时心情一定很惬意，会被周围的景色所感染。

图 14.20 也是丹麦某城市一座公园内的人行过河桥梁。这座桥梁的主孔为木质板拱，副孔为简支木板梁，下部结构为打入式方形木桩。虽然桥梁为木质结构，但其结构设计很合理，桥梁尺度也很协调。木质人行过河桥在夕阳的斜射和树荫的庇护下，给人一种美的感受。

图 14.21 为笔者在丹麦某城市一小区附近拍摄的一座人行过河桥梁。这座桥梁上部结构为一跨简支木质 T 梁，主梁预留了向上翘曲的预拱度。该桥梁的特点如下：一是就地取材，选用北欧特有的松木做主梁，经防腐浸泡后，既经济实用，又结实耐久；二是在主梁的制作中，经过烘烤和预弯将主梁加工成向上翘曲的预拱度，具有相当的加工技术和水平；三是木质栏杆铆接于主梁上，且黄色的主梁(本色)和浅绿色的栏杆与周围的景色融为了一体。

图 14.20　丹麦某城市人行过河桥梁

图 14.21　丹麦某城市人行过河桥梁

14.6　结语

通过对哥本哈根古老的城市桥梁的重点介绍，以及对丹麦现代大跨径城市桥梁、其他城市桥梁和城市人行桥梁的综合介绍，力求使读者了解丹麦在城市桥梁建设和设计领域的总体水平。

众所周知，桥梁造型艺术积聚着浓厚的民族文化内涵，蕴藏着不同国家、不同民族审美传统、聪明才智和精湛技艺，也应成为人类文明交流的纽带，因此我们应从丹麦古老精美的桥型设计和现代桥梁建设上汲取有益的营养成分，创造性地从事我们的桥梁设计。

笔者认为，哥本哈根的哈芬水道上及其他河流上的著名的桥梁、丹麦人 20 世纪末建成的厄尔松海峡大桥等，都以其鲜明的形象、强烈的艺术感染力开阔了我们的眼界。从以上介绍的丹麦基于传统和创新理念建造的桥梁建筑，其所反映出的独特结构特征及桥梁建筑美学的功力，也相应带来了独特的艺术魅力。桥梁建筑不仅要表现出结构上的稳定连续、强劲稳固的力感和跨越能力，而且要有美的形态与内涵，内容和形式的高度统一，才能显示出不朽的生命力。艺术和技术是紧密相关的，科学技术本身也是美的因素之一，只有力学理论、钢材、混凝土的发展，各种现代化新型施工机械的应用，才能使各式轻巧、大跨度的桥梁得以孕育而生。

15 芬兰城市桥梁建设印象

15.1 引言

为了学习和借鉴北欧国家——芬兰在城市桥梁建设的相关情况和成熟经验,笔者前几年赴芬兰的赫尔辛基、奥卢等城市进行城市桥梁建设专题考察,并与芬兰的同行们进行了交流,了解了其在城市桥梁设计、建设和管理方面的相关情况,对其城市桥梁建设的总体印象有了一定的了解。

芬兰位于欧洲北部,北面与挪威接壤,西北与瑞典为邻,东面是俄罗斯,南临芬兰湾,地势北高南低,面积 338145km^2,人口为 550 万人(截至 2013 年 12 月)。人口大部分居住在气候比较温和的南部。

芬兰的首都为赫尔辛基(Helsinki),濒临波罗的海,是一座古典美与现代文明融为一体的都市,人口约为 120 万人(2006 年),占芬兰全国总人口的五分之一。赫尔辛基既体现出欧洲古城的浪漫情调,又充满国际化大都市的韵味。同时,她又是一座都市建筑与自然风光巧妙结合在一起的花园城。市内建筑多用浅色花岗岩建成,有"北方洁白城市"之称。著名的卡乌帕多利广场有多座桥梁相接。

赫尔辛基的历史可以追溯到 450 多年前,不过其作为芬兰的首都却只有 190 年左右。这座年轻的首都既拥抱芬兰过去的辉煌传统,同时又讲究现代生活的品位,整个城市新旧混合得体,处处流露着大都会的魅力与北欧式的优雅。赫尔辛基被称为"波罗的海的女儿",三面都被湛蓝的海水及岛屿所包围,城内富有特色的建筑以及数不胜数的博物馆,优美的环境融合丰富的文化,其间有许多优美的桥梁映入人们的眼帘,这一切形成了对世界各地游客的强大吸引力。

15.2 古老的桥梁

15.2.1 奥涅古石桥

图 15.1 为奥涅桥(Aune bridge 或 Aunessilta),系芬兰坦佩雷的较早的石拱桥,由建筑师乔治 · 施罗克(Georg Schreck)设计,建于 19 世纪,采用当地的花岗岩建造,桥长约 46m,其中主拱跨长 19m,宽 5m。1983 年新桥建成后,仅供行人和自行车通行。该桥被 1974 年 12 月 17 日芬兰邮政发行《芬兰道路和河流理事会 175 周年》邮票所采纳。这座圆弧形的石拱桥造型典雅,至今仍在正常使用。

15.2.2 图尔库的古老桥梁

图 15.2 为芬兰图尔库的一座古桥。图尔库是芬兰最古老的城市,位于芬兰南部沿海、赫尔辛基的西面。这座城市有很多市区分布在 14 座岛屿和一个半岛上,70 余座桥梁将这些岛屿连为一体。这些建于 18 世纪的桥梁大多为石拱桥和钢板桥,至今桥梁的使用状态良好。

图 15.1　芬兰的奥涅石拱桥

图 15.2　图尔库的古桥

15.3　城市桥梁

15.3.1　嘉坎昆提拉大桥

图 15.3 为芬兰著名的嘉坎昆提拉大桥，是建于 1989 年，是芬兰建造最早的钢斜拉桥。大桥为独塔双索面，主桥的跨径布置为 185m+65m，桥塔为 H 形。这座大桥属于芬兰 78 号主干线的路段，它横跨 299.6km长的欧纳斯河（芬兰最长的河流）。

嘉坎昆提拉大桥处在北极圈城市罗瓦涅米的北部城郊，是该市最主要的标志之一，同时也是整个罗瓦涅米市最优美的观光点。大桥高高耸立的桥塔，是整个大桥的支撑中心。当夜幕降临的时候，大桥桥塔顶端会发出橘黄色的亮光，形成河上最瞩目的景致，而当夜幕低垂，灯火把大桥照得通明，在极地清幽天地里，画面格外动人。芬兰著名桥梁建筑师 Norman Foster 勋爵设计的这座桥梁，既成为风景与建筑之间的桥梁，也使到访的游人流连忘返。

15.3.2　赫尔辛基的罗瓦尼米大桥

图 15.4 为赫尔辛基的罗瓦尼米大桥，是建于 20 世纪 70 年代的钢斜拉桥，结构形式为独塔单索面。桥梁的主跨跨径布置为 60m+120m，两侧为钢板梁引桥，桥梁全长约 300m。由于该桥的主跨跨径不大，设计师在结构设计时采用了新的思路，并体现下列 3 个特点：一是斜拉桥的主塔采用圆柱形，既简洁，又能满足结构受力要求；二是斜拉桥的主梁为钢叠合梁，符合当时的技术方展水平；三是桥墩为 T 形墩，既有利于承担上部的荷载，又满足河流冲刷和船只撞击的受力要求。总体来讲，这是一个成功的设计。

图 15.3　芬兰嘉坎昆提拉大桥

图 15.4　赫尔辛基的罗瓦尼米大桥

15.3.3　芬兰罗瓦涅米嘉提大桥

图 15.5 系芬兰的一座跨河桥梁——罗瓦涅米嘉提大桥。该桥的结构形式为钢空间桁架梁，桥墩为

重力式墩台。这座建于20世纪60年代的普通桥梁的特点有3:一是其钢空间桁架梁的截面尺寸设计适宜,既不显笨重,又留有足够的安全储备,在桥梁的安全性和耐久性方面独树一帜;二是在桥梁墩台的设计上,因地制宜,就地取材,采用当地自产的石材,既结实耐久,也利于河水对桥墩的冲刷;三是充分利用桁架梁的承载能力,下部悬挂了许多过河管线,这在当时是具有眼光的;四是在桁架的外侧设置了栏杆,既便于行人的安全通过,整个桥型看起来也比较协调、大方。

15.3.4 赫尔辛基火车站人行桥

图15.6为赫尔辛基火车站的一座人行桥梁。由于该人行天桥位于火车站内,所以为封闭和架空的结构。其墩柱为简单的矩形柱,主梁为封闭的钢板梁(侧壁和顶部为封闭的维护结构)。总体来说,其简单的外形,体现了北欧人简约、实用的理念。

图15.5 芬兰罗瓦涅米嘉提大桥

图15.6 赫尔辛基火车站人行桥

15.4 典型桥梁综述

15.4.1 芬兰的2座悬索桥

目前芬兰最大的两座公路悬索桥均建于1963年。其中一座为Kirjalansalmiq桥,位于帕拉伊宁,其主跨为220m;另一座为Seekeaki桥,位于瓦尔凯阿科斯基,主跨为155m,这两座悬索桥均为丹麦人设计的,见图15.7。

15.4.2 芬兰的6座斜拉桥

伦伯杰克·坎德尔桥位于北极的罗瓦涅米河上,主跨126m,为独塔对称结构,桥塔采用钢管混凝土,承包商为瑞士人。该桥曾于1990年获国际土木工程奖,见图15.8。

图15.7 芬兰Seekeaki桥

图15.8 伦伯杰克·坎德尔大桥

萨英桥位于芬兰和挪威之间的乌茨约塔,其主跨为155m,采用H形钢管混凝土双塔结构,曾获1994年国际钢结构奖。

Tahtiniemi 桥位于黑塔拉，为主跨 165m 的斜拉桥，桥塔采用 H 形混凝土独塔，对称结构，桥塔高 105m，全长 901m。这座桥建于 1993 年，为当时芬兰最大的斜拉桥，也是芬兰最长的桥梁，1994 年曾获芬兰建筑工程奖。

拉伊波罗托桥位于瓦萨附近，连接拉伊波罗岛。该桥为斜拉桥，桥塔采用钻石形混凝土双塔，塔高 52m，主跨为 250m（当时芬兰单跨最大的桥梁），桥梁全长 1030m，也是芬兰第一座长度超过 1000m 的桥梁。

Karkinen 桥位于芬兰南部，于 1997 年建成，为主跨 240m 的斜拉桥，桥梁全长 777m。该桥采用 H 形混凝土双塔，塔高分别为 68m 和 95m，跨越重要的 Kerkinen 航道。

艾里斯托湾桥位于玛沃与帕拉伊宁之间，为主跨 450m 的斜拉桥，采用 H 形混凝土双塔。

15.4.3　大跨径钢梁桥

Saimmma 大桥位于普马拉地区，跨越 Saimmma 河。该桥系钢梁和混凝土组合而成的结合梁桥，主跨为 140m，桥梁全长 761m，通航净空高 25m，最大特点是长 105m、重 580t 的钢箱梁是当时芬兰桥梁建设最大的起重量。

15.5　感悟

（1）通过奥涅石拱桥和图尔库古桥的介绍，使我们对芬兰人在古老桥梁建造理念有了初步的了解。他们在桥梁建造上的理念与其在建筑及居家风格的理念是一致的——注重人与自然、社会环境的和谐。譬如奥涅石拱桥秉着减法的设计理念，给人以简洁、典雅的质朴感觉。

（2）嘉坎昆提拉大桥和赫尔辛基的罗瓦尼米大桥虽然都是独塔斜拉桥，但每座桥梁都有其自身的特点，嘉坎昆提拉大桥系芬兰建造最早的钢斜拉桥，大桥为独塔双索面的塔索布置；而赫尔辛基的罗瓦尼米大桥，其斜拉桥的主塔采用圆柱形单索面，既简洁，又能满足结构受力要求。这两座斜拉桥的共同特点是，充分发挥结构的受力优势，并创造出新颖、独特的桥型，在桥梁美学上做出了有益的探索，并赢得了世人的称赞。

（3）地处北欧的芬兰人习惯于简约和自然的做事理念，反映在罗瓦涅米嘉提大桥和赫尔辛基火车站人行桥的案例就充分说明了这一点。尽管这两座桥梁的结构比较简单，但仍品味出北欧人的简单、简约、简洁和典雅的理念和做事原则。

（4）通过对芬兰其他典型桥梁的介绍和分析，我们深感芬兰人在悬索桥和斜拉桥的建造理念和实践能适应世界桥梁建设的趋势和吸收最先进的技术，在桥塔和主梁的布置上充分得到了展现，亦是我们应借鉴的。

（5）虽然芬兰的人口不多，国土面积不大，但其在城市桥梁的建造上仍有其独特的优势和经验。特别是在崇尚绿色、节能和环保的桥梁建造上有许多值得我们学习和借鉴的东西。

综上所述，通过对芬兰城市桥梁建设的简要回顾，对赫尔辛基等城市桥梁的重点介绍，以及对芬兰现代大跨径城市桥梁、其他城市桥梁和城市人行桥梁的综合介绍，力求使读者了解芬兰在城市桥梁建设和设计的总体水平。

笔者相信，他山之石，可以攻玉，芬兰城市桥梁建设有很多值得我们学习和借鉴的东西。让我们携起手来，汲取人类所创造的一切文明财富，进一步推动我国向世界桥梁建设强国的目标迈进。

16 挪威城市桥梁建设印象

16.1 引言

笔者有机会赴北欧挪威各城市进行的业务考察，重点了解其城市桥梁的建设情况，借鉴其在城市桥梁建设中的相关经验，更好地从事我们的工程设计工作。

如众所知，挪威位于北欧斯堪的纳维亚半岛西部，北部延伸到欧洲最北端，南与丹麦隔海相望。挪威领土南北狭长，海岸线异常曲折，沿海岛屿很多，达15万个，故被称为"万岛之国"。挪威是欧洲山脉最多的国家之一，斯堪的纳维亚山脉基本以南北走向纵贯全境，高原、山地、冰川约占国土面积的75%。挪威人口较少，主要分布在沿海一带，其中有3/4的人口生活在离海不到15km的地带，城市人口约占总人口的71%，北部广大地区无人居住。挪威建造的大型海轮，在世界上也很出名，全国共有造船厂200多家。

首都奥斯陆位于东南海岸奥斯陆峡湾北侧小丘上，1048年由国王哈罗德·哈德拉德修建，是全国政治、经济、文化、交通中心和主要海港。它以不冻港而闻名世界，全国进口商品1/2以上是经奥斯陆转运的。挪威最大的最古老的综合性大学——奥斯陆大学位于该城，其他各种类型的大专院校也汇集于此。奥斯陆也是世界裘皮加工、出口中心之一，被誉为"裘皮之都"。而最享有世界声誉的是"世界滑雪之都"。

挪威第二大城市卑尔根，位于高山与峡湾之间，有7座高山散落市区周围，故有"七山之城"之称。城内有圆石铺成的小巷，有中世纪古老木屋和码头区，露天的鱼市场，带有柱廊的成列店铺等，富有海滨古城旖旎而古朴的魅力。城内至今保存着许多中世纪纪念物，其中最有名的为卑尔根胡斯城堡。城堡内有建于1261年的哈康大会堂，传说是挪威海盗王的故宫；作曲家和大提琴家奥莱·布尔创办的卑尔根剧院，在著名戏剧家易卜生和比昂松的主持下，享有世界声誉。

挪威作为大西洋沿岸的北欧国家，特定的地理位置和极其复杂的地形特征，使得该国必须建造大量桥梁，其总数达22000座，全国平均每200人就拥有一座桥梁。在这众多的桥梁中，有13座长度大于1000m，最大的卓拉蒙(Drannnen)桥总长为1892m。20世纪90年代初，挪威进入了桥梁建设的昌盛时期，1990~1994年建成了多座桥梁，其中大跨径桥梁包括三座斜拉桥、两座悬索桥和两座浮桥，还有许多小型桥梁。近期新建的大跨径混凝土桥梁，其中包括思坎山(Skarnsund)桥、黑格朗(HClgeland)桥和司徒塞(Stbeet)桥，都应用了IDV概念，不少大桥安装了监测设施。其中，思坎山桥以其530m长的主跨和轻巧的桥型而引人注目。每年的秋冬季节，大西洋风暴时常袭扰挪威，巨大的风暴对该国大跨径桥梁设计提出了挑战。在该种特殊的自然条件下，挪威为发展经济和改善人们的生活环境，近些年建起多座大跨径现代化桥梁。挪威公共道路管理局为不断提高桥梁的设计质量，专门立题研究桥梁质量的测试、验证与桥梁设计的关系。

16.2　著名的城市桥梁

16.2.1　著名的挪威金角湾大桥

挪威金角湾大桥位于距挪威首都奥斯陆(Oslo)30多公里的霍尔斯特(Holstad),跨越从斯德哥尔摩到奥斯陆的欧洲18号公路(E18)(图16.1)。2001年10月31日,在北欧的寒风细雨中,挪威王后宋雅和500多名各界来宾为这座造型独特的大桥剪彩。这座跨越伊斯坦布尔金角湾的迷人的木桥,也可以被看作为一个行人交叉路,3个浅色的木拱如同3只被射手用力向后拉的弓箭,牢牢地支撑着桥身。拱使用的是胶合木,这是1994年利勒哈默尔冬季奥运会中,挪威许多比赛场馆广泛运用的建造方法。拱的上端是一条大路。据悉,这是达·芬奇的建筑设计首次被付诸实施,这个设计在美学和设计学上都是经典的范例。挪威艺术家桑德通过种种努力,终于使挪威公路管理局相信达·芬奇设计该桥的原理完全成立,这座桥是可以被造出来的。桑德自豪地称:“5个世纪前,人们认为这座桥不可能建起来,但我们把它建起来了,我们成功地证明了达·芬奇设计该桥的原理是可行的。”

图16.1　金角湾大桥

16.2.2　软管大桥

在挪威的Suldalslågen河上,一座柯尔顿耐腐蚀钢材的大桥横跨于滚滚河水之上(图16.2)。这座充满网眼的大桥连接小镇和林地,是挪威Rintala Eggertsson建筑事务所为当地居民提供的一处广受欢迎的休憩场所。在大桥建立之初,全镇的居民都参与了设计投票。

大桥的形态源自周围景观,与河面水平,呼应河床的起伏。大桥采用耐腐蚀钢材做支架,对角支撑;外面利用不锈钢网,保护使用者的同时,还能够欣赏到外面的风景,提供白天的照明。同时,当夜幕降临,大桥内部的灯光也照亮外面的河水、石岸。封闭的钢桥内部,可以放大水流的声音,而路人可以从地板的网洞中看到河水。桥东头的小亭子,可以用作休息或野餐的地方。

16.2.3　斯托尔马PC连续刚构桥

位于挪威西海岸的艾于斯特沃尔市是挪威最重要的渔养殖工业基地之一,管辖着大片岛屿。20世纪90年代,为了改善艾于斯特沃尔市其他岛屿间的连接道路,实施了两项重大的工程。其中的一项为连接斯托尔门岛及塞尔比约恩岛的工程,包括长1800m的新建道路和斯托尔马(Stolma)大桥。大桥总长467m,主跨301m(图16.3)。斯托尔马(Stolma)大桥主梁横截面上所有棱角都设计成圆弧状,这在视觉上给人的感觉比较柔和,而且减小了风载的影响。两相邻节段连接处可能出现几何不平顺,在这种情况下也不会引人注意。大桥总工期约为两年,开工时间为1996年11月,于1998年11月投入运营,是世界第二长跨径的预应力混凝土梁式桥,仅次于我国的石板坡长江大桥复线桥。

图 16.2 软管大桥

图 16.3 斯托尔马 PC 连续刚构桥

16.3 大跨径城市桥梁

16.3.1 斯堪桑德大桥

斯堪桑德大桥(挪威语:Skarnsundet bru 或 Skarnsundbrua)是位于挪威因德勒于的一座混凝土斜拉桥(图 16.4),跨越斯堪桑德(Skarnsund)海峡,桥长 1010m。该桥于 1991 年建成,取代了挪威 755 国道上此前的汽车轮渡,成为唯一一条跨越特隆赫姆峡湾的公路桥。大桥主跨 530m,建成时曾是世界上主跨最长的斜拉桥,两年后被中国的杨浦大桥以主跨 602m 的长度超过。大桥的桥塔高 152m。

图 16.4 斯堪桑德大桥

16.3.2 哈当厄尔大桥

哈当厄尔桥隧工程由北端辅道工程、跨海桥梁工程及南端隧道工程 3 部分组成,位于挪威第二大城市卑尔根(Bergen)以东 100km,跨越哈当厄尔峡湾,是连接奥斯陆(Oslo)和卑尔根的重要交通工程。跨海桥梁工程为哈当厄尔大桥(Hardanger Bridge),建成后将取代布吕拉维克(Bruravik)至布里姆内斯(Brimnes)的轮渡,是改善当地交通、优化南北及东西向交通网络的重要桥梁。哈当厄尔大桥(图 16.5)与北端辅道有维拉维克隧道(Vallavik Tunnel)在隧道内环状相接,用于疏解格兰温(Granvin)、于尔维克(Ulvik)和哈当厄尔大桥 3 个方向的交通。桥址处最大水深约 500m,周边群山环绕,悬崖峭壁,海拔约 1200m。该项目已于 2009 年 2 月开工建设, 2013 年 6 月建成通车。大桥工程总造价 18 亿挪威克朗(约 2.3 亿欧元)。建成后的哈当厄尔大桥已成为挪威第一大跨桥梁和世界上最大跨双车道窄幅桥面悬索桥。由于加劲梁高宽比大、横向刚度小、设计风速大,哈当厄尔大桥的抗风问题异常突出。

16.3.3 吉姆内桑德大桥

吉姆内桑德大桥(Gjemnessund_Bridge)(图 16.6)位于挪威大陆的吉姆内斯(Gjemnes)和莫尔·奥格·罗姆斯达尔郡(Møre Og Romsdal County)的博格索雅(Bergsøya)之间,跨吉姆内桑德海峡(Gjemnes-sundet)。它是克里斯蒂安松镇(The Town of Kristiansund)连接大陆克里快速公路(Krifast)的一部分。尽管这座桥的跨度不是最大,但它仍是挪威最长的悬索桥。大桥全长 1257m,主跨 623m,海面以上最大净空 43m,全桥共有 21 跨。吉姆内桑德大桥于 1992 年建成通车。

16.3.4 哈罗格兰德大桥(在建)

哈罗格兰德大桥为总长 1533m 的钢箱梁悬索桥,主跨 1145m,两侧主塔分别高 172m 和 175m,悬索桥主缆首次采用空间缆形式，桥梁整体用传统的石锚在峡湾两侧固定。项目建成后，大桥跨度在同类大桥中欧洲排名第 5 位，世界排名第 17 位。该桥由我国四川路桥集团公司与塞尔维亚 VNG 公司组成的联合体成功中标 7.8 亿元人民币钢结构合同。

图 16.5　哈当厄尔大桥

图 16.6　吉姆内桑德大桥

16.4　结语

通过对挪威的城市桥梁、城市人行桥以及其他桥梁的简要介绍和初步分析，力图使读者了解挪威城市桥梁建设和设计的总体水平。

众所周知，桥梁造型艺术积聚着浓厚的民族文化内涵，蕴藏着不同国家、不同民族审美传统、聪明才智和精湛技艺，也应成为人类文明交流的纽带。桥梁是人类所建造的最古老、最壮观、最美丽的建筑工程之一，它反映了时代特征，记录着人类文明的发展历程。从以上介绍的挪威基于传统和创新理念建造的桥梁建筑，其所反映出的独特结构特征及桥梁建筑美学的功力，也相应带来了独特的艺术魅力。桥梁建筑不仅要表现出结构上的稳定连续、强劲稳固的力感和跨越能力，而且要有美的形态与内涵，内容和形式的高度统一，才能显示出不朽的生命力。艺术和技术是紧密相关的，科学技术本身也是美的因素之一，只有力学理论、钢材、混凝土的发展，各种现代化新型施工机械的应用，才能使各式轻巧、大跨度的桥梁得以孕育而生。

笔者认为，挪威在跨海及跨河上的著名桥梁、特别是 20 世纪末建成的一批城市大跨径桥梁等，以其鲜明的形象、强烈的艺术感染力开阔了人们的眼界。因此，我们应从挪威不同的桥型设计汲取有益的营养成分，创造性地从事我们的桥梁设计。

17 瑞典城市桥梁建设印象

17.1 引言

为了学习和借鉴北欧国家——瑞典在城市桥梁建设的相关情况和成熟经验,笔者前些年曾赴瑞典对斯德哥尔摩、哥德堡和马尔默等城市进行城市桥梁建设专题考察,并与瑞典的同行们进行交流,了解了其在城市桥梁设计、建设和管理方面的相关情况,对其城市桥梁建设的总体印象有了全面的了解。

瑞典王国位于北欧斯堪的纳维亚半岛的东南部,面积约 450000km^2,海岸线长 7624km,是北欧最大的国家。瑞典人口总量为 948.7 万人,是欧洲人口密度最小的国家。人口主要集中在以斯德哥尔摩、哥德堡和马尔默三大城市为中心的地区。1397 年与丹麦、挪威组成卡尔马联盟(Kalmar),受丹麦统治,1523 年脱离联盟独立。在两次世界大战中都宣布中立,因此其城市未受到战争的毁坏。

图 17.1　瑞典首都斯德哥尔摩一隅

瑞典的首都斯德哥尔摩是其第一大城市(图 17.1),位于瑞典的东海岸,濒临波罗的海、梅拉伦湖入海处,风景秀丽,是著名的旅游胜地,面积为 142.5km^2,人口 65 万人,包括郊区人口 154 万人(1982 年),是一座闻名世界的现代化城市。其城市建筑物排列整齐,有宽敞的林荫道和许多公园,其市区分布在 14 座岛屿和一个半岛上,市内水道纵横,70 余座桥梁将这些岛屿联为一体,因此享有"北方威尼斯"的美誉。正是这些桥梁像一颗颗璀璨的明珠镶嵌在瑞典首都的各个角落。

17.2 古老的城市桥梁

到瑞典的首都斯德哥尔摩旅游,见到最多的是它的桥,而最容易忽视的也是它的桥。该市有 70 余座不同的桥梁,不仅将 14 个岛屿连为一体,也将 14 个岛屿上的 186 万人连成一个整体。斯德哥尔摩的桥是它城市的象征,向世界人民展示它的与众不同。

在考察中笔者发现,斯德哥尔摩、哥德堡和马尔默等城市都保留有许多古老的城市桥梁。这些桥梁结构功能性强,造型简单,反映着北欧人朴实的思想和实用的建造理念。下面通过对几座古老的城市桥梁实例剖析,让我们了解一下瑞典人在桥梁设计和建造上的特点。

图 17.2 和图 17.3 为斯德哥尔摩的两座石拱桥,第一座为 3 孔石拱桥,第二座为双孔石拱桥,虽然这

两座桥梁的单跨跨径只有12m,但其在建造手法上却很有特点:一是主拱圈采用传统的圆弧拱,拱上建筑亦采用块石砌筑,体现了就地取材和坚固耐用的原则。而北欧很多古老的房屋都采用砖石结构,这座古石桥与周围的古老建筑相呼应和融合。二是桥面比较宽阔,有利于通行车辆和行人,也体现了其建造者的超前理念。三是桥位处于河道的交叉处,其一侧桥台的挡墙为一字形,另一侧桥台随着河道的弯曲而建造,十分实用和富于变化。四是桥上的栏板典雅、大方,也很协调和经济。

图17.2　斯德哥尔摩古桥之一

图17.3　斯德哥尔摩古桥之二

图17.4为斯德哥尔摩伊瓦洛河上一座3孔连续刚架(钢曲线梁)跨河桥梁,跨径布置为8m+16m+8m。这座建于20世纪50年代的桥梁,其上部结构为变截面的钢曲线梁,为增加桥梁的美观,在曲线梁的中墩支点附近预留了装饰图案;下部的双排墩柱与上部的曲线梁采取固接方式;曲线梁的端部支点与桥台采取简支连接。这座桥梁的跨径虽然不大,但在桥梁设计和施工的最大亮点——为了增加桥梁美观,大胆地在钢曲线梁上预留装饰花饰;同时,钢栏杆与钢曲线梁焊接在一起,既增加了桥梁的整体刚度,也使得整个桥体美观、大方,同时该桥在桥梁安全性和耐久性方面也是十分成功的。

图17.5为斯德哥尔摩伊瓦洛河上一座双孔刚架跨河桥梁。这座建于20世纪60年代的桥梁,最主要的特点是在两跨连续钢梁的中墩支点,通过加腋钢桁架,使桥体形成刚架结构,并与下部的墩柱固接。虽然这是一座简单的跨河桥梁,但其特点仍是显而易见的:一是其桥梁结构处理的较简洁,但仍很实用,既发挥了连续钢梁的受力优势,又通过简单的连接,形成刚架结构,使上下部结构有机的联系在一起,在桥梁的强度上和刚度上都发挥了很好的作用;二是在桥梁美学上,整个桥体与周围环境的融入方面,亦是一个很好的范例。

图17.4　斯德哥尔摩某3孔钢曲线梁跨河桥梁

图17.5　斯德哥尔摩某3孔钢架跨河桥梁

图17.6为斯德哥尔摩某单孔桁架拱跨河桥梁。这座建于20世纪50年代的桥梁,其跨径为15m,拱体结构为钢材,其桥体外形轻巧、美观;其桥台侧墙为装饰石材,能与周围古老的建筑融为一体;而其通透式的栏杆与钢桁架梁焊接在一起,既满足过桥行人的安全要求,同时也彰显北欧人实用、简约的理念。

图17.7为奥斯塔大桥,位于首都斯德哥尔摩的南部,是跨越奥斯塔岛(Södermalm)和奥斯塔湾

(Årstaviken)的一座铁路拱桥。该桥于1929年建成,全长753m,除主跨采用中承式钢桁架拱外,其余多为钢筋混凝土连续拱,另外还有一孔梁可垂直升降开启,便于水上通航。这座桥龄为80多年的大桥,至今运行状态良好。

图17.6 斯德哥尔摩某单孔桁架拱跨河桥梁

图17.7 斯德哥尔摩的奥斯塔大桥

17.3 大跨径桥梁

17.3.1 厄勒海峡大桥

图17.8所示为厄勒海峡大桥,系连接瑞典第三大城市马尔默和丹麦的哥本哈根的重要通道,大桥全长16km,于1995年动工,2000年5月完工,是当时世界上已建成的承重量最大的斜拉索桥。

大桥由3部分组成,其中8km桥梁、4km人工岛上公路、4km海底隧道。它所连接的丹麦东部地区和瑞典南部地区将成为北欧及波罗的海地区国际性都市群最密集、经济最活跃、文化交流最频繁的地区。这一海上走廊的建成,将欧洲大陆的中部和北欧的斯堪的纳维亚半岛连成一体,从而把整个欧洲连接起来。这座大桥的东桥建有200m高的中央桥墩和57m高的船舶通过空间,保证过往海峡的船只从桥底顺利通过。西侧海底隧道长4050m,宽38.8m,高8.6m,位于海底10m以下,由两条火车道、两条双车道公路和一条疏散通道5条管道组成,是目前世界上最宽敞的海底隧道。

值得一提的是大桥的主跨490m是当时世界上最长跨径的斜拉桥。桥塔高204m,大桥全长7845m,系瑞典和丹麦大陆距离的一半、总重82000t。而其余的距离则处在Peberholm(Pepper islet)这个人工岛上,有4055m长。该岛上建有一座隧道,长4050m,当中3510m在海底下,而两端则各有270m的引道。在岛上,两条铁路线位于行车路的下方。大桥桥面和水平面间有一段高57m的空间供船只航行,绝大多数的船只往来都使用杜洛格敦海峡(Drogden),即是隧道所在的地方。整条大桥的设计由奥雅纳事务所(Arup)设计。这座闻名于世的跨海大桥,曾被评为全球第十大桥。

图17.8 厄勒海峡大桥照片

17.3.2 第二座厄勒海峡大桥

2013年瑞典政府和丹麦政府达成一项重要协议——计划筹建第二座厄勒海峡大桥(图17.9)。在充分论证了在瑞典赫尔辛堡和丹麦赫尔辛格之间兴建第二座大桥的必要性和可行性后,双方成立了一个实施的工作组来执行这项建桥的合作计划。

图17.9 第二座厄勒海峡大桥方案

根据规划草案,新跨海大桥的总长将只有4km,大桥的初步设计方案为双塔斜拉桥,因此修建新大桥的难度要比第一座厄勒海峡大桥小很多。现在的厄勒海峡大桥是连接丹麦首都哥本哈根和瑞典第三大城市马尔默的一条交通主线。厄勒海峡大桥的建成将瑞典和其他斯堪的纳维亚地区和欧洲大陆的陆路交通连接起来,成为北欧通往欧亚大陆的交通枢纽。

瑞典方面提出了修建第二座厄勒海峡大桥的构想,并表示第二座厄勒海峡大桥将会在未来证明它的价值,他们愿意承担兴建第二座厄勒海峡大桥可行性调研活动的全部费用。这座跨海大桥预计2017年动工兴建。

17.4 其他城市桥梁

在考察期间,笔者还关注了瑞典的其他城市桥梁建设。瑞典在城市立交桥梁的设计上首先满足文物(古迹)的保护要求,然后才是交通功能的要求。城市桥梁有的是钢结构,也有的是预应力结构或混合结构(主梁为预应力结构,桥面板为钢结构),不仅其主体结构满足结构受力要求,其桥梁附属设施也齐全,如桥端接缝十分平整(大都为梳齿形接缝和毛勒缝),均无颠簸感。桥面排水设施也十分齐全,设有完善的导水系统。不少新建的桥梁,其主梁与桥墩采用固结设计,大大增强了桥梁的安全性和耐久性。

图17.10为首都斯德哥尔摩的一座城市跨线桥梁,建于20世纪70年代。该桥为上下行的两座多孔(共8跨,每跨跨度15m)连续等截面钢板梁结构,下部墩柱为圆形双柱钢柱墩。这座桥梁的特点:一是桥梁结构简单、实用,满足桥梁的安全性、经济性和耐久性的要求;二是总体桥型通透、桥下空间可得到充分的利用;三是均为工厂预制、现场安装,满足城市桥梁快速施工、文明施工和经济合理的要求;四是充分体现了北欧人的建桥理念。

图17.10 斯德哥尔摩一座城市跨线桥梁

图17.11为斯德哥尔摩的城市中心广场的一座跨线桥梁,建于20世纪60年代,系一座点支承、现浇钢筋混凝土异形无梁板桥结构;下部结构为不规则分布的圆形墩柱。该桥的特点为:上部结构为任意不规则平面形状的体板,下部墩柱可为任意位置且直接支承于板体上的桥梁,既经济合理,又具有外形美观、结构合理和施工快捷、方便的优点。

图17.12为斯德哥尔摩跨越伊瓦洛河的一座跨河桥梁,建于20世纪60年代,主跨(跨河)为4孔等截面预应力连续梁。为减小墩柱的尺寸和增加桥梁的刚度,其主梁中墩支点与下部墩柱采用刚性连接。由于该桥位于重要的通航航道上,其桥墩设置了可靠的防撞设施。同时,为满足中孔的通航要求和减小

两边孔的高度(非通航孔),以减少工程量,桥梁在竖向设计上呈竖曲线的形状,总体看上去,呈现了简洁、大方、实用和优美的特点。

图 17.11 斯德哥尔摩城市中心广场跨线桥梁

图 17.12 斯德哥尔摩跨越伊瓦洛河的一座跨河桥梁

图 17.13 为瑞典某高速公路上的一座跨越山谷的高墩拱桥,建于 20 世纪 60 年代,系一座 13 跨的钢筋混凝土多孔高墩拱桥,跨径布置为 16m×6+30m+16m×6m。该大桥呈现以下特点:一是在崇山峻岭中修建的这座大型高墩拱桥,充分证明了当时瑞典的综合经济实力和建桥水平;二是其桥墩和边墩镶嵌于坚实的岩层上,充分利用了当地的自然环境和地质条件,在设计和施工上十分合理;三是从整体桥形上看,主孔和副孔布置简洁大方,线条流畅,在桥梁美学上堪称佳作;四是在桥梁安全性和耐久性方面,虽经 50 年的运行考验,至今仍保持着良好的状态,也给人们带来许多启示。

图 17.13 瑞典跨越山谷的多孔高墩拱桥

瑞典还有一座著名的拱桥——1961 年建成的阿斯克勒峡湾大桥。这座跨越海湾的大桥其拱肋和拱上立柱均采用管形截面,拱肋为工厂焊接的直径 3.8m 圆管,在工地铆接而成,拱上立柱为直径 0.32~0.75m的无缝钢管。因桥址处于海湾口,风速高达 150km/h,采用管状结构可减小风荷载。桥宽为 9m,为保证结构的横向稳定,曾进行了风洞模型试验以确定合理的风荷载。两端的引桥桥墩均采用钢管混凝土柱结构,以求全桥协调统一,颇为美观。可惜该桥在 1980 年 1 月 18 日凌晨的大雾中被货轮撞毁。

17.5 城市人行桥梁

图 17.14 系瑞典的 Skyttelbron 人行桥梁,是一个集自行车和人行道为一体的桥梁,它跨越了隆德中央车站的铁路。这座通过竞标确定的设计方案,有三大创新构想。第一:颜色。该地区的周围环境中基本都是灰色和绿色,大部分地方都给人阴影或灰暗的视觉感受,所以设计师们希望为大桥涂刷一层显眼的颜色,为该区增加强烈的视觉冲击体验。第二:简单设计。设计师们希望整个大桥能够以一种非常简单的形式呈现给大家,在选材时,尽量缩减材料的种类,仅用彩色玻璃、混凝土制品和两种不同颜色的 RHEINZINK 钛锌。第三:楼梯设置。普通大道都比较宽阔,建成后的大桥将是宽阔路面的尽头,这就意味着宽度的减小,所以楼梯在设计时就要十分谨慎。如今,这座呈现现代流派的人行桥梁已摆在人们的面前,应该说是好评如潮,并获得了世界建筑设计的最高奖项,也为传统与现代设计思想有机结合做出了有益的探索。

图 17.15 系 Årstaviken 湾新颖的 Årsta 人行天桥，于 2006 年建成，其美妙的轮廓与 45m 开外的另一座大桥相呼应。Årsta 新桥的结构为连续梁，其亮点在于将桥梁波形与周围风景完美地结合，特别采用传统的“法伦红”颜色与瑞典乡村房屋历来使用的颜色极为般配。这座建筑不但是风景与建筑之间的桥梁，而且还是传统设计与现代设计之间的纽带。而为了得到红棕色的混凝土，该桥使用了 350t 氧化铁颜料——即一种基于拜耳乐® 640 的特殊混合物，因此这座新颖的人行天桥在工程建设实施低碳、环保理念的实践上做出了积极的探索。

图 17.14　Skyttelbron 人行桥

图 17.15　Årstaviken 湾新颖的 Årsta 人行天桥

图 17.16　瑞典瑟尔沃斯堡人行桥照片

图 17.16 系瑞典的瑟尔沃斯堡人行桥，也是瑞典最长的人行桥梁。这座桥梁建于 2010 年，为多跨连续钢板梁结构，总长为 756m。其特点有四：一是桥梁的外形采用了竖曲线设计，桥梁显得十分轻盈，已成为当地不容错过的地标建筑。二是瑞典照明设计公司以 LED 灯由下往上照亮整座桥，通过不同颜色的灯光变化，使桥充满华丽时尚感。灯下设有遮光板保护，不用担心灯光过亮影响周围的自然景观。三是其桥面下设置了热空气对流系统，用来加热桥面，防止积雪结冰。四是扶手内置的 LED 指示灯可为路人进行引导，为行人提供安全的防护措施。

17.6　感悟与结语

通过对瑞典王国及斯德哥尔摩等地的古老城市桥梁的重点介绍，以及对现代大跨径城市桥梁、其他城市桥梁和城市人行桥梁的综合介绍，力求使读者了解瑞典的城市桥梁建设和设计总体水平。

17.6.1　感悟

（1）瑞典建造的传统石拱桥，体现就地取材和坚固耐用的原则，许多古老的石拱桥在桥型设计上十分实用且富于变化，与周围的古老建筑相呼应和融合，而且其不同拱桥上的栏板展现出典雅、大方，十分协调和经济，这都反映了北欧人的思想和理念。

（2）从 3 孔钢曲线连续刚架跨河梁的建造上可看到：瑞典人为增加桥梁的美观，在曲线梁的支点预留了装饰图案；为了增加桥梁的刚度，在下部的双排墩柱与上部的曲线梁采取固接方式；将曲线梁的端部与桥台采取简支连接；为了增加桥梁的整体刚度，将钢栏杆与钢曲线梁焊接在一起，也使得整个桥体美观、大方，这些充分说明瑞典在桥梁安全性和耐久性方面的深入思考，也给人们以很大的启示和启迪。

（3）在以一座普通两跨连梁的设计和建造上，将两跨连续钢直线梁的中墩支点，通过加腋钢桁架，使桥体形成刚架结构，并与下部的墩柱固接，展现出桥梁的结构处理很简洁，但很实用，既发挥了连续钢梁的受力优势，又通过简单的连接形成刚架结构，使上下部结构有机的联系在一起，在桥梁的强度上和刚度上都发挥了很好的作用。

(4)厄勒海峡大桥曾被评为全球第十大桥和闻名于世的跨海大桥，反映了瑞典适应世界科技发展的最新趋势，不仅建造了北欧第一桥——厄勒海峡大桥，而且已筹建第二厄勒海峡大桥，这不仅是综合实力的体现，而且在新的大桥建设中一定会运用最新的科研成果，给世人带来新的惊喜和期待。

(5)从瑞典近期设计和建造的3座不同桥型和特色人行桥梁可看出，他们的桥梁建造师们不仅秉承北欧人简约、实用、经济和耐久的理念，而且适应新的发展趋势，吸收先进的思想，在桥梁建设上不仅繁荣桥梁创作，而且在实施低碳、环保理念的实践上也做出了积极的探索，并取得巨大的成就，这些也是值得我们学习和借鉴的。

(6)桥梁是人类沟通和出行的通道，而艺术和技术是紧密相关的，科学技术本身也是美的因素之一。从以上介绍反映出瑞典城市桥梁独特的结构特征及桥梁建筑美学的功力，给人们带来的独特的艺术魅力，提示人们，桥梁要有美的形态与内涵，要遵循内容和形式的高度统一，才能显示出不朽的生命力。

(7)正如大家所熟知的，桥梁造型艺术积聚着浓厚的民族文化内涵，蕴藏着不同国家、不同民族的审美理念、聪明才智和精湛技艺，应成为人类文明交流的纽带，因此我们应从瑞典古老精美的桥型设计和现代桥梁建设上汲取有益的营养成分，创造性地从事我们的桥梁设计。

17.6.2 结语

通过领略瑞典斯德哥尔摩和马尔默等河流上的著名桥梁这些人类共同创造的文明成果，以其鲜明的形象、强烈的艺术感染力开阔了我们的眼界。他山之石，可以攻玉，瑞典城市桥梁建设成就必将对我国城市桥梁建设者和同行们提供相关的启示，有很多是值得我们学习和借鉴的。让我们携起手来，汲取人类所创造的一切文明财富，推动我国向世界桥梁建造强国的目标迈进！

18 俄罗斯城市桥梁建设印象

18.1 引言

俄罗斯是欧亚大陆北部的一个国家，地跨欧亚两大洲，国土面积 17075400km^2（加上克里米亚 26900km^{2}为 17102300km^2），是世界上面积最大的国家，人口约 1.42 亿。

一般来说俄罗斯建筑艺术的理念和风格形成于 12 世纪末，其建筑理念上十分注重实用的价值，并具有很高的艺术价值。除继承原有的俄罗斯式、古典主义式以及折中主义式的风格外，还吸收了西方现代建筑的一些特点。其艺术水平最高的是教堂建筑，其穹顶外面用木构架支起一层铅的或铜的外壳，浑圆饱满，生机盎然，被称为“战盔式穹顶”。在那一时期以致后来建造的城市桥梁亦反映了俄罗斯传统建筑理念和风格，二者具有异曲同工之处。譬如，许多教堂外观单纯朴素的理念，但却反映其主体近乎简单的六面体，其山墙头袒露出拱顶的尽端，凸现轮廓而又富于变化。又如克里姆林宫里的多棱宫，虽然是意大利人设计的，运用了一些文艺复兴时期意大利建筑的手法和细部，显示出意大利的影响，但大厅中的大柱子却来自俄罗斯传统的木建筑。后来的苏联构成主义建筑代表人物金兹堡设计了莫斯科的住宅大厦，力求利用新技术来创造基于普通的、合理的功能的正确的形式与结构，形式简洁。第二次世界大战后其各城市陆续兴建了高层大厦，追求建筑现代化，新建筑大都与欧美新建筑相类似。

图 18.1　俄罗斯乡间古老的人行石拱桥

图 18.1 为俄罗斯乡间的一座古老的人行石拱桥。这座石质材料建造的单孔圆弧拱桥，总体上符合经典力学原理，其拱轴线线形简单、比例合理，整个拱的受力状态以承压为主，截面的应力分布较为均匀，充分利用了抗拉性能较差而抗压性能较好的石料特性，便于就地取材。石桥的栏板与拱桥的结构连为一体，其优美的桥型将俄罗斯建筑艺术理念在桥梁中呈现出自然、和谐及纤秀之美。

为使读者全面理解俄罗斯现代桥梁建设情况，下文重点介绍反映俄罗斯建筑艺术理念的圣彼得堡的古老桥梁、俄罗斯现代大跨径城市桥梁和其他城市桥梁。

18.2 圣彼得堡的古老桥梁

俄罗斯圣彼得堡市位于芬兰湾的最近入海处，地处大涅瓦河和小涅瓦河汇聚的三角洲地带。因芬兰湾水浅，舒缓倒灌进入圣彼得堡的海水在这里形成了一片沼泽，共有 42 个小岛，93 条河流。18 世纪初，随着圣彼得堡市的建设，开凿的人工运河在市内纵横交错，并经历代建设了580余座各具特色的桥梁。而这里的建筑和桥梁反映了俄罗斯的建筑艺术思想，因而也就成就了这里“北方威尼斯”的美誉。当人们漫步走过一座座的精美建筑和桥梁，并穿行在俄式古老的街道上，仿佛置身于一幅幅俄式的油画里。

18.2.1 亚历山大涅夫斯基大桥

图18.2为俄国20世纪初期在圣彼得堡市重新建造的亚历山大涅夫斯基大桥，建设日期为1959年至1965年，桥长629m，桥宽35m。为解决小奥赫塔河区域的交通不便的问题，于2000年到2001年，亚历山大涅夫斯基大桥重新设计改造，由总工程师В.Г.Павлова.和工程师А.А.Журдина负责设计。亚历山大涅夫斯基大桥完美地和圣彼得堡城市融为一体了，成为圣彼得堡城市不可或缺的一部分。这座开启的桥梁既是圣彼得堡一道靓丽的风景线，也是小奥赫塔河区域的重要交通枢纽，其美观和实用性能大大提升。

图18.2 亚历山大涅夫斯基大桥

18.2.2 冬宫桥

冬宫桥（图18.3）是连通圣彼得堡本土中心地区与斯特列尔区的一座桥梁，长260m，宽27.7m。这是圣彼得堡1917年间建造的结构最复杂的桥梁。由于20世纪初的帝国主义战争，大桥的建设非常缓慢。此外，大桥的设计必须迎合城市中心老式建筑群，保持城市的文化象征。最近的一次重修是在1997年，重新设计了路灯和开桥的部分，一年后，拆除了有轨铁道。

18.2.3 近卫军大桥

近卫军大桥（图18.4）建于1904年~1905年，是一座外形优美的桥梁，桥长218m，桥宽27m。近卫军大桥连接维堡和彼得格勒。历史中桥梁经过5次装修。1971年，俄罗斯的工程师和建筑师重新设计了现代化的外观。

18.2.4 沃洛达尔斯基大桥

沃洛达尔斯基大桥（图18.5）始建于1932年~1936年，桥长325.24m，桥宽43.6m。沃洛达尔斯基大桥位于伊万诺沃和人民大街之间，以著名的革命领导人米哈伊尔沃洛达尔斯基命名。在1941年至1945年的卫国战争期间，沃洛达尔斯基大桥是唯一一座独立的通往芬兰的铁路桥梁。

图 18.3　冬宫桥

图 18.4　近卫军桥

图 18.5　沃洛达尔斯基大桥

18.2.5　圣三一大桥

圣三一桥(图 18.6)是俄罗斯圣彼得堡跨越涅瓦河的一座开启桥,连接卡缅内岛大街和苏沃洛夫广场。这是第三座横跨涅瓦河的永久桥,1897 年和 1903 年之间建成,长 582m,宽 23.6m。该桥是由法国工程师、建筑师设计建造的年代久远的大桥,以 1932 年被毁坏的圣三一大教堂命名,在 20 世纪被称为"平等桥"(1918 年～1934 年)和"基洛夫桥"(1934 年～1999 年)。

18.2.6　始图奇科夫大桥

始图奇科夫大桥(图 18.7)建于 1882 年,桥长 312m,桥宽 31m。图奇科夫大桥横跨大涅瓦河河右岸和阿布杰卡尔斯基岛,连接了圣彼得堡维堡区和彼得格勒区,以当时同名的一条大街命名。2002 年用了 360 个照明灯装饰了大桥,并且还增加了射灯。

18.2.7 报喜桥

报喜桥也称施密特中尉桥(图 18.8),始建于 1843 年~1850 年,桥长 331m,桥宽 37m,是圣彼得堡最早的桥梁。经历过很多次的维修重建。最大一次工程是在 1930 年拓宽了桥面,开桥的支撑点也移向桥中心。最早被命名为涅瓦桥,然后又被叫作报喜桥(这个名字来自于坐落在左岸的报喜广场),1855 年又被叫作尼古拉大桥。1917 年 10 月革命后到 2007 年又被更名为施密特中尉桥。

图 18.6 圣三一大桥

图 18.7 始图奇科夫大桥

图 18.8 报喜桥

18.3 现代桥梁

俄罗斯岛大桥(俄语:Русскиймост)(图 18.9)将俄罗斯远东城市海参崴(Vladivostok)大陆部分与俄罗斯岛连接起来,确保这段交通一年四季畅通无阻。该桥于 2012 年 7 月完工,由俄罗斯总理梅德韦杰夫主持通车，在 2012 年 9 月 3 日，该桥被正式命名为俄罗斯岛大桥。俄罗斯岛大桥的主跨长达创世界纪录的 1104m，牵索长 580m，距水平面高 70m，主塔高 324m，成为全世界第三座跨度超过千米的斜拉桥，超越我国主跨 1088m 的苏通大桥(Sutong Bridge)和主跨 1018m 的香港昂船洲大桥(Stonecutters Bridge)，成为全球主跨最长的斜拉桥，被称为"远东第一桥"。

图 18.9　俄罗斯岛大桥

18.4　其他城市桥梁

芬兰铁路大桥(图 18.10)始建于 1910 年～1912 年，钢桥长 514m，钢筋混凝土桥长 611m，总长 1130m，它是西北铁路系统的一个重要环节，是圣彼得堡工业的连接线，建筑设计师是 В.П.Апышкова，2002 年经历了大整修。

图 18.10　芬兰铁路大桥

18.5 相关启示和建议

(1)通过上述概略介绍圣彼得堡市各具特色的桥梁,可反映俄罗斯的建筑艺术思想对桥梁建设的影响。人们漫步过一座座的精美桥梁,穿行在俄式古老的街道上,仿佛置身于一幅幅俄式的油画中。这些桥梁建筑至今使用状态良好,充分说明其在桥梁耐久性方面给我们提供了很好的经验。

(2)俄罗斯前几年建造的世界最长斜拉桥——俄罗斯岛大桥,反映了新世纪俄罗斯最新建桥水平,特别是其主桥跨度达1104m,总长度为3.1km,既雄伟壮丽,又给人以很强的震撼力,诸多方面都给人们提供了可借鉴的成功案例。

(3)在桥梁结构防腐蚀方面,在桥梁钢材防腐设计观念上,俄罗斯人不使用环氧涂层钢筋,认为环氧涂层会降低钢筋与混凝土之间的握裹力,使得这两种材料的互补优势无法发挥出来,以致降低了材料使用效率。因此,他们主张通过改进混凝土本身的材性来提高结构的耐久性标准。同时他们在桥梁结构的耐久性方面也采取了许多技术措施和管理措施,特别是在严寒的环境下,如何防腐、防钢材的脆性破坏的设防上,也值得我们学习和借鉴。

(4)在所考察的俄罗斯桥梁工程中,因建设较早其交通工程的硬件设施先进性都不够,基本上未安装交通监控系统,取而代之的是人为管理,交通管理借助机动的巡逻车来维护;但其设计则较为灵活,同样是高速公路通道,其车道数一般只有2~4车道,且通常不设中央分离带,减少了桥梁宽度,大大降低了工程造价。

(5)俄罗斯30年来建造的桥梁,在设计上处处体现了以人为本的指导思想,而在桥梁的养护管理上,他们非常重视日常养护管理,并且在设计阶段就从构造上充分考虑了结构的可维护和可更换问题。这些做法也对我们有启迪作用。

(6)通过对俄罗斯城市桥梁的总体了解,可对我国城市桥梁建设者和同行们提供相关的启示,有很多值得我们学习和借鉴的东西。特别是我们应汲取人类所创造的一切文明财富,进一步推动我国城市桥梁建设的健康发展,促进祖国现代化建设的进程。

19 澳大利亚城市桥梁建设印象

19.1 引言

为了学习和借鉴澳大利亚在城市桥梁建设的相关情况和成熟经验，前些年笔者曾赴澳大利亚，对悉尼、墨尔本和布里斯班等城市进行桥梁建设专题考察，并与澳大利亚的同行们进行交流，了解了其在城市桥梁设计、建设和管理方面的相关情况，对其城市桥梁建设有了一定的了解。

澳大利亚联邦（通称 Australia）简称澳大利亚、澳洲，是全球面积第六大的国家，大洋洲最大的国家和南半球第二大的国家，仅次于巴西。澳大利亚国土包括澳大利亚大陆、塔斯曼尼亚岛以及数个海外的岛屿，面积和美国本土相似，是世界上唯一一个国土覆盖整个大陆的国家。与其隔海相望的东南近邻是新西兰，西北是印度尼西亚，北边是巴布亚新几内亚、西巴布亚及东帝汶。澳大利亚与美国并列为拥有世界自然遗产最多的国家，经济成就亦属世界高度发达国家。澳大利亚是全球第 12 大经济体，人均国民生产总值排名世界第五，并被列为世界财富中价值最高的国家。

澳大利亚不仅作为发达国家在城市建设上有着骄人的业绩，在城市桥梁建设上也令世人瞩目。

19.2 古老的城市桥梁

19.2.1 澳洲伦敦断桥

说起澳大利亚的桥梁，不得不提起著名的伦敦断桥（London Bridge）（图 19.1）。从前这个岩石是突出海面与陆地连接的岬，由于海浪的侵蚀冲刷形成两个圆洞，正好成双拱形，酷似英国的伦敦塔桥，故起名为“伦敦桥”。

在 1990 年 1 月 15 日的傍晚时分，与陆地连接的圆洞突然塌落，与大陆脱离，而形成现在看到的断桥。到此一游的游客惊叹，大自然的力量是巨大的，而大自然塑造的景观有着一种人工无法比拟的神奇力量！

19.2.2 古老的罗斯桥

图 19.2 所示的罗斯桥（Ross Bridge）是澳大利亚古桥中最美丽的桥梁之一。这座 1836 年建成的 3 孔公路石拱桥，主拱圈的单跨跨度大约为 12m。这座古桥，在塔斯马尼亚岛著名的村庄罗斯跨越马加列河（Macquarie River），桥上有 186 处石雕装饰，其主拱圈为传统的圆弧拱，拱上建筑为块石砌筑，桥头为弧形坡道及精美的石质雕刻，桥上栏板为块石砌筑，其优美的桥型给人留下很深的印象。

19.2.3 古老的塔斯马尼亚岛 Richmond 桥

澳大利亚古老的塔斯马尼亚岛 Richmond 桥（图 19.3），修建于 1823 年至 1825 年，系一座传统的 3 孔石拱桥，桥全长 41m，宽 7.2m。

图 19.1 澳洲伦敦断桥

图 19.2 古老的罗斯桥

19.2.4 古老的旧木栈桥

当人们在澳大利亚西部的巴瑟尔顿游览时，当地的人一定会安排你去看一座古老的旧木栈桥（图 19.4）。这座世界上第二长度的栈桥、南半球最长的木板铺就的 1.8km 栈桥，令人十分震撼。旧木栈桥建成 100 多年来，栈桥的木桩基础长期受海水的浸泡而栈桥仍岿然屹立在海水之中；人们在栈桥上行走可直至海边，您可漫步或乘坐地理湾水域之上的火车至水下观察站。

图 19.3 古老的塔斯马尼亚岛桥

图 19.4 古老的旧木栈桥

19.2.5 威廉 · 巴克利木桥

Barwon Heads 是一个风景如画的海滨小镇，坐落于贝勒连半岛巴旺河河口。在 Barwon Heads，备受瞩目的 Barwon Heads 桥已重建，取而代之的是一个新颖而现代的被称为威廉 · 巴克利的木桥，桥上可以步行，也可以骑自行车通过。新的威廉 · 巴克利大桥（图 19.5）作为当代建筑，显然有别于一般的道路桥梁。其设计意图是构建一对平行的桥堤作为并行结构，两个平行的桥堤下面采用相同的侧间隙，使游船能够畅通行驶。在迷人的海滨景观中，这座桥表现了木材的完美质感。桥的主要结构是包裹着木材的混凝土，桥的下面是一个复杂的变形几何体，许多木条相互倾斜、联锁，形成了阴影交织的有趣的视觉效果。

图 19.5 巴克利木桥

19.2.6 墨尔本王子桥

墨尔本王子桥(图19.6)建造于1888年,是墨尔本一座很重要的拱形铁桥,横跨雅拉河,被列入维多利亚遗产名录。目前的王子桥是在同一地点建造的第三座桥。1844年在此建立了一座木桥,1850年建造了一座石桥,目前的这座铁桥亦有120多年的历史了。王子桥长120m,宽30m,连接雅拉河北岸的斯旺斯顿街和南岸的圣克尔达路。桥有3拱,拱由青色的石墩支撑,这使得大桥坚固无比,为交通提供了便利。在王子桥的每一个桥墩的两侧,都矗立有王子桥的标志性建筑,上面雕有皇冠、袋鼠、绵羊、帆船、鲸鱼等澳大利亚的标志性东西。由于王子桥所处的地理位置优越,使其成为很多社会活动,如蒙巴节、除夕等的举办地。那时的王子桥在灯光的照射下变得更加美丽动人、婀娜多姿。

图19.6 墨尔本王子桥

19.3 城市大跨径桥梁

在考察中笔者发现,近20多年来,澳大利亚兴建了一批现代大跨径城市桥梁,反映了其国家的综合实力和建桥水平。下面通过对几座特大型桥梁的综合介绍,使我们对澳大利亚大跨径城市桥梁有一个总体的了解。

19.3.1 悉尼海港大桥

在澳大利亚悉尼的杰克逊海港有一座号称世界第一的单孔拱桥,这就是著名的悉尼海港大桥,见图19.7。悉尼海港大桥是早期悉尼的代表建筑,它像一道横贯海湾的长虹,巍峨俊秀,气势磅礴,与举世闻名的悉尼歌剧院隔海相望,成为悉尼的象征。悉尼海港大桥,从“怀胎”到“出世”,前后花费了100多年,整个工程的耗资达1350万澳元(约合690万美元)。这座大桥整个工程的全部用钢量为5.28万吨,铆钉数是600万个,最大铆钉重量3.5kg,用水泥9.5万立方米,桥塔、桥墩用花岗石1.7万立方米,建桥用油漆27.2万升,从这些数字足可见铁桥工程的雄伟浩大。

图19.7 悉尼海湾大桥

整个悉尼大桥桥身长度(包括引桥)1149m,从海面到桥面高58.5m,从海面到桥顶高达134m,万吨巨轮可以从桥下通过。桥面宽49m,可通行各种汽车,中间铺设有双轨铁路,两侧人行道各宽3m。原来还铺设有轨电车车轨两条,后因交通拥挤把它拆除,画出8条汽车道。悉尼大桥的最大特点是,其单孔拱架跨度为503m,这是世界上少见的。大桥的钢架两头搭在两个巨大的钢筋水泥桥墩上,桥墩高12m。两个桥墩上还各建有一座塔,塔高95m,全部用花岗岩建造。2012年悉尼大桥的交通完全由电脑控制。桥上还有巡逻车巡逻,随时处理各种情况,使大桥始终保持畅通无阻。

19.3.2 布里斯班维多利亚大桥

维多利亚大桥(Victoria Bridge)(图19.8)是跨越布里斯班河(Brisbane River)的第五座大桥,是此处的第三座永久性大桥。目前的桥梁,开通于1969年,是机动车辆、行人和自行车共用的桥梁。它连接着南岸公园地区(South Bank Parklands)、昆士兰州文化中心(Queensland Cultural Centre)和北岸码头(North Quay)的布里斯班中央商务区(Brisbane CBD,即Brisbane central business district)。桥上的一半道路空间是预留的东南公交专用线(South - East Busway)。在布里斯班市中心总体规划草案(Brisbane City Centre Draftmasterplan)中,一座新的大桥将紧临维多利亚大桥,暂命名为阿德莱德街大桥(Adelaide Street Bridge),这是以所在中央商务区与其相连的街道命名的。桥上将通行行人、自行车、公共汽车,并可能通行轻轨交通,腾出的维多利亚大桥将成为一般公路交通桥梁。

图19.8 维多利亚大桥

19.3.3 布里斯班友好大桥

友好大桥(Goodwill Bridge,亲善桥)(图19.9)是行人和自行车桥,跨布里斯班河(Brisbane River),连接着南岸的昆士兰海事博物馆(Queenslandmaritimemuseum)、南岸公园(South Bank Parklands)和北岸的昆士兰州理工大学(Queensland University of Technology)的花园岬校区(Gardens Point Campus)。友好大桥于2001年10月21日开通,它的命名缘于当时在布里斯班(Brisbane)举行的友好运动会(Goodwill Games)。友好大桥的两个主要组成部分是廊桥和拱桥。廊桥位于布里斯班河主航道上的拱桥和北岸市区联络线之间,是行人和自行车桥梁的一个基本组成部分并支承着拱桥的一端。拱桥长102m,宽10m,高15m,重360t。

图19.9 布里斯班友好大桥

19.3.4 墨尔本西门大桥

西门大桥(West Gate Bridge)(图19.10)是澳大利亚维多利亚州墨尔本(Melbourne,Victoria,Australia)的一座跨越雅拉河(Yarra River)大型箱梁斜拉桥。出河口直接通到菲利普港(Port Phillip)的

图 19.10　墨尔本西门大大桥

北部。这座大桥是墨尔本市区和西郊(the inner city andmelbourne' s western suburbs)通往西部工业区直到西南 80km 的吉朗镇(the city of Geelong)的一个至关重要的通道。

大桥在河道上的主跨长 336m,高出水面 58m,全桥总长 2582.6m。这是排在霍顿公路(Houghton Highway)和霍尼布鲁克大桥(Hornibrook Bridge)之后的澳大利亚第三长的大桥,其长度是悉尼海港大桥(Sydney Harbour Bridge)长度的两倍。

这座桥跨过西门公园(Westgate Park),这是在大桥施工期间保留下来的一个很大的环境保护区,在此建造了一些游乐设施。

19.3.5　墨尔本国王大街大桥

墨尔本国王大街大桥(图 19.11)于 1959 年由犹他澳大利亚有限公司(Utah Australia Ltd.)为国家道路局(Country Roads Board)设计的,是一座上承焊接板式悬跨梁大桥,跨度为 49m。并在随后两年内建造,于 1961 年 4 月 12 日建成通车。

大桥建成后不久,1962 年 7 月 10 日,大桥的一跨在一辆 47t 半挂车的重压下垮塌,虽然该车的载重并未超限。事故的原因是钢梁在墨尔本非常寒冷的冬季发生脆性断裂。由于大桥的悬臂梁的支承是钻孔灌注桩,而桥南端下坡引桥支承在填埋地基上,梁跨经受着不同的沉降。最初的桥梁共有 8 车道跨雅拉河,中间的双向 4 车道连接国王大街(King Street)和国王路(Kingsway),另外两侧各有两车道连接着雅拉两岸沿河路。南端上下桥的坡道连接到怀特曼街(Whiteman Street),从高架桥上通到地面,55 路电车(tram route 55)沿着坡道从城市快车道(City Road)通向中间隔离带。在随后的几年中,皇冠赌场(Crown Casino)的发展阻断了雅拉沿河路(Yarra Bank Road),下桥坡道连接到娱乐城的地下停车场。

图 19.11　墨尔本国王大街大桥

19.3.6　布里斯班故事桥

故事桥(图 19.12)是布里斯班最著名的大桥,建造于 1940 年 6 月 6 日,是澳洲设计并建造的最大的钢铁大桥。桥的名字叫“故事桥”,但并没有什么特别的故事。之所以叫故事桥,是因为它是以桥的设计者的名字“Story”命名的,中文名字就叫“故事”了。故事桥之所以有名是因为 story 后来又设计了更著名的悉尼大桥。故事桥是一座钢板拉力桥,桥梁不长,仅 500 多米,但是它 96%的建筑材料取自澳洲当地,而且是全世界上唯一的两座手工制作的大桥之一。这座故事桥是澳洲第二个开放的可以攀爬的大桥,所以在故事桥的爬桥活动是观赏布里斯班全景不容错过的项目。指挥员带领您攀登上距离河面 80m 高的故事桥上,在桥的顶峰位置,360°可全无阻碍地观赏布里斯班的景观。布里斯班的特色建筑以及环绕的山峦映入眼帘,壮丽的景色会让您屏气凝神、叹为观止。

19.3.7 布里斯班 Kurilpa 步行桥

图 19.12 布里斯班故事桥

Kurilpa 桥(图 19.13)跨度 470m,宽 6.5m,桥面厚度为 0.25m,横跨布里斯班河,连接布里斯班市中央商务区和 South Bank 的艺术专区。Kurilpa 桥看起来像编织针,它不仅是世界上最长的步行天桥之一,而且,桥上还装置了先进的发光二极管(LED)照明系统,这个由太阳提供能量的照明系统能够产生多种不同的灯光效果。Kurilpa 桥造价约 6300 万美元,由澳大利亚 Cox Architects 公司设计。Kurilpa 不仅仅是一个新的行人与城市交通的廊道,还是一个新形式的公共空间,体现出昆士兰在艺术、科学以及技术的前沿身份象征。最初企划出现在 20 世纪末,属于城市文化振兴与生物多样性等企划下的产物,期望通过非一般的物理体形,在解决航道的限制、高速公路的途径的同时,还要优先考虑步行、倡导自行车出行以及健康生活的城市精神,并符合城市的休闲和亚热带风情。最后项目成功地实现了上述期盼。设计从体现城市休闲精神和亚热带风情出发,表达城市的个性与活力,创造出公共空间的多样性。

图 19.13 布里斯班 Kurilpa 步行桥

19.4 澳大利亚桥梁建设总体印象及探讨

19.4.1 关于大跨径城市桥梁

(1)在桥梁建设上,澳大利亚人十分重视结构的耐久性和安全储备。其中新建的城市立交桥、高架桥的主梁与墩柱多为固接;大跨径跨河桥多为连续结构或钢架结构,结构的整体性好,且梁的主梁截面(高度和宽度)比常规要大一些,以增加安全储备,可满足长期使用和耐久性的需要,是值得我们借鉴的。同时,他们在跨河桥的结构设计时,注意桥梁形式多种多样,且充分发挥不同体系的优势,对我们来说也有参考价值。在高速公路的跨线桥设计上,他们一般采用岩石做基础;在地质较差的地段采用高桩承台,并用混凝土装饰板做饰面。

(2)在城市桥梁的建造上,他们先满足文物(古迹)的保护要求,然后才是交通功能的要求。城市桥梁有的是钢结构,也有的是预应力结构或混合结构(主梁为预应力结构,桥面板为钢结构),不仅其主体结构满足结构受力要求,其桥梁附属设施也齐全,如桥端接缝十分平整(大都为梳齿形和毛勒缝),均无颠簸感。桥面排水设施也十分齐全,设有完善的导水系统。不少新建的桥梁,其主梁与桥墩采用固接设计,大大增强了桥梁的安全性和耐久性。

(3)跨越大江大河的桥梁,其跨径均比较大,且结构形式多种多样,给人留下较深的印象。例如悉尼海港大桥建于20世纪的20年代，系大跨径钢桁架拱桥，虽然历经90年，但仍以雄伟、挺拔的雄姿傲立海港，并与悉尼歌剧院遥相呼应，成为悉尼市标志性的建筑物。在布里斯市跨越布里斯河上的几座大桥，既有斜拉桥，又有刚构桥，还有预应力连续梁桥，突出的印象是，桥型简捷、明快、协调，能与周围的环境融为一体；从桥梁建设水平来看，反映当代桥梁的发展趋势，特别是在结构截面的布置，留有充分的安全储备，且又很协调，是值得称赞和学习的。而我们国内的桥梁建设则反映两种趋势，或单纯轻巧、安全度不够，或桥体笨粗，很不协调。

(4)悉尼市和布里斯市修建了许多城市立交桥梁，这些桥梁首先满足交通功能要求。其中不少桥梁是沿海边建设的，是城市立交的定向匝道桥。它们大部分为连续梁结构，在跨径小的地方为简支结构；有的是钢结构，也有的是预应力结构，不仅主体结构满足结构要求，其附属设施也十分齐全。有些城市桥梁还修建了桥头标志性的建筑。这些桥头建筑寓意深远，给人留下很深的印象。

19.4.2　关于人行天桥

通过考察我们了解到，澳大利亚在城市人行天桥的建设上重视以人为本。其特点有三：

(1)人行桥结构形式分为两大类：一类是钢结构，如钢桁架、钢斜拉桥、钢板梁等；另一类是预应力钢筋混凝土结构。

(2)在机场和繁华地段均设置自动扶梯，并安装了防雨罩棚。

(3)在商业繁华地区，大部分做成封闭式，并安装了空调，其使用环境十分舒适。现代步行桥还呈如下特点：

①在保证安全适用的前提下，结构方式的多样化，如悬索、拱结构、斜拉等，甚至在一座桥上采用多种结构方式。

②平面形式的自由化趋势。摆脱平直两点一线的方式，适当引入斜线、曲线、折线等，不仅丰富了桥梁的平面形式，亦可适当引导人的视线，使景物不断变化，以打破单调。

③大量采用钢、玻璃、铝板等现代建筑材料，体现现代步行桥建筑简洁、轻快的特色。

(4)注重细节设计，如桥墩的形式、连接件的节点构造、扶手栏板样式、桥面的铺装构造、材料，路灯的形式位置等等，务求精美合理。

(5)注重各材料色彩的搭配和变化。良好的色彩搭配对人的感官知觉作用十分强烈。

(6)注意行人的感受及舒适度，如木板桥面的铺设，遮阳顶棚的考虑，除外部安全扶手外(1100mm高)，内置符合人体尺度的800mm高栏杆等等。

目前就人行天桥的规划，设计开展如下的讨论：

无论是横跨河流或交通量大的街道，天桥都为行人划出了一个特殊的领地，其安全性和领域感都得到保证，亦能提供一些诸如观赏、驻足等功能。其功能结构要求较为简单，造价亦相对较低，应当成为“人性化空间”的一个突破口。但目前的状况是：天桥不但没为城市增辉，反而处于被忽略的地位，成为临时性建筑的等同物。以下是建议的一些解决方法和探讨。

(1)关于选址问题。步行桥具有引导分散人流的作用，因而它与人流集散场所的关系必须仔细推敲，最好与城市自身步行空间连成一体，以保持其完整性。yarra河上两桥皆正对非主要干道，这样使步行桥脱离喧闹的城市主体交通，似乎更能实现其价值：提供安全的人性化空间。反观国内目前的步行桥位置，或位街道交叉路口的四角，或建于城市快速通道的侧面，前者因景观不佳而日趋衰落或消失，让位于地下通道，而后者易与机动车形成交叉，且饱受机动车噪声的干扰。

(2)重视人性化问题。

桥梁本身缺乏人性化处理，如桥面较高、步梯较长、自行车坡道太长，因而导致行人较少，几乎无自行车过桥，利用率较低。

商业设施周围的步行桥缺乏与商业设施的便捷联系，可建立与商业设施二层的联系，甚至直接进入；应安装自动扶梯以解决天桥较高、人行费力的问题。

天桥可适当考虑加设顶盖，甚至四面封闭，以抵抗烈日的暴晒和冬季寒风的侵袭。另外，在材料和细节上,亦应体现人性化的措施:如桥面,除钢板、橡胶外,可采用木板,彩色沥青,特种地砖等等。而栏板亦可采用钢护栏、玻璃、铝板等。扶手除高栏外,可于80~90cm处设木扶手。

(3)设计上功能单一,缺乏情趣。目前的步行桥,基本起交通联系的作用,功能极为单一。能否在景观较佳及交通量不大之处,增加休闲的功能,如停留、观赏、远眺、聊天等。

(4)形式与结构的陈旧问题。虽然桥梁的本质是起连接的作用,而其安全性亦被认为是最重要的问题。但它的确不能成为当前步行桥形式结构陈旧、千篇一律、千桥一面的理由。放眼国内各城市,少有令人耳目一新的步行桥作品。从结构方式看,只知道设计"一条大梁",少数几条运用非梁板式结构,亦是粗糙的"毛坯"品,看不到精致的细节,没有建筑造型,更无从形成良好的城市景观,甚至沦为景观的破坏者或无人问津的废弃物。步行桥的结构相对简单,造价亦不会过大。特别是它与人的步行活动密切关系,有理由也最容易成为城市景观的亮点,成为地标性的景观设施(landmark),也有理由成为技术和艺术良好结合物(载体)。当前,我们面临如此千载难逢的建设机缘,实在应该改变一下我们的思维定式,适当地突出一下形式和美感,甚至将其与所在城市固有的文化、历史特征紧密结合,真正成为"连接艺术和技术"的桥梁。

(5)关于投入的增加。不可否认,上述所有措施,如新的结构形式的采用、新材料的运用,钢材、铝板、玻璃板材各种连接工艺,节点的设计制造,自动扶梯的增加等,都会增加一次性投资。但相对于提供一个只具有通行功能的粗糙产品,缺乏维护又利用率低下,隔几年又被废弃拆除,增加的投资是值得的。而其美学价值及对步行者长期的视觉愉悦作用和对整体城市景观的价值提升,则是长期的和难以计算的。

(6)未来展望。近些年来我国亦有一些高水平的步行桥设计,但数量甚少。如北京西单铝合金人行天桥、广东佛山的东平河步行桥(亦称为"贝壳"),以新颖优美、气势不凡赢得市民的好评。有的人行桥的桥塔为薄壳结构,以钢索斜拉钢箱梁作为主体,造型现代且具有永恒性,景观开阔,视野极佳,并在技术上考虑了遮阳、无障碍等措施。它必将成为未来城市的新地标,也对当前我国的步行桥设计具有很好的启示作用。

20 韩国城市桥梁建设印象

20.1 引言

前些年笔者曾赴韩国的首尔、釜山和济州岛等城市进行桥梁建设专题考察，借鉴其在城市桥梁建设的相关经验，更好地从事我们的桥梁设计工作。

如众所知，大韩民国，简称韩国，位于东北亚，是一个新兴的发达国家。宪法领土范围为整个朝鲜半岛及附属岛屿，实际领土约占朝鲜半岛总面积的4/9。韩国位于亚洲大陆东北朝鲜半岛南部，东、南、西三面环海，面积99600km^2，半岛海岸线全长约17000km（包括岛屿海岸线）。韩国总人口5008.7万人（2010年1月底），主要为朝鲜民族，占全国总人口的99%，是一个单一民族的国家。自20世纪60年代以来，韩国政府实行了“出口主导型”发展经济战略，极大地推动了本国经济的飞速发展，在短短几十年里，由世界上最贫穷落后的国家之一，一跃成为中等发达国家，缔造了令世界瞩目的“汉江奇迹”。

下面从韩国古老的桥梁、大跨径城市桥梁、其他城市桥梁及相关启示和建议等方面进行较全面的介绍，力求为国内同行们提供有借鉴意义的资料和启示，以期促进我国城市桥梁建设的健康发展。

20.2 古老的桥梁

20.2.1 一座复建的古老石拱桥

图20.1为韩国于20世纪60年代在首尔附近复建的一座仿古的3孔石拱桥，主要展现20世纪60年代以来，韩国通过社会经济进步来实现政治稳定和民族复兴的历史重任，反映浓郁的韩国传统文化和被称之为“汉江奇迹”的经济发展成就。这座石质材料建造的3孔圆弧拱桥，其比尺合理，符合经典力学原理，总体上来看其拱轴线线形简单，整个拱的受力状态以承压为主，截面的应力分布较为均匀，可充分利用抗拉性能较差而抗压性能较好的石料，便于就地取材。其栏板与拱桥的结构连为一体，且建造为通透的石质栏板，既结实又协调。而圆柱形的桥墩（分水尖）支承着上部拱体结构，可满足通行小型船舶的要求。拱桥桥面与两侧的坡道有机地连为一体，使得整体桥形舒展、大方。这座石拱桥与其他同类拱桥一样，具有经久耐用、养护和维修方便、造型美观以及跨越能力强等优点。总体上评价，这是一个值得让人们称赞的桥梁佳作。

20.2.2 一座复建的古老木桥

图20.2为韩国一座复建的田间木桥，桥面宽约为6m，建于20世纪60年代，这是一座将传统与现代建桥理念有机结合的成功案例。20世纪前，木材是主要的桥梁建造材料，随后钢铁、混凝土的发展逐渐取代了木材，成为公路、铁路桥梁工程的主要材料。进入20世纪后期，在很多工业化国家，木材正越来越

多地被用于公路和人行桥梁。这是因为,木材在质量、强重比、能力吸收、环保等方面的特性和优势,使之重新成为桥梁建设的理想材料。

图 20.1 韩国复建的一座古老拱桥

图 20.2 韩国田间一座古老的木桥

韩国自 20 世纪 60 年代以来,按照传统的木桥营造法,修建了一大批现代木桥。其建造木桥的成功经验表明,通过对木材的构造及其物理力学性能、木结构桥梁的连接形式、木桥面板和桥面系、应力叠合木桥面板的构造研究与设计,以及对现代木结构桥梁的防护等,均取得了相应的研究成果。现代木结构桥梁结构形式主要是基于其桥梁结构自重小、施工便捷、绿色环保、运输方便,易于加工和现场安装,并且能与自然景观融为一体综合经济性好等优点。韩国工程师从木构件加工、连接技术、耐久性能等角度出发,分析了现代木结构桥梁的特点和应用前景,探讨了现代木结构桥面板和桥梁常用的结构形式,制定了相应的规范和规程。由于树木在生长过程中吸收二氧化碳,释放氧气。1m^3 的针叶木材相当于从大气中回收了 611m^3 的二氧化碳。他们已重新审视并认识到使用这种传统材料建造的桥梁,可以创造出各种令人兴奋的全新理念的桥梁,也可以采用过去传统方式并稍作改进,进行设计、加工和建筑。而有效连接、木材防腐技术的发展,工程木材和木质复合材料的出现,也推动了韩国现代木构桥梁技术的进一步创新和发展。

20.2.3 古老的锦川桥

图 20.3 为韩国保存完好的一座两孔石拱桥,虽然石拱桥的孔径不大,但历经风雨的考验,至今还完好无损。其拱身的石材和拱上的栏板显示了精雕细作的手法,作为一座不大的小石桥仍有许多值得称道的地方。

图 20.3 韩国古老的锦川桥

20.3 城市大跨径桥梁

众所周知,桥梁建设直接反映一个国家综合实力和科技水平。在过去的 40 多年中,韩国的城市桥梁发展十分迅速,其数量从 1970 年的 9322 座增至 2007 年的 22937 座,长度从 268km 增至 1987km。虽然其桥梁座数仅增加一倍多,但其桥梁长度却增加了 5 倍,意味着韩国在城市大跨径桥梁建设领域取得了惊人的进步。

通过考察我们了解到,韩国城市大跨径桥梁的典型代表作有仁川大桥(跨径 80m+260m+800m+260m+80m,居世界斜拉桥第 6 位)、光阳悬索桥(主跨 1545m,居世界第 4 位)、积金大桥(主跨 850m)、木浦大桥(主跨 840m)、蔚山大桥(主跨 1150m)及新世纪大桥(两个主跨 650m)等。下面分别介绍韩国 6 座典型的大跨径城市桥梁。

20.3.1　仁川大桥

韩国仁川大桥(Incheon-bridge)系连接松岛国际城和仁川国际机场所在永宗岛的一座特大型桥梁,全长21.38km,其中海上部分12.3km[主桥为斜拉桥,跨径总长为1480m,另有连接主桥的17780m高架桥(连续刚构和简支梁),以及8400m的堤岸道路]。桥梁为双向6车道,是韩国最长的一座跨海大桥。

仁川大桥于2005年7月动工兴建,2009年10月16日正式开通,总投入12700亿韩元(14亿美元)。大桥由韩国三星C&T公司设计并承建,英国合乐集团、Arup等参与了分包。大桥采用倒Y字形钢筋混凝土主塔,塔高238m。大桥的墩基采用钻孔灌注桩基。该桥斜拉桥的主跨800m,通航净空74m,建成后为当时世界第三大斜拉桥。另外,作为船舶防撞措施,针对主桥墩、辅助桥墩以及过渡桥墩专门设计了适合该桥的围箱式吸能装置,桥下可双向行驶10万吨级船舶,并能承受72m/s的强风和里氏7级地震。

仁川大桥的建成,大大缩短了韩国各地通往仁川国际机场的距离,从韩国的主要关口仁川国际机场到面向东北亚商务枢纽发展的松岛新城市仅需15min车程;从首尔和京畿道南部地区到仁川国际机场的时间比过去缩短了40min。事实上,仁川大桥最让人惊叹的不只是其长度和规模,而是在其建设过程中采用的尖端技术,克服了多重困难和挑战,如海上狂风巨浪、海上大雾以及有着世界第三大潮涨潮落的落差等。

由于大桥建在海上,该项目的顺利完成充分表明了韩国卓越的海上建桥技术。尽管条件艰苦,他们不遗余力的缩短工期,通常需要4年时间的基础施工阶段,仅在短短6个月内就保质保量地完成了。为了缩短建设工期,建设者采用最快速方法,设计和工程建造双管齐下:施工中采用最快速的方法——全跨推进方法(FSLM:full span launchingmethod),桥面部分一般提前在陆地上浇筑,然后直接安装到指定部位。对于桥梁,将管袋法(geo-tubemethod)首次在韩国运用于桥梁建设,支撑主塔的钢筋柱随着工程的不断推进,先进的技术极大地推进着桥梁建设。许多国家在大桥竣工以前就决定进口韩国的建桥技术。而当时的三星建设公司于2009年6月就实现了混凝土垂直泵送1km,打破其保持的混凝土泵送600m的纪录,这也是世界上的最高技术。

通过仁川大桥的建设过程可看出,韩国建筑业充分利用其高技术的优势,在全球经济衰退的形势下,逆流而上,展现了高超的建筑技术和韩国人特有的勤奋和毅力,不仅在亚洲和中东地区,而且在世界舞台上发挥着积极的作用。大桥开通后,以每年节约了4800亿韩元(约合4.13亿美元)的物流费用,给仁川经济自由区带来312万亿韩元的生产效益,创造484万个就业岗位。除经济效益外,仁川大桥还将以雄伟壮观的跨海大桥和秀丽风光相协调的新旅游景点而广受游客的欢迎,见图20.4和图20.5。

图20.4　韩国仁川大桥主跨斜拉桥

图20.5　韩国仁川大桥桥头建筑

20.3.2　珍岛大桥

韩国的珍岛是一座历史古城,拥有高丽时代(918年~1392年)筑成的龙藏山城、南道石城和朝鲜末期时的历史遗址。珍岛还以产珍岛犬而闻名。珍岛大桥是在珍岛郡郡内面鹿津和海南郡门内面鹤洞之间架起的长达484m、各宽11.7m上下行的两座斜拉桥(斜拉桥主跨为388m)。第一座(上行)珍岛大桥于

1984 年 10 月 18 日竣工，2005 年 12 月 15 日第二座（下行）珍岛大桥开通。桥下的鸣梁海峡堪称是一大奇观，是西海的必经之路，在海南和珍岛之间形成狭窄的海峡，海宽只有 294m 左右，与汉江宽度相差无几，现已成为旅游观光名胜而备受瞩目。

珍岛大桥（图 20.6）桥位处的水流湍急，波涛汹涌，过往的船只艰难地逆流而行，水流形成漩涡之后升起又落下，落水声震天动地。其原因是因为该海峡宽度狭窄，而且入海口形成了悬崖峭壁，流水撞上悬崖后升起又重重地落下。这两座先后建成的（间隔为 20 年）斜拉桥，采用 A 形钢筋混凝土主塔，系韩国国内唯一的双塔双梁斜张桥。该大桥有以下五个特点：一是主桥为双塔单索面斜拉结构（分为独立的两座桥梁），且为不平行索面，可满足结构受力的需求；二是大桥采用了阻尼器和气动措施的组合方式，并按实际情况设置了辅助索和辅助索用构件，以满足韩国的抗震设防和抗风设计标准等；三是索塔采用 Y 形塔，并在主梁下设置横梁，而钢箱梁和塔的侧向接触面用剪力钉连接，最下端直接支承于混凝土基座上，可确保大桥的安全；四是珍岛大桥不仅仅只是一座桥，在桥体布置上也很合理，从上面往下看周边的景观也可谓一绝，映入游人眼帘的是无边无际的大海和玲珑剔透的广安里白沙滩，并可将海云台冬柏岛和迎月坡都尽收眼底，可谓是现代桥梁建设的成功案例；五是亦反映了韩国 20 世纪 80 年代的建桥水平和科技创新成果的成功应用。如今，这里的夕阳落照、夜景和桥下粼粼的波光更为美丽，吸引着越来越多的世界游客到访观光和浏览。

图 20.6　韩国珍岛大桥

20.3.3　傍花大桥

傍花大桥（图 20.7）位于韩国首都首尔，系韩国首尔汉江上的一座大桥，全长 2650m。此桥上游是仁川国际机场快速路二期工程汉江大桥，下游是幸州大桥。

图 20.7　韩国傍花大桥

傍花大桥是一座横跨汉江的桥梁，桥梁两端连接首尔江西区和京畿道高阳市，于 2000 年 11 月 21 日通车。大桥的主桥为 3 跨连续中承式钢桁系杆拱桥，与澳大利亚悉尼港湾大桥和中国重庆的朝天门大桥为同类构造的桥型；副孔为钢桁架梁，墩柱为排架式的柔性桥墩；其引桥为钢箱梁，桥墩为独柱墩。这座汉江上的钢系杆拱桥规模宏大，气势恢宏。其主桥悬索桥主要呈现三个特点：一是主桥纵向支承体系设置了不动铰支座、固定支座和横向限制位移支座，以避免横向变形；二是主桁弦杆为焊接箱形截面，并采用弦杆内力最大，以发挥钢材的受力特性；三是在主体结构安装完成后，安装并调试和张拉辅助索系，并在全桥附属结构、桥面铺装等全部完成后，对辅助索系和吊杆进行全面调索并最终达到设计要求。我国于 2008 年建成的重庆朝天门钢桁架拱桥，亦借鉴了傍花大桥的相关建设经验。

20.3.4　釜山广安大桥

韩国广安大桥（图 20.8）位于釜山广安里，于 2003 年 1 月建成通车。大桥堤岸全长 7.42km，系广域市道路第 66 号线，是釜山广域市水营区南川洞 49 号广场的通道。该道路通至海云台区佑洞附近，其中桥体部分长 4.39km。广安大桥作为横跨大海的韩国最大海上桥梁，不仅拥有重要的交通运输功能，还可在大桥上俯瞰周边广阔的大海，以及釜山象征——环绕荒岭山的五六岛和广安大路。

图 20.8　韩国釜山广安大桥照片

该大桥主桥为悬索桥结构，采用门式钢结构主塔，主跨为 400 余米。之所以选用悬索桥结构，主要是展示向高空伸展的动势，配合抗风稳定性较好的流线型薄壁箱形加劲梁，以呈现该大桥的清秀俊逸之美。为满足其引桥道路线形的需要，桥梁结构为直桥和弯梁结构，总体桥型显得流畅和大气。

这座大桥不仅仅只是一座跨海湾的交通桥梁，也是一座观光的桥梁，无边无际的大海，仿佛一伸开手就能触到的五六岛，这正是釜山的象征，还有紧裹着广安大桥的荒岭山和玲珑剔透的广安里白沙滩、海云台冬柏岛和迎月坡等景物都尽收眼底。

广安大桥也是韩国第一座具有艺术造型美的景观照明。该大桥由最先进的照明系统组装的各种灯具，分星期、分季节照射出灿烂多彩的灯光，演绎了一幕幕色彩缤纷的世界，也成为釜山的又一大亮点。每天的晚上 8 点，夜灯开放以后，桥身宛如一条火龙，景色十分壮观。广安大桥开通以后，已成为广安里海水浴场的一大景观。

20.3.5　汉江大桥

汉江大桥（Hangang Bridge）（图 20.9）始建于 1917 年，系韩国首都首尔汉江上的第一座现代桥梁，也是跨越汉江岛的最早的桥梁，以前曾称为汉江公路桥、第一汉江桥。汉江大桥是连接龙山区汉江路和铜雀区本洞的重要通道，宽 36.8m，长 1005m。公路桥于 1916 年 4 月开始架设，之后经过 19 个月的施工，于 1917 年 10 月竣工。1984 年 11 月 7 日为了与路名“汉江路”一致，将桥名改为“汉江大桥”。当时建成的桥宽 7.7m，中央车道 4.5m，左右辅道分别为 1.6m，与陆地连接的部分筑有堤坝，实际桥梁长度 629m，后因交通量增加，于 1937 再建，并由梁式结构改造为拱形结构，并架设路灯，于 1982 年依同一形状再建一“双胞胎”桥，总长 841m。

这座拱形的钢桁架桥为 8 跨桁架拱桥，其主拱为钢板梁结构，并采用铆钉连接。其特点如下：一是由梁式结构改造为钢桁架拱桥，在发挥混合结构的力学性能和共同受力上具有鲜明的特性；二是其钢桁架拱桥比较协调，结构并不显得笨重；三是其下部结构为重力式桥墩，经河水长期冲刷和轮船的撞击，仍正常使用;四是主桥(拱形的钢桁架桥)跨越一座机动车行驶的桥梁,在总体布局上比较协调。

图 20.9　韩国汉江大桥

20.3.6　统营大桥

韩国的统营大桥(Tongyeong Bridge)(图 20.10)系一座主跨为 300 多米长的钢桁架拱桥,于 1998 年建成通车。它将巨济岛同统营半岛连接起来,解决了旅游交通问题。其主要特点如下:一是钢桁架拱桥设计的比较协调和美观;二是在结构的布置上因地制宜,主孔为钢桁架拱,副孔为钢板梁结构;三是在拱形空间设置了 196 个投光灯,夜晚时拱形倒映在水面中呈橄榄球形状,夜景照明效果很好,四是主桥的外表涂成天蓝色,整个大桥显得轻盈和美观。

图 20.10　韩国统营大桥

20.4　其他城市桥梁

20.4.1　盘浦喷泉大桥

韩国盘浦喷泉大桥(图 20. 11)原名为盘浦大桥,位于其首都首尔的汉江上。这座双层大桥的下层仅在枯水季节通车,洪水期因水位高出桥面而暂停行车,故而称之为潜水桥,长 795m,宽 18m,4 车道,于 1976 年 7 月 15 日建成。上层为盘浦大桥,长 1490m,宽 25m,6 车道,于 1982 年 6 月 25 日建成。2008 年 12 月 14 日大桥又完成了扩建工程,并更名为喷泉大桥。大桥扩建工程除了把桥面扩宽以外,还在大桥中段长 570m 的东西两侧栏杆上安装了 380 个喷水孔,大桥的每侧都有将近一万个喷嘴,喷嘴的间距为 3m,最大喷射距离为 43m。并在汉江中安装了 38 台水泵,由水中马达抽引汉江河水,每分钟可向 20m 下的汉江水面喷出 190t 的水量,喷泉大桥成为当时吉尼斯世界纪录中最长的喷水桥梁。

图 20.11　盘浦喷泉大桥

这座喷泉大桥特别设计了先进的喷水设备,用以吸引更多游客,如今的“喷泉大桥”已成为首尔一个主要的旅游景点。喷泉大桥还有助于树立首尔环保城市的形象。喷泉设计中融入了先进的灯光及音乐效果。大桥上 190 个景观照明灯,可变换出五彩缤纷的灯光效果,音响效果也采用了最尖端的设备和扩音器。世界著名的拉斯维加斯 Bellagio 酒店的音乐喷泉建造企业及德国的欧亚瑟(OASE)也参与了合作建设。如今盘浦大桥喷泉,每天在晚上 7 点和 8 点进行两次运行,每次喷射 15min。随着盘浦大桥喷泉的开放,这里已成为市民共同参与的世界性旅游胜地、喷泉记忆之地和具有魅力的汉江地标。

20.4.2 鸟岛新缘大桥

鸟岛新缘大桥(图 20.12)位于韩国济州特别自治道西归浦市法还洞,于 2009 年 9 月 28 日正式开通,是韩国最南端最长的步行桥。

图 20.12　韩国新缘大桥

新缘桥是韩国国内最先使用单索面缆索的斜拉桥,帆船形主塔高 45m。这座造型独特的斜拉桥虽然跨径不大,但其独特的造型和优美外观,即符合现代桥梁的简洁、明快、轻巧和纤细的理念,同时在结构设计上也符合传统力学的受力要求。

大桥安装了 LED 照明设施,当游客漫步于新缘桥上可以一眼望到西归浦港、文岛、虎岛、西归浦前海以及汉拿山等美景。作为连接济州西归浦港与鸟岛的桥梁,其帆船形的造型源自济州岛上的传统木筏"Tewoo"的模样,优雅的外形,使西归浦港增添了一道靓丽的风景。当人们穿过新缘桥,可到达总面积达十万两千多平方米的无人岛——鸟岛,在鸟岛上不仅可以观赏到保护区里的暖温带树林,还可以散步于长达 1.2km 的木制甲板路、碎石路、林间小路,并且还有广场和主题照相区等一些休闲设施,可使游人的旅程更加丰富多彩。

鸟岛新缘桥作为连接济州西归浦港与鸟岛的桥梁,造型非常奇特,它的出现使西归浦港跻身于悉尼和那不勒斯港之列,成为世界级美丽港口。

20.5 重建后的首尔圣水大桥

韩国首尔圣水大桥系横跨汉江的一座桥梁,大桥全长 1160m,1992 年开工建造并于两年后落成。该大桥系一座钢系杆拱桥,引起世人关注的是后来发生的大桥垮塌和重建(图 20.13)。

图 20.13　韩国圣水大桥

2009年建成后15年的韩国首尔圣水大桥,随着一声巨响,一块长达48m的桥板从大桥中段落入江中,包括1辆载满学生及上班族的巴士和1辆载满警员前往庆祝会场地的客车在内的6辆客货车跌进汉江,导致32人死亡,17人受重伤,这就是历史上韩国圣水大桥坍塌事件。

大桥坍塌事故原因调查团经5个多月的各种试验和研究,于次年4月2日提交了事故报告。事故原因主要有三点:一是东亚建筑公司没有按图纸施工,在施工中偷工减料,利用疲劳性能很差的劣质钢材,这是事故的直接原因。二是施工工期不合理及首尔市政当局在交通管理上疏漏亦是大桥倒塌的主要原因。三是车辆严重超载所致,大桥设计负载限制为32t,建成后交通流量逐年增加,超常负荷,倒塌时负载为43.2t。

圣水大桥的坍塌事件深深触动了韩国民众,也使韩国桥梁建设者认识到了桥梁养护系统的重要性和必要性。当时的韩国总统称这是一场灾难,他解除了当时首尔市市长的职务,并公开向全国人民道歉。韩国国会因此召开紧急会议,强烈谴责这一劣质工程的承建者、建筑行业的腐败行为及政府对国家投资工程缺乏的责任感,并决心彻底转变其现状。在桥梁垮塌事件发生的第二年,韩国政府就对桥梁管理和建设计划提出了一系列十分严密的要求,提出韩国应采取独立和法治的建设程序,并推出了以下举措:

(1)根据韩国建设技术管理法规定,受发包方(业主)的委托,工程代建方应代表业主方行使监督权限,拟定检查工程表,对设计施工详细图纸的检查确认,检查确认构筑物的规格;使用建材适合性的检查确认,检查确认质量试验及检查结果;确保灾害预防措施及安全管理;调查及检查工程完成部分;完成图纸的检查及竣工检查;确认设计内容的现场条件的符合及施工可能与否;重申为了提高工程质量所必要的建设交通部规定的事项。

(2)明确监理人员的职责,在《建设技术管理法》第27条第3项做出了明确规定,责任监理人员作为公司代表驻留现场、负责全部过程执行监理业务的监理人员的工作,须确认工程是否按照图纸要求及其他有关部门文件的内容进行施工;进行质量管理、施工管理、工程管理、安全及环境管理等事项的技术指导。

(3)韩国R&D机构提出依靠新型材料、先进的结构体系和建桥技术来提高和改进桥梁寿命时间的规范标准的计划,对拟建的桥梁200个项目,必须通过超高强度及高耐久性混凝土技术,以及改进的桥梁设计、建设技术和养护加固方法,使桥梁寿命期延长至200年。

(4)在较短的时间内,要求韩国的桥梁建设者通过引入国际先进技术和不断的自力更生,使韩国桥梁技术有显著的发展,主要目标就是建设保证安全畅通、绿色环保并且建设费用和养护费用低廉的新一代桥梁。重申为了提高工程质量必须遵循建设交通部规定的事项。与此同时,韩国R&D机构还提出了依靠新型材料、先进的结构体系和技术来提高桥梁寿命时间的相关计划。

(5)成立高性能建筑材料研究中心,该中心设在韩国工业和技术科学研究院,主要的研究方向是高强度钢筋、钢绞线及其应用技术;大力应用新型材料的高性能、快速施工的混合桥梁体系及可再利用的高性能建筑材料。

(6)成立韩国风工程研究中心,研究韩国海岸地区跨海桥梁及地区灾害防治技术中抗风的技术,特别是在桥梁建设中的对风动分析及抗风技术。

(7)成立韩国桥梁设计和工程研究中心,设立在首尔国立大学,主要工作是集桥梁设计、施工和研究机构一起,建设和实现更耐久、更经济和更安全的桥梁结构,以实现建设寿命更长、更易养护甚至不需要养护的下一代智能桥梁的目标。

俗话说:有时坏事变成好事。韩国人在发生桥梁垮塌的灾难面前,以痛定思痛的态度,从源头上查找原因,在制度上堵塞漏洞,在较短的时间内,韩国桥梁建造技术就得到了显著的发展。韩国的桥梁建设者通过引入国际先进技术和踏实肯干的精神,通过其雄心勃勃的发展计划和务实的研发投入不断夯实自己的基础,如今已成为世界桥梁技术的领跑者之一;韩国桥梁者的发展目标,就是将新一代的城市桥梁建设成为安全畅通、绿色环保并且建设费用和养护费用低廉的城市生命线工程。

20.6　感悟与结语

通过上述对韩国古老的桥梁、大跨径城市桥梁、其他城市桥梁的全面介绍,笔者有如下感悟和建议:

(1)通过对韩国古老桥梁的考察使我们了解到,韩国人在古代桥梁的建造上,在材料的选择上展现就地取材的理念,充分利用石材和木材在材质上的优势,同时也向我们展示其在古代石桥和木桥建造技术上的水平和成功经验,值得我们学习和借鉴。

(2)韩国在汉江及其他河流上修建的大跨径桥梁,特别是其在20世纪60年代建成的仁川大桥——斜张桥结构、釜山广安大桥——悬索桥结构等,以其鲜明的形象、强烈的艺术感染力展现在世人面前。因此,我们应从汉江上优美桥型的设计汲取有益的经验,创造性地从事我们的桥梁设计工作。

(3)通过对韩国其他城市桥梁、城市人行桥梁的了解和分析,使我们了解了韩国在城市桥梁建设和设计实践上的创新,譬如盘浦喷水大桥所展示的独特的艺术魅力,都是桥梁建筑美学的功力及建筑艺术的展现。

(4)通过对韩国统营大桥和圣水大桥的考察和分析,笔者深感桥梁建筑不仅要表现出结构上的稳定连续、强劲稳固的力感和跨越能力,而且要有美的形态与内涵。我们追求的目标是——要在桥梁设计理念和实践上,力求达到桥梁建筑艺术和结构设计在内容和形式上的高度统一,才能展现出桥梁建筑的不朽生命力。同时,只有将结构力学、钢材、混凝土的发展,各种现代化新型施工机械的成果应用,才能使各式轻巧、大跨度城市桥梁得以孕育而生。

(5)韩国鸟岛新缘大桥使我们领略了其桥梁美学的内涵。如众所知,桥梁工程是土木工程中最高级的形式之一,特别是其将功能的展现和视觉的冲击有机地结合在一起;充分展示桥梁作为人类所建造的最古老、最壮观、最美丽的建筑工程之一,反映了时代的特征,并记录着人类文明的发展历程。

(6)从韩国圣水大桥倒塌和重建的案例可看出,他们在灾害和灾难面前,不回避问题,以痛定思痛的决心和整改态度,从源头上查找原因,在制度上堵塞漏洞,经过较短的时间,韩国在桥梁建造技术、数量和水平上就取得了世人称道的业绩。正是他们通过引入国际先进的技术、严格的建设程序和踏实肯干的精神,成为世界上桥梁建设的领跑者之一。

(7)桥梁造型艺术积聚着浓厚的民族文化内涵,蕴藏着不同国家、不同民族审美传统、聪明才智和精湛技艺,也应成为人类文明交流的纽带,因此我们应从汉江上古老精美的桥型设计和现代桥梁建设上汲取有益的营养成分,创造性地从事我们的桥梁设计。

(8)笔者相信,韩国桥梁建设的有益经验,将会对我国城市桥梁建设者和同行们提供可借鉴的经验。我们应汲取人类所创造的一切文明财富,进一步推动我国城市桥梁建设的健康发展,早日实现我国成为世界桥梁建设强国的目标。

21 马来西亚城市桥梁建设印象

21.1 引言

为了学习和借鉴亚洲国家——马来西亚在城市桥梁建设的相关情况和成熟经验，笔者前些年曾对吉隆坡等城市进行城市桥梁建设专题考察，并与马来西亚的同行们进行交流，了解了其在城市桥梁设计、建设和管理方面的相关情况，对其城市桥梁建设的总体情况有了全面的了解。

马来西亚(Malaysia，前身为马来亚)简称大马，是东南亚国家之一。马来西亚联邦被南中国海分为两个部分。马来西亚由13个州和3个联邦直辖区组成，首都为吉隆坡，1963年9月16日组成联邦政府，首都位于布城。其国土面积330257km^2，2014年总人口3000万。

21.2 古老的桥梁——马来西亚姓氏桥

图21.1所示为马来西亚的姓氏桥。所谓姓氏桥，是指这里沿海而建的高脚木屋，更准确些说，是沿

图21.1 马来西亚姓氏桥照片

海成片建成的木屋村。槟城众多的姓氏桥中，以"周姓桥"保存较为完好，也最为有名。"周姓桥"的建筑年代为19世纪，总长度有300多米，79户人家。周氏桥的周围还有王氏桥、林氏桥、陈氏桥、李氏桥、杨氏桥和杂姓桥等十余座桥。

这些桥的建筑都是先在近海中立桩，初时为木头，后来用的是水泥柱，桩上再铺设木板，木板上架梁盖屋。这里的每一根木桩，每一条绳索，都是历史的见证。当人们走在姓氏桥的巷道上，海水的淡淡腥味传达的是几代人的漂泊与奋斗。姓氏桥在槟城码头以南，如果你住在州府乔治城，那么走路就可以到达姓氏桥。槟城是一个存在于小小岛屿的城市，但马六甲海峡的繁荣让槟城成为大马最重要的都市之一，姓氏桥是这座都市中的历史遗存，保存着传统部落，也使人们感受一份独特的美丽。当人们不经意走到这里，顺着木板栈桥就可以走到大海上，海水并没有那些梦幻的色彩反而还有些浑浊，但这并不影响木板桥两侧的朴素板房散发出的诱人味道，因此姓氏桥反映了马来西亚独特的历史和文化。

21.3 大跨径城市桥梁

21.3.1 槟威大桥

图21.2系马来西亚的槟威大桥，于1979年开始兴建，1985年建成通车。槟威大桥位于马来西亚槟城州，是槟城州的著名地标。槟威大桥的建成，使槟榔屿的旅游业得到进一步发展。

图21.2 槟威大桥

槟威大桥在1985年建成之前，是通过渡轮来往于槟岛和威省之间。这座大桥长达8320m，为当时世界上第三大桥，桥下可通行万吨巨轮。槟威大桥建成后连接槟城州的槟岛和对岸的威省。在威省，槟威大桥与南北大道相接，可直接通往马来西亚半岛西海岸的大小城镇或北上泰国和南下新加坡。人们可以开车从吉隆坡出发，取道南北高速公路直达槟城，当从桥上驶过时还可领略海港风光。从马来半岛到槟城要收过桥费，但从槟城到大陆旅行则无须交付任何过路费。

槟威大桥为悬索结构，采用桁架式主塔，桥面跨度为225m，可允许50000t轮船通过，也是亚洲最长的桥梁之一。这座修建于20世纪80年代的悬索桥，早已成为当地标志和旅游景点。槟城大桥最大的特色是每年举办国际马拉松赛。

21.3.2 槟城第二跨海大桥

图21.3为马来西亚槟城第二跨海大桥，亦称为槟城二桥。虽然1985年建成了槟城跨海大桥——槟威大桥，并发挥了极大的作用，但随着当地经济的快速发展及人口的增多，这座旧桥已经不堪重负。修建槟城二桥将会极大地缓解槟岛与威省之间的交通状况，大大改善两岸人民的出行，有力促进马来西亚经济的发展。

图 21.3 槟城第二跨海大桥

槟城第二跨海大桥连接槟岛高速和大陆的 HujungBukit、全桥总长约 24km。其中跨越 Penang 海峡的海上桥长 16.37km，陆上引桥 6km，大桥设计全长 22.5km，主桥为长 475m 的 3 跨双塔斜拉桥，双向 4 车道加双向摩托车道，设计时速为 80km/h，桥面宽 28.8m，设计时速 80km/h，桥梁结构设计使用寿命为 120 年，是目前东南亚地区最长的跨海大桥。

马来西亚槟城第二跨海大桥也是中马两国政府间合作的项目，是马来西亚 20 年来最大的土建工程。该项目签约合同额 22 亿马币，业主为槟城第二大桥私人有限公司，资金来源为中国政府优惠贷款及马来西亚政府财政拨款。中国港湾以设计施工总承包方式承建第一标段海中主桥工程和引桥下部结构及基础工程，工作范围为主桥及桥面系、航行灯、主桥装饰灯、引桥基础及下部结构。

马来西亚槟城二桥处于热带雨林气候，海洋环境，雨量充沛，日照时间长，早晚温差大，氯离子引起钢筋锈蚀是本工程钢筋混凝土结构破坏的主要形式。这座大桥的工程设计和施工中主要采用的是英国标准（BS）、马来西亚标准（MS）、马来西亚公共工程局道路工程规范（JKRSpecification），部分还借鉴了美国的 ASTM 和 AASHTO 标准。业主对工程质量要求很高，建设管理环境复杂、施工工期较紧、质量控制和质量管理模式必须符合马来西亚工程管理惯例。按照英国标准体系设计，在马来西亚环境中建造和运营的槟城二桥（第二跨海大桥），如何才能保证达到 120 年的设计使用年限，是工程设计和施工中的重点和难点。

21.3.3 柔佛河大桥

图 21.4 系马来西亚的柔佛河大桥。该大桥位于马来西亚柔佛州，连接柔佛河西岸的新山县和东岸的哥打丁宜县，是目前马来西亚主跨最长的桥梁，同时也是仅次于霹雳州天定河大桥的马来西亚第二长桥梁。柔佛河大桥于 2006 年正式开工建设，于 2011 年 6 月 10 日建成通车。

图 21.4 柔佛河大桥

柔佛河大桥的设计由联熹工程与建筑私人有限公司与丹麦科威公司的合资企业承担。大桥全长1708m，为A形双塔单索面斜拉桥，主跨500m，两边跨各119.5m，采用钢—混凝土结合梁，上部为预制混凝土桥面板，下部为钢加劲箱梁；其余边跨（两侧各长484m）采用混凝土箱梁。钢加劲箱梁长度为968m，桥面宽度23.16m，桥塔高度143m。这座大桥在为人们提供交通方便的同时，其优美的桥型和壮丽身姿形成了柔佛河上一道靓丽的风景线。

21.3.4　著名的太子桥

图21.5系马来西亚著名的太子桥，位于马来西亚布城的一个重要交通通道上，连接政府和混合发展区，以及布城独立广场和城市的大道上，被称作另一座伊朗的郝久古桥。这座桥梁全长435m，主体结构为不等跨的风帆形独塔的斜拉桥结构，主跨长280m，是一座双层桥梁，大体上仿造了伊朗伊斯法汗桥。桥的上层用作普通交通，第二层是服务通道，为轻轨火车和步行通道，这层通常专门供官方活动或庆典活动时使用。桥身由11颗星、13颗星和14颗星组成的图案代表马来西亚从独立到今天的发展进程。这座著名太子桥的外形独具特色，给人留下深刻的印象。

图21.5　著名的太子桥

21.3.5　海上观景桥梁——槟城第二跨海大桥引桥

图21.6是槟城第二跨海大桥的引桥，这也是一座独具特色的海上观景桥梁。这座桥梁的特点有五：一是作为槟城第二跨海大桥的引桥，该立交桥梁很好地满足了总体布局的交通要求，特别是车辆从两个方向都能到达观景平台；二是观景平台的设计独特、新颖，顶面可供游人观景，下层可停放车辆；三是在两座引桥之间建造了别具特色的风帆式桥头堡；四是大桥的引桥与主桥的衔接合理、流畅，符合桥梁美学的要求，而且在桥体色彩变化上，也把控的十分协调；五是在桥梁安全性和耐久性上，针对大桥处于大海的特殊环境，采取了一系列防腐的防范措施，亦取得很好的效果。

图21.6　槟城第二跨海大桥引桥

21.4　城市人行桥梁

21.4.1　兰卡威桥

图21.7系马来西亚著名的兰卡威桥。这座被称为天空之桥的人行天桥位于马来西亚的兰卡威群岛。大桥建成于2004年10月，主体由钢材料构成，呈圆弧状；结构为独塔斜拉桥，每侧的跨径为170m左右。令人惊讶的是，这座巨大的空中天桥悬空在海拔687m之上，天桥结构仅用了一根被固定在半山腰的支柱（高

约87m)来支撑,再用8根钢索牵引,被悬吊在半空中。从远处望去,这座曲线形的人行天桥,在群山峻岭之中显得英俊、挺拔和富有挑战精神;同时,这座位于高山之巅的天空之桥,也在向各地的游人挑战。

图21.7 兰卡威天空之桥

21.4.2 双子塔上的人行桥梁

图21.8系马来西亚著名建筑——双子塔上的人行天桥。双子塔位于吉隆坡市中心,占地40万平方米,交通方便,环境优美,是人们工作、生活、游览、购物及享受休闲生活的热门地点。双子塔也是目前全世界第四高的建筑物,共有88层楼高,距离城市地平线有452m,并在离地170m半空建造了这双层天桥,把两座塔联系起来。这座设有人字形支架的桥似乎像一座登天门。双塔的楼面构成以及其优雅的剪影给它带来了独特的轮廓,其平面是两个扭转并重叠的正方形,用较小的圆形填补空缺。这种造型可以理解为来自伊斯兰的灵感,而同时又明显是现代的和西方的。双塔的外檐为46.36m直径的混凝土外筒,中心部位是22.81m×22.99m的高强钢筋混凝土内筒,5.49m高轧制钢梁支托的金属板与混凝土复合楼板将内外筒联系在一起。4架钢筋混凝土空腹格梁在第38层内筒四角处与外筒结合。

图21.8 双子塔上的人行桥

塔楼由一个筏式基础和长达103.7m但未达基岩层之1.22m×2.75m截面长方形摩擦桩，或称作发卡桩承托。正是这样一座独特的人行天桥，当人们驻足翘望并对双子塔的外形浮想联翩时，也对附着其上的天桥给予由衷的敬佩之情，这也是公共建筑与桥梁建筑有机结合的成功范例。

21.5　感悟

通过考察马来西亚的各类桥梁，笔者有如下感悟：

(1)现存完好的马来西亚的姓氏桥和杂姓桥等十余座桥，既承载了其近代和现代先祖的历史，也反映了这些木桥建筑的技术水平。建造者先在近海中立桩，初时为木头，后改用水泥柱，桩上再铺设木板，木板上架梁盖屋。这里的每一根木桩，每一条绳索，都是历史的见证，充分反映了劳动人民勤劳的智慧和才干；同时在木桥的耐久性方面，也给我们以深刻的启迪。

(2)作为新兴的国家，马来西亚在大跨径城市桥梁的建设上亦做出了令世人瞩目的成绩，譬如槟威大桥和槟城二桥，这两座桥既有悬索结构又有斜拉结构，虽然在跨径上与世界上的同类桥型相比不是最大跨径，但其多处的技术创新、合理的技术工法和采用新的技术装备上有新的突破，都是我们应该学习和借鉴的。

(3)在大型桥梁的建设上，槟城第二跨海大桥在其引桥的布局上，为我们开阔了新的视野。这座独具特色的海上立交桥梁，既是槟城第二跨海大桥的引桥，满足车辆从两个方向都能到达观景平台；同时大桥的引桥与主桥的衔接十分合理、流畅，符合桥梁美学的要求；在桥身的色彩变化上，也把控的十分协调；针对大桥处于大海的特殊环境，采取了一系列防腐措施，在桥梁安全性和耐久性上亦取得很好的效果，给我们开辟了新的视野。

(4)在人行天桥的设计和建造上，马来西亚同样为人们提供了新的思路和视野。譬如，不论被称为天空之桥的兰卡威桥，还是著名的太子桥，都充分反映了马来西亚在桥梁建设上先进水平。这也是值得我们学习和参考的。

(5)马来西亚双子塔上的新颖人行天桥，既是目前世界上最高的双塔楼，也是世界第四高的大楼，而连接双子塔的空中走廊是目前世界上最高的过街天桥，该天桥的惊人之处在于：这种造型来自于伊斯兰的灵感，而同时又展现了现代建筑和西方古老建筑的理念，也为现代建筑和桥梁建筑的有机结合提供了很好的范例。

(6)综上所述，马来西亚在古代桥梁(木桥)、现代大跨径桥梁以及新型人行天桥等不同桥梁的建造上都创造了独特的案例，为我们提供了可借鉴的经验，激励着我们创造性地从事我们的桥梁设计和建设。

22 土耳其城市桥梁建设印象

22.1 引言

为了学习和借鉴跨越欧亚大陆的国家——土耳其在城市桥梁建设的相关情况和成熟经验，笔者前些年曾赴土耳其对伊斯坦布尔、安卡拉等城市进行城市桥梁建设专题考察，并与土耳其的同行们进行交流，了解了其在城市桥梁设计、建设和管理方面的相关情况，对其城市桥梁建设的总体有了全面的了解。

土耳其共和国（土耳其文：Türkiye Cumhuriyeti）是一个横跨欧亚两洲的国家，国土包括西亚的安纳托利亚半岛和南欧巴尔干半岛的东色雷斯地区，北临黑海，南临地中海，东南与叙利亚、伊拉克接壤，西临爱琴海并与希腊以及保加利亚接壤，东部与格鲁吉亚、亚美尼亚、阿塞拜疆和伊朗接壤，其海岸线长7200km，陆地边境线长2648km。土耳其地理位置和地缘政治战略意义极为重要，是连接欧亚的十字路口。土耳其人是突厥人与属于欧洲人种的地中海原始居民的混血后裔，公元8世纪时开始从中亚一带迁入小亚细亚，13世纪末建立奥斯曼帝国，与中亚诸国有着亲密的血缘和文化关系。20世纪初，土耳其先后沦为英、法、德等国的半殖民地。1919年，土耳其击退外国侵略者，1923年10月29日建立土耳其共和国。2013年其人口为76134783人，面积为783600km^2。

土耳其独特的地理位置，宜人的气候条件使其成为游人向往的乐园。形状各异的现代化建筑、华丽肃穆的清真寺唤礼塔、飞跃于博斯普鲁斯海峡之上的跨海大桥、特洛伊城遗址、世界奇景卡帕多西亚等迷人的自然风光，丰富的文物古迹，使土耳其享有“旅游天堂”之誉。土耳其人十分重视着装，爱赶潮流。博斯普鲁斯大桥为代表的一批世界级桥梁给世人留下了深刻的印象。

22.2 古老的城市桥梁

在考察中，土耳其浓郁的伊斯兰建筑给我们留下了深刻的印象，而保存良好的加拉塔大桥、莫斯塔尔古桥和君士坦丁大桥也使我们对土耳其古老的城市桥梁有了较深刻的了解。

22.2.1 加拉塔大桥

加拉塔大桥建于19世纪50年代，被视作是伊斯坦布尔（土耳其的城市）的代表性建筑（图22.1）。这座大桥连接黄金湾海湾，桥梁总长484m，是一座可开启的桥梁。这座大桥建成后的160年以来，始终是这座城市的生命线。起初这座桥是由木头建造的，后来由石头再转变为混凝土，其开启的部分改为钢结构。这座大桥的建造者同时也是现代土耳其最著名的代表人物穆斯塔法·凯末尔曾经描绘了

图 22.1 加拉塔大桥

图 22.2 卡雷凡石拱桥

这座桥的意义："每当你站在这里远眺伊斯坦布尔，一辆辆的汽车驶过你的身边，你会感觉自己就像是一个国王一般。"如今这里，每天都是人来人往，车水马龙，既是城市重要的交通要道，同时又是伊斯坦布尔的城市景观之一。

22.2.2 卡雷凡石拱桥

图 22.2 系闻名于世的土耳其卡雷凡大桥，它坐落在土耳其伊兹密尔(Izmir，Turkey)附近。根据吉尼斯世界纪录大全的记载，土耳其卡雷凡大桥是世界上目前所知仍保存并在使用的最古老桥梁。该桥系土耳其境内的古伊兹密尔城的遗迹之一，横跨麦尔斯河(Rivermeles)，约建于公元前 850 年，是一座两孔的石拱桥，单跨大约为 45m。值得一提的是，卡雷凡大桥建成至今大概已有 3000 年的历史，仍完好无损。

22.3 大跨径城市桥梁

22.3.1 举世闻名的博斯普鲁斯大桥

提起土耳其，人们不得不提起著名的博斯普鲁斯大桥(图 22.3)。这座位于土耳其伊斯坦布尔的悬索桥，系第一座跨越博斯普鲁斯海峡并联结亚洲与欧洲两大陆的跨海大桥，又被人们命名为"欧亚大桥"。由于大桥以北约 5km 处有另一座名为"穆罕默德二世大桥"的跨海大桥，为了区别，博斯普鲁斯大桥又常称为"第一博斯普鲁斯大桥"。

这座大桥于兴建于 1968 年，修筑在博斯普鲁斯海峡最窄处，1973 年 10 月正式通车。大桥全长 1560m，距海面 64m 高，路宽 39m，分为 6 车道。两座桥塔之间跨越海峡水面部分的桥长 1074m，桥宽 39m。桥的两头各有一呈"门"字形的桥塔，水中不设桥墩。整个桥身用两根粗大的钢索牵引，每根钢索由 11300 根 5mm 的钢丝拧成，也是世界上第四大吊桥。各种大型船只都可以在桥下通行无阻。博斯普鲁斯海峡，把土耳其的最大城市伊斯坦布尔从中切开一分为二，海峡全长 30.4km，最宽处 2.4km，最窄处只有 708m，最深处为 80m，最浅处 27.5m，北连黑海，南通马尔马拉海和地中海，是黑海沿岸国家出外海的第一道关口，两岸悬崖陡壁，形势险要，历来为兵家必争之地。大桥飞架在海峡两岸，沟通了欧亚两洲的交通和运输，方便了两洲人民间的交流。夜晚的博斯普鲁斯大桥在各色灯光的照射下，显得愈发的美丽，它将优美的身姿展现给两大洲的人们，让人们在远处就可一睹其风采。伊斯坦布尔是游览胜地，欧、亚两洲的分界线。

图 22.3 博斯普鲁斯大桥

22.3.2 博斯普鲁斯海峡第二大桥

图 22.4 系土耳其博斯普鲁斯海峡第二大桥,1985 年 12 月 4 日开工,1988 年建成,由土耳其政府和日本、意大利三国共同承建。新建的大桥横跨在海峡欧洲部分的希沙吕斯蒂与亚洲部分的卡瓦久克之间,位于第一座大桥的北面约 5km 处。大桥总长 1510m,跨越海面部分为 1090m,比第一座大桥长 17m。桥身高出海面 64m,任何远洋巨轮均可自由航行。桥面宽 39.4m,可平行通过 8 辆汽车,比第一座大桥宽出两个车道。整座大桥没有一个桥墩,由两岸高达 107m 的两座桥塔用两根粗达 0.77m 的钢索牵引桥面。每根钢索重 9500t,由 16128 根粗 5.38mm 的钢丝拧成。这座大桥的另一特点是,该桥正中有一道白线,白线以东是亚洲,以西是欧洲。桥面可以并排行驶 6 辆汽车,如果桥上停满汽车,西岸桥塔就要向里倾斜 0.86m,东岸桥塔则倾斜 0.9m。一刮大风,大桥会左右摆动一两米,不过这都没有什么危险。如今,这座博斯普鲁斯海峡第二大桥也成为游客造访的名胜景观之一。

22.3.3 苏丹塞利姆大桥(在建)

2015 年末,博斯普鲁斯海峡(图 22.5)这条世界著名的欧亚分界线,也是世界上最繁忙的海峡之上,将矗立起第三座欧亚大桥,它的新名字叫作“苏丹塞利姆大桥”(Yavuz Sultan Selim)。这座有可能是世界上最宽的大桥(桥宽 59m),在 2013 年 5 月 29 日(即奥斯曼帝国 1453 年征服伊斯坦布尔 560 周年纪念日)正式破土动工,土耳其政府计划于 2015 年建成这座苏丹塞利姆大桥。大桥的承建公司是由土耳其的 IC İçtaş 和意大利的 Astaldi 两家公司联合投资组成的,预计在 36 个月内完成大桥的建设工作,施工总成本约为 45 亿美元。整个大桥项目将按建造—运营—转让(COT)的模式进行建设和投用,施工由私人公司负责,建成之后私人公司有权向过往车辆收取过桥费,运营期满之后再将大桥转交给国家政府。

土耳其交通部的资料显示,这座 6 车道的大桥,桥身总长约 1.3km,位于前两座大桥北侧,地处欧洲侧的 Garipçe 地区和亚洲侧的 Poyrazköy 地区之间。前两座大桥仅限公路车辆通行,这座大桥是作为土耳其马尔马拉海北部高速公路项目的一段,大桥未来还可供有轨电车使用。

图 22.4　博斯普鲁斯海峡第二大桥

图 22.5　苏丹塞利姆大桥

22.3.4　土耳其伊兹米特(Izmit)海湾大桥(拟建)

图 22.6 系土耳其伊兹米特(Izmit)海湾大桥,它是将要建设的盖布泽(Gebze)至伊兹密尔(Izmir)高速公路的一部分,位于伊兹米特湾,跨越马尔马拉海。

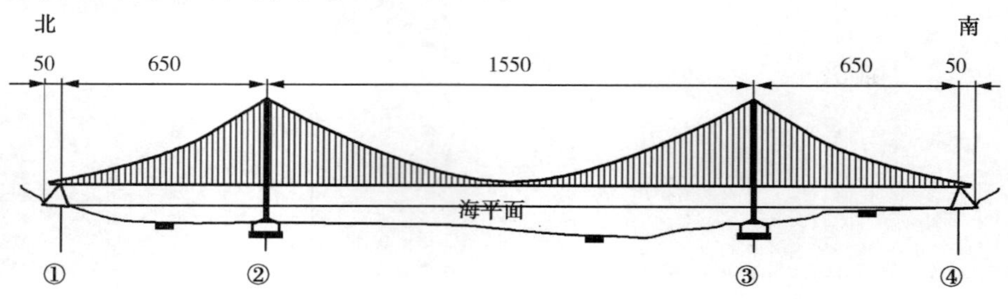

图 22.6　伊兹米特(Izmit)海湾大桥(尺寸单位:m)

该大桥采用跨度为 650m+1550m+650m 的 3 跨悬索桥,为双向 6 车道高速公路桥梁。主缆矢跨比为 1/8.857;加劲梁采用钢箱梁,全宽 38.4m,梁高 4.0m;桥塔采用横向带有 4 道斜撑及 2 道水平横梁的钢塔,桥塔基础采用地基加固后的圆柱形预制钢混沉箱基础,沉箱中部设置支承塔柱的 2 根圆立柱;锚碇均采用重力式结构,锚体为空腹式三角形框架结构,北锚基础采用明挖扩大基础,南锚基础采用地基换填加固后的扩大基础;主缆采用 PPWS 法架设。

锚碇均采用重力式结构,锚体为空腹式三角形框架结构。这座跨越海峡的大桥建成后,将产生巨大的社会、经济和环境效益。

22.4　新型人行天桥

图 22.7　土耳其新型人行天桥

图 22.7 为土耳其拟建的一座新型人行天桥。这座天桥坐落于伊斯坦布尔最繁华的市区,地处连接市中心与古老半岛的中轴线上,交通地位十分重要。因此,这座天桥横跨该地区最重要的机动交通与步行十字路口,天桥下面有轨电车通过。桥梁设计师在做方案时充分考虑了步行的运动轴线,并以此来确定设计节点。

同时,步行广场还将被转化为可满足周边居民需求的小尺度公园,因此天桥的建筑形式“强调”了城市连贯性。弯曲的线形增加了透视效果,引导行人们通过设置好的路线行走。天桥的内墙和外墙都被设计为“景观膜”。这层膜的许多部分都是透明的，以此保持人行广场与地面以及城市之间的视觉连通性。设计师还在天桥结构系统内部的墙体中设计了一个连续的花盆系统，下到有轨电车车站的阶梯悬于人行广场上打开的大洞之下。天桥还设有多处电梯以保障无障碍通道的使用。天桥的混凝土地板由钢铁横梁扛住，钢铁横梁则由强化混凝土柱顶部支承。钢结构的横梁决定了混凝土地板周围墙体的高度，使其适应其功能与位置。同时，钢结构横梁也保障了宽敞的地板的稳定性。升降机周围的钢结构也有助于垂直方向的运输。这座新颖、独特的人行天桥开阔了人们的视野，并符合环保、生态、节能和交通功能的要求。

22.5 感悟与结语

笔者认为，上述介绍的土耳其古老的、近代的和现代的城市桥梁，会对我国城市桥梁建设者和同行们提供相关的启示，有很多值得我们学习和借鉴的东西。笔者的感触有以下五点：

(1)古老的桥梁(如加拉塔大桥)充分反映了土耳其多民族的融合文化，这里既有欧洲文艺复兴时期的文化内涵，也展现了伊斯兰教的建筑风格；同时他们在古老石拱桥的建造上和桥梁工程的耐久性方面也给我们提供了有益的经验。

(2)以博斯普鲁斯海峡第一、第二和第三大桥为代表的跨世纪典型大桥，无论是大桥的总体设计、新技术的应用，还是局部处理，在诸多方面给世界桥梁界提供了很好的建造典范，而这种借鉴和推动作用，至今仍有巨大的惯性作用。

(3)文中所介绍的土耳其在城市人行天桥的方案竞赛和建造上，以独特的思维和视角，为我们提供了新的理念。譬如，设计师通过使用有轨电车车站东面和西面的人行横道将这些节点连接起来，并在天桥中部使天桥与车站相连。他们还提出新的的城市发展策略，即可构建理想的行人路线；在限制了机动交通流量之后，便可为步行活动留下最需要亦是最节省的空间。这些步行空间距离地面约6m，并引入商业及文化活动，也丰富了步行广场空间。在人行天桥的结构设计上，广泛采用了新技术和新材料，亦是我们应学习和借鉴的。

(4)总体来讲，土耳其这片土地是多种文明镶嵌而成的，它向人们敞开它无比神奇的胸怀。以东西洋交接点而繁荣的著名城市伊斯坦布尔，用其在历史长河中形成的独特魅力，把人们带入一个充满幻想和神秘的不可思议的世界，而其城市桥梁的历史沿革和快速发展，也使我们对其充满着敬意。

(5)让我们携起手来，从土耳其传统与创新的城市桥梁建设有益经验和案例中，汲取人类所创造的一切文明财富，进一步推动我国城市桥梁建设的健康发展，并朝着世界桥梁建造强国的目标迈进，推动祖国现代化建设的进程。

23 加拿大城市桥梁建设印象

23.1 引言

为了解加拿大在城市古老桥梁、城市大跨径桥梁和其他现代城市桥梁的建设情况，以及该国如何在城市桥梁建设上体现传统与创新的相关经验，借鉴其成功做法，更好地从事我们的桥梁设计工作，2010年9月中旬笔者曾对加拿大的渥太华、多伦多、蒙特利尔和温哥华等城市的城市桥梁建设进行了实地考察，考察团与加方相关的人员进行了业务交流。

众所周知，加拿大位于北美洲北部，面积为9984670km^2，居世界第二位；人口为3149.95万(2002年)。下面从城市古老桥梁、城市大跨径桥梁和其他现代城市桥梁的建设情况及特点等，综合论述加拿大在城市桥梁建设上的相关情况、启示和建议。

23.2 古老和近代的城市桥梁

提起加拿大的城市桥梁，首先应介绍其古老的城市桥梁。如众所知，城市桥梁通常指城区范围内建造的跨河、跨江、跨海桥梁，立交桥梁及人行天桥等。一般将城市桥梁规范地称为："城市内新建、改建的永久性桥梁和城市高架道路结构以及承受机动车辆荷载的其他结构物。"下面通过解析4座古老和近代的城市桥梁，来了解加拿大桥梁设计和建造理念。

23.2.1 古老的廊桥

在此次业务考察中，我们对加拿大古老的廊桥印象深刻。记得年轻时观看电影《廊桥遗梦》时，曾使我们对廊桥产生过美好的遐想。廊桥主要集中在北美地区，因为在19世纪中叶，这种廊桥建造方便而且造价便宜，目前美国和加拿大都有不少遗存的廊桥。现如今因为自然灾害和人为的破坏，这种桥梁越来越少了。回顾我们人类在桥梁建筑学上经历的时间磨炼，最初架在小河之上的桥是用木头、绳索和石头等材料简单罗列起来的，后来用一些更结实耐用的材料比如铁、钢还有一些光缆钢丝等替代了它们。现如今的桥梁已不单单是供人们日常谋生必需的通道，而是一种艺术，一种景观。在加拿大的安大略湖上有很多这样的廊桥，桥梁完全用类似屋顶一样的帐篷遮掩着，形成一座有屋顶和墙壁的长廊桥。走在廊桥上感觉像走在长廊上，它可以保护桥的根基不受雨水或者烈日的暴晒等。可以说，这种古老的廊桥在人类的建桥史上已留下浓墨的一笔，见图23.1。

23.2.2 近代的巴拉德街大桥

在此次参观考察中，我们对建于20世纪30年代温哥华的巴拉德街大桥(图23.2)留下很深的印象。这座古老的桥梁位于不列颠哥伦比亚省温哥华城繁华处，建于1932年。大桥为采用传统艺术风格装饰的6车道钢桁梁结构。这座支承在4个桥墩上的5跨高桥横跨福溪,连接该城的市区和基斯兰奴。大桥两端与引桥相连的桥跨是上承式华伦桁架,为便于航运的要求,中跨采用了下承式普拉特桁架,中跨两端宏伟的混凝土塔楼建在砌筑的桥墩之上,由凌空飞架在道路上方的廊道相连,并以建筑雕塑来装饰,形成了桥上的塔门。大桥引桥和独特的中跨统一设置了混凝土护栏,护栏顶部装饰了路灯。桥塔凸台结构上建造有当地历史上著名人物的雕像。这座大桥连接巴拉德街和柏树街,为从温哥华到西南居民区提供了一个高等级的通道。大桥建成后,巴拉德街延伸到市中心,这座造型独特的古老桥梁80年来一直成为当地的一个地标式建筑。

图23.1 加拿大的古老廊桥

图23.2 温哥华巴拉德街大桥

23.2.3 近代著名的狮门大桥

狮门大桥(Lions' Gate Bridge)(图23.3)于1937年3月31日动工,1938年11月14日启用。正式的开幕礼则于1939年5月29日举行,由正在访问加拿大的英国乔治六世国王和王后伊利莎白·鲍斯·莱昂主持。

(1)大桥概况。狮门大桥(Lions' Gate Bridge)横跨布拉德内湾,连接温哥华市中心及北岸市镇(北温市、北温区和西温区)。大桥隶属卑诗省1A及99号公路,是大温哥华地区内的一条重要交通动脉,亦是温市的主要地标之一。它的名字来源于桥北岸山脉(North Shoremountains)中的双狮峰(The Lions)。全桥总长1517m,连同北岸引道则长1823m。主桥跨为472m,桥塔高度为111m,离海面高度则为61m。狮门大桥是当时世界上最长悬索桥之一,设计者是设计旧金山金门大桥的建筑师。这座名震北美的悬索大桥,因为与美国旧金山的金门大桥是同一设计师和同一造型,而被称为小金门桥,见图23.4。

(2)大桥的结构。大桥为双塔双索面悬索桥,为柔性体系,桥梁南岸锚固于斯坦利公园山体内,桥梁在此端无引桥,北岸锚固于河岸旁的人工锚碇内,锚碇为混凝土结构(图23.5)。在边跨梁端有转向装置(图23.6),将主缆偏转一定角度后锚固于河岸内。边跨通过引桥与北岸市镇相接。

桥梁主缆共2根,每侧吊杆边跨与中跨共47根,边跨最外侧及中跨跨中有一根钢性吊杆。大桥主梁为钢桁架梁,上设钢桥面板。主塔为桁架结构,设4道X形斜撑及4道一字形横撑。引桥为钢桥,为密跨连续结构。大桥钢结构主要通过铆钉连接,大桥栏杆简洁大方,见图23.5~图23.10。

图23.3　著名的狮门大桥

图23.4　狮门大桥全景图

图23.5　大桥锚固端

图23.6　大桥主缆及转向装置

(3)大桥交通组织。大桥初始设计为双向2车道及人行步道(含自行车通行),随着经济的发展和城市的扩展,使狮门大桥的日交通量负载超过了40%。由于从北温哥华海岸进入西温哥华城只有两个通道,为缓解上下班、进出城汽车堵塞状况,交通部门调整路标,缩小车道宽度,将原设计为2车道的桥面改成了3车道,行人通道则由1.2m扩阔至2.7m。同时采取变线管理方式,中央行车线可转换方向以迎合交通流量。高峰期双车道进出,即上午双车道进城,一车道出城,下午双车道出城,一车道进城,见图23.11和图23.12。

图23.7　大桥栏杆及步道

图23.8　大桥锚碇

因地制宜的管理手段和良好的交通秩序，以及其他多种交通运输方式的补充，形成了西、北温哥华两地区畅通的交通，为当地社会和经济发展做出了突出的贡献。大桥上设有车辆行驶信号灯，为避免船只撞击大桥，大桥梁底设有过往船只航标灯，见图 23.13、图 23.14。

图 23.9 大桥主塔

图 23.10 大桥钢主梁及吊杆

图 23.11 非机动车道

图 23.12 交通信号灯

图 23.13 航标灯

图 23.14 桥面转换车道标线

(4)大桥的美学。大桥整体轻盈、优美的设计，宛如一条长虹横跨温哥华巴拉德湾海峡出口，连接着西温哥华和北温哥华地区，是进入北美西岸繁忙的港口城市温哥华的标志性建筑。

狮门大桥北岸的富人区依山傍海，环境十分优美。为了配合绿化，桥的颜色由原来的红色而改为绿色。

大桥桥头的石狮子及雕塑已有 70 多年，本身就是一件艺术品，石狮子威武雄健，充满阳刚之气，宛如一对武士守卫着狮门大桥，整体雕塑与大桥及周边的环境非常和谐。

(5)大桥的耐久性。尽管近70年过去了,大桥未曾发生过被船只撞击或车辆压坏桥面的现象,已超过设计使用寿命(超18年)的狮门大桥依然风度翩翩,承担着海峡两岸的正常交通通行,这主要得益于其良好的设计、精心的管养、合理的交通组织。我们了解到,相关部门定期对大桥进行涂刷防腐漆、桥下设有航道指示灯,对通航船只的高位、位置有着严格的要求;桥上也对车辆的吨位、车型有着严格的要求。相比于我国国内某些大桥还未投入使用就被撞击或在使用中被撞塌,的确值得我们深思。

23.2.4　近代著名的卡普兰奴吊桥

卡普兰奴吊桥(图23.15)位于北温哥华市的卡普兰奴河谷上,是温哥华最古旧的旅游胜地,号称是全世界最长及最高的人行吊桥,于1899年建成,至今已有百年以上历史。吊桥距离桥底下的卡普兰奴河约有230m,全长约137m,是世界最长最高的步行天桥。这座触目惊心却稳如泰山的吊桥,可谓举世闻名,吸引世界各地的游客超过一个世纪。

图23.15　卡普兰奴吊桥全景图

卡普兰奴公园具有百年历史,当时设计此吊桥有一定的难度,桥面由2根钢丝主缆构成,通过一系列的竖向小吊杆钢丝连接木横梁,木横梁上铺设人行道木板,两侧防护装置由钢丝网组成,吊桥高高悬挂于深山峡谷之上。由于风大,且桥梁非常柔,游客走在上面摇摇晃晃,摇晃的程度相当厉害,底下是飞流孤石,不但需要勇气,还要克服吊桥晃动带来的紧张感。晃动的吊桥、湍急的山溪、参天的古木,令游客叹为观止、流连忘返。

吊桥地处格鲁斯群山环抱之中,邻近的景点多,风景宜人,一年到头都不缺游客。吊桥所在公园曾获加拿大旅游业最佳创意奖、2003年获最佳经营奖。卡普兰奴桥在游客如云之地不仅保护了环境,而且拓展了集刺激性、教育性和纪念性于一体的丰富内容,它向人们提供了在世界最美的雨林中畅游的机会,历史和现实在这里交汇,人类和自然亲近和谐,环境保护和商业经营相得益彰。卡普兰奴桥再次告诉人们,创意是品牌的基础,是价值和效益的根本保障。

23.3　现代大跨径城市桥梁

此次赴加拿大考察其城市桥梁建设,深感加拿大在建造现代城市大跨径桥梁方面走在了世界的前列。特别是在桥型选择与周围景观的有机结合,在新材料、新技术、新工艺的创新应用上,有着很成功的经验和做法。下面就几个典型大跨径城市桥梁工程进行综合论述和分析。

23.3.1　著名的联邦大桥

加拿大的联邦大桥(Confederation Bridge)是世界上一座著名的大桥,它是连接着爱德华王子岛与新伯伦瑞克省之间的桥梁。这座大桥于1993年动工,1997年完工通车,工程概算8.3亿加元。大桥全长13km,桥轴线呈S形布置,设计时速80km/h。主桥结构采用2跨165m及43跨250m的预应力混凝土连续箱梁,新布努斯维克侧引桥为1跨66m及13跨93m预应力混凝土连续箱梁,14个墩,长1290m;爱德华王子岛侧引桥为5跨93m、1跨60m、1跨30m预应力混凝土连续箱梁,PEI侧引桥7个墩,长580m;主桥共计44个墩,长11km,预制长度190m,桥宽11m,两车道,另加1.75m紧急带;桥梁平均高度约40m,最大高度87m(从基础底部至桥面)。通航孔高60m,净空55m,宽172m,水深35m。上下部结构均为全预制混凝土构件,预制箱梁高从4.5m到14m,采用了体外预应力索。桥位处地质条件较好,均为砂岩,基础采用重力式基础;八边形墩身及薄壳结构,厚度4m,半径20m。海域水流流速为2.0m/s,潮差2.0m。施工期为3年(含设计时间)。为减少潮水和风对大桥的冲击力,还设计了3个转折弯道,因此联邦大桥并非笔直地横跨在海上。大桥地处盐水冰冻区,设计基准期为100年。大桥的维护工作定期由专业公司进行；养护工作按每周一次6小时，每年一次为期一周的检查。为安全起见，当风速达到25m/s时，大集装箱车则被禁止通行，当风速超过42m/s时，大桥则封闭交通。目前大桥的总体运行情况正常，见图23.16。

图23.16　加拿大的联邦大桥

23.3.2　金穗大桥

考察中我们对金穗大桥（Golden Ears Bridge）（图23.17）留下深刻的印象。这座大桥是加拿大卑诗省大温哥华地区的一条拱背式矮塔斜拉桥，它连接菲沙河北岸的枫树岭和南岸的兰里镇。大桥由大温地区的公共交通机构运输联线拥有和管理，桥下净空为40m，总长度2410m，是目前北美洲最长的拱背式桥梁。金穗大桥于2006年动工，费时3年多兴建，耗资8.08亿加元，由CH2M Hill和Bilfinger Berger合资兴建。这座大桥于2009年6月16日正式通车。从远处眺望这座大桥，拱背式的矮塔斜拉桥式结构、平行的斜拉索和多塔单柱形桥塔在海面上显得雄伟和协调，不愧为一座经典的桥梁佳作。

图23.17　温哥华金穗大桥

23.3.3　著名的彩虹桥

位于著名的旅游胜地尼亚加拉瀑布附近的彩虹大桥（图23.18）是一座钢结构拱桥，大桥连接美国与加拿大边境。彩虹桥横跨尼亚加拉河并连接纽约州尼亚加拉瀑布城及安大略省的尼亚加拉瀑布城，共有4条行车线（每方向2条）及行人通道。彩虹桥主跨为289.5m，大桥的两侧分别为传统的拱式钢结构副孔。在彩虹桥以北约16km另建有一座与彩虹桥设计接近的利维斯顿・昆士顿桥（Lewiston-Queenston Bridge）。彩虹桥建于较早期的蜜月桥旧址附近。蜜月桥又名Falls View桥，官方名称则为上钢拱桥（Upper Steel Arch Bridge），于1938年1月27日因河上冰瀑而倒塌。美国及加拿大联合组织早已考虑重建一条新桥梁代替，而倒塌事件加速了兴建大桥工程。英皇乔治六世及当时未登基的伊利莎白二世在1939年官式访问加拿大时，曾到尼亚加拉瀑布参观，并参加桥梁奠基仪式，竖立了纪念牌匾。彩虹桥兴建工程在1940年5月开始，1941年11月1日进行启用仪式，该桥已成为当地一道亮丽的风景线。

23.3.4　里奇蒙德大桥

我们还考察了加拿大里奇蒙德(Richmond Bridge)大桥。该桥位于 89 号公路上,主线全长 1900m,主桥为 3 跨变截面预应力混凝土连续梁,主跨 220m,单箱双室,双幅分离布置;桥宽 18m,桥下净空 50m;引桥为等截面预应力混凝土连续箱梁,跨径 64m,采用分节预制,每跨 4 节;主墩基础为直径 1.8m 钻孔灌注桩,引桥基础为工字钢桩;工程概算 3 亿美元,其中主桥 1 亿美元。施工期从 1999 年至 2002 年,采用设计—施工联合体方式运作。上部结构设计采用了体外预应力、环氧涂层钢筋技术。上部施工根据桥型特点分别采用了三种施工法,整体预制架设、节段预制拼装及悬臂浇筑施工方法。

图 23.18　尼亚加拉彩虹大桥

23.3.5　著名的天空之桥

位于加拿大卑诗省大温哥华地区的天空之桥(Skybridge)(图 23.19)是一座新型斜拉桥,于 1989 年建成。这座城市桥梁横跨当地的菲沙河,连接二埠市和素里市。大桥主跨长 340m,包括引道全长为 616m。大桥属运输联线辖下的温哥华架空列车专用,有两组路轨供博览线列车往来温哥华市中心的 Waterfront 车站和素里市的 King George 车站;另外有第三组路轨以供运载维修器材。天空之桥离水面高度 45m,桥塔高度为 117m。其斜拉塔采用 A 形塔,缆索采用分散式。这座铁路专用桥造型优美、线条流畅,既满足铁路运营要求,又与周围的环境融为一体。特别是 A 形塔的上端涂成红色,十分醒目,已成为当地一个标志性的建筑物。

图 23.19　加拿大著名的天空之桥

23.4　其他城市桥梁

众所周知,加拿大地处北美,纬度高,冬季气温低,冰冻期长,因此桥梁及交通设施的设计、施工及管养均要考虑以上因素。加拿大道桥建设历史悠久,本次重点考察的 401 号公路,多伦多、温哥华、渥太华、蒙特利尔四个城市的桥梁大部分都是20世纪60、70年代建设的,有一部分甚至是20个世纪30年代建设的,因此,考察这些交通工程、桥梁的设计特点及使用状况,对改善我们的工程设计,提高道桥工程的使用寿命有着积极的意义。

23.4.1 加拿大城市桥梁的设计特点

本次重点考察了4个城市市区及最具代表性的401号公路的桥梁及交通设施的设计、使用情况。401公路又名麦克唐纳—卡迪亚公路,是一条横贯加拿大安大略省南部的高速公路,西起温莎市,东至安大略省和魁北克省的边界,并连接魁北克20号高速公路前往蒙特利尔。401号省道是世上最繁忙的公路之一,亦是安大略省经济的大动脉。从考察结果来看,主要有以下设计特点:

(1)除个别景观桥外,所有桥梁均采用简单结构,主要为混凝土简支梁、连续梁等普通结构,连续梁变截面桥数量较多,桥梁朴实无华,注重功能。桥梁一般为2~3跨,因建成年代较久,城市跨线桥梁一般均为旧桥,桥梁外观较好,墩柱外观较为简捷实用。

(2)所有桥梁未设防撞角钢、防撞门架,也未见桥梁有剐蹭和被撞破坏的现象。主要原因有2个,一是汽车严格按国家标准生产出厂,未有私自改装加高等现象;二是桥梁净空尽量按高标准设计,净空高度没有划分成很多种类型。

(3)所有汽车白天均打开照明小灯。因加拿大维度高,天气变化快,故自然光照度变化也快,而加拿大地广人稀,高速公路上和桥梁上也不设照明,根据加拿大法律,汽车出厂销售时,就必须设置白天照明灯,只要汽车启动引擎,照明灯就自动打开。根据调查,采用此措施,汽车在公路上行驶事故率下降了70%。虽然汽车照明增加了一些费用,但减少的交通事故率也大大节约了潜在的经济损失及减少了车上人员的伤亡。同样,也大大减少了桥梁上的交通事故。

(4)防撞护栏立柱间距很小,横向防撞波纹钢采用双层,防撞等级高,安全性较高(图23.20)。除非有牧场,高速路路侧一般不设防撞护栏,路侧与周围自然灌木林融为一体,也减少了投入。

图23.20 高等级桥梁防撞护栏

(5)桥梁养护有待加强。因加拿大的城市桥梁建设较早,桥梁大多已经达到或超过设计使用期,部分桥梁已经破损比较严重,如多伦多downtown靠近多伦多塔附近火车站的上跨铁路桥,建于20世纪30年代,钢梁及钢横梁锈蚀比较严重,未见除锈、防腐处理等措施。蒙特利尔市401号公路进入城区段的立交桥建于20世纪50年代,为混凝土结构,混凝土明显有剥离、露筋锈蚀、渗水等现象,也未见采取明显的加固维修等措施(图23.21、图23.22)。说明在桥梁养护方面,管理单位也有值得思考的地方。

23.4.2 城市跨线桥梁

图23.23系笔者在行车途中拍摄到的多伦多市区某城市跨线桥的照片。该桥梁采用单孔刚架结构,桥梁的特点有三点:一是采用单孔刚架结构,其刚架的两侧立柱嵌固在两个桥台中,充分利用圬工结构的体量来承担剪力和弯矩,受力很合理;二是刚架的上弦杆的下缘为圆弧线,且两侧的桥台与刚架形成错台,即在立面上增加了线条,有利于桥型的美观;三是桥梁的栏杆采用现浇式防撞栏板有利于防撞的功能。

图23.24系笔者拍摄的多伦多市某城市立交桥梁的照片,这座桥梁为多跨连续弯箱梁结构。其特点有三点:一是上部主梁采用多跨连续弯箱梁结构,且箱梁的腹板为直立型,体现了20世纪70年代加拿大设计师思路和当时的建造水平,即实用和简单的理念;二是桥墩采用Y形墩,即美观、协调,又能满足桥梁受力的需要;三是桥梁的栏杆同样采用现浇式防撞栏板,有利于防撞的功能。

图 23.21　蒙特利尔市桥梁墩柱开裂、主梁破损

图 23.22　多伦多市区钢梁桥锈蚀情况

图 23.23　多伦多市某跨线桥(单孔刚架)

图 23.24　多伦多市某立交桥梁(连续弯箱梁)

图 23.25 为蒙特利尔市城市跨河桥,该桥的结构形式为 3 跨连续钢箱梁结构,跨径布置为 37m+62m+37m,虽属常规的桥梁,但其设计特点还是显而易见的。一是主梁采用 3 跨变截面的钢箱梁,其设计呈现安全、舒展的特点,满足桥梁结构的安全性和耐久性要求。二是桥墩采用矩形桥墩既满足受力需要,又有利于河流的通过和经受船舶的撞击。三是防撞栏杆采用与主梁的悬臂浇筑在一起,既可满足防撞的受力需求,且在线形上与主梁相协调和呼应,呈现整体桥型线条流畅,美观大方。四是钢箱梁涂成浅蓝色,既可防腐,且色彩与周围的景色融为一体。这座桥梁舒展的桥型给人们留下很深的印象。

23.4.3　新型人行桥和人行天桥

(1)造型新颖的管状结构人行桥。加拿大的卡尔加里市 21 世纪的前十年里,投资 2450 万美元修建了一种新型人行天桥,见图 23.26。该桥梁由西班牙圣地亚哥卡拉特拉瓦公司设计。人行桥的外形采用红色和白色德尔管状结构,跨越弓河连接北岸市区,使人们更容易步行或骑自行车出城。桥梁采用跨度为 130m 长的单跨桥,设有单独的人行道和自行车道。桥护栏采用玻璃完全覆盖,以便全年任何时间使用(遮蔽风雨)以及夜间照明。加拿大一位资深的桥梁设计师曾感叹:"和平大桥是一座高度精密的桥梁,看似很简单,但是在我们以前的设计中从来没有过。"该桥定于 2010 年底完成,大桥预计的使用寿命为 15 年。这座造型新颖、独特的人行天桥应该对我们有启迪和借鉴之处。

(2)蒙特利尔某城市人行天桥。图 23.27 系笔者拍摄的加拿大蒙特利尔两个办公大楼之间的一座现代人行天桥。该过街天桥墩柱与主梁采用固接的方式连接,人行过道采用全封闭的建筑装修方式,其特点有三:一是主梁与墩柱固接(刚接)方式,其结构的安全性和耐久性均可满足要求。二是在材质的选择上,通道的封闭材料选用了现代流行的玻璃幕墙材料,与大厦周围的环境相协调。三是主梁、封闭的人行通行过道均采用绿色调、墩柱采用灰色调,从外观上比较典雅和富有质感。

(3)温哥华市某人行天桥。图 23.28 系笔者拍摄的加拿大温哥华市两个办公大楼之间的一座建于 20 世纪 70 年代的人行天桥。该过街天桥墩柱与主梁采用固结的方式连接,人行过道采用半封闭的建筑装修方式(顶部为露天),其特点有三:一是主梁为钢结构,可充分发挥钢结构的受力特点,并与墩柱固结(刚接),其结构的安全性和耐久性均可满足要求。二是在材质的选择上,选用了现代流行的铝扣板材料,可与大厦周围的环境相协调。三是主梁、墩柱和封闭的人行通行过道均采用灰色调,从外观上比较典雅和富有质感。

图 23.25 蒙特利尔市城市跨河桥

图 23.26 卡尔加里的新型人行桥梁

图 23.27 蒙特利尔市某现代人行天桥

图 23.28 温哥华市某人行天桥

23.5 相关启示和建议

(1)在城市桥梁特别是大跨径城市桥梁的结构选型方面,加拿大人顺应了世界桥梁结构的发展趋势,呈现了很强的创新意识和实用功能。在最近 30 年间,加拿大建造了许多现代大跨径城市桥梁,其特点主要呈现以下两个特点:一是在结构选型上因地制宜,既有悬索结构,又有斜拉结构,既有拱式结构,又有梁式结构,结构选型以发挥该种结构的综合力学优势为主。二是在跨径的确定上,并非单纯追求跨径上的新突破和世界第一,而是将创新性、耐久性和经济性统筹考虑和综合确定。这两个方面的成功经验的确值得我们深入思考和借鉴。

(2)加拿大长大桥梁建筑用材主要是用预应力混凝土结构与钢结构,其中城市桥梁以钢结构居多,而海上长大桥梁则以预应力混凝土结构居多。究其原因,一是海上长桥工程规模大、材料用量多,采用预应力混凝土有明显的经济优势,二是预应力混凝土技术的不断发展与成熟确保了海上长大桥梁的工程质量、桥梁耐久性和施工工期(如加拿大的联邦大桥)。因此,我们应在这些方面学习其有益的经验和做法。

(3)在景观及环保方面,同城市桥梁相比,加拿大海上长桥的景观设计未能引起足够重视,景观效果欠缺,但注重适用性,结构形式简单;同时,十分注重环保设计,如在某大桥人工岛设计中,对于岛上生活污水的排放专门采用污水管排往内陆。而在旅游区的大桥则十分重视附属设施的设置(如著名的狮门大桥)。

(4)在施工组织方面,加拿大桥梁的施工一般采用结构预制化、工厂化、专业化;大力实施施工机械化和设备大型化,桥梁构件的设计尽可能简单化,便于加快施工进度和工程质量控制,并节约昂贵的人力资源。同时重视施工组织设计,特别是施工计划安排及进度控制。施工工序的安排多采用流水作业,以提高工作效率,保障施工进度。

(5)在城市桥梁的设防上,我们所考察的几座海上长大桥梁,由于所处地域自然环境的不同,有的桥梁桥墩设计在构造上主要是考虑防止浮冰的撞击,而另一些桥梁则主要是考虑防船舶撞击。结构一旦遭到撞击,他们有一套快速修复系统在最短时间里修复结构。在城市桥梁跨线桥的设防上,所有桥梁未设防撞角钢、防撞门架,也未见桥梁有剐蹭、被撞破坏现象。一是汽车严格按国家标准生产出厂,未有私自改装加高等现象;二是桥梁净空尽量按高标准设计,净空高度没有划分成很多种类型。这些亦是我们应对比和思考的。

(6)在桥梁结构防腐蚀方面,在桥梁钢材防腐设计观念上,加拿大人反对使用环氧涂层钢筋,认为环氧涂层会降低钢筋与混凝土之间的握裹力,使得这两种材料的互补优势无法发挥出来,以致降低了材料使用效率。因此,他们主张通过改进混凝土本身的材性来提高结构的耐久性标准。同时他们在桥梁结构的耐久性方面还采取了许多技术措施和管理措施,也值得我们借鉴。

(7)在交通控制及运营管理方面,所考察的桥梁工程中,因建设较早其交通工程的硬件设施先进性都不够,基本上未安装交通监控系统,取而代之的是人为管理,交通管理借助机动的巡逻车来维护。但其设计则较为灵活,同样是高速公路通道,其车道数一般只有2~4车道,且通常不设中央分离带,减少了桥梁宽度,大大降低了工程造价。而为了弥补车道数少带来交通管理问题,在设计上处处体现了以人为本的指导思想,如在海上长桥上每隔750m设置安全岛,便于车辆的临时停靠、紧急事故的处理;在道路两侧设置类似搓板结构的路缘带起到交通警示作用,这些做法也对我们有启迪作用。

(8)他山之石可以攻玉,加拿大城市桥梁建设成就一定会对我国城市桥梁建设者和同行们提供相关的启示和借鉴的东西。让我们携起手来,汲取人类所创造的一切文明财富,进一步推动我国城市桥梁建设的健康发展,促进祖国现代化建设的进程。

24 巴西城市桥梁建设印象

24.1 引言

2008 年北京奥运会前夕，为了学习和借鉴南美国家——巴西在城市交通和城市桥梁建设的经验，由北京勘察设计协会组织行业部分工作者等一行 7 人赴巴西的巴西利亚、圣保罗、里约热内卢、库里提巴和玛瑙斯等城市进行专题考察，并与巴西的同行们进行了交流，了解了巴西在城市交通和城市桥梁建设的相关情况。

巴西位于南美洲大陆东部，东临大西洋，面积 8550000km^2，人口 1.9 亿，是南美洲最大国家，也是发展中国家。陆邻为除智利和厄瓜多尔以外的所有南美国家。全境由高原和平原构成。主要高原有北部边境的圭亚那高原和中南部的巴西高原。巴西高原占国土面积的 1/2，大部海拔 600~900m，面积 500 多万平方公里，为世界上面积最大的高原。两高原之间为辽阔的亚马孙平原，拥有世界最大的原始森林，是有名的红木之国，虽属热带气候，但雨水丰富，瀑布众多。其经济位居拉美之首，在世界经济中居前八位，矿产、森林和水力资源十分丰富，主要有钢铁、采矿、纺织等。农业也十分发达，咖啡、蔗糖和玉米等产量均居世界前列。国内生产总值约合 6049 亿美元，人均 GDP 为 1 万美元。近些年巴西在中型飞机制造、汽车制造、生物能源开发和石油工业走在世界前列。

公元 1500 年葡萄牙人到达巴西海岸，16 世纪 30 年代，巴西沦为葡萄牙殖民地。1822 年 9 月 7 日独立，建立巴西帝国。1889 年推翻帝制，建立共和国。巴西是南美最大的国家，虽属发展中国家，但其经济发展、城市建设等方面处于世界中上水平，此次对巴西的业务考察，其城市交通和城市桥梁建设给笔者留下了很深的印象。

24.2 大跨径城市桥梁

过去我们在资料里看到过巴西里约热内卢尼特罗伊大桥（图 24.1）曾被评为世界上最美的桥梁，这次亲自到现场参观了该大桥。这座大桥是 1974 年建成的，系主跨为 300m 的钢梁结构。这种梁式结构的桥梁，结构匀称、舒展大方，横跨里约热内卢的内海湾上，引得游人驻足观看。

图 24.1　尼特罗伊大桥

24.3　城市立交桥

巴西的城市立交桥大体分为两类:互通式立交桥梁和跨线式立交桥梁,以下分别介绍这两类城市立交桥梁。

24.3.1　互通式立交桥梁

圣保罗、里约热内卢等城市不少立交桥为苜蓿叶或定向式立交形式。在这些立交桥梁的结构上,采取的设计手法是安全、简捷和耐久。

图24.2是巴西某立交桥梁的墩柱和盖梁,墩柱为直径1.2m的圆柱墩,盖梁为矩形预应力盖梁,上部为组合式T形梁。虽然墩柱与盖梁设计的简约些,但十分牢固、安全,体现了他们在设计思路上的大手笔。

图24.2　巴西某立交桥梁的墩柱和盖梁

图24.3为巴西某立交桥梁的引桥。引桥左侧跨的上部结构为鸡骨肋形的主梁,墩柱为独柱式大挑臂的盖梁;右侧跨的上部结构为预应力圆孔板。两侧不同类型的上部结构的端头均采用牛腿支承,以便减小上部结构主梁的高度。它们这种简易的结构处理方式,也反映了巴西人的豪爽和实用的思想。图24.4系圣保罗的一座立交桥的引桥,其下部结构的墩柱和盖梁即反映了此种设计理念。为了解决支承上部结构不同高度和不同类型两种主梁的需求,这个独柱(直径为1.5m)支承的盖梁采用不同高度来处理,其设计思想也是值得称赞的。而且在桥墩上还有涂鸦作品,这也反映了巴西的特色。

图24.3　巴西某立交桥梁的引桥

图24.4　巴西某立交桥梁的引桥

24.3.2　跨线式立交桥

在城市跨线式立交(或称简交)桥梁结构设计上,巴西人采取的手法依然是大胆、简约和实用。图24.5为巴西某城市跨线桥,其主梁为现浇平面板式结构,中墩T形薄壁墩,主梁与墩柱为刚接,看起来结构十分简捷和牢固。图24.6为巴西某城市的另一座跨线桥,主梁为鸡骨肋形梁,桥墩为T形墩,主梁与墩柱为刚性连接,墩柱在支点处往上扩展,也很协调。同时该桥的挂檐板为锯齿形,也是独具匠心之处。

图 24.5 巴西某城市跨线桥照片 1

图 24.6 巴西某城市跨线桥照片 2

24.4 人行天桥

巴西人在一些人行天桥的设计上也有独到之处，如图 24.7。这座天桥为现浇结构，其流畅的桥型和桥外圆环式立柱，再加上坡形梯道，衬托出此桥的轻盈、美观和协调。

图 24.8 是巴西一条公路上的人行天桥。这座天桥的特点是，结构简单，均为工厂预制，现场拼装。同时为了防止行人往桥下投掷东西，该桥还设置了全封闭的防护网。其梯道亦是简单、实用。

图 24.7 巴西圣保罗市一座人行天桥

图 24.8 巴西某公路上的一座人行天桥

在考察中我们感到巴西大多数城市的人行天桥在设计上要么简单、实用，要么在结构上大胆创新，并常采用混合结构的形式建造天桥。

24.5 感悟与结语

通过此次业务考察，笔者对巴西的城市总体印象和城市桥梁建设有如下的启示和相关建议：

在城市桥梁结构的设计理念上，巴西人十分注重结构的安全性和耐久性。他们虽然在细部的设计手法上略显粗糙，但他们在满足交通功能的前提下，追求整个桥型的舒展和注重大的效果。而在人行天桥造型上，他们的桥型设计又使人耳目一新。同时，巴西在大跨径城市桥梁的设计和建造上，也做出了让世人瞩目的成绩，是值得我们学习的。

我们在城市交通和城市桥梁的设计理念、设计手法上应学习和借鉴巴西人的成功经验，更加注重结构的安全性和耐久性，适当增加结构的安全储备，要在桥梁美学和景观设计上进一步总结和探索，以适应现代化建设的新趋势。

我们国家应从巴西近20多年来经济快速发展中吸取有益的经验，大力开展高附加值和自主创新的产品（如中型飞机和生物能源产品），进一步增强我们的综合国力，通过全民族的共同努力，早日把我国建设成为现代化的强国。

25 阿根廷城市桥梁建设印象

25.1 引言

为了学习和借鉴南美国家——阿根廷在城市规划、城市建设以及城市建筑、城市交通、城市桥梁的成熟经验，2008 年北京奥运会的前夕，由北京勘察设计协会组织行业部分工作者和建筑师等一行 7 人赴阿根廷的布宜诺思艾利斯、索萨里奥等城市进行专题业务考察，并与阿根廷的同行们进行了交流，了解了阿根廷在城市规划、建设和管理方面的相关情况，对其城市建设的总体印象有了一定的了解。

阿根廷为南美地区第二大国家，其国土面积仅次于巴西，为 2780000km^2，人口约为 3930 万。其中白种人占 95%，多属意大利和西班牙后裔，印第安人为 38.3 万，官方语言为西班牙语。87%的居民信奉天主教，其余的信奉基督教及其他宗教。

图 25.1　阿根廷潘帕斯草原

阿根廷的国土为狭长形，位于南美洲东南部，东濒大西洋，南与南极洲隔海相望，西与智利接壤，北临玻利维亚、巴拉圭，东北部与巴西和乌拉圭为邻，地势由西向东逐渐低平。西部是以绵延起伏、巍峨壮丽的安第斯山为主体的山地，约占全国面积的 30%；东部和中部的潘帕斯草原（图 25.1）是著名的农牧区；北部主要是格兰查科平原，多沼泽、森林；南部是巴塔哥尼亚高原。主要山脉有奥霍斯·德萨拉多山、梅希卡纳山，海拔 6965m 的阿空加瓜山为南美洲万峰之冠。流经阿根廷境内的巴拉那河全长 4700km，为南美第二大河。主要湖泊有奇基塔湖、阿根廷湖和别德马湖。北部属热带气候，中部属亚热带气候，南部为温带气候。著名的乌马瓦卡峡谷，曾是古老的印加文化传到阿根廷的通道，被称为“印加之路”。阿根廷矿产资源丰富，主要有石油、天然气、煤炭、铁和银等。原先这片土地在 16 世纪前一直居住着印第安人，1535 年西班牙人在拉普拉塔建立殖民据点，1776 年西班牙设立以布宜诺斯艾利斯为首府的拉普拉塔总督区。1810 年 5 月 25 日布宜诺斯艾利斯人民掀起反对西班牙统治的“五月革命”，成立了第一个政府委员会。1812 年起，阿根廷人民在民族英雄圣马丁的领导下，开展了反对西班牙殖民军的大规模武装斗争，于 1816 年 7 月 9 日宣告独立。1853 年制定第一部宪法，建立了联邦共和国，结束了独立后长期的分裂和动乱。自 20 世纪 30 年代以来，国内政权出现军人与文人交替执政的局面。阿根廷在生活习俗、城市建设风貌等方面，至今还完整的保留着欧洲人的风格，他们酷爱两项活动：一个是踢足球，另一个是跳探戈舞。阿根廷人性格豪爽，对人十分热情、友好。

25.2　布宜诺思艾利斯市城市规划和建设的总体印象

布宜诺斯艾利斯市是阿根廷的首都，而且是一座拥有400多年历史的古老城市。1536年始建，后被印第安人所毁，1580年重建，1776年成为拉普拉塔总督辖区首府。随着港口的开埠，发展成为潘帕地区牛皮、羊毛、小麦等产品和西欧进口物资的集散地。1880年成为阿根廷联邦首都，1887年设布宜诺斯艾利斯联邦区，1910年发展成为铁路中心枢纽。50年代随着工业的发展，城市工业布局和人口向郊区迅速发展，1970年联邦区人口达297.2万。卫星城镇的人口由1947年的167万猛增到1970年的538万，使大布宜诺斯艾利斯的人口达到835万，占全国人口的36%，加入世界特大城市行列。

布宜诺斯艾利斯市(Buenos Aires)是阿根廷的政治、经济、文化中心，享有"南美洲巴黎"的盛名。布宜诺斯艾利斯(Buenos Aires)在西班牙语中意为"好空气"。它东临拉普拉塔河，西靠"世界粮仓"潘帕斯大草原，地处南回归线以南，海拔25m，气候温暖，年平均气温16.6℃左右，温差不大，年平均降水量为950mm，风景秀美，气候宜人。

布宜诺斯艾利斯市区面积约200km^2，人口近200万，若包括郊区，面积达4326km^2，人口则有1383万人。因此布宜诺斯艾利斯总人口约占阿根廷的三分之一。16世纪前，这里一直居住着印第安人部落。1536年1月，西班牙宫廷大臣佩德罗·德·门多萨率领1500人组成的探险队到达拉普拉塔汀入海口木在河西岸潘帕斯草原的一个高地上建立居民点，并以水手保护神"圣玛丽亚·布宜诺斯艾利斯"的名字命名，布宜诺斯艾利斯由此得名。1880年正式被定为首都。当我们驱车行驶在布宜诺斯艾利斯的市区，看到遍布着许多街心公园、广场和纪念碑。例如在市中心区，有议会大厦前的议会广场，有纪念1813年制宪大会，还有1816年议会的"两议会纪念碑"。这里的城市建筑大多受欧洲文化影响，至今还保留有几个19世纪前的西班牙和意大利风格的古代建筑。布宜诺斯艾利斯分为以下5个主要繁华区：

1区以五月广场为中心，是政治和商业区。五月大街起于五月广场，止于西端的议会大厦广场。坐落在五月广场的总统府，建筑呈粉红色，通称"玫瑰宫"，庄重美观，是阿根廷建筑师普利迪阿诺·普埃伦东1856年的杰作。玫瑰宫前方是庄重的大教堂，修建于1723年，内有民族英雄圣马丁的墓。五月广场的中心屹立着一座金字塔形的纪念碑，塔顶上有自由女神塑像，这是为纪念1810年布宜诺斯艾利斯月民争取独立和自由的五月革命而修建的。玫瑰宫对面的原市参议会是一座西班牙式的白色建筑，现为五月革命历史博物馆。五月大街的另一端是全国议会大厦，具有浓郁的传统的欧洲风格，且墙面的浮雕十分动人。与五月大街平行的有号称世界最长的里瓦达维亚大街。这一区内还耸立着许多现代的高楼大厦。

2区被称为圣特尔莫区，系布宜诺斯艾利斯市的发源地和最早的港口。它反映了建城以来各个时期发展的特征，被定为历史文化保护区。该区内分布着众多的纪念碑、教堂、雕塑、广场，甚至是一些餐馆和民舍都充满着神奇色彩，吸引着无数的旅游参观者。

3区位于拉普拉塔河附近，这里的环境十分优美和宁静，建有许多博物馆，并有殖民统治时期建筑之精华的罗马大教堂。

4区位于城南海滨，是意大利移民的集居地，这里保留着不少传统习惯。

5区称为帕莱莫区，这里风光秀丽，花草繁茂，湖水如镜，街道宽阔。尤其是玫瑰公园，每到春天到来时，各种玫瑰花竞相开放，色彩斑斓。区内的街心公园建有许多著名的雕塑以及民族英雄纪念碑和共和国解放纪念碑。区内还有动物园、植物园。植物园占地7.8万平方米，拥有世界上最主要的植物。有些古西班牙风格的建筑物至今犹存，如庄严肃穆的西班牙式教堂、古朴典雅的住宅，以至那些铁铸的窗户栏杆、幽静的庭院都具有独特的风格。造型优美的现代化建筑和这些具有浓厚西班牙风格的建筑，形成强烈的对比。

通过业务考察我们发现,布宜诺斯艾利斯市的南部保留着古老的欧式风格,但东部显示出现代化大都市的风貌。这里不仅是阿根廷的政治中心,也是经济、科技、文化和交通中心,全市拥有八万多家工业企业,工业总产值占全国的三分之二,在国民经济中占有举足轻重的地位。该市海运航线可达五大洲,全国出口货物的38%、进口货物的59%在布港装卸。有9条铁路通往全国各地;市内有5条地铁,因此,布宜诺斯艾利斯市是一个宜居的、功能完善和比较成熟的城市。

25.3 城市桥梁

由于阿根廷的城市建设受欧洲的设计理念影响比较深,因此他们在城市桥梁建设上反映着浓郁的欧洲风格。阿根廷的城市立交桥梁大体上分为三类:互通式立交桥梁、跨线式立交桥梁、人行天桥,以下详细介绍这三类城市桥梁。

25.3.1 互通式立交桥梁

在考察布宜诺思艾利斯等城市时,我们发现其城市立交大部分为苜蓿叶或定向式立交形式。这些立交桥梁的结构设计上,既满足了交通畅通和车辆行驶舒适性的要求,又要在经济上、美观上及行车安全上进行了综合考虑。譬如,在立交桥梁桥墩(墩柱)的设计上,要躲开城市的自来水管、煤气管、排水系统、电话线及输电电缆等;在材料的选择上,既有钢结构的桥梁,又有普通混凝土桥梁和预应力混凝土桥梁。为了满足立交桥梁符合城市景观的要求,阿根廷人当初就成立了专门的委员会,主要审查新建桥梁是否与周围环境相协调,桥梁的结构形式、墩柱的形状、排列的方法等是否满足美观的要求。这些成功的做法,使我们感触很深。我们国家在进行城市立交建设中,虽然起步于20世纪70~80年代,但直到90年代才开始提出城市桥梁建设应关注桥梁美学问题。阿根廷的这些城市桥梁多建于20世纪60~70年代,我们说其在城市立交桥梁建设上反映着浓郁的欧洲风格,主要是指结构设计上采取的手法,即尺度合理、安全、简捷和耐久,总体效果上给人一种舒展、大气的感观,见图25.2。

图 25.2 某互通式立交桥梁

25.3.2 跨线式立交桥梁

在城市跨线式立交(或称简立交桥)桥梁结构设计上,阿根廷人采取的手法是大胆、简约和实用。其结构形式一般为预应力混凝土连续梁桥、预应力简支梁桥和钢板桥。如图25.3为布宜诺思艾利斯的一座跨线(跨河)桥,既跨越河流(且在河道的转弯处),又跨城市道路,并与城市道路斜交。主跨为80m,桥梁结构形式为变截面连续刚构,由于连续刚构的边孔跨径较大,成功地解决了斜桥正做的难题。

25.3.3 人行天桥

考察中我们发现,阿根廷的人行天桥在设计理念上十分超前。在一般的公路和城市道路上关注快速施工和外形的简约;在重要的城市道路上他们设计的人行天桥又很有特色,且形式多种多样,给人留下很深的印象。图25.4为阿根廷某高速公路上一座人行天桥。这座天桥的特点是,结构简单,均为工厂预制,施工采用现场拼装;同时为了防止行人往桥下投掷东西,该桥还设置了全封闭的防护网。其梯道亦是简单、实用。阿根廷大多数城市的人行天桥在设计上要么简单、实用,要么在结构上大胆创新,并常采用混合结构或钢结构。

图 25.3　某跨线式立交桥梁

图 25.4　某人行天桥

25.4　大跨径城市桥梁

25.4.1　巴拉拿桥

提起阿根廷的大跨径城市桥梁,必须提及著名的巴拉拿桥,见图 25.5。这座桥位于巴拉拿河上,建成于 20 世纪 80 年代,为双塔双索面的斜拉桥,且索面为辐射形。其跨径组合为 110m+330m+110m。该桥为 4 车道桥面,桥上通行的电车轨道布置在桥面一侧。主梁为受压结构,由两座梯形截面箱梁和一块正交异性板组成。混凝土桥塔高出桥面 68m。此外,阿根廷城市大跨径桥梁常采用的结构形式还有:连续梁桥、刚构桥、拱形桥和其他形式如斜拉桥等,应该说他们在大跨径城市桥梁建设上属世界中等水平。

25.4.2　造型独特的女人桥

人们谈起阿根廷的城市桥梁,不能不提及著名的女人桥,见图 25.6。这座由西班牙著名的建筑师 Santiago Calatrava 设计的女人桥,建成于 2001 年 8 月,2008 年北京奥运会的圣火曾在该桥举行过盛大的传递仪式。

图 25.5　巴拉拿桥

图 25.6　著名的阿根廷女人桥

女人桥桥长 160m,桥面宽 6.2m。此桥取名"女人桥"的原因,一般认为是由于该桥附近的街道以女人名取名的为多,其实该桥的桥名与其优美的造型有着密切的关系。到此观光的旅游者细细品味后才认识到这个命名的独到之处。这座桥的造型十分优美,从远处看,桥身小巧玲珑,桥体通体白色,很像一个穿着白色长裙的窈窕淑女。由于桥体通身是白色的,造型为两条简洁的线条,一条横跨河的两岸,一条从桥的中央斜射出去,仿佛像张开的鱼嘴。仔细研究该桥的结构,这两条简洁的线条:一条横跨河的两岸,一条从桥的中央斜射出去,好像一只鸟张开的两个翅膀,又仿佛像一个少女舞蹈时张开的双臂。而这两条线合起来再加上桥墩,其形状又酷似一只高跟鞋。这个造型不但美观,而且十分科学和实用。由于这个结构,桥身可以以"高跟鞋"的鞋跟(桥墩)为支点作90°旋转,打开桥的中央,让过往船只从容通过。因此,了解这一切,才让人真正明白"女人桥"这个名称的含义具有多方面、多角度的象征意寓。当地阿根廷人自豪地说:"女人桥"不仅造型优美,设计也很科学,每当有大船经过,桥身就会在一个支点上转离桥墩,腾出空间让船从容经过。这是上天赋予他们的礼物。

25.5 相关启示和建议

25.5.1 相关启示

(1)通过考察,我深感在城市建设中充分体现以人为本是我们的根本目标,也是科学发展观的核心。阿根廷人城市建设的成功经验告诉我们,在城市建设的发展之初,以及对旧城进行开发和保护时,要真正体现以人为本的理念。城市建设和发展最终是为了适宜人类居住,在城市中留出充分的空间,为市民开辟花园和绿地,方便市民活动;要让湖泊变清,让市民更加健康,出行更加便利。通过几代、几十代人的不懈努力,不断完善城市功能,努力建设世界闻名的宜居城市,这方面我们应该向阿根廷人学习。

(2)文化是一个城市的灵魂,也体现该城市的层次和品位。如果一座城市缺乏魅力,实际上是缺少文化底蕴。在考察中,我们感受最突出的就是阿根廷的首都——布宜诺斯艾利斯充分展现了其厚重的文化底蕴,随处可见的欧式建筑和教堂,使人仿佛到了欧洲的某座古老的城市。

(3)走进阿根廷的其他城市,尽管其城市风格各异,但很少有抄袭雷同。当我们置身于这些城市中,就仿佛走进了历史。我以为,作为一个负责任的城市建设者,必须尊重历史,合理保护传统的历史遗存。相比而言,我国的一些城市虽拥有几百年或上千年的历史,但由于文化发掘不够,一些历史文化的内涵尚待我们去开发和展现。我国一些城市规划只注重功能性,而忽视其应有的文化质量。假如我们把北京的一些具有悠久历史文化的街区、胡同、建筑物统统拆掉,以新为好,以洋为美,其实是对城市文化和传统的破坏。如果是那样,北京也就不会称之为历史文化名城了。

(4)人与自然的和谐是城市发展的本质所在。城市建设要保持自然地貌,要追求人与自然的和谐发展,就应把生态型城市作为其城市发展的方向和目标。而城市的生态发展应体现五个特性:即和谐性、持续性、高效性、均衡性和区域性。

(5)在城市交通的发展对策上,阿根廷的城市交通系统给我们提供了十分成熟的、可借鉴的经验。他们在古老的城市采取的交通措施(如单行线限行措施)和交通对策上,给了我们许多的启示。在静态停车上,我们亦应学习他们的有益经验,在城市中心区,为了合理的利用停车资源,就应采用咪表方式,通过经济杠杆解决停车问题。

(6)在城市桥梁结构的设计理念上,阿根廷人十分注重结构的安全性和耐久性。他们虽然在细部的设计手法上略显粗糙,但他们在满足交通功能的前提下,追求整个桥形的舒展和注重大的效果。而在人行天桥造型上,他们的桥形设计又使人耳目一新。同时,阿根廷人在大跨径城市桥梁的设计和建造上,也做出了让世人瞩目的成绩,也是值得我们学习和借鉴的

25.5.2 相关建议

(1)建议我国在建设小康社会和推进城市化的进程中,要充分重视规划和设计的龙头作用。必须编制一个合理的、经得起历史考验的城市规划,要借鉴阿根廷的有益经验和北京实践"绿色奥运、科技奥运、人文奥运"三大理念的成功经验,并在城市建设中实现安全、质量、功能、工期和成本五大要素的统一。

(2)建议北京在2008年奥运会赛后场馆的利用和管理上进一步体现以人为本的设计思想,充分重视奥运会后场馆、设施和环境的利用上体现大众性和实用性。从西方国家的有益经验中得到的启发,重视为人民群众营造好优美的环境,特别是真正体现"绿色奥运"的理念,体现和谐和融合。

(3)建议有关部门从我国实际出发,并参照阿根廷的做法,体现以人为本和注重环境的观念,在城市绿化上采取多种植被(草地)并举,引进并改良适宜的草种,努力改善生态环境,为城市增添美色,使各地城市在推进城市化的进程中,营造方便市民的、宜居的、适宜的环境,不断改进我们的相关工作。

(4)我们应在城市交通和城市桥梁的设计理念、设计手法上学习和借鉴阿根廷人的成功经验,更加注重结构的安全性和耐久性,适当增加结构的安全储备,确保建构筑物在设计年限内正常使用,规避各种风险;要在桥梁美学和景观设计上进一步总结和探索,以适应现代化建设的新趋势。

(5)建议我们有机会出国考察的专业人员,应珍惜业务考察的机会,系统地总结考察见闻、感受和相关启示、建议,将业务考察报告在适当的范围内进行交流,并在国内相关杂志上发表,以便有关设计人员从中得到启示和帮助,以促进和提高我们的工程设计水平。

26 智利城市桥梁建设印象

26.1 引言

为了学习和借鉴南美国家——智利在城市桥梁建设的成熟经验,笔者曾赴智利对圣地亚哥、库里科等城市进行城市桥梁建设专题考察,并与该国的同行们进行交流,了解了其在城市桥梁设计、建设和管理方面的相关情况,对其城市桥梁建设的总体有了一定的了解。

智利(Chile)位于南美洲西南部,安第斯山脉西麓,东同阿根廷为邻,北与秘鲁、玻利维亚接壤,西临太平洋,南与南极洲隔海相望,南北长4352km,东西最窄96.8km、最宽362.3km,海岸线总长约10000km,国土面积756626km^2,2013年人口1609.34万人。智利是世界上地域最狭长的国家,为南美洲国家联盟的成员国,与阿根廷和巴西并列为ABC强国。下面重点介绍智利首都圣地亚哥等城市桥梁的相关情况。

26.2 圣地亚哥的城市桥梁

如众所知,智利的首都圣地亚哥是一座拥有400多年历史的古城。1818年4月5日,经过智利争取独立战争中的迈普之战,圣地亚哥成为智利的首都。公元19世纪因智利发现铜矿并逐渐大规模开采,该城市得到迅速发展。今天的圣地亚哥是一座现代化的城市,是智利最大城市,也是全国政治、经济、文化和交通中心。其城市交通比较发达,城市桥梁也独具特色,下面从几个方面介绍圣地亚哥在城市桥梁的相关情况。

26.2.1 城市立交桥梁

在考察圣地亚哥等城市时,我们发现其城市立交大部分为传统的苜蓿叶或定向式立交形式。这些立交桥梁的结构设计上,既满足了交通畅通和车辆行驶舒适性的要求,又在经济和美观上以及行车安全上进行了综合考虑。譬如,他们在立交桥梁的桥墩(墩柱)的设计上,要躲开城市的自来水管、煤气管、排水系统、电话线及输电电缆等。在材料的选择上,既有钢结构的桥梁,又有普通混凝土桥梁和预应力混凝土桥梁。为了满足立交桥梁符合城市景观的要求,智利成立了专门的委员会,主要审查新建桥梁是否与周围环境相协调,桥梁的结构形式、墩柱的形状、排列的方法等是否满足美观的要求。这些成功的做法,使我们感触很深。其在城市立交桥梁建设上反映着浓郁的欧洲风格,总效果上给人一种舒展、大气的感观。在城市跨线式立交(或称简交)的桥梁结构设计上,智利采取的手法是大胆、简约和实用。其结构形式一般为预应力混凝土连续梁桥、预应力简支梁桥和钢板桥。

图26.1为智利首都的一座跨线桥,主跨为80m,其桥梁结构形式为变截面连续刚构,此座桥梁跨越城市主干路,并与城市道路斜交。由于连续刚构的边孔跨径较大,成功地解决了斜桥正做的难题,且结构尺寸满足安全性和耐久性要求。

图 26.2 为圣地亚哥某立交桥梁的定向匝道桥梁，其结构形式为单箱双室的等截面连续梁结构。这种结构形式在中国各地比较常见，但需要说明的是，其桥形轻巧、舒展，与周围的建筑物比较协调，反映了智利人的建桥水平。

图 26.1　圣地亚哥某立交桥梁主梁（变截面）

图 26.2　圣地亚哥某立交桥梁的定向匝道桥

图 26.3 为圣地亚哥某立交的匝道和桥梁防撞装置。从照片中可看到，其匝道的交通标志线明显、清晰；桥梁防撞墩与主梁的悬壁板现浇在一起，且取消了装饰栏杆，既体现了其简约的思想，又满足安全性要求。从总体上看这座立交的线形舒展、大方，而且桥梁设计也符合现代城市建设的发展趋势。

26.2.2　人行过街桥梁

考察中我们发现，智利的人行天桥在设计理念上十分超前。在一般的城市道路和公路上关注快速施工和外形的简约；在重要的城市道路上他们设计的人行天桥也很有特色，且形式多种多样，给人留下很深的印象。图 26.4 为智利某城市主干道上的一座人行天桥。这座天桥的特点是，主梁为等截面的钢板梁，其结构简单，均为工厂预制，现场安装；为了防止行人往桥下投掷东西，该桥还设置了全封闭的防护网；其梯道亦是简单、实用。

图 26.3　圣地亚哥某立交桥梁

图 26.4　某城市人行桥梁照片

考察中我们发现，智利与阿根廷在人行天桥建造的理念上十分相同，在设计上要么简单、实用，要么在结构上大胆创新，但常采用混合结构或钢结构。

图 26.5 为圣地亚哥某城市支路上的一座跨线人行桥梁。这座人行桥梁虽然规模不大，但其特点还是很鲜明的：因地制宜地将上部结构设计为 U 形槽，U 形槽直接放置在道路的挡土墙上，既可满足行人过街的需求，其栏板又能起到防护和装饰的作用，也展示了智利人的实用和简约的理念。

26.2.3　地下通道桥梁

图 26.6 为圣地亚哥某地道桥入口处。这座地道桥与地面一条城市主干道平行，既有开敞的坡道，又设置了闭合型的通道桥结构。在圣地亚哥这种地下通道桥随处可见，既方便车辆出行，其桥梁结构也简单、安全和实用。

图 26.5 圣地亚哥某人行桥照片

图 26.6 圣地亚哥某地道桥入口

26.3 圣地亚哥和库里科的跨河桥梁

26.3.1 圣地亚哥的跨河桥梁

图 26.7 为圣地亚哥市中心的一座跨河桥梁。这座 5 跨的预应力连续梁桥，系该城市 20 世纪 60 年代修建的，有四大特点：一是采用变截面连续梁，其桥形舒展、大方，且满足桥梁结构受力要求；二是桥墩为矩形，满足受力和河水冲刷的要求，也比较美观；三是桥梁栏杆的立柱、扶手和端柱设计的尺度合理，且灯杆与栏杆有机地结合在一起，十分协调；四是白色的桥身与周围的建筑能融合在一起。总体说来，这座地处圣地亚哥城市中心的跨河桥梁，为城市起到添色的作用。

图 26.7 圣地亚哥某跨河桥

图 26.8 为圣地亚哥的另一座跨河桥梁，虽然结构比较简单，为两跨简支梁，但仍显现一些特点：一是根据需要设置桥梁宽度，仅为两车道；二是上部结构为两跨简支梁，且为工厂预制，满足文明快速、施工的要求；三是针对智利地震多发的特点，下部结构为嵌岩钻孔桩，可满足地震发生时，土壤液化的受力需求；四是在中墩盖梁处设置了防落梁的措施，以防地震发生时桥梁倒塌。

26.3.2 库里科的跨河开启桥

图 26.9 为圣地亚哥马伊波河上的某开启跨河桥。这座桥每侧开启的长度为 40 余米，且开启桥的桥台为圆柱形，既方便桥梁开启，又发挥桥梁桥台的作用。这座开启桥梁的特点有三：一是开启部分为钢结构，既满足受力要求，也满足钢桥防腐要求；二是开启装置与桥台结构有机的结合，设计十分巧妙；三是固定于桥台的开启机械装置加工精密，开启自如，满足航道通航要求，同时也反映了智利桥梁建造的水平。

26.3.3 库里科的刚构桥

图 29.10 为圣地亚哥马伊波河上一座连续刚构桥。这座桥梁建于 20 世纪 70 年代，为钢结构的刚构，

其跨径布置为:25m+85m+25m。这座桥梁的特点有三:一是采用钢结构的刚构,发挥了钢材的优势,其桥形优美、舒展和大方;二是刚构桥在马伊波河上采用较大的主跨,便于船舶通行,也取得了良好的视觉效果;三是桥梁涂成黄色,体现古朴、庄重的理念。

图 26.8　圣地亚哥另一座跨河桥梁

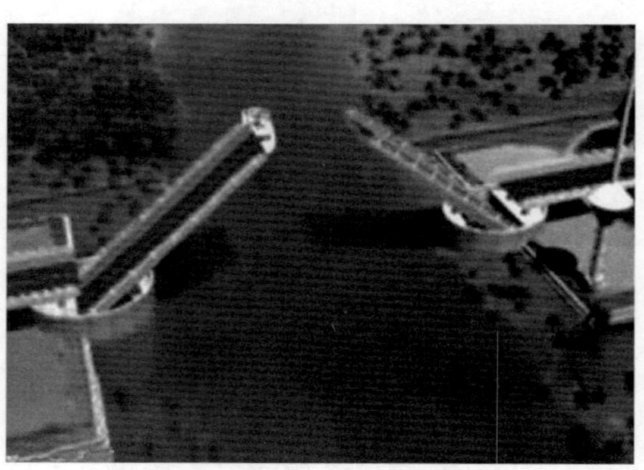

图 26.9　圣地亚哥某开启的跨河桥照片

26.3.4　智利 3 塔 4 跨悬索桥——查考大桥

图 26.11 为拟建的查考海峡大桥。大桥位于智利(Chile)西海岸奇洛埃岛(Chiloé Island),跨越智利的查考海峡,是一座连接本土的跨海大桥。

图 26.10　马伊波河的刚构桥

图 26.11　拟建的查考悬索桥

为了纪念智利独立 200 周年,智利政府计划修建一座横跨查考海峡、连接奇洛埃岛和智利大陆的桥梁,并拟将其命名为"200 周年大桥"。大桥为双向 4 车道,全长 2.6km,总投资约 7.4 亿美元。这座跨海大桥的设计方案是一座大跨度 3 塔 4 跨悬索桥,采用 A 字形中塔,塔高 178m;桥跨布置为 240m+1100m+1055m+240m。按照当年的规划,大桥的投资预算为 7 亿美元,工程于 2007 年开工,2012 年建成。当年对此项目感兴趣的仅有德国的一家公司,但因资金等原因该工程至今未能按原计划正常实施。

智利公共工程部还表示,用于建设查考大桥的资金将为政府直接投资,国家将支付修建跨海大桥的所有费用,因此大桥建成后的运营不会采取城市公路项目中采取的让渡特许经营权的方式。根据预定计划,2012 年 8 月初开始第一阶段项目工程设计和施工招标资格预审,然后进行工程招标,2014 年最终确定中标公司,2015 年中标公司开始施工,预计全部工程将于 2019 年完成并交付使用。

26.4　城市桥梁抗震

智利位于地震多发地带,也发生地震最多的国家之一。迄今为止,地球上所测到的最强地震,就是1960 年 5 月 22 日发生在智利的 9.5 级地震。

如众所知，智利位于环太平洋火山地震带的边缘，是全世界火山地震活动最活跃的地区之一。根据板块移动理论，智利西部沿太平洋一侧正处于纳斯卡板块和南美板块边界上。在岩浆的沉降作用下，两板块相向运动，互相碰撞、挤压。属于海洋板块的纳斯卡板块比重较大，沉降于南美板块之下，并不断挤入南美板块。当这一地壳运动中产生的应力超过岩层能够承受的强度，就会使岩层断裂，骤然释放出巨大能量，形成地震。由于纳斯卡板块移动速度较快(每年向东移动约 9cm)，它与同样活跃的南美板块碰撞形成的地震往往较为强烈。

图 26.12　圣地亚哥地震毁坏的桥梁

2010 年 2 月 27 日大地震正是发生在两大板块交界处，在原有断裂层上造成一段长达 400km、宽 150km 的新“伤口”。这一地区近年来没有发生过大地震，因此积聚了大量能量。智利地质研究机构之前就预计这一带可能发生地震，但实际发生的大地震震级之强超出预料，遇难人数升至 750 人。尽管此次强震是 1900 年以来全球第五大强震，释放的能量相当于海地地震的 272 倍，但其人员伤亡情况却远没有海地惨重。智利这个拉美最富裕的国家，表现出了较强的“抗地震击打能力”，虽然震源远比海地地震震源要深，但智利地震伤亡人数却较海地为少。

智利 1960 年大地震后强化了建筑和桥梁规范，制定了更严格的建筑物抗震标准，并督促设计、施工企业认真执行，这也是智利的成功经验。地震中，许多房屋或坏而不倒，或倒而不毁，给屋内人员以自救、互救的契机。正是其严格的抗震规范及管理，挽救了众多生命。智利的建筑被世人称为坚不可摧的建筑，其巧妙的抗震设计是智利众多新建筑的共同特点。

譬如，在地震中，圣地亚哥机场候机楼连接高速公路的一座桥梁一端塌陷(图 26.12)，引发质疑。但设计师的考虑是，如果连接桥的两端都固定连接，大地震来临时，强大的拉力会拉垮与之相连的建筑。反之，只有一端固定，大地震来时，没有固定的一端受力后会自然塌下来，既保护了候机楼，又保护了公路。又如，在智利地震重灾区康塞普西翁市，一栋顶部出现 30°倾斜的高层建筑，有数层楼的楼板都塌了，但大楼的柱并未断裂。框架结构的建筑，虽然楼板塌陷，但只要大楼的柱不出问题，就不至于造成整栋楼倒塌。由于经常遭受地震袭击，智利深知大地震的破坏力无法抵抗，所以它的防震设计理念不是建造坚不可摧的建筑，而是尽可能地缓冲、释放地震能量，并最大限度地保全建筑物。当地建筑设计师说，智利广泛采用“强柱弱梁”的抗震设计：通过梁的断裂来缓冲地震能量，但是柱不会断，尽可能保证楼房不会整体倒塌，从而在最大限度上减少伤亡。这一理念也体现在城市桥梁的抗震规范中。

26.5　感悟与结语

综上所述，本文通过对智利圣地亚哥和库里科等地城市桥梁建设情况的简要回顾，以及对智利桥梁抗震技术的综合介绍，力求使读者了解智利城市桥梁建设和设计的总体水平。

笔者的感悟和结语是：

(1)在城市桥梁建造理念上，智利受欧美国家的影响较大，呈现着浓郁的欧洲风格，主要是其结构上采取的设计手法，如尺度合理、安全、简捷和耐久；总的效果上给人一种舒展、大气的感观。应该说，智利在桥梁建设上属世界较先进水平。

(2)在城市跨线式立交(或称简交)桥梁的结构设计上，智利人采取的手法是大胆、简约和实用，其匝道的交通标志线明显、清晰；桥梁防撞墩与主梁的悬臂板现浇在一起，且取消了装饰栏杆，既体现了其简约的思想，又满足安全性要求，也符合现代城市建设的发展趋势。

(3)智利作为一个地震多发的国家，认真总结以往桥梁受地震破坏的相关案例，树立抗震和减震的先进理念，同时在抗震设防的细部处理上，也进行了大量的开拓性的科学研究，使得智利在建筑抗震领域走在世界的前列，其整体抗震性能和相关设计规范同样处于世界领先水平；他们对于场地条件或结构形式较为复杂的桥梁，其规范要求要统筹考虑桥梁系统整体的抗震性能，并且将桥梁支座、防止落梁装置等作为主要结构构件来设计。智利的相关抗震理论和设防措施和专有技术值得我们学习和借鉴。

(4)拟建的查考大桥采用大跨度3塔4跨悬索结构，采用A字形中塔，塔高178m，这一先进的桥型是经国际招标确定的，反映了当今世界建桥技术的最高水平。我们有充分理由相信，查考大桥经过周密的施工组织和严密的监理，一定会建设成一座世界级的桥梁。

(5)让我们携起手来，汲取智利及人类所创造的一切文明财富，进一步推动我国城市桥梁建设的健康发展，促进我国由桥梁建设大国向桥梁强国的目标迈进。

参考文献

[1] 马修,韦尔斯.世界著名桥梁设计[M].张慧,黎楠,编译.北京:中国建筑工业出版社,2003.

[2] 李世华,罗桂连.桥梁工程[M].北京:中国建筑工业出版社,2007.

[3] 徐风云,陈德荣.桥梁审美原理[M].北京:人民交通出版社,2007.

[4] 万明坤,等.桥梁漫笔[M].北京:中国铁道出版社,1997.

[5] 项海帆.沿海高等级公路上的跨海大桥工程//第十二届全国桥梁学术会议论文集[M].北京:人民交通出版社,1996.

[6] 项海帆.桥梁概念设计[M].北京:人民交通出版社,2011.

[7] 中华人民共和国行业标准.JTG D62—2004　公路钢筋混凝土及预应力混凝土桥涵设计规范[S].北京:人民交通出版社,2004(9).

[8] 鲍卫刚,等.预应力混凝土梁式桥设计施工技术指南[M].北京:人民交通出版社,2009(11).

[9] 林元培.桥梁设计工程师手册[M].北京:人民交通出版社,2007(7).

[10] 滕家俊,沈平.现代桥梁建筑设计[M].北京:人民交通出版社,2009(9).

[11] 尹德兰,邓文中.中国桥梁[M].北京:清华大学出版社,2008(10).

[12] 唐志勇.预应力混凝土桥梁混凝土裂缝产生及防止研究[J].现代商贸工业,2010(1).

[13] 何维利.桥梁体外预应力技术研究[J].工业建筑(增刊)(第34卷),2004(3).

[14] 赵东松.预弯复合梁设计[J].工业建筑(增刊)(第34卷),2004(3).

[15] 朱尔玉,等.现代桥梁预应力结构[M].北京:清华大学出版社,2008(10).

[16] 娄庄鸿.我国拱桥的特色和发展趋势//中国公路学会桥梁和结构工程学会(1996年桥梁学术讨论会论文集)[M].1996.

[17] 王应良,等.欧美桥梁设计思想[M].北京:中国铁道出版社,2008(5).

[18] 范立础.世界预应力混凝土桥梁发展现状//1995预应力混凝土连续梁和刚构桥学术会议论文集[M].1995.

[19] 刘正光.香港桥梁设计及工程管理[M].北京:清华大学出版社,2007(6).

[20] 邓民宪,宋龙伯.桥梁群体震害预测方法的研究[J].防灾减灾工程学报,1995(1).

[21] 刘万桢.城市桥梁施工[M].北京:中国建筑工业出版社,1992(3).

[22] 林元培.斜拉桥[M].北京:人民交通出版社,1995(6).

[23] 中华人民共和国行业标准.CJJ 11—93　城市桥梁设计准则[S].北京:中国建筑工业出版社,1993.

[24] 陈秉玲.国内外大跨径桥梁发展概况[J].城市道桥与防洪,1997(2).

[25] 史尔毅.桥梁论文集[M].北京:人民交通出版社,1996(5).

[26] 陈智仁.香港的跨海大桥[J].城市道桥与防洪杂志,2007(8).

[27] 韦志成.香港城市桥梁//第十八届全国桥梁学术会议论文集[M].北京:人民交通出版社,2008(5).

[28] 黄重生.在城区环境下设计及建造高架行车道的挑战//第十八届全国桥梁学术会议论文集[M].北京:人民交通出版社,2008(5).

[29] 穆祥纯.基于生命线工程的城市桥梁防灾减灾对策研究//第十九届全国桥梁学术会议论文集(上册)[M].北京:人民交通出版社,2010(6).

[30] 穆祥纯.球形支座在北京城市立交桥中的应用//全国桥梁结构学术大会论文集(上册)[M].北京:人民交通出版社,1992(11).

[31] 穆祥纯.城市大跨径桥梁设计有关问题的探讨//中国土木工程学会桥梁及结构工程学会第十三届年会论文集(上册)[M].北京:人民交通出版社,1998(11).

[32] 穆祥纯.论城市桥梁结构的安全度和耐久性问题//第十六届全国桥梁学术会议论文集(上册)[M].

北京：人民交通出版社,2004(6).
[33] 穆祥纯.论北京城市桥梁设计的创新技术//第十七届全国桥梁学术会议论文集(上册)[M].北京：人民交通出版社,2006(4).
[34] 穆祥纯.我国城市桥梁建设的创新与发展//第十八届全国桥梁学术会议论文集(上册)[M].北京：人民交通出版社,2008(5).
[35] 穆祥纯.考察德国城市桥梁建设及相关启示[J]. 特种结构,2010(4).
[36] 穆祥纯.基于传统与现代的德国城市桥梁[J].城市道桥与防洪,2011(1).
[37] 穆祥纯.基于传统与创新理念的法国城市桥梁[J]. 特种结构 ,2010(5).
[38] 穆祥纯.考察阿根廷城市建设及相关启示[J]. 特种结构,2010(3).
[39] 穆祥纯.考察丹麦城市桥梁建设及相关启示[J]. 特种结构,2010(6).
[40] 穆祥纯.考察美国城市大跨径桥梁建设(上)[J]. 特种结构,2011(1).
[41] 穆祥纯.德国城市桥梁建设一瞥[J]. 工程建设与设计,2011(1).
[42] 穆祥纯.城市桥梁建设——英国[J]. 工程建设与设计,2011(2).
[43] 穆祥纯.勘察设计单位信息化建设“十一五”回眸与“十二五”展望[J]. 中国勘察设计,2011(3).
[44] 穆祥纯.城市桥梁建设——美国[J]. 工程建设与设计,2011(3).
[45] 穆祥纯.考察美国城市大跨径桥梁建设(下)[J]. 特种结构,2011(2).
[46] 穆祥纯.城市桥梁建设——加拿大[J]. 工程建设与设计,2011(5).
[47] 穆祥纯.考察加拿大城市桥梁建设及相关启示[J]. 特种结构,2011(3).
[48] 穆祥纯.我国城市桥梁桥面防水技术的发展历程和前景展望[J].中国建筑防水,2011(8).
[49] 穆祥纯.预应力混凝土技术在我国城市桥梁建设的创新和发展[J].道桥与防洪,2011(8).
[50] 穆祥纯.基于传统理念和创新意识的意大利城市桥梁[J]. 特种结构 ,2011(5).
[51] 穆祥纯.充满民族风情的桥梁建设——丹麦[J]. 工程建设与设计,2011(11).
[52] 穆祥纯.香港城市桥梁建设的创新和发展(上)[J]. 特种结构 ,2008(6).
[53] 穆祥纯.论城市广场石材铺装的技术标准[J]. 工程建设与设计,2011(11).
[54] 穆祥纯.融合传统与创新理念的英国城市桥梁建设[J]. 特种结构 ,2010(1).
[55] 穆祥纯.现代预应力技术在我国城市桥梁建设的创新发展[J]. 工程建设与设计,2010(11).
[56] 穆祥纯.基于传统与现代的英国城市桥梁[J].道桥与防洪,2011(10).
[57] 穆祥纯.香港城市桥梁建设的创新和发展(下)[J]. 特种结构 ,2010(1).
[58] 穆祥纯.城市桥梁防灾减灾的对策研究[J]. 工程建设与设计,2009(7).
[59] 穆祥纯.城市桥梁防灾减灾的对策研究[J]. 特种结构 ,2009(3).
[60] 穆祥纯.考察澳大利亚城市建设及奥运设施的相关启示[J]. 特种结构 ,2006(1).
[61] 穆祥纯.考察韩国首尔城市建设的相关启示[J]. 特种结构 ,2006(2).
[62] 穆祥纯.美国城市道路及桥梁工程考察的回顾和思考(1)[J]. 特种结构 ,2006(4).
[63] 穆祥纯.美国城市道路及桥梁工程考察的回顾和思考(2)[J]. 特种结构 ,2007(1).
[64] 穆祥纯.我国城市桥梁建设的创新与发展[J].道桥与防洪,2007(10).
[65] 穆祥纯.北京城市桥梁设计技术的创新与发展[J].道桥与防洪,2007(10).
[66] 穆祥纯.新世纪我国城市桥梁建设的创新与发展[J]. 工程建设与设计,2007(12).
[67] 穆祥纯.香港城市桥梁建设的创新和发展[J].道桥与防洪,2008(12).
[68] 穆祥纯.工程设计单位信息化建设的创新与战略思考[J]. 工程建设与设计,2008(2).
[69] 穆祥纯.我国城市桥梁景观设计的现状与发展[J].道桥与防洪,2008(1).
[70] 穆祥纯.我国城市桥梁景观设计的内涵诠释及发展趋势[J]. 特种结构,2008(1).
[71] 穆祥纯.考察巴西城市建设及相关启示(上)[J]. 特种结构,2008(3).
[72] 穆祥纯.考察巴西城市建设及相关启示(下)[J]. 特种结构,2008(4).
[73] 穆祥纯.城市桥梁风险评价的案例分析及对策研究[J].道桥与防洪,2008(10).

[74] 穆祥纯.我国城市桥梁风险评价的对策研究[J]. 工程建设与设计,2008(11).
[75] 穆祥纯.北欧四国的道路交通及城市建设(一)——道桥建设[J]. 特种结构,2005(3).
[76] 穆祥纯.北欧四国的道路交通及城市建设(二)——城市建设[J]. 特种结构,2005(4).
[77] 穆祥纯.北京中关村科技园区城市生命线工程的防灾减灾[J]. 特种结构,2005(3).
[78] 穆祥纯.城市桥梁结构安全度和耐久性问题的研究[J].道桥与防洪,2004(3).
[79] 穆祥纯.考察西欧国家城市建设的若干启示[J]. 特种结构,2004(1).
[80] 穆祥纯.城市桥梁结构防水技术有关问题的探讨[J]. 特种结构,2004(3).
[81] 穆祥纯.近年来我国城市道路与桥梁结构防水技术的发展[J].中国建筑防水,2004(3).
[82] 穆祥纯.城市桥梁结构防水技术的研究与应用[J].道桥与防洪,2002(6).
[83] 穆祥纯.城市桥梁结构防水技术综述[J]. 特种结构,2002(1).
[84] 穆祥纯.我国城市桥梁防水技术应用展望和建议[J]. 建设科技,2002(4).
[85] 穆祥纯.城市大跨径桥梁建设 20 世纪回眸及新世纪展望[J]. 特种结构,1999(2).
[86] 穆祥纯.试论城市大跨径桥梁设计的有关问题[J].道桥与防洪,2000(5).
[87] 穆祥纯.我国城市桥梁结构防水技术的回顾和展望[J]. 施工技术,2001(6).
[88] 穆祥纯.我国城市大跨径桥梁建设有关问题的探讨[J]. 施工技术,2001(2).
[89] 穆祥纯.我国城市桥梁结构防水技术综述.苏州:中国建筑防水,2001(2).
[90] 穆祥纯.韩国城市桥梁建设一瞥[J].道桥与防洪,2014(11).
[91] 穆祥纯.考察韩国城市桥梁建设(一)[J]. 特种结构,2014(5).
[92] 穆祥纯.论城市桥梁的经济性、耐久性和创新性[J].道桥与防洪,2014(9).
[93] 穆祥纯.加拿大城市桥梁印象[J].道桥与防洪,2014(7).
[94] 穆祥纯.基于传统和创新的日本城市桥梁(下)[J]. 特种结构,2014(3).
[95] 穆祥纯.殊途同归——从桥梁研究到标准化[J]. 工程建设标准化,2014(2).
[96] 穆祥纯.论桥梁支座新技术在城市桥梁建设的创新发展[J].道桥与防洪,2014(3).
[97] 穆祥纯.基于传统和创新的日本城市桥梁(上)[J]. 特种结构,2014(2).
[98] 穆祥纯.匈牙利和波兰城市桥梁城市桥梁建设印象(下)——匈牙利的城市桥梁. 特种结构,2013(4).
[99] 穆祥纯.匈牙利城市桥梁建设一瞥[J].道桥与防洪,2013(7).
[100] 穆祥纯.丹麦城市桥梁建设一瞥[J].道桥与防洪,2012(9).
[101] 穆祥纯,宋增国.中外技术标准体系的比较及对策研究[J]. 特种结构,2013(6).
[102] IABSE Symposium Leningrad 1991.Bridges: Iteraction between construction Technology and Design.
[103] Virlogeux Michel.Design and Designers, Role of concrete bridges in sustainable development.London: Thomas Telford Publishing,2003.
[104] Baumann Karl.Sunniberd Bridge, Klosters, Switzerland ,Fresented at IABSE Comference, Malmo 1999-Cable-stayed bridges.Past, Present and future.
[105] Taylor P..Hybrid Design for the World's Longest Span Cable-stayed bridge.Proceeding of the IABSE Comference 1984.
[106] The Bridge spanning Lake Maracaibo in Vennzuela.Berlin: Bauverlag,1963.
[107] Bergermann R., Stathopoulos, S..Design of the Evripos Bridge in Greece.Cable-stayed bridge Seminar.India,1998.
[108] Niels J.Gimsing.Cable Supported Bridges, Concept and Design.Jone wiely&sons Ltd,1997.
[109] Muller Jean.Bridge to the future ,Civil Engineering Magazine.January 1993(1).
[110] Russlee Heleana.Christian Menn, bridge builder, Bridge Design and Engineering.1999.
[111] Zhu Er Yu, Liu C, He L.Stress Analysis and Experimental Verification on Corroded Prestressed Concrete Beam.Key Engineering Materials,2006, Vols.302-303.January,676-683.